本书得到教育部人文社会科学研究项目"土地准征收与补偿的原理、标准与政策研究：土地发展权视角"（14YJA630090）、教育部哲学社会科学研究重大课题攻关项目"建立城乡统一的建设用地市场研究"（GD14XGL47）联合资助；是2016年国家社会科学基金一般项目"资本、政府和农民利益角逐下的征地补偿制度变迁与社会冲突破解研究"（16BSH087）的阶段性成果。

# 从土地征收到土地准征收：
# 原理和政策

张 鹏 著

科学出版社

北 京

# 内 容 简 介

本书基于土地经济学的基本理论，主要从土地经济学视角对土地征收和土地准征收进行剖析；介绍了国外土地征收和规划制度，并借鉴其理论经验从促进经济增长、保护产权和人民福利的角度，重构我国土地征收和准征收的理论，提供了相关政策建议。

本书适合土地征收和土地规划管制研究和实践领域的研究者、教育者、管理者、决策者，以及该领域相关专业的研究生和本科生阅读。

**图书在版编目（CIP）数据**

从土地征收到土地准征收：原理和政策/张鹏著. —北京：科学出版社，2018.3

ISBN 978-7-03-055193-1

Ⅰ. ①从… Ⅱ. ①张… Ⅲ. ①土地征用—研究—中国 Ⅳ. ①F321.1

中国版本图书馆 CIP 数据核字(2017)第 270558 号

责任编辑：郭勇斌 周 爽 欧晓娟／责任校对：彭珍珍
责任印制：张 伟／封面设计：蔡美宇

科学出版社 出版
北京东黄城根北街 16 号
邮政编码：100717
http://www.sciencep.com

北京中石油彩色印刷有限责任公司 印刷
科学出版社发行 各地新华书店经销

*

2018 年 3 月第 一 版 开本：720×1000 1/16
2018 年 3 月第一次印刷 印张：20
字数：400 000
定价：108.00 元
（如有印装质量问题，我社负责调换）

# 序　言

土地和经济发展、人民幸福有着直接的关系。作为不动产，它支撑着国家和社会的运作和人民的衣食住行。它是财富之母，也是人民的精神家园。

现行的土地制度经过 60 多年的创设和调整，已经具有极强的中国特色，取得了巨大的制度绩效。每一个中国人都是这个制度的见证者、参与者、推动者。

每一种土地类型都能给人类带来效用，无论是生机盎然的良田还是大漠孤烟的沙海。中国国土辽阔，但人均土地并不充裕。在解决温饱之后，相对人民需求，土地反而更加稀缺。当代中国最关注的莫过于三块地：农地、农村宅基地、城乡建设用地；人民最关注三种土地权利：建设用地使用权、土地承包经营权和非农经营用地使用权；社会上最热门的三个问题：征地拆迁、土地流转和房地产价格。从专业角度看，土地使用权问题已经超越土地所有权问题，土地利用和利益问题的重要性已经超越所有制问题。获得更多的财富是社会前进和个人进步的动力，所谓"有恒产者有恒心"①。土地是全社会的财富，每个人都拥有一部分，都应当得到国家的保护，不被国家和别人侵害。

管好土地，不过是巧妙地发挥市场和政府两只手的作用，但知易行难。国家管理者和学者的目标是一致的，就是不断调整现有土地制度的不合理、不适应新的社会经济环境的方面，推动社会发展得更好，毕竟最佳的制度只是虚幻的存在，适应自己的才是可行的。国际经验对比借鉴也是必不可少的，和发达国家相比，能发现自己的劣势。一国的土地制度是和社会经济发展、人民参与乃至抗争紧密联系并动态作用、演化前进的。经济学界、法学界、政治学界、社会学界、管理学界等一直在发挥各自的比较理论优势，致力于阐述中国的土地问题。在此过程中，各方意见并不完全一致。过去的土地征收研究是割裂的，缺乏基本的土地经济学理论支撑，典型的表现是将土地征收与土地管制、整体土地制度割裂，而恰恰几个核心的土地制度是互动互补的。另外，土地作为稀缺的经济要素，它的研究不能缺少土地经济学的参与，地租本质就是稀缺租金，不理解这一点，就很难理解土地管理中的诸多行为和政策。

沿着伊利、莫尔豪斯、魏尔温、巴洛维、雷纳、河田嗣郎、野口悠纪雄、萧铮、林英彦、张德粹、殷章甫、林森田、韩乾、周诚、刘书楷等土地经济学家的

---

① 《孟子·滕文公上》。

轨迹，当代学者需要将经典理论和时代问题相结合。在当前的学术导向之下，遵循现代经济学方法的土地实践问题的大量实证研究纷至沓来、精彩纷呈，但运用基本土地经济学原理对中国重要土地制度的分析仍然非常欠缺。另外，对国外先进制度的了解和借鉴也存在深深的误区。只有清晰地对土地稀缺性、不移性、有限性、独占性等特性加以分析，加深对资源管理中的政府干预和市场运行关系的认识，加强理论框架及其内部结构的构建和梳理，才能进一步拓展相关研究。因此本书在借鉴相关学科思想的前提下，主要从土地经济学视角对土地征收和土地准征收进行剖析。

# 目　录

是故君子先慎乎德。有德此有人，有人此有土，有土此有财，有财此有用。德者本也；财者末也。外本内末，争民施夺。是故财聚则民散，财散则民聚。是故言悖而出者，亦悖而入；货悖而入者，亦悖而出。

——《礼记·大学》

# 第1章 导　论

土地是当代最重要的不动产之一，不仅是财富的象征，而且是衣食居住所需，关系人民福祉；同时土地作为生产要素，又关乎整个社会的生产和最终产品消费。没有土地，几乎所有社会经济活动都不能正常"落地"和开展。从功能的角度看，土地不仅是产品和服务的"诱致性要素"，而且可以直接提供绿地和开放空间等消费品。从属性看，土地不仅和农产品、住房等消费品紧密关联，具有资源属性；而且是深受人们喜爱的投资品，具有资产属性。

应该注意到，当代土地之所以成为一个社会热点问题，一方面源于对财富的争夺。经济社会快速发展，使得土地价值不断上升，围绕土地财富的争夺必然日趋激烈。另一方面源于对权利的争取。当生存权解决之后，对发展权和财产权、人权的追求开始出现。当代社会，公民对财产权起源、演化、界定及重构逐渐重视起来，界定科学的财产权不仅激励人们去获得某种产权，而且激励人们去运用产权创造新的财富。另外，与财产权伴生的其他社会权利也逐渐得到人们重视。围绕利益和权利的争夺和争取，在一定的环境下，有可能使参与主体之间产生矛盾和冲突，甚至诱发激烈的社会性冲突。

虽然土地不如资本在当代社会那么重要，但它一直都是基础性的社会要素，将持续受到人们的关注。

## 1.1 土地征收和准征收问题重要性的资源、社会和经济背景

一是城市化、工业化和经济新常态下的产业转型。过去几十年，发展优先是国家的主导意志，而这种状况随着不少社会问题的出现已经需要加以反省，这一点逐渐形成共识：无论城市化还是工业化都涉及投入产出的问题，土地作为重要生产要素和消费品，需求大量增加，而且呈加速增长趋势；同时，虽然在过去近

40 年中国社会经济取得了举世瞩目的成就，但传统土地制度在资源效率、社会交易成本、人口流动等方面已经成为明显的制约因素，经济增长和社会发展转型需要对土地的关键制度做出创新。

二是土地征收诱发的激烈的社会矛盾。土地征收带来的社会冲突历来是影响社会稳定的重大问题，并不断成为社会舆论的热点。群体性事件影响政府威信，部分导致人员伤亡，相关的经济损失更是无法统计，且恶性事件未见减少。根据中国社会科学院社会学研究所近年主编的《社会蓝皮书》，1993～2003 年，全国每年发生群体性事件的数量从 1 万起增加到了 7.4 万起，参与人数也从 73 万人增加到 376 万人，呈现明显上升的趋势。2007 年全国群体性事件更高达 8 万多起，2008 年还爆发了一些震惊全国的群体性事件。这些群体性事件中，很大一部分是土地征收诱发的。"据估计，广州市 2007 年社会维稳支出高达 44 亿元，远远超过当年社会保障就业资金的 35.2 亿元。其他一些地方的情况也与之类似，甚至更为严重。"（清华大学课题组，2010）上述成本并不包含参与者的经济成本和机会成本，以及与此有关的巨大社会福利损失。

三是土地要素稀缺背景。中国经济还有很大的增长潜力，在此背景下土地所具有的多宜性和竞争性（即不同用途之间的竞争，土地在一个时间点只能有一种用途）使得某些区位和用途的土地的稀缺性日益增强。中国的人口主要聚集在东中部地区且有向大中城市集聚的趋势，这进一步加剧了部分地区和城市的土地稀缺形势。另外，巨大的经济体量也对土地提出了更多需求。

四是土地的价值性被社会普遍认知。土地价格属于一种稀缺租金，在地租原理的作用下，土地租金和价格呈不断上升的态势。理性的经济人会更加重视其拥有的土地。

五是高房价是否因土地价格高昂诱发成为万众关注的焦点，并开始引发对政府管制土地合理性、垄断市场弊端的重视。历次房地产市场调控效果不佳、住房可支付性不断下降等问题使得人们有理由怀疑是不当的土地政策、土地制度、土地管制造成了高房价和可支付困难。这一观点获得了不少权威经济学家如格莱泽、奎格利、费希尔等的理论和实证支持。土地是"面粉"，原料涨价或涨价预期，多少会传导给"面包"。

六是人民土地权利意识的觉醒。土地矛盾一大部分源自公民和政府、私权利和公权力之间的冲突而非公民之间，这彰显了对产权界定和保护的重要性。城市土地、宅基地、集体建设用地、承包地等地权都关系百姓的切身利益。人民开始要求更多的权利和权利的保护救济渠道，不仅要求实质正义，还要求程序正义。公权力对财产权不当的合法剥夺和违法侵害，以隐蔽或公开的方式导致财富大范围巨额转移，已经引发社会不稳定和人民的不满。

## 1.2 土地征收和准征收理论研究的迫切性

### 1.2.1 过去土地征收理论研究存在明显不足

从学界研究看，大量学者从管理学、法学和社会学等学科理论出发，如从农民的生存权、农地的诸多功能角度来分析土地征收和补偿标准问题[①]，这虽然是有益的探索，但似乎偏离了土地的本源功能：它其实就是一个生产要素和生活要素，本身并没有社会保障功能。法学界主要从经典政治理论、宪法和基本法律条文诠释等角度来研究土地征收，但缺乏有力的经济学支撑。土地征收问题首先是作为一个土地经济学问题出现的。虽然土地经济学并不能"包治百病"，但是应该勇于针对重大问题提出理论依据，并为其他学科的土地征收问题研究提供基准和标靶。过去土地经济学有关土地征收和准征收的研究明显苍白无力。

### 1.2.2 地权和社会经济发展的互动和演变研究具有理论价值

一个社会财产权理念的演化是基于社会经济发展而动态变化，且与该国的历史文化习俗等要素紧密相关，二者存在动态的相互作用关系。因此，断面化、静态化及过于关注微观个体间的互动行为都很容易导致得出片面的结论。一定情况下，需要从历史的视角看。随着土地不同用途的相对价值的变化，权利可能经常被重新界定。

我国的土地制度在全世界算是独一无二的，包括独一无二的土地征收、土地规划、土地使用和土地所有权制度等。以农村的集体所有制度最为典型，虽然不少学者对此表示质疑并认为我国应该实行土地私有制[②]，但从集体所有制本身来看，过去60多年来，它一直随着我国社会经济发展和意识形态变化而演变并逐步稳定，为人民所接受。期间虽有波折，但逐渐合理。

土地集体所有制度于1957年形成（毕宝德，2005），早于1958年人民公社形成。1956年6月的《高级农业生产合作社示范章程》只是土地集体所有制的起源。中国农村集体土地产权制度经历了4个阶段：①1950~1952年，土地农民私有制。1950年起进行土地改革，废除封建土地私有制，实行"耕者有其田"，到1952年，全国范围内土地改革结束。②1953~1956年，在保留农民土地私有制基础上的农业互助组和初级农业生产合作社实行农业的社会主义改造，旨在使农业

---

[①] 如不少学者在研究土地征收补偿时，将社会保障价值、生态价值甚至社会稳定价值、就业价值都纳入补偿范围，这种观点是超越土地本身天然功能的，并不符合经济学基本理论。

[②] 林春等并不同意私有制。他认为中国土地改革的平等主义原则，从集体化到去集体化，一直坚持下来。这一事实在很大程度上解释了中国土地改革的持续发展（林春和谭同学，2016）。

能够由落后的小规模生产的个体经济变为先进的大规模生产的合作经济，掀起大办农业生产合作社热潮。初级农业生产合作社在允许社员有小块自留土地的情况下，社员土地必须交给农业生产合作社统一使用，合作社按照社员入社土地的数量和质量，获得土地收益。③1958～1978 年，土地集体所有制下的高级农业生产合作社和人民公社。1958 年 11 月初，全国共有人民公社 26 572 个，参加的农户占农户总数的 99.1%。原属于各农业生产合作社的土地和社员的自留地、坟地、宅基地等一切土地，连同耕畜、农具等生产资料，以及一切公共财产都无偿收归人民公社所有。人民公社对土地进行统一规划、统一生产、统一管理，分配上实行平均主义。④1979 年至今，家庭联产承包责任制。实行土地所有权仍归公有，由农户以家庭为单位承包经营。1978 年 12 月，安徽省凤阳县小岗村由农民自发兴起的包干到户拉开了土地改革的序幕。十一届三中全会后普遍推行，到 1983 年，全国农村实行双包到户的生产队比重占95%以上，家庭联产承包责任制确立。

　　世界上并无一成不变的制度，在特定时刻，某种制度或许是最优或次优的选择。时过境迁，可能被新的制度所替代。所以，人们有理由相信，未来中国其他重要土地制度也会逐步改革以适应社会需求，并日臻完善，包括土地征收和土地规划管制制度。

## 1.2.3　作为土地管理政策工具的土地征收和规划管制急需研究

　　我国的土地征收制度在中华人民共和国成立后发生多次变化。现行的土地征收在《中华人民共和国宪法》（简称《宪法》）、《中华人民共和国土地管理法》（简称《土地管理法》）、《中华人民共和国城市房地产管理法》（简称《城市房地产管理法》）等法律之下，主要对集体所有的土地进行所有权转换，并在所有权、使用权"两权分离"之下，通过划拨、出让、作价入股、租赁等方式进行供给，这些土地使用权可在二级市场进行交易。地方政府在出让等环节获得大量收入[①]，用于城市建设，这也被称为"土地财政"。

　　土地规划管制亦具有中国特色。1998 年修订的《土地管理法》正式确定了土地用途管制制度，全国自上而下进行了三轮全国性的土地利用总体规划修订和实施工作。在城市规划的配合下，土地使用受到规划管制，表明政府这只"有形之手"对土地资源使用的再次干预。另外还有诸如国土空间规划等，但这些规划之间内部存在冲突和不协调等问题，令人无所适从。可以说，中国的土地规划管制制度具有浓厚的计划经济色彩，和其他制度一起，能极为有力和有效地干预资源配置，且能对地租地价进行直接分配。但规划管制制度的弊端也是明显的，社会

---

① 1999～2013 年地方政府土地出让金分别为（单位为亿元）：514.34、595.58、1376.54、2416.78、5420.78、6345.62、5910.87、7737.38、12 216.8、9736.97、15 910.2、27 464.48、32 126.08、28 042.28、43 745（《中国国土资源统计年鉴》口径数据）。

普遍存在对规划的诸多认识和理念误区。在整个规划理念上，与世界发达国家有较大的差距。在中国，对土地的过度规划管制带来的权利损害和矛盾正在孕育，公民虽然可能现在尚未觉察由于过度规划管制带来的准征收问题，但未来将发现。现阶段，土地过度规划管制带来的危害主要表现为对社会经济发展的掣肘，过度僵硬的规划管制制度并未在保护耕地上奏效，至少效用是值得怀疑的。

实际上，土地征收和土地规划管制在功能上是相互配合、紧密关联的，二者和土地出让、土地所有权、土地税收、土地市场等主要土地制度是密不可分的一个整体，它们共同塑造了社会经济发展的"中国奇迹"，但也引起了无数的征地拆迁纠纷。

土地征收和规划管制同属于国家公权力，代表了公权力对私权利的剥夺的连续路径和干预力度。除了发挥土地政策工具功能之外，二者对整个国家的管理制度和财政制度都有极大的影响，对社会财富分配的影响也是巨大的。不同社会利益主体对土地征收持有不同的观点，这是基于他们自身的社会经济地位决定的。例如，市民不持有农地，他们可能支持土地增值全部甚至大部分收归政府并用于公共支出；许多学者受到孙中山先生"涨价归公"思想的影响，亦持有该观点。而受到土地征收影响的农民更可能持"涨价分享"的观点，尤其是他们已经注意到土地被政府出让之后的巨大获利空间、失去土地后的无力感和恐惧感、他们支付不起的高房价，他们愿意坚守自己祖祖辈辈生存的家园，不愿意获得一点经济补偿就离开。管理者则希望快速开展土地征收，吸引资本进入，发展经济和推动城市建设，获得各种政绩，并抑制少数"钉子户"不劳而获或一夜暴富的想法。理论上看，房地产所有者获得全部土地增值并不合理。土地需求者则盼望获得廉价的"原料"以谋求更高的利润。在这个过程中，不同利益主体的内生冲突是尖锐的，一定程度上甚至是不可调和的，这就需要一个机制、一个"平台"来消解矛盾，使各方能够相互协商，达成一定的共识，绝不能只靠权力来决定一切的利益分配。

从国际的视角看，中国的土地征收依然存在诸多认识和理念上的误区，需要逐步和世界接轨。目前的主要问题还是没有农地市场，且在规划的配合下，地方政府收回了土地的大部分处置权和交易权，使得农民的土地只能"静静地等待被征收"。换言之，农地根本还算不上一个完整的财产权——它不应该只有唯一的耕作用途和做有限的"流转"[①]，不能买卖、不能抵押、不能非农用、不能建住宅。

## 1.2.4 《土地管理法》修改所需的重要参考

当前的《土地管理法》特点是重视土地征收，近几年来，要求修改此法，尤

---

[①] 目前中央提出"三权分离"的"三权"包括所有权、承包权、经营权。前二者是稳定的，经营权是鼓励流转的。

其是要求修改土地征收补偿内容的声音十分强烈。2017 年 3 月，不少人猜测新一轮的修改将很快到来。但本书认为《土地管理法》的修改为时尚早，根本原因是从学者到管理层、立法者等在思想意识上存在诸多的误区，急于求成的修改，不会有大的成效。目前最迫切需要修改的法律条文与本书的内容高度重合：一是土地征收，二是土地规划管制，且二者是相辅相成的关系。一定程度上，土地规划管制存在的问题比土地征收还多，认识误区更加严重。或者说，土地规划管制解决不好，土地征收也解决不好。只有当人们对这两个重大问题有了比较成熟和一致的认识之后，重启修法未为晚矣。

有记者报道："《土地管理法》的立法程序实际上已经中止，将来是否重新启动，恐怕至少需要等到 2017 年地方土改试点结束后，根据试点成功的经验，来再次启动法律的修改。……我国的土地制度是一个整体，征地制度、建设用地制度和农村宅基地制度的改革，必须是三位一体城乡互动，对'三块地'进行通盘考虑和顶层设计，才能达到预期的目标。但是，目前的土改试点实际上是割裂了'三块地'之间乃至城乡之间的内在联系，各自孤立进行的。"（邵海鹏，2016）

如果土地规划管制的问题不加以解决，上述"三块地"的破解仍存在根本性的障碍。

# 1.3　本书的基本结构

在回顾国内外研究现状之后：第一，建立一个土地征收的土地经济学理论分析框架，提出土地征收的基本政策基准。第二，结合原理做地区的实证研究。第三，对土地准征收进行理论研究和实证研究（本书认为土地征收和准征收是可以融为一体的）。第四，对国外的先进经验进行原汁原味的介绍。对美国的土地征收和规划体系进行分析，并对比我国的现行制度，找出后者未来的演进方向。第五，鉴于土地征收未来将逐步缩减，集体建设用地将逐步替代征收土地，并获得规划制度的配合，本书专设一章对此进行介绍。总之，本书的思路就是在以土地经济学为主的理论框架之下，既进行必要的规范性分析，得出"应然"的结论，也比照先进经验，得出"应然"的结论；通过实证分析，得出"实然"的证据。通俗来说，本书试图找到我国土地征收和规划管制制度的理想蓝图或改革"路线图"，对我国基本土地制度的未来演进发挥一定的影响力；也试图消除人们尤其是管理者的认识误区和错误理念，进而对我国土地政策实践起到帮助作用。

# 第 2 章　国内外研究现状

无论土地征收还是准征收，都是国家出于公共利益的需要，在不同程度上对公民财产权的侵占，这种合法的侵占，是国家存在必须保有的权力，但必须受到约束。它们最终都要实现国家公权力和私权利的平衡，通过权利内涵的界定和市场机制的运作，加之以税收、规划等手段，在合理配置利益格局的同时，提高资源配置效率和社会福利水平。

20 世纪 90 年代以来，由征地（包括拆迁）引发的社会矛盾和冲突愈演愈烈，甚至演化为群体性社会抗争事件，这不仅影响社会内部和谐，而且损害中国的国际形象。农民对征地的反抗不仅在征地之前，事中也会采取抢种、阻挠施工等软性抗议方式。同时，反抗征地也可能是农民反抗不合理管制的一种方式。

从对群体性事件的事后分析来看，政府和拆迁户都有一定道理，公众的态度也因此出现分化。社会主体之所以无法达成共识，除了利益争夺之外，一个重要原因在于对公权力缺乏必要的制衡机制、仲裁机制和公民意见表达机制。各方似乎都陷入"囚徒困境"，无法在法律框架内达成一致，显规则很难奏效。

利益是土地征收中的核心问题，但绝非全部。基于中国传统文化特点，公平诉求和权利诉求亦可能是农民的考虑选项，一定条件下和利益联结在一起。特定时点，土地的价值是一个固定大小的"蛋糕"，资本、农民和政府围绕利益展开角逐，其中农民最为弱势，政府拥有权力和法律等资源，所以政府在征收行为中作为发动者和实施者，尤其需要被制约和受到最低限度的司法审查。

土地征收和准征收问题涉及领域众多：农地制度、农地功能、农业经济、农村组织、村民自治、财政税收、城市规划和建设、工业化、产权保护、法律调整、社会抗争等，这些领域也同时涵盖了多个学科。

## 2.1　政府对产权的定义和保护

政府是产权定义和保护者，一国之内，所有财产必须得到国家的保护，财产保护的内容一定程度上国家拥有解释权。尤其是产权的内涵，明晰其定义具有很大的技术难度，而且随着社会发展，其具有动态变化的特征。土地征收或准征收都是围绕土地产权进行的，所以产权问题是需要首要讨论的问题。

　　经济学家周其仁（1995a）主要从制度经济学视角考虑问题，"换言之，所有权从一开始就不那么完整独立，而注定要遭到国家的纠缠。当然，产权也可以通过向国家的纳税来购买国家保护，在这个场合，国家不过是一个唯一可以合法使用暴力并具有'规模经济'的组织，产权与国家的关系与任何其他平等的契约关系似乎并没有什么不同"；"只有当社会与国家在对话、协商和交易中形成一种均势，才可能使国家租金最大化与保护有效产权创新之间达成一致。在这里，个别新兴有效产权有可能响应资源相对价格变动的诱导而自发产生，但是它却无法单独做到让国家来保护它。在另一方面，国家通常不会自动这样做，因为其租金最大化与保护个别新产权常常不一致。打破这个僵局的唯一可能，是新兴产权超越个体水平的集体行动，它们同时提高国家守护旧产权形式的成本和保护产权创新的收益，直至重新建立国家获取租金的新的约束结构，使国家租金最大化与保护新产权之间达成一致"。这段话深刻地从动态的角度揭示了产权变动的动力机制、产权制度的变迁是如何发生的。

　　英国著名哲学家托马斯·霍布斯于 1651 年出版了著作《利维坦，或教会国家和市民国家的实质、形式和权力》。利维坦（Leviathan）原为一种怪兽，在该书中被用来比喻强势的国家。利维坦是一种巨大的生物，它畅游于大海之时，波涛亦为之逆流。它口中喷着火焰，鼻子冒出烟雾，拥有锐利的牙齿，身体好像包裹着铠甲般坚固。性格冷酷无情，暴戾好杀，它在海洋之中寻找猎物，令四周生物闻之色变。人们为了抵御各种外来的风险，自己创造了一个利维坦，创造了一个能让他们有归属感的庞然大物——政府，但政府这个"利维坦"有双面的性格。它由人组成，也由人来运作，因此也就具有了人性的品质，它在保护人的同时，又在"吃人"。霍布斯认为社会要和平就必须要有社会契约。社会是一群人在一个威权之下，每个人都将所有的自然权力交付给这威权，让它来维持内部和平，进行外部防御，个人只保留自己免于一死的权力。这个主权，无论是君主制、贵族制，还是民主制，都必须是一个"利维坦"，一个绝对的威权。

　　产权是政府权力的运用，作为权利保护者的政府，其权力并非不受限制。Epstein（1986）认为根据霍布斯的政府观，主权者可以随意占用（appropriate）它能够得到的盈余。不过，在洛克的世界里，主权者应当受到充分的限制，这样公民的生命、自由和财产才可以得到保全。对该限制的可见的衡量标准就是，对主权者，即对垄断权力的一群人攫取盈余的行为进行有原则及谨慎的限制。

　　产权是在竞争性过程中被界定，并非绝对的和天赐的。巴泽尔（1997）认为："个人对资产的产权由消费这些资产，从这些资产中取得收入和让渡这些资产的权利和权力构成。人们对资产的权利（包括他们自己的和他人的）不是永久不变的，它们是他们自己直接努力加以保护、他人企图夺取和政府予以保护程度的函数。最后这点主要通过警察和法庭奏效。""正如这里下的定义那样，产权不是绝对的，而是能够通过个人的行动改变的。一般来讲，在一个已经运转的社会中，权利的产生是一个不断发展的过程。正如我将指出的，产权是不断产生并不断放弃的，因此需要一种适于不断变化情形的分析。随着这些权利价值的上升或下降，个人通常是如何更为谨慎或更不谨慎地界定权利的。当人们相信这种行为的收益将超过成本时候，他们就会运用权利，相反，当认为拥有产权的收益并不足以弥补成本时，他们就不会去运用权利，从而使这种产权置于公共领域内。""但是，经济条件是处于不断变化之中的，均衡产权的界定也随之发生变化。随着个人拥有的商品的权利变得更有价值，他们将对这些权利加以更彻底地界定。"巴泽尔的观点深刻地说明了产权动态变化的特点，新的产权和产权内涵会逐渐出现；也说明了产权的界定是各方争夺权利的结果，并不是被动地由国家来定义。产权的动态性这一观点获得学者的普遍认同。普利切特认同数位有影响的学者，特别是萨克斯、罗斯及昂德科勒认为财产权应被视为逐渐发展的理论的观点。这些学者虽然在解释发展过程方面有所不同，但是他们都同意财产权不是一个静态的定义，而是能反映随着时间变迁的人们之间，以及政府与个人之间的关系。要理解财产权的发展，就要求人们在特定的历史背景下设想其与财产的关系。James C. Riddell（2015）也认为财产的概念是被创造出来的，而非一成不变的。因此财产的内涵和功能是由人们对他们未来的想象决定的，现在正处在一个过渡时期，中国、美国皆然。张曙光和程炼（2012）认为："由于产权的结构复杂性以及实际可实施性与名义权利之间的差异，生产技术与环境的改变经常会导致相关各方对未能明确加以规定或难以实际实施的剩余权利的争夺，并因此导致产权制度安排的相应改变。在这一过程中，潜在权利的'显性化'或者说正式产权的细分是产权制度演化的一种重要方式。"因此没有绝对有效的产权安排，只能在状态依存的互动过程中寻求相对有效的产权结构。另外，巴泽尔提醒，一些产权被置于公共领域，这在土地产权领域经常发生。一些权利或权能在特定时代具有模糊性，人们也缺乏足够的激励去界定它，不过，这都是暂时的。

　　产权容易受到限制，土地产权尤其如此。巴泽尔（1997）认为研究产权的经济学家通常都不赞成对产权施加约束，认为任何约束都会"稀释"产权。他们认为，每个人利用财产获利的能力大小，取决于其产权的实现程度。施加各种约束，一般来说，都会限制个人的行动自由；对个人的产权施加约束，将减少个人财产的价值，因此似乎这些约束都是有害的。对产权施加约束，实际上就是绕过价格机制来分配资源。这个观点对土地管制和准征收理论具有借鉴价值，即政府对产权施加的限制是对市场机制的必要补充，是在对资源的价值进行新的分配。当然，产权的界定是困难和昂贵的，如埃格特森（2004）认为"我们把个人使用资源的权利叫做产权。如果政府对独占权加以一定限制，我们习惯地把这些限制称为产权的弱化，如限制开车速度就是削弱了使用车的权利。政府不保护产权未被削弱环境里的产权价值。在现实世界里，我们常发现有一些具备价值的权利没有被完全描述确定，这里的原因有多种，例如政府软弱、经济变动、与有价资产相比度量成本高昂、分配财富有矛盾冲突等"。

在中国的具体语境下，时红秀和张亦工（2011）发现，同样一项产权的行使，既有赖于国家的授予，也需要权利当事人的努力。对于农民与农地关系，探讨国家"应该"通过法律文本对农民赋予、政府"应该"在施政过程中自觉地保护或不自觉地克制的相关研究不少，但从农民角度，讨论他们如何通过合法或"非常规手段"保护和实现产权的理论探讨则较少。这属于一种产权的抗争研究视角。汪丁丁（2010）曾有比较系统的梳理和阐述，指出资源配置、产权同时被博弈决定。关于产权博弈，阿姆拜克（Umbeck）曾经以"强力"这一概念来刻画，他强调，一项产权的当事人，往往通过掌控产权的某些属性以提高收益。当代中国农地产权制度中的博弈场景中，农户、地方政府和中央政府基于不同时期拥有不同优势，总是选择优势策略争夺和控制其中的某些属性。各方出于自身理性选择的努力往往使得法律规定的农地产权制度向现实中呈现的状态偏离。这表明，一项制度的形成，不能只要求理性的设计和外界的赋予，而要看到交易当事人之间对某些产权属性的攫取、控制和利用的结果。即使表面上以正式制度进行了严格界定的产权，无论界定本身还是实施过程，都需要花费成本。对于有些产权属性，即使花费了成本也无法抵消攫取者潜在的收益，它们便有可能被相关行动主体控制和利用，最终使得现实世界中的产权状态偏离它被规定的形态。一句话，产权制度是动态博弈的结果。应该说，两位学者的观点揭示了正式产权受到"非正式产权"的挑战，对模糊地带的产权和利益的争夺是激烈的。甚至，当正式产权在巨额利益面前不肯做出适当让步，就可能受到广泛的质疑，最明显的例证就是"小产权房"。虽然正式产权制度压根不承认它，但是过于僵硬的产权制度已经被人们不停地采取各种"非常规"的方式提出挑战。

无论各国（地区）如何保护土地产权，它依旧背负着社会义务。这种义务不仅表现在土地征收领域，而且表现在土地管制领域。财产权是权利义务的矛盾统一体，没有绝对的财产权，但亦不能以此随意干涉财产权。财产权不仅关乎公民财产权利，也关系他们的其他权利。学者陈明灿（2001）认为："唯就土地这一重要财产权而言，由于其特性使然（如数量不增性与区位不可移动性等），德国宪法法院受赋予其具有财产权社会拘束之义务，遂使得土地财产权内涵又多另一层意涵，但亦因之发生财产权保障与财产权社会拘束两者间之冲突。""财产权保障包含制度存续保障、主观公权利存续保障两种。前者就人民权益而言，可据以确保其行使财产权利私使用性之最低保障，从而人民可据以自由行使财产所赋予之权利。反之，就国家而言，可使其以之作为施政或立法所应遵循之'不足禁止'原则，从而进一步确保人民之财产权利。后者如营建计划之规划形成过程中，人民本得基于其个人私利而提请主管机关予以考量，从而主管机关并不能单独享有人民建筑之准驳权，而必须谨守行政法上相关原则，再为决定。"陈立夫（2008）认为宪法保障的私有财产制下，纵使国家居于高权地位，但仍应尽可能地尊重私人财产权。申言之，土地征收在外观上，固然是国家公权力"侵犯"受宪法保障的私有财产权，但实质上，其内涵仍与财产权、生存权及工作权保障具有互为表里、密不可分的关系。亦即，关于土地征收法律，于立法上，乃至运用或解释上，除着眼于增进公共利益的目的外，同时有必要兼顾其保障人民财产权、生存权及工作权的内涵，亦即考量公益与私益的平衡，才能与宪法规定的意旨相符。杨松龄（1992）认为："财产权之权利义务观念，亦循法制史中有关权利义务之观念，由义务本位进至权利本位，演进至社会本位，足证现代财产之观念，非属绝对而是相对，为防止私有财产权过分扩张导致社会产生弊病，基于公益需要之原则下，私有财产权应予限制并课予相当之社会义务。他还认为，对财产权的限制须遵循有关原则。限制私有财产时，不但应考虑宪法保障私有财产权之价值判断，更应遵守宪法其他之有关规定，尤其是人民之平等、自由权及法治之原则，同时更应遵守'方法与目的相成比例'之原则。换言之，限制财产之所有权，必须以达成其所企求之立法造成目标认为妥当而且必须者，始得为之，不得逾越上述之目标而予所有权人过分之限制。由此可推论出上述原则尚包括妥当之原则及必须之原则。前者是指所采取限制的手段，必须为达到其所企求之目的，认为妥当者。后者系指可达成目的之各种手段中，所选用之手段为达成其所企求之目的，所必须者。财产权保障之主要目的，在于确保财产权人得确实保有其财产，故财产权之保障并非单纯的仅为财产之保障，而是权利主体之保障，籍以建立自我责任之生活。"

国家是产权的定义者和保障者。李惠宗（2010）分析了两种类型的制度性保障财产权。一是国家立法具有形成财产权内容的权力。称财产权是制度性保障财产权，意味着国家应对财产权的内容予以"形成"，此是国家的义务，不像其他自由权，国家原则上不予干涉，该基本权即可实现。制度性保障财产权，如果没有法律制度，根本无从形成权利的具体内涵。所以与其他自由权比较，立法者对制度性保障财产权有较大形成空间。进一步说，国家对财产权的范围界定，甚至可以对法律加以"形成"，而非单纯加以限制。这样定位，赋予了立法者有第一次形成自由，即透过法律规定，"形成"可以作为财产权标的内容，此时必须尊重立法者的形成自由。如果法律规定是财产内容的"形成规定"，不会发生违宪的问题。但如果是"限制规定"，就必须通过比例原则或平等原则审查。二是立法者有义务形成具有保护取向的财产权制度。虽然国家可以对财产权的拥有及行使加以限制，亦不可使人民财产权的保障降低至只有"维持人民日常所需"的程度，而应保障"财产的私有性及私用性"，以使人民有充分借此自由发展人格的可能，使个人得以形成拥有自我的生活。陈国刚（2006）引用法国思想家邦雅曼·贡斯当的话说："财产权不过是一种社会的契约。"通过这种社会的契约，在私人的财产和国家的权力之间划出一道界限，公权力不得逾越这条界限。在界限的两端，是两种权力（利）的对峙。但是权利必须是实力相当的两种权利，否则这样的社会就不能成为民主法治的社会。因此，财产权是一种具有强大对抗公权力侵犯功能的宪法基本权利，是对国家的一种对抗权。财产权的社会约束是对不可侵犯性、自由性、优越性的限制，前提是公共利益方面，内容和受益对象具有不确定性。

曹正汉（2011）认为产权是人们围绕稀缺资源的使用与获益而展开竞争所形成的均衡结果。奥尔斯顿等对巴西亚马孙河流域土地产权制度的研究，也得出了类似的结论："产权制度必定是政治制度。无论过去还是现在，权利结构的性质和实施都是由政治力量决定的。"在强者面前，弱者有可能建立起私有产权的一个原因是，强者为了解决对弱者的激励问题——即强者为了增加自己的利益，愿意让渡部分产权以激励弱者。这一个原因——强者需要用产权激励弱者，可以解释在许多场合，弱者为什么能够从强者手中获得产权。强者不依赖于弱者"做蛋糕"，是指这样一种情况：双方所争之物的价值是固定不变的，或者说，是外界给定的，它与弱者的努力程度无关。在此种情况下，赋予弱者产权即是相应减少强者的所得，这是强者不情愿的事情。然而，即使在强者不依赖于弱者"做蛋糕"的场合，弱者仍然有可能建立起私有产权。发生在当代中国的土地征收，即是一个重要例子。按照法律和中央政府的政策，被征地农民除了获得按农业用途计算的土地补偿费之外，对土地转变成建设用地后的开发权和收益权，原本没有要求权，只拥有一项不清晰且易被侵犯和忽视的道义权利，即要求获得生产和生活安置的权利简称"安置要求权"。但是，经过最近几年的演变，农民手中这一项不清晰的、软弱的道义权利，逐渐得到清晰和强化，在许多地区已经演变成按被征收面积的一定比例（一般为10%～15%）计算的土地开发权和收益权即留用地。

2004 年在一个国际研讨会[①]上，美国学者布莱恩提出产权理论构建的分析模型将农地流转市场当作普通商品市场，强调的是交易理性，却忽略了人们交易行为中所嵌入的心理社会文化因素。有必要认识农地兼具的认知情感和财产商品的双重属性；这意味着，农地流转并不是单纯的经济交易，而是同时表达了身份、情感及其权益认知的多重交易性质的活动，承载着多重的社会经济意义。耶鲁大学法学院罗丝（Rose）教授认为根据产权的传统定义，产权的所有者是剩余索取者，即所有者可以获得扣除掉所有成本、税费等费用后的所有剩余。所有者是风险的承担者，可能获利也可能受损。

---

[①] 北京大学中国经济研究中心与耶鲁大学中国法律研究中心于 2004 年 2 月 27～28 日联合举办的"中国征地制度改革"国际研讨会。

柏兰芝（2013）对集体经济下的土地权利进行了研究，认为集体经济中的个人"产权"从未是一个静态的概念，它更多的是对个别成员在集体/社区中的身份和权利义务的界定。只要"集体"还存在，关于成员权的争议就会不断推动集体的重构。"产权改革"也因此成为一个"共享剧本"，不同的行动者在其间为自己的权利斗争。

从上述学者的观点来看，土地是关系人民权利的主要财产权，必须满足特定前提条件方能干预。国家行为基于权力，公民行为基于权利，二者存在一定的对立。过度地解读"财产权神圣不可侵犯"，或者无端地侵犯财产权，在当代社会都是不可取的。对一个经济社会快速发展的经济体而言，尤其需要在二者之间达成平衡。

## 2.2　土地征收①权力运用的正当性

我国台湾学者陈新民认为土地征收代表了国家最赤裸裸的公权力。尽管一些学者②主张减少土地征收，认为其侵犯了人权，但是就全球范围而言，土地征收运用的正当性是具有合宪性、正当性、必要性的，这一点没有疑问，问题在于是否滥用这个权力。更普遍的情况是，在发达国家，征收作为政府获得土地的一个最终威慑"武器"，并不轻易动用。对一个仍处于经济社会快速发展期的国家而言，仍需要频繁动用该权力，过于严格的限制并不符合公共利益。

征收权是国家的一项权力。土地经济学第二代宗师巴洛维（1989）指出："征用（收）权是政府在引导土地资源利用中那个运用的第二个重要权力。这个概念的原意是'最高权力或统治权'，指'最高统治者在没有所有者同意的情况下，将财产用于公共目的的权力'。它根源于州对财产的最终权力，在许多国家一般把它当作政府的生来固有的权力来接受和行使。作为对财产的社会控制,征用（收）权可以单独实施，也可以和治安权、开支权和独占权联合起来使用。不管怎样使用，它常常在社会中扮演着重要角色，它便于获得公路、街道、公共事业设施和其他公共设施所需要的土地。倘若没有这一权力，单个财产所有者通过简单地拒绝出售为公共事业开发所需要的土地而妨碍公众愿望的实现。"韩乾（2013）认为征收权，美国人称之为 eminent domain，是指最高管辖权的意思；英国人称之为 compulsory purchase、acquisition，最早是指最高的统治权力，不经许可即可拿走私人的财产供私人使用。以现代美国的法律法规来看，至少有 4 项重要的原则必须遵守：联邦或州政府可以授权给其他层级政府或公私企业法人执行征收权；征收权的行使必须是为公众的目的；被征收的土地必须给予合理的补偿；征收必须

---

① 一定意义上，土地管制属于"轻微的"征收。
② 如台湾政治大学教授徐世荣等。

依照合法的程序。争议最多的问题是什么是合理的补偿。李承嘉等（2011）认为在每一个民主国家中，都赋予国家以土地征收权。但是，土地征收也被视为国家诸多干预措施中，最后且不得已之手段，因为征收对私有财产造成的冲击最为巨大。因此，在发达国家中，无不尽量避免采用征收作为取得私人财产权的工具。

刘向民（2007）认为从自然法的角度，征收权是政府得以存在的必要条件，是主权的内在特征。本质上，征用是对财产权的再分配，卖家被剥夺了说"不"的权利，也被限制了讨价还价的能力。著名法学家艾珀斯坦（2011）认为，为了私人用途而征收是被禁止的，因为即使给予了公平补偿，征收人也将保有全部的盈余。当国家想使用私有财产造福人类时，它就是在宣称，它想为了公共使用而征收这块土地。因此，它必须为这种特权支付补偿。所需要的唯一额外权力就是国家强制财产权交易的权力，而且这种财产权的交易必须留给个人较其被剥夺的权利更有价值的权利。对国家可强制交易的性质的两种关键假设，使得人类可以避免霍布斯主义的无限主权者。首先，征收权的逻辑使得强制交易只在为了公共用途时才被允许，这样就排除了单纯的个人之间赤裸裸的交易；其次，它要求补偿，这样每个人都会收到某种价值更大的东西，以作为对他放弃的权利的补偿。该观点实际上是对征收权运用的正当性前提进行了权威的法理解读：征收用于公共用途，征收使得被征收人变得更好。如果按照艾珀斯坦的观点，那么征收补偿原则一定是完全和充分的补偿，甚至高于市场价值。但他同时认为征收实质是对土地所有者征税，是一种损失，所以在这里，理论和实践存在矛盾。但无论如何，不能以公共利益为借口强迫被征收人承担过分的损失。

艾珀斯坦同时认为为了解决人们拒绝以合理价格出售这一棘手问题，国家征收权是必要的，但这在经济学上是没有理由的（意思是按市场价格补偿并非绝对公平）。房产对房主的价值通常会高于市场价格，即在市场价值之外的特殊价值。国家征收权就如同透过征税剥夺了这种价值。国家征收权的一个适当的经济学理由是，它是反垄断的工具。在高交易成本的情形下，人们必须被允许利用法院将资源转移至更有价值的用途，因为市场无法实施这一功能。政府大量的征收发生在低交易成本的情形下（如公立学校、邮局、政府办公楼）。降低交易成本，做市场做不到的事情是波斯纳判断征收正当性的理由之一。

但征收的确对被征收人造成损害。波斯纳认为在较低交易成本的情况下，行使国家征收权实际上是一种税收，它将主观价值以税收的方式剥夺。从不改变纳税人行为的角度看，是不错的税收；但从另外方面看成本很高，国家征收权是一种从少数人处获得大量税款而非从多数人处获得小额税款的税收。与住宅所有权有关的主观价值可能是某人福利的重要组成部分，而这种损失是不可能被保险的。对一个厌恶风险的人（我们多数人）而言，很大一部分财富损失的风险并不会被政府成本节约所抵消。

从经济学视角，征收是具有正当性和必要性的。米塞利（Miceli，2011）全面描述了学界关于在开发商寻求从不同土地所有者手中将土地整合或遭遇敲竹杠难题（holdout）的观点。学者们认识不一致的方面有：征收是解决交易成本（Cooter，2000）、垄断（Posner，2003）、不对称信息（Strange，1995）、寻租（Goldberg，1985）、反公地（anti-commons）的方法；所具有的共识是，克服敲竹杠问题所需要的是一种强制买卖（如征收）（Miceli，2008），征收是解决敲竹杠问题的手段。补偿成本低于土地所有者真实的价值，可能导致过度的土地向开发商的转移，以及财政幻觉。米塞利还认为，征收本身就是一个义务规则（对财产权保护），它让土地所有者可以寻求公正补偿，而不可拒绝交易。实际上，法庭认为（在管制问题上）有两种情况触发补偿：一是当管制对财产进行了物理入侵，如飞机通过一个很低的土地上空，或一个电缆公司在私人建筑物上安装设备，但这不是普遍情况。二是减少财产的价值走得太远，但法院采取"case-by-case"的个案判定，使其具有很大的不确定性。法院很少对管制赋予补偿，对物理征收和管制，法律的态度迥异。有学者认为征收从两个方面潜在地提升土地市场低效率：一是敲竹杠问题上的低效率，二是城市再开发中公共品的供给不足，但征收并不是在所有情况下都有效。信息不对称引发这些冲突，私人信息阻止了社会最优合约。关于公共使用，案例法常使用广义定义，如果可以促进公共利益，允许私人使用征收来的土地。

雷少华（2009）的观点很有影响力，他认为，钉子户干扰公共利益，或者因为太强的国家警察权（police power）导致私人投资者没有投资信心，这一系列问题在美国也并没有一个统一解决方式，也是通过一个个典型诉讼和联邦最高法院的裁决确立判例后，美国各州比照判例执行的。而这一个个的判例跟当时经济发展状况、主流经济发展理念、环境保护理念等紧密相关。美国宪法第五修正案征用条款实际上是一个非常模糊的规定，出于不同目的就有不同解读。它既可以被理解为保护私有产权，防止国家权力滥用，也可以理解成为国家实施警察权提供法律依据。所以，征收权存在的正当性毋庸置疑，但何谓恰当的征收权运用，仍然需要社会各界的讨论，且要随着一个国家所处历史阶段变化而演变。

所以整合土地需要克服垄断和敲竹杠的问题。埃文斯（2013）分析了经济学原因：如果土地所有者无法离开其地产或对地产的未来价值有预期，那么必须支付较高的价格以诱使土地所有者出售其土地。一些开发商确实这样做了。然而众所周知，如果一些土地所有者发现他们的地产是完成某种项目所必需的关键地产，那么他们就可能会利用其明显的垄断地位，故意拖延达成协议以谋求超额价格，即价格敲诈。而且，如艾卡特所指出的那样，即便开发商同时与所有的土地所有者进行协商，但由于每一位所有者都认为他们的地段在全部地产中所占的比例很小，不妨试一试高价，因而所有权的过度分割会导致整体索要的价格更高。但在许多情况下这种策略是无法实现的。希望拓宽公路的地方当局必须获得一个特定的地段，地方当局和地段的所有者都知道这一点。正是因为所有者有垄断权并能够使用它，政府才实行强制购买或征收权制度，以便强迫所有者供给土地用于特定用途。当然，这种特定用途因某种原因与公众利益是直接相关的。实际上，美国的威斯康星州就是这样，在土地征收之前的规划制定阶段，土地所有者们早已经知道未来土地的用途并施加其影响力了，这是无法保密的。芒奇（Munch, 1976）曾经对 1962～1970 年在芝加哥的三个地区为获得城市重建土地所行使征用权方面的研究发现，所支付的平均价格比预计的市场价值高出将近 40%。这意味着，卖者的保留价格可能高于市场价值。一些卖者是自愿出售的，其他卖者是受到征收权的法律约束而被迫出售的，其土地价格是由法院来决定的。前一种情况，土地价格比预计的市场价高出 45%；后一种情况，大概只高出 25%。

## 2.3　土地征收的实施和补偿

一般认为，公共利益、法定程序、公正补偿和比例原则是征收需要遵循的准则。全世界的大趋势是逐渐减少征收的使用，可以说土地征收的前提条件有日益严格的迹象。陈立夫（2008）认为土地征收是行政行为，其发动须具备以下要件：①征收权的行使，须有法律依据，并遵循正当法律程序。②须与兴办事业存在明确、具体的公共利益。③须符合比例原则。④对于被征收人的损失，应给予合理的补偿。合理补偿虽然实务上多认为在现行土地征收制度下系采相当补偿意旨，但事实上台湾地区司法主管部门释字第 579 号解释实应解释为完全补偿原则。而且在学说上，亦多认为对于土地征收制度补偿应予以完全补偿。在观念上应尽量将土地征收视为一种备而不用的制度。

最具争议的问题依然是补偿的原则和标准问题。公正补偿、合理补偿、完全补偿、合适补偿、相当补偿、充分补偿等不同概念反映了其背后社会、人民不同的认识和理念。美国宪法的用词是公正补偿（just compensation），中国宪法和法律的用词是模糊的，一般认为是"合理补偿"①。德国学者韦伯（Weber）认为公正补偿、适当补偿、全额补偿的意义完全一样，仍以完全补偿之理念为主。德国学者的观点也很有借鉴价值，他让学者们不再纠结于公正补偿和全额补偿的定义纷争。特恩布尔（Turnbull, 2010）认为征收土地可解决敲竹杠问题，但征收威胁将扭曲私人投资激励，这会引发对征收本身效率的质疑。这种投资激励不可避免地与政府就其补偿方式发生关联。美国宪法第五修正案要求公正补偿，但并未理解需补偿的性质，判例法定义为市场价值，征收文献认为是"充分（full）补偿"，

---

① 《宪法》第十条："国家为了公共利益的需要，可以依照法律规定对土地实行征收或者征用并给予补偿。"《土地管理法》第二条："国家为了公共利益的需要，可以依法对土地实行征收或者征用并给予补偿。"

虽然美国和一些国家采取此原则，但它证明公平市场价值（fair market value）是无效率的。因为给予私人公平补偿对土地所有者和资本改良会产生激励，使用了更多的资本。

在补偿的基础法学理论方面，室井力（1995）认为补偿理论包括完全补偿论和适当补偿论，后者认为按照当时社会的一般观念，应客观地予以公正妥当的补偿。但如果按照宪法尊重私产和平等负担原则，至少对个别偶然的损失必须承认完全补偿，但有合理的理由时，也应允许不完全的补偿。补偿是国家的合法活动对国民造成损失所给予的补救，更详细地说，是因国家行使公权力而有意对国民造成的损失所给予的补救。

陈明灿（2001）以德国宪法上土地征收法制演变为例，认为从 19 世纪的全额补偿、《魏玛宪法》的适当补偿，到联邦德国基本法之公平补偿不断演化[①]。全额补偿，是采取从宽补偿原则，以土地征收补偿为例，以市场导向的方式，据以固定地价的额度，即市价补偿。只要土地征收人能客观举证所受的损失，征收机关均需予以补偿。中国台湾土地征收条例目前规定以市价作为估定的基础，但仍须由地价评议委员会加以评定，而非照单全收。对农地采用适当补偿原则，理论上并不以市价为补偿基础，而是以收益价值为补偿基础，原因是前者高于后者太多。

同时，制度性保障是经由立法者创设所形成的法律制度，便不得忽略此一宪法上财产权保障的主张。保障财产权视为"个人人格发展自由"与"社会及法律秩序"的重要组成部分。就私人而言，该制度性保障可作为对抗国家干涉此财产权的一种防卫权，以帮助私人达成其行使财产权的目的。个别性保障是除了保障私人对其财产标的拥有一个存续保障之外，更进一步使其取得一个"财产价值之法律地位保障"，以对抗国家公权力所为的侵害。换言之，国家公权力的行使，得尊重私人合法所取得的一切财产权利与价值。因此，任何对私人具体权利所为限制（如土地使用限制）与剥夺（如公用征收）的法律规定，均必须具有"合宪性"，才可以施行。

公平市场价值未必公平，但有效率。陈怡均（2008）重点分析了美国加利福尼亚州（简称加州）的补偿制度，认为补偿价格不仅是公平问题，也是效率问题。中国台湾采用相当补偿说，美国加州等若干州倾向完全补偿说。美国征收补偿以合理补偿作为上位概念，合理为不确定概念。加州采用取得加损害原则（the take plus damage rule）。虽以公平市场价值作为补偿标准，且在一定条件下考虑未来

---

① 德国土地征收法制演进如下。a. 古典征收概念的兴起：出现忍受与补偿理论，一般称为公益牺牲请求权，但该请求权的行使，以行政机关对人民财产权所为的限制与剥夺为限。以全额补偿为补偿基准。满足特定公用事业之需为目的。以行政处分为征收法律形式。b. 魏玛时期扩展式征收概念：适当补偿，不以全额补偿为必要，不限于行政处分，可立法征收，不以转移所有权移转于国家或其他权利主体为必要，如古迹维护或都市建设所为对土地使用强度限制与转用的禁止，客体不以实体为限，只要具有财产价值权利包括债权，皆可为征收侵害客体。c. 基本法：公正补偿，无补偿即无征收。

利益对土地价值的影响，然而加州公平市场价值定义与一般所定义之市场上买卖双方最可能接受的价格不同，是以市价上买卖双方可接受之最高价格为征收补偿基准。贝尔和其同事（Bell & Pachomovsky，2006）引用加里·贝克尔的观点："对我而言，唯一的公平标准的合理解释是财产对现在拥有者而言的价值。完全补偿可能更受人们赞许。允许土地所有者进行自我评估将产生一个更加公平和效率的结果，更加重要的是让土地所有者为其损失获得完全补偿。"征收有时从经济理论分析角度是正当的，但在真实世界中，政府的激励导致征收的运用远超理论所认定的范围。很多学者夸大了零补偿的争论，即使是完全补偿也可能给土地所有者带来过度投资，因为他们将征收可能折现了。然而这种无效率可能不严重，因为多数财产被征收的概率很小，如果政府的征收行为被限制，那么这会进一步降低征收效率。真实情况中，过分高的补偿少见而不是多见。使用一套公式精确地估算补偿很困难。索明认为公共使用问题之所以重要是因为不充分的补偿。如果我们能充分补偿土地所有者，他们将也许没有理由反对失去权利。即使完全补偿，对征收的公共使用限制仍然有好处。

市场价值标准也未必绝对合理。刘向民（2007）认为公平市场价值不等于全部价值。后者不但包括市场价值，还包括财产所有者对财产的主观价值（如特殊感情等），以市场价值补偿仍然会对他们造成伤害。另外，公平市场价值也没有包括搬迁的成本、律师费、其他隐形费用（如公司搬迁后可能面临的各种损失）等。政府的补偿标准采"公平市场价值"而不是"全部价值"，主要考虑效率。市场价值是最容易也是运用起来成本最低的标准。衡量主观价值没有客观标准，因而非常困难，且容易导致欺诈和新的不公平。采用"全面补偿"的另一个问题是严重的道德风险。公平市场价值的另一个问题是要不要考虑未来价值。正常的市场价值是考虑了未来用途的。如果相信未来用途可能会更有价值，一个买家就可能付更高的价钱。林英彦（1999）也认为市场价值未必合理。站在人民的立场来说，土地被征收，当然是补偿愈多愈受欢迎，但就平均地权的理论来说，以市场价值补偿，不见得合理。出售公有土地以公告现值为标准，那更是不能接受的。从地价形成来看，包括自然所具备的原生价值和人工投资改良的价值。前者是大自然积淀已久形成的，不应由任何人所独占，至于改良价值的归属，要看是何人改良导致。国家社会创造的部分不该归个人所有。申报地价具有划分公私产权的意义，土地所有者申报之外的涨价归公。如果按照市场价值补偿，无异将自然增值部分也视为个人财产来予以补偿，其不合理的情形更为明显。但是"生活权的补偿"是需要的。"政府以公告现值补偿地价，则已经超过个人所申报的私人财产价值，已经将一部分社会财产转送给个人。不过，倘若土地被征收，拿到补偿费绝对再买不到同等面积的土地，很难重建原来的生活。而人民有纳税、服兵役及接受国民教育的义务，可没有要牺牲个人的利益来满足社会大众需求的义务,所以不能叫土地被征收人降低原来的生活水准。因此土地被征收时,除了要补偿其财产权外,还必须补偿其生活权。前者以公告现值来补偿已足够矣,但后者如果受到侵害,就必须补偿到足够其维持原来的生活水准。"

中国台湾地区多采用相当补偿主义。陈明灿认为依据财产权社会拘束理论,土地属于珍贵的财产,因为这个原因,政府成为土地的"上级所有权人",并据以征收土地,此理念即为对土地所有权课以社会拘束的具体表征,或许能达到平均地权的境界。台湾地区"行政法院"实务上多采取相当补偿主义,几乎从未采取完全补偿主义,司法主管部门解释亦是。合理补偿主义与相当补偿主义文意接近。从德国的经验看,德国基本法对于土地征收补偿基准制定了采取"利益衡量补偿主义"之框架,虽然联邦普通法院亦有提出"重新获取主义"或"替代取得主义"等主张,以进一步作为土地征收补偿费于实务上决定机制的操作准据。无论采取何种补偿主义,利益衡量补偿主义终究是其他两个主义论述的基础,在征收主管机关核定其补偿数额之前,假使未践行公、私利益的公平衡量与判断,则其所决定的补偿数额倘遇有争讼,终将被法院宣告违宪而无效,从而其重要性高于相当补偿主义与完全补偿主义。经济损失能诠释相当补偿主义的内涵,经济与非经济损失则更接近完全补偿主义。中国台湾地区目前是经济损失所称"积极损失"为限,但有扩张到"消极损失"之趋势,尚未包括非经济损失。

陈新民(2011)认为必须特别地替人民着想。在社会财富逐渐增加的同时,可用土地相应地减少。人民一旦被迫交出土地,以后不太有机会能再拥有土地。因此政府若要能使人民愿意出卖土地来取代征收,唯一的办法便是实行重置价格的补偿,视为当然补偿的"市价补偿"外再加发一定乘数的奖励金,鼓励人民为公共利益而作的牺牲。这才是一种比较公平的做法,也更合乎法治国家的原则。土地征收是将私人赖以生存的土地强制性地剥夺。征收的补偿,无论使用适当补偿或公正补偿,都必须填补被征收人的实质损失,避免对被征收人的二度侵害:既剥夺了拥有土地的权利,又让人民丧失了在别的地方获得同样的土地的机会。所以征收的补偿应当是一种"重置价值"的补偿。本书认为该观点代表充分补偿原则,但要和社会阶段匹配。在国家实力增强时,完全可以采纳该原则,这也从另外一个侧面说明了补偿标准本身具有动态性。

汪庆华(2007)建议通过司法审查机制来保障公平,补偿条款是民主机制的重要补充。民主过程在运作的过程中可能会出现许多弊端,最典型的有通过民主方式剥夺少数人财产权利,以及利益集团的存在导致政治过程的扭曲,通过司法审查机制进行公正补偿恰恰能够对这两种弊端进行补救。第一,民主过程中的多数人决定模式,可能会导致他们剥夺少数人的财产。从社会总体的角度来说,政府进行的征收是无效率的，但由于政府自身没有承受这种无效率征收带来的成本，政府产生了一种财政幻觉（fiscal delusion），以为这种征收能够带来很大的收益。这个时候法院对立法过程的监督就显得非常重要。用美国雨果·布莱克大法官在 Amtrong vs United States 一案中的意见来说就是，"第五修正案……设计之目的就是要防止政府迫使少数人来承受，无论从公平还是正义的角度来说，都应当由作为整体的公众来承受的负担"。第二，通过司法审查机制来约束民主过程中的利益集团。那些自身利益受到最大程度影响的人有最大的动力去影响政府，这实际上是公共选择理论所揭示出来的核心问题。无论是解决利益集团模式还是多数人模式所带来的弊端，都需要法院介入，以公平补偿作为判断的标准，对政府的征收行为进行审查。如果接受了上述理论中所具有的司法钳制立法的意义，那么，自然的结论就是司法机关进行公正补偿判断的时候，其审查标准一定不会是最容易获得许可的合宪性合理审查标准。

市场价值，"就是财产所有者在经济上的地位'应当和他的财产没有被征收时一样好'，必须要对他进行充分的，但不是更多的补偿。州和联邦政府保护的是他的财产而不是他（复制该财产）所需的成本"。一般情况下，应当以市场价值作为公平补偿的标准，除非市场价值无法合理计算出来或者以市场价值作为标准会带来明显的不公平。但是，被征收人因为征收而产生的附带损失，如"搬迁费""预期利益损失""顾客来源（信誉）损失"，并不属于该补偿范围。市场价值法的主要问题在于它拒绝对被征收人的任何真实的主观权利进行补偿。

林森田（2005）认为，虽然"基本上均以市场价值为土地征收之补偿原则"，但市场价值标准很难确定，就土地征收而言，由于并无自由市场的交易情形，实际上无市场价格。因此，土地征收所论及的市场价值，是一种特定条件下的期望价格，这种期望价格往往因人与地的不同而有差异，而且供求双方的判断是不一样的。韩乾（2013）提出在实际操作上，多数征收案都经由协商达成，运用强制手段的并不多，所达成的价格与照价收买没有太大的差别。但是因为政府有征收的权力做后盾，被征收人也不至于过分要价。最后双方达成的价格多半是市场价格。衡量该价格是否妥当，主要看是否低于或高于市场价格，是否能够补偿对所有权人所造成的经济损失。通常，多数的个案都不会同意所有权人所要求的全价（full value）补偿。黄馨（2009）认为土地征收补偿本质有四：补偿为保障财产权的合宪要件；为保障被征收人的基本生存要件；为征收完成的要件；为公法行为的负担。杨松龄（1992）认为征收乃是国家权力的行使，为需用土地人所得的征收权利，为补偿土地权利的损失，对国家所履行公法上的金钱负担。补偿分相当补偿和完全补偿，前者基于社会义务或特别牺牲的观念，只包含实际的经济损失。

# 2.4　补偿标准的土地经济学研究

## 2.4.1　为什么需要补偿

因斯（Innes，1997）认为补偿有两个经济动机，一是市场失灵，由于没有私人市场上的保险供给，政府只能以补偿的方式向风险厌恶者提供类似保险以增进福利；二是政府失灵，如无补偿，则可能发生财政幻觉，即政府对行动的私人成本比公共利益和预算成本给予较低的权重，如果不补偿，这会诱使政府更多地采取征收。补偿将私人成本加进了政府预算，从而带来更有效率的政府行为。一个简单的税和补偿计划将实现最优社会配置。个人应该获得完全市场价值作为征收的补偿，不能假定政府以社会价值最大化为目标。土地所有者财产被征收的补偿标准是社会的公平市场均价值，市场价值是最优的，可避免土地所有者的过度投资。土地所有者只能获得一部分征收后增加的价值补偿，因为一部分被他所缴纳的税收义务所抵消。诺塞尔（Nosal，2001）认为世界上多数司法体系下，政府被允许征收私人财产。但政府的征收决策可能具有个人动机而不是以社会利益为准则。费希尔和沙皮罗（Fischel & Shapiro，1989）使用一个公共选择模型发现如果政府为选票而按"多数人"规则行事，那么补偿将不会实行，实施过多征收却不用付出代价，多数人将获益。支付补偿意味着多数人被征税以满足被征收人并减少征收。他们认为应该依据财产的市场价值，补偿一部分损失，这并不是最优的。赫马林（Hermalin，1995）、米塞利和塞格松（Miceli & Segerson，1994）认为最优机制要独立于市场估值。

## 2.4.2　客观价值和主观价值

补偿标准确定的难度源于客观价值和主观价值认知的差异，也源自消费者剩余的归属。主观价值论逐渐成为共识，土地经济学对此有较多的分析。巴洛维（1989）认为，不愿出售其财产的所有者自然趋向于用"对所有者价值"来思考。然而，公共官员则趋向于以他们的标准为基础，其判断依据是当时市场上同类财产的价值。在决定什么是公平补偿的过程中，大多数法院反对接收者的价值和所有者的价值的观点，公平补偿常常被定义为合理的市场价值或买者乐意支付卖者乐意接受的价格。法院通常拒绝对间接损失，如迁移的开支、个人的不便利、商业经营的中断或信誉的损失等进行补偿。但是，当对间接损失的补偿被否定时，可以对留在所有者手中的财产价值降低有关的严重损失进行补偿。田纳西河流域管理局提供了一个很少见的例子，该公共机构保证"土地所有者在失去财产后至少应和以前一样好"。在决定他的购买价格时，该公共机构不仅考虑市场价值，而且考虑所有者在其他地点重建而不损坏其经济地位所需的成本。艾珀斯坦认为可以征收时对主观价值予以补偿：重置成本、红利价值（bonus）。坚持将市场价值作为普遍标准不仅适用于完全的征收也适用于部分征收，包括所有形式的直接规制（direct regulation）。陈怡均（2008）认为土地所有者总价值是期望售价与剩余的总和，换句话说，不动产总市场售价加上消费者剩余，即可获得不动产的需求曲线。对于不动产来说，消费者剩余无法透过买卖而转移至买受人手中，因此征收补偿往往会忽略消费者剩余的存在，而以市价补偿被征收人。费希尔（Fischel，1985）认为征收下的公正补偿不能解决效率问题。因为市场价格并不是所有者的真实保留价格，所有者可能有附属于财产的个人价值，而货币补偿并不能购买到足够的替代品，所以强制出售并不能保证帕累托最优。

韩乾（2013）认为判定合理的补偿困难在于征收和被征收双方对价值认同的差距，在法律或学理上也有不同的见解。加拿大法律一直以来都是以土地所有者认定的价值为补偿标准。这种标准是依据英国 1945 年的 *Land Clauses Consolidation Act*，理由是认为以所有者认定的价值，可以补偿所有者经济福利损失，使其可以维持在被征收之前的水平。加拿大法院 1914 年的判例，提出以下两点补偿原则：一是补偿的价值应该是被征收时土地所有者所认定的价值，而不是征收人所认定的价值；二是土地所有者所认定的价值包括这块土地现在及将来全部的利益。但是所能决定的，只有现在的价值，而不是预期将来改良之后的价值。实际上将土地的潜在利益排除不计。之所以以土地所有者认定的价值补偿，背后的理由是：一是可以反映出被征收人所遭受的损失；二是可以避免额外的需求，而造成价值上的变化。澳大利亚的基本原则一是被征收土地的价值必须是可能做最高最佳使用的价值。二是补偿的价值是指土地所有者所认可的价值。三是基于一个潜在的可能，如果征收人在自由议价的状况下，可能偿付比强制征收为高的价格。但是这个价值也不是征收人所认定的价值。四是补偿价值必须排除任何未来公共工程可能增进或减损的价值。五是以不动产市价为基础，再加上对土地所有者所造成损失的价值，即是所有者所认可的价值。六是对于补偿价值之中的损益应该互相抵消计算①。可见加拿大、澳大利亚两国的补偿原则是较宽松的。在发达国家，这些基本原则虽有差异，但基本相同。

---

① 所谓的损失，举例说明如下：①由于征收所造成的对土地所有者及其他临近土地的效用或价值的负面影响；②因为成本的增加而失去的利润；③由于征收所造成企业经营上的损失，如出售股票或设备等；④迁移成本；⑤开发不利的额外花费；⑥土地改良物的剩余价值；⑦购买类似土地的各项费用。加拿大部分地区采用市场价值为补偿标准，改为市场价值的原因有五项：①虽然感情因素的价值对土地所有者非常重要，但是难以客观量度；②类似不动产所有人的要求可能不同；③所有者可能做过分的要求，造成纳税人的负担；④为了社会公众的需要，土地所有者也有责任牺牲一部分的权利；⑤市场价值再加上一些财务的损失或迁移的花费，在行政上也比较容易处理。当然，以市场价值补偿也不是没有缺点的办法。对一般财物，购买一件等值的替代品并不困难，对不动产却不大可能。也有人认为非市场因素的价值也应计算在经济损失之内。

但市场价值代表了一种可行和低交易成本的补偿标准。林森田（1989）认为以土地的正常市价为土地征收补偿的标准显然较为合理，但市价有两种不同的意义：市场价格代表在某一特定交易环境下，特定买方与卖方愿意接受的交易价格；市场价值代表在某一特定市场条件下所期望的价格，这只是一个概念。故就土地征收而言，并无自由市场的交易情形发生，不会产生正常市场价格，则土地征收补偿的标准应为市场价值。谢摇明（2012）认为公平市价不同于经济价值，前者是一般人所说的市场行情，后者则是公平市价加上所有权人的主观价值。土地所有者在衡量是否出售时，会比较其经济价值与买家的出价孰高。公平市价对土地所有者的出卖决定并无影响。而买家出价，也以其经济价值为上限，故市场上能发生自愿性交易，必定是因为买方的经济价值高于卖方的经济价值，而双方在两价之间的某价格取得共识。最后买卖双方成立的价格大多数会等于公平市价或高于公平市价。李镇光（2000）指出，公平补偿基于以下观点采用完全的市价补偿为补偿标准：平等原则、财产权和生存权保障、时势所趋。怀曼（Wyman，2007）提出以市价为征收补偿标准的改进项目有以下几种：①补偿被征收人目前忍受的损失，使征收补偿接近主观无差别。②补偿高于市价的财产重置成本。③被征收人可享有征收利得。④补偿被征收人对于财产的主观价值而不是市场价值。主观价值是指被征收人主观上的损失或无形资产的损失，这些损失虽然难以量化，被征收人心中却自有衡量标准。对中国台湾地区的实务而言，以公告现值补偿被征收土地，一半被过低补偿，另一半被过高补偿。台湾地区现行制度可减少被征收人的道德风险（政府也不会受到财政幻觉迷惑而过度征收不必要土地），对公用征收要件严格把关。征收补偿不考虑土地个别因素及未来收益。加成补偿的成数无法公平填补各地价区段之公告现值与市价落差。从法院判决来看，征收补偿应考虑征收土地未来合理预期收益。土地价值反映现在与未来利益，为众所承认的概念，故未来利益应予补偿。张千帆（2005）认为美国法院将"公平市场价值"定义为买主在公平和公开的市场交易中愿意付给卖主的价格，一般需要考虑影响一个购买者愿意出价的合理的因素。当然，卖主只是提出价值更高的用途之可能性是不够的，这种可能性还必须足够高，以至于能说服一个合理的买主愿意付出更高的价格。尽管联邦最高法院认为被征收人对财产的主观价值并不能决定公正补偿的衡量，如果它确实会影响一个合理的买主在公开市场上的出价，那么仍然需要考虑主观价值。因此，除非是完全个人化的考虑，主观价值可能也会部分反映到补偿数额之中。

## 2.4.3　土地的多元价值

土地非一般商品，具有多元的价值，这是土地补偿标准确定困难的原因之一。

陈新民（2011）认为土地具有多元的价值，应该予以重视。土地不仅涉及宪法上的财产权，亦涉及居住权的保障，行政机关现行对于土地征收的考虑大抵皆着力在经济利益上，只要合乎经济上的考虑便予以重视，实际上人民对于自身土地的情感与文化亦不失为土地价值的一种，民众近年对征收行政行为予以抗争，正是彰显其自身生活与文化一面的土地价值观。多年来保障财团未有公义的土地征收应予停止。埃文斯持相同观点，认为如果土地由所有者占有，尤其是由所有者居住，则其将对该土地产生归属感，这种归属感可能使所有者不愿出售，即使出售也希望可以获得相应的补偿。实际上，即使是再合理的价格，有些所有者也不愿意出售，戴纳斯基将这一点称为住宅归属感，他提出这一说法是为了解释土地和不动产市场的各种特征。调查结果表明，虽然也有 10% 的住户愿意接受当时的市场价格，但是大部分人需要获得大大高于市场价格的金额，这样他们才会觉得自己获得了足够的补偿。这种依附可能是情感或社会方面的，但它产生了经济效应，大多数人不愿意以市场价格出售他们拥有的房地产，除非所提供的价格更高，可以作为其失去地产的一种补偿；有些人声称在任何价位上都不愿出售其地产，这很可能是事实。罗斯基尔委员会做了住户调查，发现平均价格超过市场价格的住户占总样本的 39%。当土地被用于农业并且为农民占有时，在确保某些"归属价值"方面，这些经济联系可能更重要。因为他们已经积累了关于这片土地存在及潜在问题的认识，这些认识经年累月才能积累起来，如果农民出售土地并搬迁到别处，他们不得不在另外一片不同的土地上重新积累这些认识。这种观点也同样适用于商业。因此，使用新古典经济学术语的目的是试图说明，不动产的使用者和占有者，也就是消费者，通常并不出售此不动产，除非能够因为失去消费者剩余而得到一些补偿。如果农产品种植是他们所了解的唯一职业，并且当地几乎没有土地以农用地价格出售，而当他们通过购买该地区其他地方土地的方式转移其农业技能和知识非常困难时，这一点尤其明显。而且当地可以预期他们继续拥有的土地在将来会以一定的溢价出售。因为土地是资本资产，一个更高的价格并不必然增加立即出售的压力，尤其是当所有者预期将来的价格会更高时。这段话说明了农地具有就业和归属情感价值，精明的土地所有者会理所当然地要求一个消费者剩余的攫取。

埃文斯继续分析认为这种偏好的经济学含义是，在某一特定地区用于特定用途的土地的供给曲线向上倾斜。当然，正如诺伊兹所指出的那样，人们不愿意以目前的市场价格出售，可能是由于其他的原因。第一，如迪特曼所指出的那样，这可能来自对未来的不确定性。持有一块可开发的土地的所有权，就如同持有一份开发期权的所有权。但任何形式的开发都将产生巨大的资本成本，而且土地使用也决定于可预见的未来。因此，实际上这份期权只能被所有者交割一次，但到期权被交割、进行开发为止，这份期权是有价值的，即使该土地的市场价格相当于目前产出率最高的土地的价值，但这也不可能诱惑所有者出售或开发其土地。对所有者而言，等待也许是更可取的。第二，如诺伊兹所证明的那样，土地所有者可能对未来进行投机，拒绝将其土地用于目前可获利的开发上。

黄东东（2013）对中国的研究发现"市场价值标准"仅限于合同法意义上的"一般损失"或"直接损失"，通常会忽略所有间接损失，这一点对于理解中国失地农民的贫困尤其重要。"物质资本"的损失往往只是农民全部损失的一部分，其生活水平的降低不仅源于"物质资本"损失的补偿不足，更因为"人力资本"和"社会资本"的丧失。譬如，由于职业和劳动对象的改变，作为农民时所拥有的人力资本变得毫无用处；很多外迁安置农民还失去了原有的亲友网络、危难共济的人际关系和社区归属感等社会资本。只有将征收造成的损失置于其社会全过程的背景下，才能凸显只针对物质损失的补偿标准及其实践的不足。换言之，"市场价值标准"这类经济分析往往并不符合完全补偿的公平原则。不管按照哪种补偿原则，各国征收补偿制度的一个共同之处在于以弥补被征收人损失为前提，所以即使在土地私有化的美国，"公平补偿"也被解读为被征收土地的所有人和使用者的经济状况不因征收受到影响，既不能因之而富，也不能因之而穷。因此，几乎所有西方国家都认为，土地增值收益不应该属于土地所有者或使用者，而应属于全社会的代表国家所有。何谓"公平补偿"还需要从被征地农民的角度来理解。

实验经济学发现土地资源具有禀赋效应和替代效应，这也是人们对土地主观价值的认知与市场价值出现差异的原因。何和艾萨米（He & Asami，2014）之前的实证研究发现物品越不像正常商品，WTA[①]、WTP[②]之间差距越大，比值是 7.1，这源自禀赋效应和替代效应。替代性越小，差距越大，如农地。禀赋效应和策略动机的存在，后者会有意识地放大补偿要求。

## 2.5　补偿范围

### 2.5.1　补偿构成

杨松龄（1992）认为补偿范围包括：积极损失（经济损失和非经济损失），前者如地价损失和迁移费用，后者如事业损失、转业损失。消极损失（经济损失和非经济损失），前者如期待利益损失（营业、速进、农业损失，残余物损失），后者如营利事业无形损失和生活环境损失等。朱子庆（2013）的台湾地区与大陆对比研究认为市价补偿不一定能够满足公平补偿的要求。一般认为存在三种原则：完全补偿、适当补偿和衡平补偿。完全补偿观念逐渐得到各国确认。但市场价值

---

① WTA，受偿意愿。
② WTP，支付意愿。

标准忽略了间接损失。如物质资本只是农民损失的一部分，而人力资本和社会资本的丧失被忽略，这不符合完全补偿的公平原则。

林纪玫和林子钦（2001）认为土地对土地所有者的价值主要包含三个部分：被征收土地的价值、分割或伤害损失、干扰。若干研究就土地使用所带来的福利和土地所有者所损失的福利相比较后，认为超过市场价格的补偿是正当的。他们的报告接受这种论点可能隐含的意义，但不认为有必要因此改变市价补偿的基本原则。因为纵使超过市价的观念被接受，超过程度或比例的决定仍然是个政策上的决定。谢清树（2005）发现英国土地征用补偿费包括下面 4 个部分：被征用土地的市场价格（market value of the acquired land）、征用土地后对未被征用的土地带来的价值损害（injury to retained land）、因征用土地而产生的其他损失（consequential loss）和在某些情况下对被征用的具有特殊性的土地在同等条件下的重置价格（equivalent reinstatement）。

钟玉美（2005）分析认为，征收补偿除以市场价值填补财产权损失外，亦应将社会成本考虑在内。唐云锋等（2015）提出对土地征收补偿的范围应终止在"被动性"市民化第一个阶段结束位置，"被动性"市民化的成本补偿应由产权补偿、代价补偿和发展补偿构成。产权补偿只是"被动性"市民化的成本补偿中的一部分，有必要充分考虑其他两种补偿。"被动性"市民化过程中农民丧失的不仅是土地的产权财富，还有为整个社会发展承担的发展代价，以及成为新城镇居民后的个人发展权利的损失。这种观点注意到了土地的功能，但并不符合市场经济理念。

## 2.5.2　发展权及其价值归属

对发展权价值是否补偿？依据地租理论，土地征收是对地租的分配，稀缺地租是地租的本质和主要构成部分，土地所有者有可能在土地征收时失去大部分稀缺地租，但问题在于发展权归属并不明确。我国台湾学者韩乾（2013）认为征收人的价值是稀缺地租。补偿与价值问题，主要在于供给的状况或替代品的有无，而并不关乎开发案本身的价值。从私有经济的立场来看，征收行为显然是政府有意识地破坏了市场的交易制度，稀缺地租的取得并不是主要的目的（政府）。其结果可能是土地所有者一无所获，而由政府获得土地的增值。但是政府征收土地的原则是，不以获得稀少性资源的多寡作为判断土地应不应该征收的标准。然而，一块特别适用的土地，一旦被征收，它的全部利益自然是归于征收人的。实际上，产生稀缺地租的原因有二：一是因为计划案的需要而对特殊的土地产生需求；二是因为可用的土地稀少而没有替代品。它们属于需求改变造成的，增值应该归公。这个观点实际上指出土地增值部分也不应该全部归属于土地所有者。但哈耶克早就批评了全部增值归属国家的理想化的制度设计，他说 1947 年英国《城乡规划法》的严厉规定很好地说明了城市规划者如何倾向于使得整个经济屈服于行政专制主义。尽管几年后就不得不废止了这些规定。这一法案所依据的设想是，人们可以按一种价格自由买卖土地，该价格建立在特定地皮的当前用途永久不得改变这一假设的基础上。任何来自更改地皮用途的收益都应作为允许这一改变的代价上交规划当局，而如何保持当前用途的特定贬值损失只影响到土地所有者本人，为管理这些法规而成立的当局由此得到了对改变除农用地之外的所有土地用途的完全控制权。这是一种垄断权力，从本质来看，这是一种不受规则制约的权力。市场价值不是一个清晰的量度，而且有关什么是公平市场价值的看法也可能大相径庭。

我国大陆学界对土地发展权的争论较多。权利归属决定利益归属。土地征收常常和土地管制密切相关，其中土地发展权价值归属是最大的技术难题，对此问题的不同观点会引出不同的补偿原则。郑振源（2012）认为开发权（建设用地使用权）并不都是国家的，只能说国有土地的开发权（建设用地使用权）是国家设定，并按照规划让渡给建设用地使用权人，而不能说集体土地的开发权也是国家的，并以此为由剥夺集体土地的开发收益。征收集体土地就应当遵循市场经济通行的等价交换原则，按征收时正常的土地市场价格给予补偿。但问题在于农地没有市场，即使有市场，其用途也不是规划用途下的市场；如果是原来用途的市场，其权利价格并不能体现土地的潜在价值。他还批评了著名土地法学者沈守愚（1998）的观点："土地所有权是双重所有权，有两个所有权主体，一个国家权利主体、一个民事权利主体，同时并存于同一土地上；农地发展权是属于国家的一项新的独立的财产权，它的权源是国家主权；为保护耕地、防止单位或个人任意变更农地为非农建设用地，国家直接行使主权性财产权，按照计划和规划确定土地使用性质，这个理论是错误的，早已有人批驳过。"土地经济学家周诚后来也主张土地增值分享，其实这和发展权归属是谁关系已经不大了。

不承认基本发展权，实际就是完全捕获全部土地增值，不和土地所有者分享利益，相当于剥夺了土地所有者应得的部分。承认土地发展权，就相当于将部分发展权价值分给土地所有者。然而在技术上由于土地增值的多源性（需求、改良、投资等）和混合性特征，使其很难分割出土地所有者应该获得的部分。

不少学者对土地发展权进行了研究。在美国，土地发展权明确是一种法定的土地所有者权利。斯丁森（Stinson，1996）认为真正的发展权是总权利束的一部分。发展权应被视为分区的结果（progeny），是一种分区权利，而非真正的不动产开发权。公共资产观点认为因为分区配置了发展权，所以开发的权利是源自政府而不是源自土地本身。

林森田（2010）认为以市场价值或低于市场价值补偿会产生土地征收的社会成本，它不应该被忽略。如果承认公共部门对土地发展的管制，会造成被限制发展土地价值的移位，则对于被征收土地的补偿，除了考量征收所致社会成本外，也应将其原本应有而移位的期望价值适当计算在内，更符合社会公平正义。谢哲胜指出，对于既得权，价值无论高低，法律统一加以考虑，而许多期待权具有相当价值，比既得权价值还高，如果不考虑权利不精确的成本，法律给予保护的既得权或期待权，其价值均是权利人可期待享受的利益。张刚维（2008）认为只有政府在某些时点上以公权力改变财产权的内容或形式，造成在这时点前后财产权内容的不连续性时，才能衍生补偿或回馈的问题。陈瑞主（2001）发现实施发展许可制基本上仍是基于将部分财产权归于国家所有的产权基础，但已考虑到透过市场机制来决定资源的配置。使土地使用权受限的土地所有者能得到发展许可的利益，是将其受益权部分归还土地所有者的做法，因此有保障土地所有者产权的意味。这种措施已在相当程度上减少了土地公有部分，而赋予土地所有者更完全的土地财产权。然而这并未改变国家对土地财产权占有的事实，不算是对侵害土地所有者产权的补偿。目前已有许多专家学者开始注意管制地区土地所有者财产权受损补偿的问题，例如，1998年召开的全国国土及水资源会议结论之一为"限制发展地区之划设，将直接影响人民权利义务，应依其类型，就社会公平原则，以及居民权益受损情况分别研订救助、补贴、补偿、回馈等办法"。

作为经济学家的华生（2013）对土地发展权的认识是比较深刻的，他说："今天的土地权利之争在于土地开发权的归属。土地开发权在城市区域的使用，实际上是以一个国家绝大部分农村区域的土地开发权被严格限制为前提的。它应当属于社会管理而非幸运的少数人所有。从现代西方市场经济法治社会的实践来看，土地开发权既非国有，也非私有，也不能界定为政府与土地所有者之间分享的权利，而是一种社会相关利益方共享的权利。政府对土地的规划权只是管理土地开发权的消极权力，而政府对土地的征收则是管理土地开发权的积极权力。"因此，他认为开发权应该共享。简新华和杨冕（2015）同意土地权利必须共享，土地增值亦不能由失地农民独得，必须在国家、相关投资者和土地被征用的农民之间合理分配。颜爱静（2013）也认为合理补偿是指根据美国财产法规定，赔偿所有者财产的公平市场价格，不仅要补偿被征土地现有价值，还要考虑补偿其可预期、可预见的未来价值。黄季焜等（2006）提出了发展许可交易制度，考虑在全国实施耕地用途转换许可制制度，每年允许一定数量的耕地转移为非耕地，但是要确保这些转移许可证是可交易的，从而保证一些条件较好的地区可以获得更多的转移配额来促进经济的发展。刘俊等（2015）建议补偿标准仍然应当坚持原土地用途，这涉及中国集体土地权利产生的特殊性及中国应当坚持土地发展权属于国家所有的原则性问题。

张新平（2014）发现，英国土地发展权制度有助于解决传统土地权利体系下"私权"与"公权"冲突的问题，更好地平衡不同土地权利主体的利益，并可为中国土地利用实践提供借鉴。英国土地发展权国有化措施几经变迁之后，一方面抛弃了将发展权价值全部收归国有的做法，也不再对发展权进行补偿；另一方面也以收取特定的发展捐、建设税或者附加开发商规划义务的方式，通过国家公权力将部分土地发展价值回归社会，这实际上是一种国家与土地权利人分享发展权益的做法。在征地过程中，农民也很难分享到土地发展权益。这不仅背离了土地产权的运行规律，造成土地权利体系的混乱，而且因权利分配的不公，还可能诱发严重的社会问题。因此，从权利的性质和来源而言，单纯将发展权"归公"或"归私"显然都不是一种稳妥的做法，建立不同的土地权利主体间发展权分享机制，无疑是更为合理的选择。

陈柏峰（2012）认为征地纠纷的本质是各方对土地发展增益的争夺，土地发展增益在法律上表现为土地发展权。与美国土地发展权制度相比，中国征地补偿制度存在的一个问题是，那些偏远农村大田农民（即农村集体）的土地发展权一直被忽略。在理论上，全国的每一块土地都天然地拥有土地发展权。但现在，土地用途管制和土地征收制度将土地发展权收归国有，并由政府进行土地发展增益分配。虽然土地发展增益确实有相当部分通过公共财政用于偏远农村，可目前国家以城市为主要发展重心，大田农民能够分享到的土地发展增益非常有限，而且公共财政开支与大田农民的土地发展增益缺乏明确的制度联系。大田农民的土地缺乏被征收的机会，他们不会也不懂得争取土地发展增益，是"沉默的大多数"。本书部分赞成这个观点，但他认为土地发展权已经收归国有的观点是欠妥的。大田农民只能对其土地的土地发展权有分享权，试图分享郊区农民的土地发展权利益是不符合理论的。该观点在一些学者中颇有市场，典型的如贺雪峰（2015）也持该观点。陈柏峰还发现农民希望自己土地被征收，因为征地补偿要远高于农民从事农业生产所获收入。但全国的确也普遍出现了征地冲突，这是为什么呢？有两个原因，一是有些地方政府尤其是中西部市县级政府缺少给农民的补偿，该给的征地补偿不能到位；二是农民希望借征地来获得更多、更大的利益。土地不可移动，要搞建设，规划区内的土地就必须被征收。少数农民坐地要价，其中一种方法是要求高价补偿地上附着物。简单地说，农民不是不愿征地，而是希望借征地及拆迁的机会获得更多好处。土地征收制度改革的焦点在于让农民参与分享农地变为建设用地后的增值收益，这种说法不正确，若如此进行土地征收制度改革，十分荒唐。本书认为这个观点是缺乏经济学和法学理论基础的，是对财产权的歧视。

## 2.6　中国的土地征收困境

中国的土地征收制度陷入困境，重要原因在于我国特有的所有权制度和管制制度背景下，政府垄断土地供应和特定土地市场缺失。

### 2.6.1 一般性问题

周其仁（2004）一针见血地指出我国现行土地征收制度通过管制农民土地转让权，将产权租金转变为行政权力租金，从而事先管制了农地转用的价格，妨碍运用市场机制配置土地资源。这套制度不但引发分配的不公正，而且导致生产和交易的低效率。倘若考虑引入按市价补偿的新原则，就要连带考虑打破国家对一级土地市场的垄断。这里的道理很简单：没有一级土地市场的开放和竞争，社会无从知道土地的市价信号。曹锦清（2016）认为以发展为中心，就必须要征用大量的土地，问题在于如何征用和补偿的问题，而不是要不要征用的问题。目前的制度确保了中国政府的土地征用，大规模的基础设施建设可以以低成本高速推进，而后使得地方招商引资、发展工业、城市化成为可能。中国的这一轮工业化，就是工业资本和土地的结合，大体上叫作零地租，在中国生产出来的工业产品几乎不含地租，虽然其中一部分农民失去了土地，只给予低价的、廉价的补偿，但农民提高了就业率和生活水平。

靳相木和陈箫（2014）认为中国土地征收制度的第一个困局，即征收权与规划权"捆绑"行使导致的公正补偿内涵界定之困局。在征收权和规划权"捆绑行使的框架内，由规划权引起的农地转用价值增值及其分配问题便被悄然导入土地征收补偿框架中，从而原本该由土地税收制度解决的问题在外观上也就扣到了土地征收补偿制度的头上来"。既然如此，集体土地征收公正补偿内涵的界定就无法从单纯的土地征收法律关系中寻找答案，而必须引入社会的、政治的机制，接受民意的洗礼，在"被征收人的所失—征收人的所得"之间的过渡地带选择一个平衡点，运用税收、转移支付、补偿等手段，以土地补偿、劳动力安置、社会保障、就业扶助等方面的政策手段对被征收人进行综合补偿安置。应该说，两位学者首次将土地征收与规划制度进行了合理关联，这是很难得的对土地增值的理论分析。第二个困局是集体土地所有权不可交易导致的公正补偿标准发现之困局。

史清华等（2011）认为土地征收并不一定降低农民收入这一现象说明失地农民问题的产生另有根源。在现行土地征收程序安排下，农民不能完全参与土地征收利益分配过程，充分表达意见，获取土地所有者应有的回报，才是引发失地农民问题的深层根源。因此，未来土地征收制度改革的一个重要方向就是要赋予农民完全的土地征收谈判权，实现程序公平。本书认为该研究在一定程度上说明了权利和程序的重要性，农民也可能并不全是以利益为导向的。

张科静等（2013）分析了迁移对失地农民生计资本可能产生的影响，其中包括：原有的生产体系被破坏，生产性的收入来源丧失，乡村原有的组织结构和社会关系网被削弱，家族群体被分散，文化特征、传统势力及潜在的互相帮助作用被减弱等。

## 2.6.2　产权残缺

所有制和对产权的限制是目前农地产权存在的主要弊端。程雪阳（2014）分析了法律对集体土地所有者进行的限制，认为这会进一步细化、强化宪法对两种土地所有权不平等的规定，不但使集体土地变成了德姆塞兹所说的"所有权残缺"，也使国家成了集体土地的真正所有者。那些依然归农民集体所有的，不过是"没有被征收的潜在的国有土地"而已，不存在真正的农民（或农民集体拥有所有权）的土地。集体土地使用权也是残缺的，不得用于非农建设。要改革征收制度，农地流转市场和城乡建设用地交易市场建立并健康有序地运行，征收权才能得以克制。

张千帆曾经指出集体所有权可以是一种实质性的所有权。名义上的集体所有权完全可以和农民的实际使用权相分离。农村土地管理必须转变国家主义思维，确立私人主体和市场经济的主导地位，农民对土地的使用权不应受到政策或法律的过分约束。耕地保护的关键不在于剥夺农民的发展机会，而在于建立法治化的城乡规划与用途管制体制。罗必良（2014）在研究农地时认为小农行为具有双重性：一方面追求生存第一和安全第一，另一方面追求收益最大化。前者是非市场行为，它的目标是生产最大化，以满足自己的基本需求，因而对市场价格缺乏反应；后者则是经营性的市场行为。

钱龙和洪名勇（2015）从中央政府能力和目标导向、制度绩效视角对"有意的制度模糊"进行分析，认为农地产权制度并非只取决于中央政府意愿，也与农民推动密切相关；中央政府目标在于地权明晰化而非模糊化。从制度绩效来看，模糊地权充满效率的观点并不正确，模糊的地权已成为引起社会冲突的主要原因之一。通过所有权确权来解决地权模糊面临诸多困难，中央政府试图通过"稳定所有权，明晰承包权"的确权路径来化解模糊性，这是一次重大的理论创新与实践探索。

## 2.6.3　整体建议

朱可亮等组成的课题组（2012）认为，第一，一切非公共利益但需要使用农民土地的最好由开发商和农民及集体经济组织直接协商补偿及安置方案，政府不得参与。谈妥了，开发商才可以去办理相关的改变土地用途申请等手续。第二，补偿标准如何提高。如果新的《土地管理法》做不到完全把土地征收限制在纯"公共利益"的范围内，那么营利性质的土地征收必须保证农民和村集体充分享受土地增值的利益。这个时候再用农地年产值和某个倍数来衡量已经明显不合适，必须用非农用地的市场价值来补偿。第三，要考虑补偿费，并设定一个在失地农民和村集体之间明确的分配比例。第四，必须大幅度提高土地征收程序的透明度、公正性和群众参与度。目前的土地征收程序大多流于形式，地方政府在告知和征询群众意见方面还有很大的提升空间。本书建议新的《土地管理法》设定具体而硬性的程序规定，在公共告示、公开听证等环节上提出明确的时间表及群众参与度的要求。为了保障大多数农民的利益，避免地方政府过度强势介入，对于非公益性征收可以考虑设定一个最低程序标准：在充分协商之后，只有当一定比例（如2/3 或 3/4）的全体被征地农民自愿接受补偿和安置标准后，政府才可以启动征收的相关程序。

## 2.7　征收公共利益及程序性问题

公共利益是一个非常重要的话题。笔者从文献检索中发现公共利益无论在中国、美国还是其他国家和地区，都经常被公民用于对征收合法性的挑战，不管公民本意是为了制止征收还是获得更高的补偿。但公共利益本身的确是很难界定的。到底有没有界定的必要？张千帆（2012）认为公共利益在本质上是无法准确界定的，因而政府征收行为实际上几乎不受任何实质性的制度制约。建议在保留政府为实现公共利益征收的权力的基础上，明确列举重大公共利益事项并规定政府土地征收权力必须符合比例原则，以此限制政府征收的权力。建议废除土地原用途补偿原则和土地补偿的最高限额，将补偿标准修改为由供地和需地双方通过自愿协商来决定补偿标准；在双方无法达成一致协议时，由双方都能接受的资产评估公司按照周边区位的市场价格决定补偿标准。

托马斯·米勒（Thomas Merrill）认为公共利益是一个非常笼统、非常模糊的概念，在美国，法院也不愿意就什么叫作"公共利益"做出更精确的规定。有一些州尝试要给公共利益做更详细的规定，但是即使在这种情况下，这些州的法院往往更倾向于尊重和维护政治机关所做出的决定，也就是说最后还是由政治机关来决定到底什么叫作公共利益。所以在这些州经常发现法院所使用的语言是这样的：他们认为，定义公共利益的权力应该交给议会、民选的代表或者是由公民来决定。为什么法院也觉得正确地甚至精确地解释公共利益的概念是非常困难的一件事呢？因为在这个过程中涉及太多的不同利益和价值，要对这些利益和价值进行平衡，而这些利益和价值本身是很难去衡量的。美国公众对于征收权的看法是因案件而异，对于立法机构和法庭的判决而言，也同样遵循这样的规律，就是说他们都试图在公共利益和私人利益之间求得一种平衡。美国法院在决定是否为公正补偿时，遵循的第一个最基本的原则就是按照不动产的公平市场价值来确定。公平市场价值是指一个理性的卖主可能从一个理性的买主那里购买不动产支付的价格。这是一个客观数额，而不是主观数额。第二个征地补偿的原则叫基于不动产的"最高和最佳用途原则"（highest and best use），比如，某一块要被征收的土地现在是一块农用地，但是如果土地所有者能够证明这块农用地是可以被改造作为郊区住宅用地，从而使得这块农用地的价值更高，法院会要求按照更高的价值给予补偿，也就是说补偿的基础是用于建造郊区住宅的价值，而不是耕田的价值。第三个原则是不动产所有者无权分享因土地征收所建项目使该不动产增加的任何价值。可以看出，第一条和第三条原则对政府有利，第二条原则对不动产所有者更有利。归根到底，美国宪法并未规定由于征收，私人所有者有权获得 100% 的损失补偿。因为如果按照所有者的实际损失进行全额补偿，无论是对于法院还是对于行政机关而言，都要消耗大量的时间和精力去确定实际损失到底是多少，这就意味着会付出高昂的代价，而且也担心这会让征收机关减少征收土地后的建设积极性。米勒的观点恰恰说明了公共利益和补偿之间的重要联系。

米勒还提到了土地管制，他认为政府的管制措施给私人所有者造成很大影响，以至于私人所有者在这块不动产上根本就不可能再获得任何经济价值。因此实际案件审理时，法官往往需要平衡考虑各种因素，比如，不动产的价值由于政府的管制措施降低了多少，政府对这块土地实行的管制是一种单纯简单的管制措施，还是有侵入占有这块土地的意图，以及私人所有者可以获得的合理的投资回报率是多少。结果，在大多数案件中，私人所有者并没能获得补偿。如果谈判购买没有达成一致意见，政府将会向不动产所有者出示一个最后的补偿报价，继而进入征收阶段。在美国，强制性征收是从向法院提起征收诉讼开始的，也就是说，如果双方谈判失败，不能实现自愿购买，政府动用征收权必须是向法院提起诉讼，通过司法程序完成征收。最后是否征收，征收的补偿数额是多少，都是由法院来裁判。

由此看来，美国的法院、普通公众（包括陪审团）都对公共利益和公正补偿具有判断权。

张千帆（2011）倡导征地拆迁三原则：政府最小干预原则、公众参与原则、公正补偿原则。被征收人/拆迁人并不怎么关心公共利益，他们关心的实际是他们自身的利益，是征收之后的安置与补偿。所以，确立公众参与原则，加强被征收人/拆迁人的话语权，或许就是界定公共利益的可行方式。该观点很有道理。张千帆和杨世建（2012）建议废除土地原用途补偿原则和土地补偿的最高限额，将补偿标准修改为由供地和需地双方通过自愿协商来决定补偿标准；在双方无法达成一致协议时，由双方都能接受的资产评估公司按照周边区位的市场价格决定补偿标准。其实该方法国外早已实行。

张千帆（2011）还认为在公共和私人之间不存在一条绝对分明的界限，因而通过公共利益限制土地征收行为的希望注定要落空的。张千帆说，公共利益最终只能通过有效的公民参与才能得到维护。由于公共利益内在的政治性和不确定性，发达国家的法院基本上将其界定"委托"给民主代议机构，并采用相当宽松的审查标准——只要政府规划的征收具备相当广泛的民意基础并获得地方议会的多数支持，那么自然就被认为符合公共利益。反之，如果民主政治参与不存在，那么即便是法治国家的法院也无法保护公共利益；如果单纯指望通过法律列举限定征地拆迁的范围，那么这种希望注定是要落空的。上述观点是很有说服力的，因为有些公共利益项目处于模糊地带，单个国家机构界定并获得社会认可都存在困难。

赵永军等（2014）分析了征地中的程序问题，认为有批前程序缺失、协商机制不健全、纠纷裁决制度不公平等问题。中国土地征收程序形成于计划经济时代，对行政权力有着强大的路径依赖，具有浓厚的"特权行政程序"的色彩。有学者指出，特权行政程序是指在具体行政行为方面，享有行政权的部门过分强调先定特权，赋予行政机关总是采用行政强制执行的方式直接行动。越南设置了自愿性土地征收的程序。周联合（2016）认为程序和救济很重要。土地征收涉及政府公权力的强制运用，关乎权利主体的财产所有权，对社会、对民众影响巨大。因此，政府进行土地征收必须严格遵守正当法律程序。正当法律程序是法治的核心之一，其基本要求是程序法定、异议表达、中间人裁决。正当程序对于公民来说是一种权利，对于征收行为主体来说，则是一种责任，它是法律所加于政府的一种限制。土地征收权无疑是一种非常容易滥用的权力，很容易产生腐败。在美国，"征用一直都是突出的寻租部门；某些人得益，另一些人蒙受损失"。

刘祥琪等（2012）研究发现程序公正应该先于货币补偿。现有的对缓解征地矛盾的政策建议几乎无一例外地将提高货币补偿标准作为一项重要措施加以提出，但从提高农民对征地满意度的角度而言，政策上应当在保证征地程序的公开公正，特别是在保证农民对征地补偿标准制定的参与权的前提下，同时提高征地补偿标准。这就需要我们在征地补偿的磋商调解中加强农民的谈判地位，从法律上体现对农民土地权益的更多保护。

汪晖和陈萧（2015）认为只要存在谈判，被征地农民实际获得的征地补偿就高于当地政府制定的征地补偿标准；从边际上看，存在谈判将使征地补偿水平高出当地政府制定的补偿标准的概率提高 37.2%。因此，在土地征收制度改革过程中，就征地程序的某些环节做一定的改进，如增加协商谈判的环节，不仅是可行的，对被征地农民也是有利的。

崔宝玉等（2016）发现多元化就业渠道和收入，以及多样性的社会保障制度避免了被征地农民"失地失业"。提高了被征地农民增收能力和收入水平，被征地农民收入不降反增，这也是"期盼征地"与"反对征地"并存的原因。李实（2011）认为即使没有土地的征用，在现有的土地制度下，农民的土地并不能解决他们的生存权和发展权问题。农民被赋予了土地的有限使用权和收益权。没有土地的交易权和处置权，他们也具备了与征地方进行讨价还价的地位。在这种"零和"博弈中，被征地农民通过非常正规的谈判途径是无法获得自身收益最大化的，因为安置要求权的内涵及其表现出来的补偿标准都由征地方加以解释了，那么被征地农民唯一能够做的是通过各种方式——合法或非法但自认为合理，来增加征地方的征收成本。

## 2.8　国外土地征收经验

刘婧娟（2011）对加拿大土地征收的研究发现，不列颠哥伦比亚省的《征收法案》中规定，赔偿价格应当是以下二者中较大的一个：以征收时用途为基准的土地市场价格加上合理的损害补偿，或者以征收时最可能的最高和最佳使用价值为基准的土地的市场价格。同时，以下两种情况也需包含在市场价格之中：因土地所有者占有或使用土地而产生的特殊的经济优势，以及因所有者占有土地上的住所而产生的价值增值。如果被征用的土地上有一个以上的独立利益，在实际可行的情况下，每一种利益的价值都应当被独立估算。

确定市场价格时有以下几点需要注意：征收补偿中的市场价格应当与普通法上的市场价格相区别。后者指的是所有者所认为的价值。土地市场价格与土地最优利用及土地规划之间的联系。如果土地有潜在的开发价值，也应当将预期的价值增值考虑在补偿范围之内。然而，加拿大实行严格的土地规划制度，有时会因为土地规划或土地分区限制了土地的有效使用，因此，仲裁法庭在决定最有利用途径时经常会把土地规划考虑在内，因为如果现有的土地规划并不科学，对征收土地的限制不合适的时候，以可能改变的土地规划方案作为依据会更有利于被征收人，也更公平。在司法实践中，法官考虑是否采用可能的新规划作为土地征收补偿依据时，可以从两个方面进行衡量：一是土地规划改变的可能性大小，应当是 probability 而不应该是 possibility，一般要大于50%的可能性；二是土地规划改变的时间问题，是马上会发生，是不远的将来会发生，还是很多年之后才能够发生。除此之外，如果执行土地规划机关本身并没有遵守现行土地规划，仲裁法庭在决定土地最有利用时，也不会以现行土地规划作为依据。

李志强（2011）对澳大利亚的研究发现目前通行的标准并非是根据现有土地用途确定市场价值，而是评估土地在最高和最好使用状况下的价值。在确定被征收土地的最高和最好使用状况时，第一项任务是确认现有用途的市场价值。当被征收人主张土地拥有跟现在土地用途不同的更高的价值时，他需要证明：最佳用途必须是合法的——它必须符合规划和建筑规章；最佳用途必须是可能的——它必须具有可行性；最佳用途不能是投机性的、预测性的、不现实和不可能的；最佳用途是可以为假定的买方所能想象的，他应该能够理解所有用途变更涉及的问题，但是仍然对克服或解决这些问题有信心；最佳用途能够在合理的时间内被付诸实施。澳大利亚的权利本位的征收立法和判例，包括精神补偿，补偿力度远远胜过英国。他们还注重保护被征收人程序权利、专业客观的价值评估、多元有效的救济途径。

彭錞（2011）对英国的研究发现英国的补偿内容有三项：对被征收土地市场价值的补偿，对土地被征收造成侵扰（disturbance）的补偿，对土地被分割或受到其他"有害影响"的补偿（severance/injurious/affection）。一般按照公开市场价格，假设卖方自愿，且补偿金额使被征收人处在与征收前同等的状况，对其判断遵循六大原则：第一，补偿不考虑征收本身的强制性；第二，对土地的补偿应按照其在公开市场上资源出售所获得的价格，除了考虑土地现有特点以外，还考虑其发展潜力；第三，如果土地的某种特殊价值必须通过行使法定权力或征收权力才能实现，则补偿不考虑该特殊价值；第四，如果土地因违反法律规定或有害居民或公共健康的用途而增值，该增值不纳入补偿；第五，当市场上不存在对特定土地的一般性需求或不存在该市场的情况下，对土地的补偿可依据同等重置的合理花费来计算；第六，对土地补偿，按照公开市场价格进行计算，但这并不影响对土地征收造成的侵扰或其他与土地价值不直接相关的损失进行补偿。发展权是对土地潜力的补偿。公开市场价格不仅包括土地的现存价值，也包括土地的开发潜力，这就涉及土地涨价归属的问题。

尽管在一定条件下，英国现行土地征收制度包括对土地开发潜力或实际发生的开发进行补偿，但对于那些只因为征收项目本身而导致的土地增值及贬值并不给予补偿，称之为"Point Gourde 规则"。对中国的启示是从道德评价的角度来说，在某些重要问题上，中国目前恐怕还处于一个寻求规范性共识的阶段，如在土地发展权受益归属上。

另外我们发现，土地增值和发展权不仅和现状规划有关，还和未来规划有关，绝非简单的技术性问题。

对越南农村土地法律制度的研究发现，虽然越南土地征收中公共利益的界定不甚明确且相对宽泛，但其在征地拆迁过程中对公众参与、程序透明及公平市价原则和相关制度安排一定程度上做了制衡。另外，对美国的研究将在后面的章节详细介绍。

## 2.9　土地征收社会纠纷与利益冲突

朱宝丽（2012）认为征地补偿行为对被征收人来说，是一种利益填补，一种事后的补偿，具有个别性，缺乏对抽象征收行为调整的普适性，因此，这实际上是一种消极被动的利益重新分配，征收纠纷的有效消解，还需要事先的普遍的利益平衡来保障。对整个社会来讲，是否征收、如何补偿应该兼顾普遍的利益平衡。利益平衡是一种更为积极主动的社会利益分配和纠纷消解措施，在社会纠纷暴露之前对利益进行合理分配，可以对整个社会的有序发展起到良好的推动作用。因此，只有微观层面上的利益有效填补与宏观层面上的利益平衡相结合，才能从整体上对征收权与财产权的平衡起到实际意义上的作用。在法治国家，拥有征收权的政府首先争取以谈判的方式与土地所有者进行交易，只有政府的最高出价被拒绝时，政府才能动用宪法赋予的征收权。征收中注重个别利益的填补与保护。特殊情况下，应对市场价格补偿标准作出调整，增加对被征收人个别利益的维护。特殊情况下会对被征收人主观价值和间接损失的做出考虑。

杨华（2013）认为当前学界和公共媒体观察到的征地拆迁过程中出现的"钉子户""上访户"抗征抗拆及其他冲突，很大部分并非源自他们所说的政府对农民的掠夺和农民的据理抗争，这些问题和冲突在预期征地拆迁阶段实际上就已经呈现。农民盼征地拆迁，说明他们认可既定的征地拆迁利益再分配体系和规则，政府与他们的关系不是简单的压制与反抗、掠夺与抗争的二元对立关系，更多的是在既定利益再分配制度下的博弈关系。本书以为，农民盼望拆迁不能反推政府没有侵害农民权益。

曹锦清（2016）认为虽然大规模的圈地运动在中国发生，但没有发生大规模的农民暴动。小型群体性事件，都不是对补偿标准低的抗议，是对补偿以后分配不公的抗议。中国农民有一个很重要的特点，喜欢平均主义。平均地给予负担，农民也接受了；平均地给予好处，农民也说不错。如果给好处不平均会有怨言，有坏处不平均更有怨言。但农民不质疑补偿标准，这点值得商榷。

金细簪等（2015）认为当前征地拆迁过程中农民的抵制行为并非是简单的"被迫""被侵害"的抗争维权行为，是其与政府是在既定利益再分配制度下的博弈关系。因此当前征地拆迁制度改革的重点除了关注补偿的绝对数值外，应着力于建立明确、标准、规范的程序约束制度及树立良好的社会氛围。此观点强调了程序和法制环境的重要性。

## 2.10　制度变迁问题及集体建设用地市场关联

集体建设用地问题看似属于管制的问题，但也和土地征收制度紧密相关。与过去的改革一样，传统土地征收制度已经不能适应社会和人民的需要，需要倒逼制度变迁。现行规划制度并不能在保护业主权利的基础上对土地利用的合理引导。规划的不合理也表现在城乡二元分割土地产权和管理制度，不仅剥夺农村土地交易权，而且对其发展权也剥夺殆尽，这根本不能培育一个健康的市场结构。尤其这对推动农村发展极为不利，对消除城乡差别极为不利。

　　管制并非不受抵制。刘宪法（2011）发现政府以规划和建设用地转地计划管理为手段，"实行对村集体建设的控制"，是要付出很大执行成本的。原村集体利用地方性知识，凭借"先占先得"的优势，一再突破政府对集体土地使用的限制，使政府对土地的用途管制失效。另外，政府对集体土地的用途管制的实质是与村集体争夺土地资源，具体地说，就是争夺建设用地计划指标这一日显稀缺的资源。当政府一再将大量的建设用地计划指标用于国有土地，而迟迟不给村集体下达建设用地计划指标，村集体就会以违法、违规的方式自行进行土地农转非，迫使政府就范，并不得不承认既成的事实。

　　不少学者认为应该继续改革集体经济组织。华生（2013）认为应该改变集体经济的组织形式。因为"以行政村为载体的集体所有制"本来就是"改革烂尾楼"，是下一步改革的对象。首先要完成20世纪80年代农村改革"未竟的事业"，按照"政社分离"的原则剥离行政村作为"集体土地所有者代理人"的职能，让其真正成为一个政治自治和公共服务组织。然后要按照"按份共有-股份合作"的原则让集体经济组织成为一个产权明晰、治理结构完善的法人。在这个组织内部，农民不但有自由建立和解散集体经济组织的权利，而且有带着自己的财产份额退出集体的权利。也就是说，农民与集体经济组织的关系应该是股东与公司的关系。农民可以以自己的财产入股集体，也可以转让自己的股份离开这个经济集体，甚至也可以重组、扩大或者解散这个经济集体。这即是说，"集体所有制"的本质应该是自由人的自由经济联合，而不应该是产权模糊、被强制捆绑在一起且不允许退出的"一袋马铃薯"。

　　陈晓敏（2014）认为如果把私人所有权看作一个原子式的点，体现为一种主观权利，那么集体所有权就是一个框，是权利、义务和负担的综合体。集体所有权以共同体财产为核心，是为实现该财产的目的而将其归属于特定团体的功能性制度。这决定了在集体所有权制度架构中客体财产始终处于第一位，主体享有的权能受到客体的客观功能及其客观结构的限制。因此，集体所有权虽然被冠以"所有权"之名，权利要素在其中并未凸显私人所有权制度中的两个重要因素，即主体对客体的支配权及确定的财产归属，在集体所有权中都是附带和次要的，是为实现保障共同体财产的目的而衍生的副产品。集体所有权是为特定财产设立的，旨在实现其社会经济功能的法律制度。这样一种制度安排在劳动依赖于资源的经济结构下，对于稀缺资源的保存及功能的发挥尤其具有现实意义。当土地或其他资源的价值高于劳动价值时，人高度依赖资源，就需要通过一定机制将资源保留在团体内部，降低其流动性。集体所有权是在特定社会经济结构下为保障实现特定共同体财产目的的一种制度选择。只有当新的能够替代村社的社会保障机制建立起来，使个体农民不是必须依赖村社整体关系及集体土地就能获得生活保障时，个体农民对集体土地的权利才可能真正获得有效实现。

党国英（2012）认为集体成员的经营性土地可实行成员可自由进退的按份共有制度或家庭所有制度。如果农村土地制度不改革，农户承包或使用的经营性土地还是按集体产权的行使原则去配置，村干部还是越俎代庖，总想着要管理或处置那些经营性土地，而农户自己说了不算，那么群体性事件就还会上演。中国现行农村集体经济制度也属于共同共有类型，但并不适应农业集体生产。土地承包权的长期化意味着农村经济领域的共同共有制度解体。中国农村集体产权制度的主要弊端，是用同一个不完备的"社区共同共有"产权制度同时套用到农村竞争性经济领域与农村公共品配置领域，既损失效率，又牺牲平等，还导致社会不稳定。本书认为集体土地所有权不如借鉴联邦制分权化思想，按份共有，按份纳税和享受公共品，自由市场化退出和迁移。上级政府对社区没有管辖权，突出社区的概念，类似小区，未来可向这个方向渐变。

周敏等（2015）认为所有权是象征地权，承包经营权是契约地权以发展权为代表的剩余产权。集体土地产权的基本形态实际上由象征地权和契约地权构成。农户长时期的自发农地流转行为，以及国家鼓励农地流转政策的实施，有利于强化土地承包经营权，集体土地产权向着一体化、私有化的趋势发展，是土地产权自演化过程，在外部环境和农户自发行为共同作用下，产权均衡结构形成，产权自演化进入均衡稳定期。

总之，如何完善集体土地使用权制度和集体经济组织、村民自治组织，对完善土地征收制度具有重要的推动作用。反之，土地征收制度的改革仍会受到制约。

## 2.11　土地用途管制研究

### 2.11.1　土地用途管制的性质、必要性和后果

伊利（1924）在 90 多年前就谈到了土地管制，认为土地区划的法律在某种程度上，也限制了财产权和从而得到收益的机会，但这些法律也得到某些法院的维护，因为它们为公众利益而控制财产的使用。管辖权规章通过对取得较高收益机会的限制，间接地影响财富的分配。这些规章也被用来保护自然资源，特别是用来保护或增加土地的宜人环境。这些规章的直接效用是控制私有地权的范围，以便实现这些社会目标的这一或那一部分。管辖权[①]的规定实际上是拿走私人产权，而这种"财产的拿走"，通常对于个别私人是不给予补偿的，因为这种规定是管辖权的一个合理的行使。不过，即使行使这种管辖权是合理的，政府也可以核给补偿以示宽厚。还应当注意的是，管辖权的种种规定拿走了个

---

① 应翻译为警察权。原中译本翻译为管辖权。

别私人的产权，但这样拿到的权利，政府并没有使用。20 世纪 20 年代，伊利就敏锐地预言：使用土地的个别私人，其目的在于谋求最大限度的纯收益，包括金钱的与精神的两个方面的收益。不过他的利益并不总是和社会的利益一致，遇此情况，不得不对他的追求利益行为加以限制，以便达到土地利用的社会目标。为了达到这些目标，我们有时用得很明智，有时又不明智的社会手段就是：①固定价格和收费率；②传播有用的消息；③调整移民政策及其他政策，使其适应需要；④政府的管辖权；⑤土地征用权；⑥课税权。无论如何，在这些手段之中，哪一种手段应当采用和什么时候采用，都必须由实际的情况来决定。伊利的著作早就告诉政府可以选择干预市场的方式，到了后来，更多的方式被发现，很多是具有市场化色彩的。

艾珀斯坦（2011）认为土地使用分区处于一种和私有财产权制度强烈对立的地位，后者允许私人财产权所有者（在侵扰限制的范围内）决定如何使用自己的土地。在财产权得到实施的地方，所有者可以在有效的土地使用问题上作出选择，而无须去克服集体选择的难题。土地用途管制则把土地放回一个改造后的共享财产中，在这里，许多人都能限制该土地的未来使用，尽管只有一个人，即所有者，能够实际使用它。希弗（Schieffer，2009）认为土地用途管制可视为一种土地所有者的私人开发使用利益与土地利用外部效应的社会利益之间的权衡。美国法院考虑是否对限制土地使用价值适用第五修正案的补偿条款。土地所有者即使保留了部分权利束，政府仍拿走了一部分，这也可能构成可补偿的征收。实际上只有少数情况下可以判定补偿。佐佐木公明和文世一（2012）认为土地权利由所有权、使用权、开发权、处分权等多种权利束构成。在这种情况下，可对其中的使用权或开发权进行规范。

艾伦·埃文斯认为土地使用分区的效应分为：对其他类型财产；对政治过程的信任效应（管制可能意味着政府对权力的滥用，这一定是对纳税人和消费者不利的腐败）；更广泛的经济效应如真实储蓄水平和住房水平（自有）。规划法将土地产权社会化了，将其价值转移给了一个管制性偏爱所控制的人：规定为城市开发的土地价值得以十倍或更多增加。一块预期将被新房开发使用的土地价值被政府控制，政府制造短缺并分配开发许可。管制的理由可能源自对城市扩张的关注。城市土地可得性的限制对经济有广泛的影响，减少了储蓄用于生产性投资，意味着储蓄进入了住房消费，它的通胀是由政府制造稀缺导致，解决的办法是更好地许可其自由化。

贝尔琴等（2003）认为从反面讲，通过建立土地补偿制度，同时通过分区管制和密度控制，以及使有冲突的用途保持分离，城市规划可以看作一种增加私人和可盈利土地的价值的方式。城市规划的分区管制和密度控制弥补了一些房地产市场的不完善，能够保证土地利用向更高更好利用的方向发展。不管土地作何用，投机行为是私人开发的驱动力。土地所有者从房地产市场中通过保留可能开发的土地来提高土地价值。

温茨巴奇等（2001）认为警察权构成了立法保护公共卫生、公共道德、公共安全和整体福利的内在权力基础。联邦体制下，常由州政府实施。这些权力一般都转让给市政当局以便实施土地利用中的规章制度。虽然这种权力所颁布的法律都非常宽泛，但是它们并不是完全没有限制。必须注意的一点是，警察权的实施并不会给州政府或地方政府强加上赔偿所有者任何价值损失的义务——这一点不像国家征收权。因此，决定什么时候停止使用警察权而开始实施国家征收权是非常关键的。

金俭（2007）认为政府对土地等不动产使用的控制，如同公民的私有财产权利一样，是一种自然的权力。公民选择政府这一管理形式的同时也授予了政府管理社会的权力，即契约产生了警察权。它来源于公民的授权，是一个主权者固有的权力。一般政府行使公权力即使对公民不动产造成限制，也是不承担补偿责任的，但要防止其滥用。"警察权"一词一般在狭义上使用，即不包括征收在内。

## 2.11.2  管制与财产权问题

管制的后果和财产权联系紧密。麦肯泽和贝茨（2009）认为控制意味着放弃一定程度的个人自由，并与根深蒂固的自由企业和私有产权传统制度相冲突。今天，土地用途管制争论的焦点是：在不损害私有财产权利的条件下，私人土地利用冲突被控制到什么程度？政府可以运用一种或下列所有权力去控制土地利用：治安权、国家征用权、政府支出权力、税收权力。瑞都（Riddiough，1997）运用期权模型对土地估价进行了扩展，结果表明当地方威胁少于完全补偿时，地价将会受到不利影响；对开发的概率进行了量化，这会增加对发展权征收的阻力；发现管制的经济效应巨大，这对制定管制政策、相关法学理论和度量公正的补偿要求都有借鉴价值；土地使用法律会对良好定义的财产权进行损害、威胁和强迫。

金俭（2007）认为对法学家来说，财产是一组权利。这些权利描述一个人对其所有的资源可能占有、使用、改变、馈赠、转让或阻止他人侵犯。但所有的财产最终都依赖于国家的强制机制。正如边沁在《立法理论》中指出：财产完全是法律的产物，与法律同生死共存亡。在法律被制定出来前，财产是不存在的，离开法律，财产也就不存在了。私有财产具有个人性和社会性。后者通过征收权得到说明，它同样是私有财产的一部分。社会性限制个人性，所以没有绝对的私有财产。财产权是指财产上的私权，即一切具有财产价值的权利。财产和财产权实际上是内容和形式的关系。财产本质是法律概念，只能以财产权形式表现出来，是一种基本人权、自由权利。

宪法上的财产权是社会中自治的人所享有的人权，并非法律上一切个体瓜分和控制经济价值的形式。防范来自国家的侵犯，是一种消极人权。总之，财产权就是自由权。限制的法理依据有以下4点。①经济分析：稀缺性，社会环境可持续发展的需要。②法哲学分析：基于财产所负社会功能的需求；效率公平的价值取向；维护权利秩序的要求。③法理分析：私益与公益的平衡；私权与公权的冲突与平衡。④宪法基础：财产权伴随义务；内容和范围由法律规定；国家依一定程序直接限制乃至剥夺私人财产权。自由与限制之间应平衡，二者皆有代价和成本，如制度成本，以牺牲公平或效率为代价。自由是原则而限制是例外。限制必须遵循一定的原则：宪法审查、合法限制、合理限制、比例原则。

## 2.11.3　对中国土地管制的批评

管制太过，就相当于剥夺了合理的产权。张千帆等（2013）指出了中国土地制度存在的不合理之处。1998年确立了管制主义模式。这些限制规定极大地抑制了农村土地的正常市场价值，几乎剥夺了农民分享城市化收益的权利，应被视为未经补偿的管制性征税。政府的规划权其实是基于土地的公共属性而发生的对土地产权的分割。但在实践中，这项权利常常使用不当。集体土地使用权是一种共同共有产权，应行按份共有产权。如果能管住规划，国家就等于分割了产权，名义上的产权就不那么重要了。

金俭（2009）认为无论是不动产财产权的自由，还是不动产财产权的限制，均有一个度的问题。从国家行使干预不动产财产权角度出发，这种干预即限制又必须是合法、合理、有限度的。无限制的自由最终会失去自由，无约束的限制最终也将变为专制。适度限制即对不动产财产权的限制是适度的，以有限的公益和适度的限制权力为特征。适度限制应该具备五要素，即目的的正当性和公益性，限制行为的法定性，程序的正当性，限制功能的辅助性，手段的适度性（比例原则）。黄金升和陈利根（2016）认为当前的土地管制制度带有浓厚的计划经济残余，土地管制制度直接将土地权利人所有的处分权、交易权等排他性权利转移到政府手中，并成为政府行政权力配置土地资源强有力的制度工具。因此，将土地用途管制回归到防范土地利用外部性的本质，将其行政权力限制在公共资源域，而不是深度介入土地资源的交换域中，从而形成对市场功能的替代是非常必要的。陈锡文（2014）认为土地的产权与土地的用途管制必须平衡。本书认为中国的土地管制还具有政治层面的价值诉求，如反对私有及反贫富分化，而不仅是经济效益诉求。这或许具有一定的合理性。

# 2.12　土地准征收及其补偿

　　土地管制不一定构成准征收，准征收在法律效力上等同于征收。征收和准征收具有相同之处：都是对财产权的剥夺，对土地权利人造成一定程度的损害；二者都需要补偿；都是国家保留的主权性权力，是公权力。

　　二者的联系在于，它们位于一个连续的谱系之上，从无管制到管制，再到准征收，最后到征收，无管制和征收代表两个极端。贯穿其中的关键性问题是补偿，如果公正补偿，上述国家行为皆可进行。不可否认，千变万化的管制都是对财产权的部分征收，但并不必然伴随补偿行为。

　　另外，外部性伴生的国家对私权利的广泛干预和介入，是当代社会普遍现象。现代社会中，尤其是城市，国家财政体系维系和公共产品融资渴求，常产生政府对不动产市场的更加深入的介入需要，并一直行之有效。政府常有攫取土地剩余及"规划利得"（移位价值）的强烈需求，且这具有合理性。

## 2.12.1　国外学者的研究

　　奥克斯利（Oxley，2004）从经济学视角给出了管制与补偿必要性的初步分析，提出了浮动价值（floating value）和转移价值（shifting value）概念。如果在一个地区，对所有潜在的获益土地所有者给予补偿，那么补偿金额将超过任何实际的土地增值。即只有部分土地实际上能得到开发并增值。规划拒绝某一土地的开发，那么其价值将会转移给获得批准土地。此时，地方政府将发现有人寻求补偿。因规划禁止后给予不间断补偿是不现实的。政府要区分清楚：公共部门的强制征收和公共部门的限制使用补偿。前者改变了基本财产权，需要补偿，后者视为不值得补偿，因为许多习惯法要求遵守基于公共健康和建筑的管制，不需为守法而补偿。国家可通过法律和规则改变财产权和市场价值，而规划是限制现代产权进程的一部分。这种限制可采取发展权国有化、制定分区法令、实施密度控制、征税等方式，还有要求部分住宅建设成可负担住宅。

　　萨克斯（Sax，1971）认为环境运动迫使人们重新考虑财产权的定义，然后重构征收的法律。辨别征收（强制补偿）和警察权运用（非强制补偿）时，要看政府行为的性质。政府作为不同要求的调停者时，行使的是一种宪法性权力而不应该补偿（如一些土地分区），有些行为被修正为公共权力（public power）。萨克斯（1964）认为财产是竞争过程的最后结果。萨克斯（2001）还认为土地利用的妨害并不是一个好的判断可补偿性的标准。为了安全和健康而管制不需要补偿是没有历史基础的。雷克曼（Rickman）认为对任一给定的征收判定有两个极端反应：

最低立场（minimum position）理论和积极立场（active position）理论。前者采用限制性定义，当管制拿走产权或者物理上入侵才构成征收。合法的管制在民主政府下并不构成违宪，这被多数法院采纳。而艾珀斯坦观点是任何管制行为都应该被同样审查，与司法一样。最低立场理论是基于物理的财产权观点而不是基于产权的观点。积极立场理论的问题在于未经选举的法官掌控判定征收的权力，并从选举的代表那里获得制定颁布管制政策的权力。在这两个极端之间，可选择一个中间基础：对遭受经常性损失的土地所有者之不公正管制的司法尊重——对立法性财产权侵犯进行司法性强制补偿。米歇尔曼（Michelman）支持除了成本收益分析直接成本之外，还需考虑道德成本和处置成本（settlement），前者是指对即将到来的管制影响下的直接、间接受害者，当他们发现不能获得补偿时。后者是指试图向潜在的不同组的土地所有者所提供补偿的成本。净收益小于任一成本，管制不该实施；大于任一成本，管制可实施；如果净收益和道德成本大于处置成本，应该支付补偿。所以，补偿是否有效率取决于相对成本的比较。费希尔认为发声包括参与政治程序的能力，去阻止对财产价值构成威胁的管制，若无这个机制，道德成本将会很高，因为这种无助的感觉是"多数人的剥夺"。发声可以让立法者更好地估算三个成本。征收问题重要是因为管制具有外部效果，需要植根于正确的经济理论和政治程序进行管制问题研究。

　　艾珀斯坦（2011）是对管制持有明确立场的学者，他认为假设政府拿走了所有权的任何附属权利，假设它以任何方式减少了所有者的权利，那么从表面上看，它就将自己带入了征收条款的范围，无论所带来的改变有多么小，也无论条款的适用有多么普遍。任何对权利的剥夺都构成征收，无论它是如何实现的，也无论它引起的损害是什么。目前的判例法也在努力解释征收和管制之间的界限。政府行为是否为普遍的征收行为，关键是要看它对每个受其行为控制的个人的财产权发生了什么后果。他认为管制和税收具有相似之处，并且分析了暗含的实物补偿问题，如果管制暗含了补偿，那么再次补偿会被质疑。当政府计划中已经暗含有足够的实物补偿时，再进行金钱支付似乎就是不适宜的了，即使条款本身适用于此。税收显然就是对财产的一种征收。有关税收和征收的观点，同样适用于国家对私人财产的占有使用和处分的管制。管制限制了那些可以在商业中出售的商品，同时也限制了它们的价格。然而，这些千变万化的管制都是对私人财产的部分征收。所有管制行为，无论补偿与否，都在征收条款的适用范围之内。核心的问题是，根据已经确立的三个独立检验标准来判断，某项管制是否提供了宪法所要求的暗含实物补偿（一般经济理论、再分配的动机、征收对遭受它的当事人的影响，以及不成比例的程度）。费希尔（2002）认为财产权定义和发展权限制必须同时考虑合理预期、交易成本、正常行为。有两个例外情况，管制不补偿：土地所有者的损失小于他获得的公共利益；如果补偿，交易成本与补偿相比太大，需放弃全部利益。在管制征收的法律实践中，传统的损害-利益标准似乎最与基本的习俗一致，该习俗被征收条款和警察权的效率实践所暗示。它是有弹性的概念，是社区而非私人的标准，认为法院应审查社区的管制是否与社会习俗一样。标准的补偿规则应该是对增量（价值）的赔偿金，基准点是与正常行为一致的用途或法院认为不构成征收的管制程度。公正补偿未必一定是现金，社区可用其他资产与其交换。只有受到政府保护，财产权才有价值。

巴洛维（1989）谈到管制，认为对于公平补偿的规定必须区分治安权[①]和征收权。对这两种权力的区分往往很混乱，但通常有一个区分的尺度。治安权在不违反应有的程序或建立补偿责任的情况下，能够用到某一程度以限制和取得私人财产权，从而有利于公共卫生、安全、道德、方便设施和福利。但是，一旦跨过了这一界限，获取财产就需要征收权的支付补偿。如霍姆斯（Holmes）法官所说的："正如长期所认为的一样，在意指的界限内，治安权具有一定的使用价值。但是很明显，这个意指界限必须有其限制或规定并且其要有适应的程序条款。在确定界限时，必须考虑的一个事实是缩小的范围。当它达到一定程度后，在大多数情况下必须实施征用权和补偿，以支持此法令。"

布鲁姆和鲁宾菲尔德（Blume & Rubinfeld，1984）认为在美国宾夕法尼亚州煤矿案中，法官判断至少在原则上，如果财产受到的管制超过一个度，走得太远，即构成征收，但如何判断"走得太远"却存在难度。没有物理入侵，法院一般都不认为构成征收，但后来即使没有物理入侵，也可能构成征收，需要补偿，称之为"暂时破坏"。甚至，法院宣布管制无效，政府要么停止管制，要么行使征收权达成管制性目标。

补偿是一个对抗征收的保险。补偿在经济意义上是昂贵的，包括补偿有关的行政和其他成本。管理成本是巨大的，尤其是当一个宽松的补偿规则实施时。最后，一个补偿系统暗含某种土地用途对其他用途的补贴会增加土地使用决策的扭曲，这些扭曲比那些由于未保险造成的扭曲更严重。目前还不能对判断是否补偿给出详细的规则，也没讨论出是否建立一个立法性的补偿机构。

关于管制性征收，米切尔认为当管制无效率时，应予以补偿；反之，当它有效地产生更多经济价值而不是破坏时，不补偿。可是谁会支持无效率的管制呢？这个观点有问题，还会造成法律和道德上的对立。美国宪法要求对所有征收给予公正补偿。首先，考虑分配公平，即使限制其财产是有效率的，政府仍需要补偿土地所有者，不应该让使得整个社会受益的管制导致的代价，无端的让一个群体去承担。凯洛（Kelo）案的争论还将继续。

麦西克（Macek，2003）认为经济损失并不足以构成征收，失去了大量经济价值并不足以认定土地权利的丧失。在两个不同的案例中，权利的描述是很重要的。

---

① 应译为警察权。

管制前对权利定义得越宽，那么要求补偿就需要权利被侵犯得越深。即如果想给予补偿，那么法院就需要定义范围很窄的权利并判定对权利构成了侵害。总之，案例将结合土地所有者的权利本身和管制对其的限制。如果管制拥有合理的使用权利，那么判定征收需要进一步的检验分析。权利的消灭并不足够除非权利被政府拿走，这个原则随时间在变化：从物理占有到价值的宽阔定义。现在法院似乎从寻求价值定义撤回到对权利的转移审查。

本森（Benson，2010）认为凯洛案只是征收抵制的一部分而已，管制性征收方面的警察权实施已引发了抨击。米歇尔曼的效率公式：$S<D$，则补偿（Ellickson & Been，2003）。其中，$S$ 为处置成本，$D$ 为道德成本。赫马林（Hermalin，1995）认为不仅需要决定谁被补偿、补偿多少，而且需要考虑两类策略行为和信息不对称问题。美国宪法第五修正案的一个作用就是防止国家专制性地运用其权力，所以认为政府善意的假设并不合适。政府非善意，国家的善意是否重要取决于信息结构。费希尔（1987）认为他的观点主要受米歇尔曼（Michelman，1967）和埃里克森（Ellickson，1973）的影响，总结了 4 类规则，可用于判断准征收和合法的警察权，也可运用于法庭。单个原则是不足的，但合在一起就构成一个法律途径，并符合伦理规范。其中的关键是正常行为标准和交易成本的概念。对财产权的限制或干涉必须满足合理范围，如果合法，无需补偿；限制太过分则违反对财产权的宪法保护精神，构成准征收。占有征收理论保护财产的占有，而管制性征收理论保护财产的价值，因为管制性征收理论必须衡量私人和公共利益的重要性，而法院一般情形下大多会认为公共利益大于私人，尊重立法者的立法目的（政策），所以管制性征收很难成立，也因此，财产的价值受到保护程度较小。政府行为和法规对人民财产权的影响实为现代国家难以避免，因为财产权本是社会资源分配的制度，权利的内容也需法律承认方可受到保障，同时又要防止压制政府公权力的行使。

## 2.12.2　国内学者的研究

邓煜祥（2007）认为财产权除了是宪法保障的基本权利外，同时也是一种合理分配有限资源的社会制度。任何财产权的解释与保障，都是一种资源分配的决定，没有放诸四海皆准的固定公式可资依循，构成特别牺牲的判断也不例外。必须结合各种因素进行利益衡量，而个案衡量并不等于毫无标准。土地用途管制并不易构成特别牺牲，但这不代表不保障财产权，而是基于对财产权特性的认识，以及社会正义与均富目标的肯定，来考虑资源应如何分配。

翁岳生（2009）认为对合法行为的损失补偿与违法行为的损害赔偿方面，德国用类似征收的侵害这种方法请求救济，被害人不必证明公务员的故意和过失，

只需证明其侵害是由公权力发出的，不论其合不合法，都可以要求补偿。李震山
（2011）认为准征收适用国家补偿责任。人民的自由或权利，系因国家合法实施
行政行为而遭受损失，国家行为虽无不法与有责，但基于法治国家原则，对基本
权利的保障及公共负担平等原则，应由国家给予适当的补偿，即"行政上损失补
偿"概念。但若合法公权力行为所产生的损害已达到特别牺牲的界限，且不可期
待由当事人无偿独自承担时，若仍视为当然，将松动国家以保障人民基本权利为
宗旨的存立正当性，为平衡公益与私利，以全体国民共同分摊的衡平精神，予以
适当的补偿，成为国家责任体系的一环。①公益征收之补偿。并不必然以公用为
目的，甚至可供私用但与公益有关，如建设国民住宅。②信赖保护之补偿。针对
合法受益处分之废止及违法受益处分之撤销，皆属于行政上合法行为，相对人若
有值得保护之信赖，因该处分财产权受有侵害，应予补偿。③特别牺牲之补偿。
周家维认为准征收源于警察权，却不能与其混为一谈。准征收的判定程序以构成
特别牺牲为准，有三个条件：土地整体价值受损；管制前购买土地或合理投资；
管制后缺乏合理经济使用（核心和关键）。

　　金俭和张先贵（2014）系统构建了准征收判断标准的历史演变，从对象基准
到结果基准再到综合基准，考量平等、比例、信赖利益三项原则，模糊地带应坚
持从严认定模式，以"法益衡量论"作为其兜底性判定方法。诚然，财产权社会
义务观念为财产权限制提供了正当化依据，但不能为一切限制的无补偿性提供正
当性依据。若国家对财产权的限制影响了财产权的基本价值和财产权人利用财产
权实现功能性目的，致使财产权内涵被架空或被严重稀释，财产权为此承担一种
特别的负担或牺牲，此时，这种限制就变成了一种过度限制，构成了财产权的准
征收。日本的阿布泰隆认为应从限制依据、目的与限制程度的相互关系加以考量。
世界上大多数国家宪法财产权条款的规范结构，呈现出保障、限制和剥夺三层结
构样态。模糊地带应坚持从严认定模式，以"法益衡量论"作为其兜底性判定方
法妥当可行。它是公益和私利的权衡和比较，其权衡和比较乃是一个事实判断和
价值判断的综合过程。理性的判断应该是，首先考量受损私利的事实性和价值性，
然后考量公益的事实性和价值性，最后将二者进行权衡和比较，以此作出较为客
观的判定。从此论点来看，土地用途管制并不构成财产权准征收。陈明灿（2001）
认为，要对土地所有权课以社会拘束义务，除了因为土地数量的"不增性"外，
其所肩负的重要社会职能（公共财产）亦为主因。土地所有者负有忍受义务，规
划法令，亦被视为具有合宪性之效力。然而，财产权社会拘束的运作亦不能违法
上述"适当禁止"原则，否则就抵触前文所说的财产权"制度性保障"的含义。
因此，立法者在研拟法令时须合理综合权衡财产权人的公益与私利的内涵。对此，
他提出比例原则和权衡原则以供遵循。土地使用限制与土地使用规划权衡权限的
整合方面，加入法律对财产权限制（或侵犯）所关涉的社会关联较强时（如环境

保护），立法者对财产权内容便能享有较大的"重新形成"空间。换句话说，其财产权所具有的社会拘束的适用范围将较为宽广，其限制结果较不会对私人财产权的保障构成侵害。

补偿采用两种方式：一是困苦衡平方式；二是自由（愿）补偿给付。他还提出了三个理论：一是财产权情境关联理论是指随着社经条件转变，国家对财产权侵犯的结果归属，其判定标准与其说是依据权利主体，毋宁说是依据权利本身。政府对于判定是否属于征收或逾越特别牺牲的范畴而须予以损失补偿时，时常采取事物本身的观点。二是困苦衡平概念要考虑社会正义与公平，因此提高了损失补偿强度。三是损失补偿基本框架理论。

谢哲胜（2004）认为准征收制度设计如下：无益及有害经济活动的禁止，不予补偿；管制下准征收检视是否以法律规范决定，是否具备4种公共利益的情形，采取的方法是否为促进公共利益所必要，是否仍运行所有人对其财产为经济上可行的使用，以上4点有一项是否定的，即构成管制准征收；另外占有准征收予以补偿。准征收的救济以宣告无效或排除侵害为原则，以金钱补偿为例外：因公益需要，有必要使加害情形继续者；技术上无法改善者；政府机关未遵守判决改善者。然而为了公益（即公共目的）又不得不对财产权作若干限制或干涉，因此造成公共目的和私人财产权价值之间的抉择。所以准征收的规范目的，概言之在调和二者的利益，具体说则有下列三种：一是平等保护原则，禁止政府要求若干人承受公共的负担，依公平正义原则，由公众全体所负担。二是有效率使用资源，防止公共品过多。三是防止经济活动政治化。

郭洁（2013）认为财产补偿的利益平衡模式在本质上没有摆脱行政管制的窠臼，该模式没有跳出行政权优位和命令与控制式的传统管制思维。一方面，行政主体的支配地位没有根本的改变，土地权利人仍处于附属地位，只能接受事后的损害修复。另一方面，由于补偿标准的复杂性，补偿难以实现利益平衡，土地权利人对用途管制的抵制和抗争仍将存续。财产补偿的行政平衡模式存在制度适应性障碍。第一，财政成本过高；第二，土地用途管制的补偿不符合行政补偿的条件；第三，我国土地发展权初始配置具有特殊性。

肖泽晟（2011）认为判断准征收考虑以下几点。一是财产规制对财产权人的经济影响。二是侵害行为的性质。三是手段与目的之间的联系，联系越紧密，越不可能被认定为征收。四是社会对财产的一般概念。

彭涛（2015）提出管制性征收理论的发展与社会的权利保护发展成正比。美国最初只承认行政机关的土地管制导致被管制者的土地权益全部损失的时候，才产生管制性征收。但是随着权利保护的发展，行政机关的土地管制造成部分损失也被认为产生管制性征收，甚至还有临时管制性征收的出现。这些绝对是社会的权利保护高度发展的结果，否则一个社会不可能将行政机关管制对财产权利产生的部分减损也纳入补偿范围。另外，管制性征收的标准不可僵化，没有统一可以适用于各国的标准。各国基于自己的法治状况与土地利用管制状况，以保护土地利用权利及维持土地利用管制的平衡为核心，自行研究确定管制性征收的标准，这样才能达到土地所有者权利保护与土地利用管制权力适当行使之间的平衡。

蔡怀卿（2004）认为准征收法理学主流理论是价值减损理论。要考虑的因素包括伤害、严重经济损失、权衡收益成本决定，但法院并不能对于每一案件详细交代权衡决定的内容。法院判决并未全然取决于经济因素，还加入了一些公平正义原则之考量。一些趋势是确定的：①新使用方式或开发权利之禁止；②既有使用之禁止；③反向强制征收（inverse condemnation）与征收交互使用，同于准征收；④开发捐案件。准征收救济两种途径：违宪判失效；财产侵害价值予以征收补偿。对财产权保护的方向应是趋于一致。在准征收案件中，宪法法院必须从管制目的的消极或积极公益性质、管制手段与目的的合理关联、管制对土地所有者造成经济损失的程度，以及正义公平等诸多考量因素权衡决定。

过去的 20 多年，我国的土地征收研究从简单的法律解释逐步向更广阔的领域拓展，海外经验借鉴逐步深入。伴随着社会经济发展阶段的演变和社会观念的演化，以及多学科学术理论的进步和相互融合，土地征收研究已经到达较高的水平。但遗憾的是存在较多不足和待发展领域。一是过于重视实证研究而忽略了基础性理论研究。不仅丢掉了马克思主义的基本理论，还忽略了对现代经济学理论的研究。为了和国际学术范式接轨，在并不坚实的理论基础上急于提出假说，进而去做实证，虽然这些实证研究的确获得了很多的一手数据，功不可没。二是有关土地收益分配的研究仍然薄弱。收益分配并不存在客观的合理标准，这样的努力注定是无效的。三是对土地本身价值的分析缺乏共识。价值必须是针对特定主体的。例如，一个具有良好教育条件的小区的住房对于 70 岁的老龄化家庭并无价值。我们总是主观地给土地赋予很多价值，如社会保障价值、生态价值等，事实上，这只是土地实际上提供的效用和功能，并不是可以由市场交易或供求所能实现的。更大程度上，这是对政府具有的价值，而不是对普通市场主体和行为主体而言的价值。四是对征收的研究处于割裂状态。五是不同学科间研究缺乏融合，尤其是法学和经济学之间缺乏深入的交叉。六是对国外的认识还不够深入。

# 第 3 章　土地经济学基本理论框架和基础

## 3.1　土地经济学基本理论

### 3.1.1　概述

土地对人的价值既要从流量角度看，也要从存量角度看。土地作为稀缺要素，历来是经济学的研究领域，经济学重视研究稀缺资源在使用时的时空配置及不同用途间的选择问题。配置效率的高低，或者资源使用后的产出效率和效益是衡量土地使用是否合理的重要指标。然而，土地配置问题未必如理论所言的那么简单，主要原因在于：一是土地不纯粹是资源，还是资产；二是土地不是普通的生产要素，它还能和情感、文化等结合从而具有非市场可衡量的价值；三是土地是异质性的商品，这和劳动力相似，和资本不同。

除了效率是土地经济学考量的焦点问题，公平问题也逐步获得重视。由于存在诸多难以衡量的非市场因素和非市场价值，所以市场不可能解决人类所有的效用最大化问题，也解决不了公平问题。公平和效率需要人们经常做出权衡，很难兼顾。各国处于不同的历史和社会发展阶段，对公平的重视程度呈现出显著差异。例如，土地作为中国全体国民的共同拥有物，对无地者、无房者，国家是否负有无偿分配给他们以改善其境遇的义务？另外，固然小规模农业经营效率不高，但因公平、维系少部分缺乏非农就业技能农民的有尊严的生活方式等因素而需要长期保留。

### 3.1.2　供求曲线

土地在作为商品时，其供求曲线具有特殊性。从消费理论看，如果将土地视为普通商品，那么其无差异曲线并不特别。需求曲线一般情况下是右下倾斜的，但在价格快速上升期且投资旺盛时，作为投资性需求是右上倾斜的，即价格越高，需求越高。从供给曲线看，一般商品是向右上倾斜，因为商品在空间上可以自由移动，虽然有时要付出"冰山成本"，但土地是不可以移动的（包括房地产产品属于非国际贸易品，只能本地消费），土地市场具有区域性，特定时间和地区的供给是有限的，此时其供给曲线是垂直和无弹性的。当然，从中长期看，由于地块经济供给的增加[①]，以及用途转换而增加供给，此时供给曲线是向右上方倾斜的，即市场价格越高，市场供给越多。更多土地所有者愿意拿出土地来交易，否则，他们宁愿持有土地，此时土地不能构成有效供给。在这一点上，土地不同于很多商品：汽车、电视、手机等一旦售出就需要消费，否则形成库存甚至价值贬损，因为产品技术升级换代非常快；更不要说不耐储存的蔬菜、粮食、面包等生活品。但土地是"最耐用品"，不会随时间而贬值或物理损坏，完全能长期储存（如 5～10 年），即使在持有期间也能获得效益或效用，虽然也有持有成本，但并不会形成明显的供给压力（房地产产品除外，它不是纯土地），这是土地供给非常特殊的特性。

据国内外研究，土地供给长期来看也是缺乏弹性的，即价格弹性小于 1。张鹏（2017）使用回归方法计算得出国内几十个城市的土地供给的价格弹性，北京、天津、广州、宁波、深圳位居倒数前五名，一线城市只有上海不在其中。弹性最大的前五名为重庆、昆明、厦门、长春和大连，但厦门有较高的房价，大连已经逐渐跌出房价领先行列。35 个城市中 17 个城市弹性为负，18 个为正，只有重庆大于 1，并且重庆被认为有稳定健康的房地产市场。略有遗憾的是，只有 15 个城市的回归系数计算通过显著性检验。弹性值从侧面反映了我国土地市场的垄断性和易受政府干预性的特点。土地供给并没有按照市场规律显示的那样，价格越高，供给越多，弹性值普遍偏小。有趣的是，房价较高的 12 个城市（厦门除外）土地供给的价格弹性皆为负值，4 个一线城市位列其中。

### 3.1.3　政府和市场的关系

土地市场虽然是配置土地资源的基础性手段（因为市场具有信号发现机制，能够提高交易频率，快速对市场信号产生反应），但土地的独特性使其单独靠市场机制很难克服市场失灵问题。这些特性主要包括以下 3 个：①不可移动性。普通商品（如钢铁）和生产要素（如资本和机器设备）是可以实现空间移动并投入生产的，但土地不行。②外部性。土地在使用过程中，或出现正的和负的外部性，如公园所提供的游憩空间和高速公路所发出的噪声，这种外部性很难内部化。一般商品的消费不会产生外部性。外部性不仅无法实现正确的激励，而且使得交易成本太高，很难实现有效率的生产活动。③公共品供给。外部性的存在使得人们有可能隐瞒自己的真实偏好，诸如公园、学校、道路广场等设施及其用地，不仅需要初建投资，而且需要运营开支，且无法对使用者禁入（或者虽然可以收费，但是也不赢利，如供水和公共交通服务），它对人们的效用很难通过交易发现真实的支付意愿和需求，此时，市场无法提供足够土地供给来实现公共品供给。

---

① 如政府增加地块容积率，或企业增加土地使用强度。

政府干预不动产市场是全球现象。规划、分区管制等都是常用工具。规划管制被认为是政府拥有的一项合法的警察权，但是政府行使这项权利时必须考虑资源配置的帕累托效率提高。政府的管制如果可以用强度来定量，它是一个连续的变量。合理的强度将使得社会福利最大化。该原理用图3.1说明。

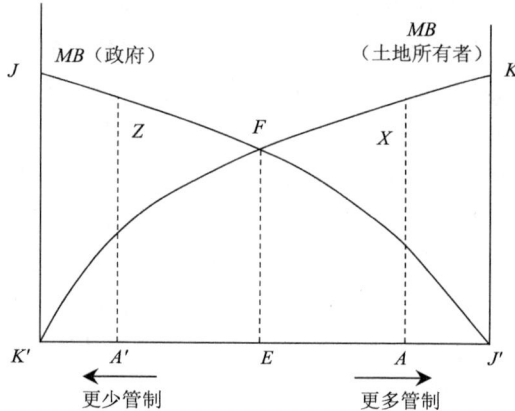

图 3.1　费希尔的管制强度理论示意图

如图3.1，假设只有政府和土地所有者（开发商）两个主体，政府试图管制开发，土地所有者试图开发，他们有各自的边际收益曲线$KK'$和$JJ'$，其数量由纵轴表示；横轴代表管制的强度，越向右，管制越强。在$J'$点，管制最强，政府拥有全部开发的权利，土地所有者不能从事任何的开发。但是这时，整个社会总福利是损失的，为$KFJ'$包围的区域。反之一样，即将全部开发权授予土地所有者，社会总福利亦会损失$JFK'$的数量。最佳的点在$E$，此时社会总福利最大。由$E$点向左到$A'$点放松管制，社会福利将损失$Z$，同理，向右移动到$A$，加强管制，社会福利亦会损失$X$。

所以，政府应该寻求一个"合适的"的管制强度，对开发的权利在主体之间进行恰当的分割。完全没有或者极强的管制对社会都是不利的。这样，在管制强度和土地开发权利之间就建立了一个联系。这里的深刻含义是管制和市场应该配合，对土地的权利进行明确和合理的界定。对特定的土地，施加特定的管制，同时赋予其对应的包含开发权在内的权利。政府既不能放任土地利用，也不能过度管制，实际保有全部权利，因为实际上相当于消除了市场或者抑制了市场的功能。

在此方面，我国存在一些认识误区，认为政府拥有全部开发权利，更加有利于"涨价归功""地利共享"，殊不知，试图这样做的后果只能是扭曲市场参与主体的行为方式，使他们不愿从事经济互动，如此，没有地利的创造，遑论分配。实际上在技术上也是做不到的。所以，当代社会的"地利共享"除了传统意义上的利益共享外，更应该树立"权利共享"的理念。总之，土地管制是政府警察权的运用，是对土地市场的干预，虽然具有必要性，但是这种工具之使用必要遵守基本的规则：尊重市场规律、公众参与、必要时候应该合理补偿。

### 3.1.4　土地市场结构

市场结构是指一个行业内部买方和卖方的数量及其规模分布、产品差别的程度和新企业进入该行业的难易程度的综合状态，也可以说是某一市场中各种要素之间的内在联系及其特征，包括市场供给者之间（包括替代品），需求者之间，供给和需求者之间，以及市场上现有的供给者、需求者与正在进入该市场的供给者、需求者之间的关系，有完全竞争、寡头垄断、垄断竞争、垄断 4 种结构形式。城市土地市场是典型的垄断市场结构，政府以获取垄断地租、经济地租为激励，以数量控制方式为主，力图获取最大数量的出让金收入。按目前我国城市土地的制度安排，各地方政府代理并实际行使所有权，并在土地使用权让渡中获取租金或批租化的出让金收入。在相关制度如土地征收和供给制度（含土地储备制度）、规划制度、招拍挂等制度配合下，地方政府既是管理者又是交易者；既是公共产品的供给者又是经济地租追逐者，使得地方政府类似一个国有企业。①政府以获取土地出让利润最大化为目标（其本来职能应该是提供公共产品）。②政府是上游土地产品的制造者，它获得投入品的方式主要有：从农村集体那里实行土地征收，价格具有"强制性"并由政府单方规定。③在制造产品的过程中，需要投入资本，典型的方式有土地平整、基础设施建设配套（达到五通一平程度），有时不加任何投资，直接以毛地出让。④产品销售只能在本地，以招拍挂公开出让为主，价高者得，尤其是对经营性土地，对公益事业用地不以获取利润为目的。⑤产品销售时常附加规划和开发进度、开发程度、配套建设等条件，甚至要求进行一定数量的保障性住房建设。⑥房地产产品与土地产品有紧密联系，土地价格是房地产价格主要组成部分，可将房地产产品视为在土地价格之上再投入一定的资本（简化视为销售成本）生产出来的，房地产开发商是下游零售商。

## 3.2　地租地价理论

地租地价理论对认识土地征收和管制问题非常重要，主要因为以下几个原因：一是无论土地征收还是土地管制，都是对土地利益的划分，而土地利益来自地租；二是就地租地价而言，它们都深深受到政府规划管制、产权界定和保护程度的影响，市场和政府代表了两类最重要的资源配置方式；三是土地制度和准征收都能纳入地租地价这个分析框架并得以统一。地租地价理论不仅包括地租的分配理论，还包括地租创造的理论。征收是创造的基础（生产经济租），然后加以分配，管制和规划是分配的工具之一。

## 3.2.1　地租理论回顾

地租理论一直是学界感到迷惑的领域，但这个极端重要的理论却对土地利用极具指导性。马克思的地租理论可归属为古典和前古典地租理论，和大卫·李嘉图等的地租理论所处历史阶段相近，在此不赘述。之后，20世纪20年代初，新古典地租理论出现并逐渐占据理论界主流。但继60年代后的平稳期后，在21世纪初期，以英国学者艾伦·埃文斯为代表的新古典地租理论研究又出现了较大进步。

### 1. 古典地租理论

早在17世纪后期，英国重商主义学派的代表人物、资产阶级古典政治经济学的创始人威廉·配第在其名著《赋税论》中首次提出，地租是劳动产品扣除生产投入维持劳动者生活必须后的余额，其实质是剩余劳动的产物和剩余价值的真正形态。法国重农学派的代表人物之一杜尔哥在1766年出版的《关于财富的形成和分配的考察》一书中指出，由于农业中存在一种特殊的自然生产力，所以能使劳动者所生产出来的产品数量，扣除为自己再生产劳动力所必需的数量还有剩余，这就是自然恩赐的"纯产品"，也是土地对劳动者的赐予。这种"纯产品"是由农业劳动者用自己的劳动向土地取得的财富，但却为土地所有者所占有，这就是地租。

亚当·斯密在其1776年出版的《国富论》中系统地研究了地租。他认为，地租是作为使用土地的代价，是为使用土地而支付给土地所有者的价格，其来源是工人的无偿劳动。英国古典政治经济学的杰出代表和理论完成者大卫·李嘉图，运用劳动价值论研究了地租，他在1817年出版的《政治经济学及赋税原理》一书中，集中地阐述了他的地租理论。他认为土地占有产生地租，地租是为使用土地而付给土地所有者的产品，是由劳动创造的。地租是由农业经营者从利润中扣除并付给土地所有者的部分。李嘉图的地租理论代表了级差地租（差额地租）理论的成熟。另外，德国的杜能、法国的萨伊，以及英国的詹姆斯·安德森和马尔萨斯都对地租理论作出了贡献。安德森得到马克思的高度评价，杜能得到当代著名经济学家萨缪尔森的高度评价，萨伊认为价值是由劳动、资本和土地三个要素协同创造的观点具有一定道理，马尔萨斯质疑绝对地租的存在也引发了一定的学术争议。

### 2. 新古典地租理论简介

（1）第一代土地经济学宗师伊利和莫尔豪斯的贡献。伊利在美国经济学界有很高的地位，数位美国总统受到其学术思想的影响。他和阿尔弗雷德·马歇尔共处于一个时代，其地租理论属于新古典经济学范式。他指出契约租金和经济租金的不同，将地租理论推向了真正的现代水平，影响一直延续到现在。他认为，"地租的理论，或者说，土地收益的理论首先被认为是同农地有关系的"；"如果地主把他的土地租给别人，他就向利用土地的佃户收租，或者，换句话说，他向佃户收租是因为以往属于地主获得土地收益的特权现在归于佃户了。在他们两人之间订立了一个契约来把利用土地的代价规定下来"；"这种契约地租，也许比我们已经讲过的那个'经济地租'的数目要大一些或小一些，但趋于接近那个数字"。（伊利和莫尔豪斯，1924）同时代的著名经济学家马歇尔（1920）的分析就更加深入，他认为地租是生产者剩余，"他的生产者剩余或地租，是改良土地的总收入超过回报他所投资本与劳动所需要的数额的余额"，"土地所有者在任何既定的时间内，他都把得自永久改良的收入（或准租）以及由于土地原始性质产生的收入便是他的生产者剩余或地租。地租当然受肥力、生产产品需要东西的价格、产品出售价格、地理位置等影响"，"但是，决不应当忘记地理位置优越程度的不相等和绝对生产力不相等是一样的，是造成生产者剩余不相等的重要原因"。

（2）第二代土地经济学宗师雷利·巴洛维[①]的贡献。巴洛维（1989）认为，"经济租金"被定义为收入减去投入生产中某要素最低供给价格后的剩余；"地租指土地资源的理论收益，或者可以直接的定义为土地在生产利用中自然产生或应该产生的经济报酬"；"地租和契约租是土地经济学中使用的两个重要的租金概念。它们有一点大不相同，契约租是对财产所有者的实际支付。它可能超过或低于理论上财产可以获得的地租。当它大于应付地租时，承租人必须交付一部分本来应归于他的资本、劳动或管理所得；当它低于这个数额时，承租人则能分享一部分地租"。巴洛维的解释和后期的经济学家如萨缪尔森、范里安等几乎完全一致，而且将契约租金与地租的关系、地租的来源描述得非常清晰。另外，美国学者歌德伯戈和钦洛伊（1990）认为"经济租金是在完全非弹性供给情况下，对生产要素支付的费用"；"地租是在一定时期内为使用土地而支付的费用"。巴洛维认为经济租金被视为短期剩余，是要素或其主人因为难以预计的需求和供给条件而要的报价。更长期看，供需对财产的影响逐渐平衡那么经济租金将消失。但这并不适用于土地，它们不会随着时间而预期消失。实际上，如果想让地租等于经济租金，那么必须假设土地供给价格为零（机会成本）。这是可能的，不过，土地所有者要在地租之外确保经济租金。如果一个新业务的来临引起了一个地区对住房需求的突然增加，例如，公寓业主可能能够要求经济租金，合同租金将超出正常合同租金的超额租金，直到新的物业建筑商有时间提供对新的需求的住房供给，使得供求重新平衡。地租和契约租金是影响环境管理的最重要的租金概念。这些概念

---

① 伊利、莫尔豪斯、魏尔温、巴洛维都属于威斯康星大学麦迪逊分校学派，该大学具有悠久的土地经济学研究历史。

在一个重要方面彼此不同。契约租金涉及支付给业主的货币，这笔款项可能高于或低于财产理论上的地租金额。当租金超过应支付的地租款额时，租户将作为其应该支付给资本、劳务或管理投入回报后的差值看待。当支付水平低于理论地租水平时，租户便能够获得盈余。

（3）几位当代经济学家的定义。经济学家范里安（1994）给出了经济租金的权威定义："支付给生产要素的报酬超过为获得该要素供应必须支付的最低报酬的部分。"总的看来，支付给土地的报酬就构成了经济租金，经济租金也是这块土地在竞争市场上出租时的租金，正是它才使利润趋于零，均衡价格决定租金而不是租金决定均衡价格。地租的计算公式是：$p^*y^* - c_v(y^*)$=地租，其中 $p^*y^*$ 为 $y$ 产量时的产品价值，$c_v(y^*)$ 为 $y$ 产量时不包括土地成本的生产成本，它们的差额就是地租。该定义的高明之处在于它并没有说明生产要素的供给是否固定，因为无论是否固定，该定义都是正确的。另外，经济租金和市场上实现的契约租金在数量上可能是一致的。当供给不固定时，契约租金中一部分属于转换租金，不是经济租金。另外，萨缪尔森（2006）认为，"在一定时期内使用土地而支付的价格称为土地的租金，有时称为纯经济租金。租金（或纯经济租金）是对使用固定的生产要素所支付的报酬"。在他看来，市场均衡的土地供给曲线是完全没有弹性的，土地在任何一种情况下都会同样地工作，所以土地的价值完全是由产品的价值派生而来的，反之则不成立。

（4）中国的经济学家对地租理论的贡献。高鸿业（2004）认为，"当土地供给曲线垂直时，它与土地需求曲线交点所决定的土地服务价格具有特殊意义：它（土地服务价格）常常被称为地租。由于此时土地的供给曲线垂直且固定不变，故地租完全由土地的需求曲线决定，而与土地的供给曲线无关"。"可以这样来说明地租产生的（技术）原因：地租产生的直接原因在于土地的稀少，供给不能增加；如果给定了不变的土地供给，则地租产生的直接原因就是土地需求曲线的右移。土地需求曲线右移时因为土地的边际生产力提高或土地产品（如粮食）的需求增加从而粮价提高。如果假定技术不变，则地租就由土地产品价格的上升而产生，且随着产品价格的上涨而不断上涨。""总之，经济租金是要素收入（或价格）的一部分，该部分并非为获得该要素于当前使用中所必须，它代表着要素收入中超过其在其他场所可能得到的收入部分。简而言之，经济租金等于要素收入与其机会成本之差。""租金是经济租金的一种特例，即当要素供给曲线垂直时的经济租金，而经济租金则是更一般的概念。"另外，宋承先（1997）所编的《现代西方经济学：微观经济学》关于地租的观点与高鸿业一致："完全由需求所决定的收入超过机会成本的余额，因而被定义为'经济租'，即经济分析的租，或称'作为剩余的租'。"

总的看来，一般所言的地租属于契约地租的范畴，是人们对使用他人土地所定期支付的租金。但契约地租的概念掩盖了地租的本质和产生的原因。在经济生活中，租用他人的物品都要支付租金，土地也不例外。而经济租金是支付给生产要素的报酬超过为获得该要素供应必须支付的最低报酬的部分，这个概念一般只对稀缺要素（商品）或供给无弹性、缺乏弹性的要素才使用，如土地、特殊人才。对诸如钢材、水泥、服装等供给有弹性的商品是不会使用的，因此这个概念才能反映土地的本质属性之一：稀缺及其带来的供给缺乏弹性。如图 3.2 所示，$D$ 为需求曲线，$S$ 为供给曲线。假设在远古社会土地非常充裕下，可以认为土地是没有机会成本的，这时对特定自然地块，供给固定，需求是 $D$ 时，租金水平为 $R_1$，那么 $R_1$ 和 $S$、$Q$ 围成的矩形部分都属于经济租金。经济租金水平全部由需求水平决定。

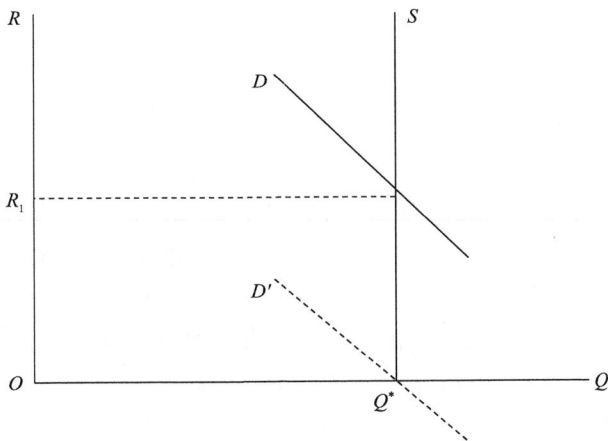

图 3.2　地租及其原因

　　然而，在当代社会，人力所及的地区，土地或大或小都具有一定的使用价值且投入了人的劳动时，或者由于所有权的存在加之为获得所有权可能已经付出了代价时，再说土地的机会成本是零，并不正确。甚至可以说，几乎所有土地都存在机会成本，这个机会成本构成了对租用土地必须付出的最低代价。此时，见图 3.3，$OCDE$ 构成了土地的机会成本部分，$AB$ 表示均衡租金水平，只有 $CABD$ 部分才是真正的经济租金，$OABE$ 代表了契约租金数量。这样的分析才具有现实意义。

　　另外，不难从图 3.2 得出结论，当政府对特定土地的用途进行"升级"（如从农业土地向住宅土地"升级"），那么需求曲线一定会向右移动，从而导致租金升高，这属于一种"规划利得"，应该交还政府。这反映了政府掌握的规划权力对土地市场、土地价格、土地财富具有的极大影响力。因此世界各国政府皆会采取一定方式将该增值的部分拿回。

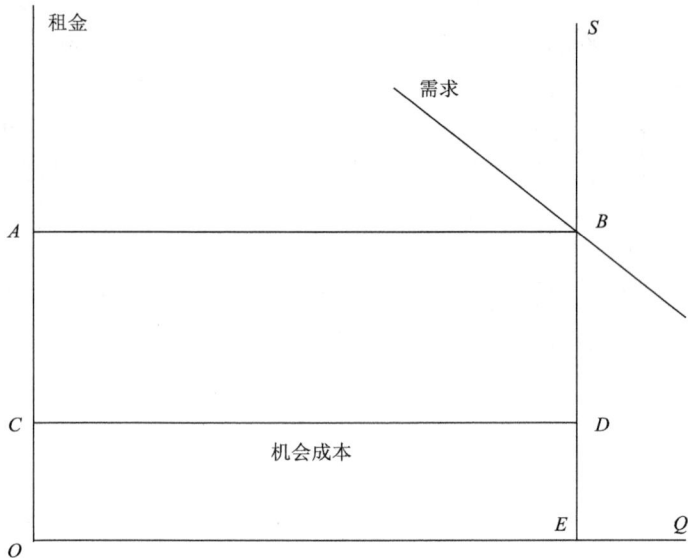

图 3.3　地租的构成

为什么要设定经济地租的概念？是因为土地要素的特殊性。就土地市场而言，机会成本在数量上具有客观唯一性，然而需求的变动是积极的和快速的，对固定要素的支付可能非常高，超越机会成本之上的部分可称为"稀缺租金"，深刻地反映了土地的本质属性，而且这个租金反映了需求视角的地租决定特征，即需求是地租数量的主要决定因素。此视角更加重视地租的数量决定过程，更具有普适性。

地租理论的另外一个重要视角是生产论视角或剩余论视角。本质上，地租属于一种经济剩余。由于土地是生产因素，一般会投入生产，最终产品会存在一个市场价格，减去生产中投入的其他要素成本或应给予的报酬之后（如资本和劳动的报酬），剩下的应付给土地，即为地租。古典地租理论中的级差地租理论可从本视角进行分析。无论是由于土地区位不同、肥力不同或集约投入不同所产生的地租，本质都是成本扣除后的剩余。生产论视角更加深刻地揭示了地租的创造过程。

两个视角可否融合？从地租理论的起源看，其发源于农业经济时代的社会生产生活实践，地租是那个时代人们财富的主要来源，地位重要。当时政府对土地的干预如规划干预尚未出现，土地的用途比较单一。所以剩余论符合那个时代的特点。而需求视角的地租理论可以无视土地的后续生产过程，更加符合土地较高稀缺时代和资本强大时代的特征。只要需求够强，地租就越高，两种视角并无矛盾，分别从地租创造和数量决定的视角对地租进行了透视。二者的统一还在于，之所以对土地产生需求或更高的需求，根本原因还在于需求者通过可得市场信息获得了地租未来投入生产之后的剩余量的信息，否则，他们不会对土地给出较高租金。换言之，生产论视角是需求论视角的基础。

## 3. 区分中短期的地租理论

一般而言，对短期的较小区域，由于土地用途变换受制于规划限制，加之土地的昂贵性、土地所有者的投机预期和投资的滞后性等特点，都使得土地的供给具有滞后性，这加重了短期内土地供给的垄断性和无弹性等问题。此时，地租只被需求决定，土地也没有机会成本，全部地租都是经济租金或生产者剩余。但是从中长期看，土地市场会自我调整，政府的规划也不是一成不变，那么经由用途变换或土地所有者主动的供给在数量上会增加，虽然仍然是缺乏弹性的。如图 3.4 所示，$S$ 是供给曲线，$D$ 是需求曲线，均衡的价格在 $AB$ 对应的地方。市场租金为 $OABC$ 围成的部分，但是三角形 $OBC$ 不是真正的经济地租，它只是机会成本，称为转移租金（tranfer rent），代表了土地所有者的最低供给接受价格，低于此对应价格，则土地不会交易。真正的经济地租是三角形 $OAB$ 部分，叫经济租金（economic rent）。这些租金分别被参与交易的土地所有者获得。经济租金才是真正的生产者剩余，这种剩余，和超额利润性质相同，如果不能获得这个"超额利润"或"剩余"，土地所有者不会进行供给决策。

对比图 3.3、图 3.4，人们可发现现实世界里，无论从短期还是中长期看，契约地租里面都只有一部分属于经济租金，决不能认为土地所有者获得的契约地租都是经济租金，后者在某种程度上可谓不劳而获。转移租金或机会成本部分，是土地所有者应得的回报，因为土地所有者获得和维护土地并不是免费的。这一点是很多学术争论的有效解释。

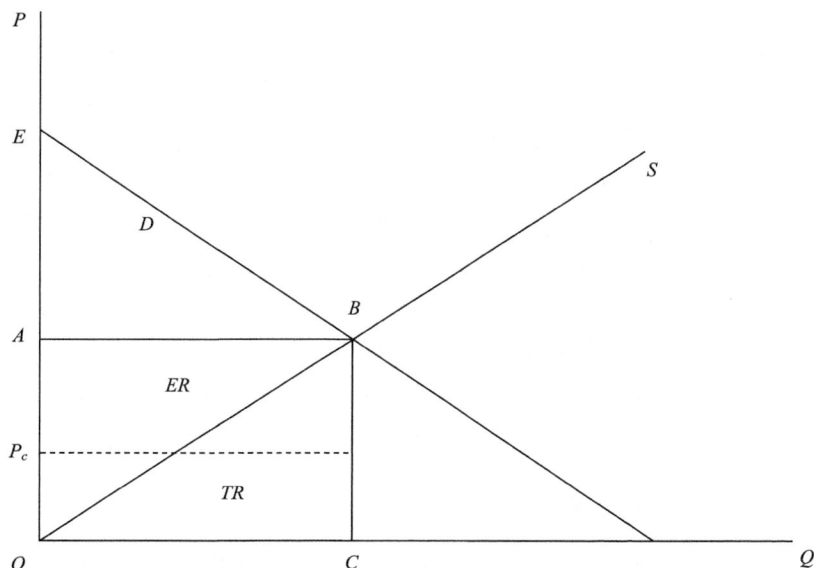

图 3.4　缺乏弹性的土地供给下的经济租金

### 3.2.2　马克思地租理论简介

1. 马克思地租理论概述

马克思地租理论认为，地租是土地使用者由于使用土地而缴给土地所有者的超过平均利润以上的那部分剩余价值。按照地租产生的原因和条件的不同，将地租分为三类：级差地租、绝对地租和垄断地租。前两类地租是资本主义地租的普遍形式，被认为是一般地租。后一类地租（垄断地租）仅是个别条件下产生的资本主义地租的特殊形式。

资本主义的级差地租是经营较优土地的农业资本家所获得的，并最终归土地所有者占有的超额利润。级差地租来源于农业工人创造的剩余价值，即超额利润，它不过是由农业资本家手中转到土地所有者手中了。形成级差地租的条件有三种：①土地肥沃程度的差别；②土地位置的差别；③在同一地块上连续投资产生的劳动生产率的差别。马克思地租理论是以平均利润和生产价格理论为基础的，又是这一理论的运用和发展。

马克思关于级差地租理论的思想主要源自李嘉图，和安德森等的理论并无太多差异，也无太多学术争议。该理论代表了那个时代所能认知地租的最高水平，是从生产环节入手，用市场价格和个别生产价格之差，或者说通过收益和成本之差，从社会实践的角度来解读地租，解读资本主义时代的生产关系和生产力。而且马克思地租理论建立在农业地位重要、农民生活水平较差、地租水平较高的时代背景下，偏重于从劳动价值论解释地租从何而来，是不是剥削，是不是剩余价值的转移。无论如何，马克思级差地租理论强调了土地的异质性、独占性和边际收益递减特性支撑下的土地使用所蕴含的规律性，地租的分配关系受到资本主义生产关系制约。但这种理论在强调和解释土地稀缺性方面存在不足，由于当时没有出现边际主义经济学革命，人们也无法采用经济租金的概念来进一步分析地租问题。

关于最坏耕地追加投资也能产生级差地租，这样的分析假设前提是追加投资生产的产品能影响市场价格（按追加的投资产出品成本来给整个市场定价），或市场价格要求它追加投资。在现代市场经济中，这样的分析假设要么违背农产品的完全竞争市场结构的客观事实（即任何生产者没有定价权），要么违背普遍性原则（这种地租即使存在，也是暂时的，且只在边际土地之上，这是极为特殊的情况，缺乏普适性理论价值）。所以，一般可认为最差土地没有级差地租。

2. 马克思绝对地租理论及述评

马克思不同于同时代学者之处在于他提出了绝对地租理论并影响了之后一百

多年的研究，后续的学者对他的理论或者肯定或者否定，即使否定者也没有轻易地否定该理论的全部。20 世纪以来，支持绝对地租理论的学者越来越多，可见该理论的重要性。

绝对地租是指由于土地私有权的存在，租种任何土地都必须缴纳的地租，是农产品价值超过社会生产价格以上的那部分超额利润，即土地所有者凭借土地私有权的垄断所取得的地租。土地所有者对于他的土地，不论是优等地或劣等地，总要取得一定的地租，否则，他宁愿让土地长期闲置，也不肯让别人无偿使用。这种源于土地私有权垄断的地租，马克思称之为绝对地租。

马克思指出，"绝对地租的先决条件或者是产品价值超过它的生产价格以上的已经实现了的余额，或者是超过产品价值的垄断价格"（马克思，恩格斯，1974）。这里表明马克思根据其绝对地租理论，已认识到两种条件下的绝对地租问题，即农业资本有机构成低于社会平均资本有机构成的历史时期，绝对地租来自农产品个别价值与个别生产价格的差额；而在农业资本有机构成高于社会平均资本有机构成时，绝对地租来自"产品的垄断价格"即"市场价值超过价值和生产价格的余额"。即分别来自生产领域和流通领域的垄断，二者分别属于价值形成和价格形成范畴。遗憾的是，当代社会这两种情况存在的研究环境逐步丧失：一是现代化农业资本有机构成并不低；二是在农产品国际贸易开放市场环境下，农产品很难获得"产品的垄断价格"，即使在一国之内，农产品亦很难获得垄断价格，农产品尤其是大宗粮食产品市场结构被认为非常接近于一个完全竞争市场结构——没有生产者可以决定价格，只是市场价格的被动接受者。农产品长期处于低利润（如果计算劳动力机会成本，中国的小农生产实际亏损比例很大）甚至需要政府大量补贴才能维持生产的状态，此时提出超额利润或产品的垄断价格导致地租可能被土地所有者攫取，无疑要受到质疑。

其实，马克思并没有确认绝对地租与农业资本有机构成高低之间存在本质的必然联系。既然租种各级土地都必须交纳绝对地租，那么，农产品的市场价格就必须高于它的生产价格。因为只有这样，租种劣等地的资本家（或个人）在获得平均利润之外，才能有一个余额用于交纳绝对地租。这一点是没有争议的，因为无论什么样的产权制度，无论什么样的生产方式，无论什么样的生产关系，无论什么样的土地和个别生产成本，最终产品都要进入市场，市场价格必须高于或等于生产价格，否则就违背了最基本的经济规律。

马克思认为，绝对地租产生的原因是土地的所有权。绝对地租是农产品价值扣除生产成本和平均利润以后的余额，是高于平均利润的那部分超额利润，它来自农业工人所创造的剩余价值。不过，超过平均利润的这个余额同形成级差地租的那个余额不同，它并不产生于生产价格之内，即不表现为个别生产价格低于社会生产价格的差额，而表现为农产品的价值超过生产价格以上的余额。因此，地租是农产品价格昂贵的原因。由绝对地租造成农产品价格的昂贵，不仅使广大劳动人民生活状况恶化，而且也使雇佣工人的劳动力价值提高，使资本家必须垫支更多的可变资本，从而不利于资本主义生产的发展。

马克思认为经营劣等地不仅要提供平均利润，而且要在平均利润以上提供一个超额利润，以便转化为地租。在这里，土地所有权本身就是引起农产品市场价格上涨到生产价格以上的原因，也是要在平均利润以上提供超额利润的原因。所以，马克思讲："土地所有权本身已经产生地租。"（马克思，1975）在绝对地租场合，土地所有权本身就是引起农产品价格上涨的原因，也是由于农产品价格上涨所构成的超额利润本身产生的原因，从而也是绝对地租产生的原因。绝对地租导致产品价格上涨，而不是相反。可见，土地私有权的垄断，乃是形成绝对地租的原因；农业资本的有机构成低于社会平均资本有机构成，则是形成绝对地租的条件（但不是必要条件）。

任何人要投资农业，即使是租种劣等地也必须交纳地租。由于必须交纳地租，势必就使农产品必须按照高于社会生产价格的价格出售。这样一来，农业中的较多的剩余价值就被留在农业内部了。

### 3. 20～21世纪新古典土地经济学时代学者对绝对地租理论的研究回顾

美国经济学家伊利（1924）没有专门讨论地租问题，他认为有的土地没有地租之可言，如"边际土地"（marginal land）。英国经济学家哈维没谈绝对地租，他只讨论了经济地租和商业地租。后马克思时代的学者所争论的关键问题包括：有没有绝对地租？是否是只有边际土地才有绝对地租？绝对地租是不是以资本有机构成较低为前提？不少马克思主义经济学者都主张所有土地存在绝对地租，"土地所有权无条件索要绝对地租"（陈其人，2001）。在分析这些关键问题之前必须认识到：所有地租无论从何而来，为什么产生，在经济生活中都表现为产品市场价格和生产价格的差值，这和任何地租创造过程或分配过程无关。租金创造之后如何分配，则属于马克思主义劳动价值论和剩余价值论分析的范畴。脱离经济生活和市场去谈地租，或者将租金创造和分配混为一谈，将生产力和生产关系混为一谈①，是不少学者经常陷入的误区和争执不下却毫无价值的原因。甚至一些学者对最基本的级差地租理论也存在认识误区。

多数学者支持绝对地租的存在，但对产生原因有不同意见。杨继瑞（2014）提出绝对地租是土地所有权对剩余价值的分享，而非资本有机构成的差额；我国现实经济中的地租是非纯粹的土地所有权的经济实现形式（包括了资本、劳动等要素的作用）。毕宝德（2005）在流行的土地经济学教科书中指出："可见，农业资本有机构成低于社会平均资本有机构成，是农业中能否形成超额利润（绝对

---

① 不是说生产关系不重要，而是在研究问题时要逐个和渐次分析，简化假设。

地租实体）的条件。而土地私有权垄断，是使超额利润保留在农业部门内部并使之转化为绝对地租的原因。"但他承认在现代社会，"很显然，现代资本主义国家农业绝对地租的来源，就不能还是农业资本有机构成低，因而能比工业雇佣更多劳动力而导致的农产品价值与市场价格的差额了"，"只能来自产品的垄断价格，是从农业产品收购商手中转移来的，是通过其他物质生产部门的剩余价值的再分配而来的；当农业处于危机时期，农产品生产相对过剩，价格大幅度下跌，农业绝对地租有一部分可能来自农业雇佣工人工资的扣除，或农业资本平均利润的扣除，还可能是殖民地国家或发展中国家农业工人创造的剩余价值的转移"。本书认为这里"转移"或者"剩余价值再分配"可能以财政转移支付或农业补贴等方式表现。

　　绝对地租部分源自对农民剩余价值的剥削，这一点是没有争议的。韩乾认为对经济学意义上的边际土地，如果劳动力愿意接受剥削降低工资乃至不能谋生，那该土地将突破边际而被使用，此时有绝对地租，系剥削劳动力而来。但他不同意马克思的解释，只有农产品的价值高于生产成本，并不足以解释地租的存在。值得检讨的问题有：第一，马克思没有解释土地所有者的独占权力如何在竞争的农产品市场中运作。第二，马克思也没有说明剩余利润（surplus profit）如何能产生绝对地租。第三，他也没有讨论如果需要大量的土地做其他种类的使用，会不会影响到土地所有者的独占权力。或许马克思没有考虑这些问题是因为他相信绝对地租在正常情形下只是很小的一部分。殷章甫（2004）的观点类似："佃农向地主缴纳的地租里面，常常包括正常利润或工资部分，使得地租的概念更加模糊不清。实际上，在毫无纯地租存在的情况下，佃农也有缴纳佃租的情况。只说产品的价值高于生产价格，尚不足以证明确有绝对地租的存在。因为工业产品里面，也有价值高于其生产价格的产品。惟就工业品而言，具有价值高于其生产价格的产品，却未能形成可转化为地租的剩余利润。盖在工业产品中，由于实施资本自由竞争的结果，每一种产品均不能按其价值出售；无论如何，对支付与土地肥沃度毫无关系的地租，并不是由于产品的售价超过其价值，而系由于产品的售价与其价值相等或低于其价值，但却高于其生产价格，并似已形成一种独占价格而出售的结果[①]。换言之，由于农业部门的资本组合偏低，又因土地所有权阻碍了资本的自由竞争，这正是形成绝对地租的基本因素。绝对地租系超过平均利润的剩余部分，并流入地主手中的超额利润。"

　　日本经济学家河田嗣郎（1930）认为地租实质就是一种"赢益"（现代来说

---

[①] 此时，产品价格的上涨并非形成地租的原因，相反地，地租方成为产品价格上涨的原因。因有此形态的地租，以致所有的差额地租势必增大。换言之，由于农业部门的资本组合偏低，又因土地所有权阻碍了资本的自由竞争，这正是形成绝对地租的基本因素。绝对地租系超过平均利润的剩余部分，并流入土地所有者手中的超额利润。马克思说：唯独差额利润和绝对地租，才是正常形态的地租，其余的地租，均不能根基于严格意义的独占价格以外的任何东西。

就是超额利润）："换言之，即生产结果仅仅能抵偿生产所用之资本与劳动而无余之时，地代（即地租）不能发生，同样，赢益亦不能发生也。是则就生产之结果而言，两者皆为多余之利益，其本性故无所异也。""马克思以为土地之存在量受有自然限制之结果，人口增加量无止境，谷价之腾贵亦无止境，于是李嘉图氏以来，学者间所视为不发生地代之最劣地，亦能发生地代，但如此发生之地代，与差额地代不同，并非由各地间收益额之差异而成立，乃由生产费用与市场价格之悬殊而成立，即抛弃差益之观点，亦绝对可以发生，故冠以绝对地代之名称也。"河田没有断然否定绝对地租的存在，但是认为其本质不是地租，至少和级差地租不同，而且最劣等地的地租是一种例外。[①]"它不是土地固有的特性，而是由于私有制，如果国有，则没有了。"[②]哈利特（Hallett，1979）认为总的来说，马克思对级差地租的分析大致符合现代微观经济学。马克思更独特的概念是绝对地租。

　　张德粹（1963）肯定了绝对地租的存在，但认为绝对地租并不是差别剩余，而是土地所有者对他的占有权所要求的报酬，他的数额并不随土地生产力的等差而变动，故与差额地租不同[③]。张德粹并不认同马克思的解释，他认为边际土地只有绝对地租。产品价格必须包括边际土地上的生产成本及绝对地租，土地所有者方允许该地开始利用。生产成本包括工资、利息、资本物的耗费，产品的运费及合理而必不可少的生产者利润，但未包含地租。等差地租为产品的价格所决定，而未包含在价格之内，但绝对地租则包含在产品的价格内，为决定价格的因素之一。社会上是否真有绝对地租？这是一个很难判断的问题，在某些情况下或许是有的，要随当地土地利用的竞争状况及个人对土地所有者与利润等各项收入如何

----

[①] 最劣等地仅有理论意义，实际很难找到最劣等地，即使强行指定一块最劣地，那很可能是荒芜之地，并未投入生产活动，一旦投入生产，就不是荒芜之地和最劣等地，这是一个悖论。所以最劣等地应该是最劣耕地，已经投入使用的边际土地。据经典解释，最劣耕地之所以有地租是因为追加投资且生产率降低同时发生所致，这应该属于特例。如果社会需要，追加的投资可以投入更差的土地，且生产率未必一定降低，不是非要投在之前的边际土地上。总之，最劣耕地可能产生地租，但到底是级差地租还是绝对地租并无很大争论价值。这种地租本质上还是剩余。

[②] "最劣等地亦能发生地代，固为例外。次地代当随谷价愈趋腾贵而愈见增加也。是故最劣等地之所有者，即令将其土地停止耕种，以待谷价之腾贵，愈能收得多量之地代，究由农产物之生产价格与市场价格之差额而成立者，固亦可视为一种差额地代，但此非由各地间生产价格之差异而定，不如特别赐以绝对地代之名称为宜。普通差额地代之发生，与土地之私有制度无关，至如绝对地代，则完全因土地私有而生，随土地私有制之废除消减者也。"（河田嗣郎，1930：166）
　　"至于绝对地代，虽由于土地成为自然的独占物，但因私有制度实行之故始得发生。土地国有实行之时，即可一举而扑灭之，并借以减低谷价也。绝对地代，唯有市场价格超过生产价格之事实而生者。因有国外农业竞争之故，谷价绝非可以任凭地主之意思所能使其腾贵者，故关于绝对地代之增加，亦自有限制存在，除完全排除外国竞争之外，绝对地代固无增加不已之事实也。差额地代，因土地所有之性能而生，完全与人工无关。至于绝对地代，非由土地所有固有之性能而生，惟因谷物在需给关系上之市场价格超过其生产价格超过其生产价格之事实而生，其原因为社会的。"（河田嗣郎，1930：167）"据吾人之见解，所谓绝对地代，在其性质上并非地代，实为一种多余盈余，与其谓为地代，不如谓为赢益，颇为合理。"（河田嗣郎，1930：168）

[③] 马克思于是提出他自己的见解，他说现今能利用的土地都已被人占有了，在土地的稀少性日趋严重的情势下，土地所有者认为占有土地是一件不容易的事情，必不愿将他们占有的土地在毫无报酬的条件下被利用，故任何一块土地，如经利用，则利用的人不论是土地所有者自己或租借的佃户，诸如必要求总收入中有一部分是报酬土地的地租，在土地私有制下，这项地租是任何土地利用所绝对不可少的报酬，故名绝对地租。边际土地如应社会的需要而参加某项生产，则产品的价格需偿付所投放的劳资成本外，还要支付土地所有者所要求的绝对地租。

划分而定。如果我们承认绝对地租的存在，则可断定这种地租发生的基本原因有二，第一是由于土地的供给有限，第二是土地私有制给予土地所有者以要求这种地租的权力。前者属于土地的稀缺性，后者属于土地在私有制下的垄断性。

林森田认为存在绝对地租但有不同的解释，绝对地租存在的原因在于土地的稀缺性，这和张德粹的观点接近。他说："马克思的绝对地租理论系源自于土地所有权，当土地需用人不支付地租时，土地所有权人可拒绝其使用。故绝对地租亦可称之为稀少性地租，因其乃系源自于土地的供给有限。"

林英彦（1999）认同绝对地租存在，但认为只有边际土地才有，因为它能阻止资本投入并能提高产品价格。他认为："最劣等地的生产物市场价格所以能超过生产价格之原因，毫无疑问的，这是基于所有权阻碍耕作的作用而形成的。由此，最劣等地才能产生超额利润，而转化为地租。这种由土地所有权的作用而形成的地租，即称为绝对地租。绝对一词的由来，是因为在土地私有制上，任何土地绝对需要支付地租才能利用，因而得名。边际土地只有绝对地租是正确的，但各级土地有两种地租，这一句话实有商榷的余地。日本东京大学教授大内力氏主张，唯有最劣等地才有绝对地租，优等地只有差额地租。绝对地租是要基于土地的独占，发生排他作用，引起谷价上涨才能形成，所以绝对地租只在边际土地产生。"[①]这和很多传统的观点是不同的，对非边际土地而言，其地租视为剩余即可，他们都归属于土地所有者，数量上的区分缺乏实际意义。其实无论什么类型的地租都是剩余，都是市场价格和成本的差额而已。只是产生的原因是多元的，或是自然的帮助（不劳而获），或是经济的优势（肥力和区位），或是劳动力的贡献（剩余价值创造）。

林英彦认为劣等地所有权的确能促成价格上涨，对地租的形成具有积极的作用，这与优等地的土地所有权只具有使超额利润变为地租的功能大不相同。优等地无绝对地租，故将绝对地租又称为一般地租，实不妥当。差额地租的发生是谷价（上涨）的结果，并非是谷价的形成原因，但绝对地租是促使谷价上涨的原因，即绝对地租使市场价格超过生产价格，差额地租是边际土地的生产价格决定市场价格的结果。绝对地租的形成原因大致如上述，但限制绝对地租大小的因素，则有谷物输入、耕地的追加投资、土地所有者之间的竞争三项。因为前两项可以影响谷物价格，后一项则可降低土地所有者要求的地租额。

由此，土地所有者的私有垄断权对绝对地租数量的决定能力的确是有限的，尤其是在农业地位下降（相对工商业）、国际贸易、农业传统作物生产效益长期较低的经济环境之下。

---

① 林英彦的观点：边际土地产生绝对地租，则优等地的地租自然也会增加，但这是由边际土地的绝对地租引起市场价格上涨的结果，并非由优等地的绝对地租引起市场价格上涨。换言之农产品市场价格的构成，是由边际土地的生产价格，加上土地所有权所促成的地租（绝对地租）额来决定，但优等地是由市场价格来决定其地租额，故优等地无绝对地租。即不问市场价格上涨的理由是基于需要增加，或劣等地的生产成本提高，对优等地来说，结果是相同的，故优等地的地租，均应认为是差额地租。

### 4. 埃文斯的观点

英国经济学家、雷丁大学教授埃文斯（1999）支持绝对地租的存在，并首次运用新古典经济学范式对绝对地租进行了深入分析。他说："最低地租的概念是由马克思提出的，并将其称为绝对地租。马克思本人没有给出绝对地租产生的明确原因。但是，不论他出于什么理由，我们可以证明，现代经济学分析利用交易成本、监管成本、风险与不确定性解释了最低地租的存在。虽然该最低值会因地主、使用方式和地点的不同而有所区别。地主如果能以与租户达成一致的高于绝对地租的租金连同其他地块出租，该地块将被出租，否则，他宁愿将其闲置。"埃文斯的分析并没有区分是否是边际土地。

埃文斯认为过去大多数的解释在很大程度上忽视了马克思长期对土地所有者行为的讨论。仔细阅读马克思的话发现他不是在说低农业中资本的有机组成导致绝对租金，但是土地所有者在要求绝对租金方面的行为减少投资，导致农业资本的有机组成较低。需要低有机构成的资本一直是大多数争议的中心。马克思希望表明的土地私人所有权和更重要的是，土地所有者向租户出租土地导致绝对租金，并且绝对租金形式存在。土地所有者坚持获得这些租金，意味着在农业中获得的剩余率比工业高，虽然资本有机构成低。因此，因果关系的方向与布劳格（Blaug）等所说的相反。他们认为资本的有机构成预期在农业中比在工业中更低，于是土地所有者获得绝对租金，反则反之。如果所有的土地都是自用的，绝对租金不会存在。因此，绝对租金的存在是具体的，或取决于某种形式的土地使用权。可以看出，迄今为止的讨论没有提到任何有关资本的有机构成。马克思关于绝对租金存在的论点完全基于土地所有权制度的存在，以及土地所有者在租金不够高的情况下从土地耕种中收回土地的能力。所以，尽管绝对租金可以不存在，如果农业中的资本构成等于平均水平，土地所有者在要求绝对租金中的行为是资本主义经济的特点，导致投资和农业资本构成水平低。

马克思最早洞察了土地所有者不愿意将土地以低于最低价出租这一现象，但他没有给出解释。这是因为，解释该现象的经济原因——交易成本、监管成本、风险与不确定性——并非是当时古典经济学讨论的概念，仅在 20 世纪下半叶的经济分析中才彰显出其地位。绝对或最低地租的确存在并有三个存在原因。第一个原因是土地所有者与租户之间签订协议的成本，即交易成本。土地所有者出租土地需要花费时间与金钱去达成协议，很多还牵扯支付给律师或土地中介等的费用，以确保交易在法律上无懈可击。在某种程度上，交易成本是伴随出租而固有的费用。正因为这一点，没有土地所有者愿意将一小块土地以低价出租，因为产生的收入无法支付交易费用。同时，如果土地由所有者占有，就不会产生任何交易费用——不需要签订或实施协议。土地如果由所有者占有使用，土地就不会出租。第二个原因是监管协议执行的费用，也就是监督租户对土地的使用是有成本的。第三个原因是风险与不确定性。土地所有者会权衡从土地上可能获得的未来收入的不确定性、租户要求的合理租期以确保投资安全两个因素。如租金太少，租期又较长，土地所有者就失去了在未来可能形势变好时提高租金的机会或选择权，这样是不利的。

于是，土地所有者的最佳策略是确定一个最低值，低于该价格就拒绝出租该土地。这样损失不会很大，因为报价实在太低。土地所有者可以希望或期待未来某个时候，当经济或其他情况好转时，能得到较高的地租，由此，可以在后期获得更多的预期收益以弥补前期土地未完全利用时的损失（如空置）。

同时，没有标准的绝对最低地租，最低地租依地块与面积的不同而变化，有效的土地产权制度对此也有影响。城市环境中存在最低地租，从土地所有者的视角看，他们要求较高的最低地租是因为他们预测未来的经济状况会更好，并且租户需要长期的租约，因此，他们更加会要求较高的租金，此时，是与风险和不确定性相关的土地所有者利益考量而非用地者的交易成本考量。

5. 马克思地租理论和现代地租理论的联系

马克思的很多观点符合现代经济学的范式。他早就发现了地租是可以解构的，一部分源自之前投入土地的资本利息——一种必要的要素回报，除此之外，还有一个组分，这个组分其实就是经济租金或剩余。他说："我们已经知道，投入土地的资本的利息，可能形成地租的这样一个外来的组成部分，这个组成部分，随着经济发展的进程，必然会在一个国家的地租总额中形成一个不断增大的追加部分。但是，把这种利息撇开不说，在租金里面，还可能有一部分，在一定场合，可能全部是平均利润的扣除，或正常工资的扣除，或同时是这二者的扣除。利润和工资的这个部分在这里以地租形式出现，因为它不像平常那样归产业资本家或雇佣工人所有，而是以租金形式付给土地所有者。从经济学上来说，无论这个部分或那个部分都不形成地租，但实际上它们都形成土地所有者的收入，是他的垄断权在经济上的实现，和真正的地租完全一样。并且，和真正的地租一样，对于土地的价格，也有决定性的作用。"（马克思，1974）

马克思还隐晦地指出了稀缺租金的概念："最后，在考察地租的表现形式，即为取得土地的使用权（无论是为生产的目的还是为消费的目的）而以地租名义支付给土地所有者的租金时，必须牢牢记住，那些本身没有任何价值，即不是劳动产品的东西（如土地），或者至少不能由劳动再生产的东西（如古董，某些名家的艺术品等）的价格，可以由一系列非常偶然的情况来决定。要出售一件东西，唯一需要的是，它可以被独占，并且可以让渡。"稀缺租金概念实质就是经济租金的概念。

## 6. 关于绝对地租的几个观点①

### 1) 特定所有权制度和经济环境下对农民或农业工人的工资剥夺

马克思分析绝对地租时运用的生产价格和平均利润概念，没有将工资单列考虑。此时，市场价格高于生产价格时方有超额利润，进而转化为绝对地租。但是二者相等时，甚至市场价格低于生产价格时，亦有可能产生超额利润，因为此时农业工人正常工资也可能转化为土地所有者的地租，农业工人处于不利的境地，他们可能连基本的生计都难以保障，这种情况一般发生在对土地使用竞争十分激烈或土地所有者对土地的垄断性非常强烈的时候。

此时无关有机构成高低，只和土地稀缺、需求者竞争土地使用和所有制有关。在缺乏其他就业机会之下，为了谋生或者维持基本生存，在某些社会阶段，农民或农业工人被迫接受地租的要价，他们的收入低于平均工资，剩余价值直接被土地所有者捕获。即使是边际土地，哪怕市场价格低于生产价格，土地所有者都能实现一个地租（市场价格等于生产价格时，工人可获得正常工资并能实现地租）。如果市场价格高于生产价格，土地所有者能获得更高的租金。马克思（1975）已经明白地对此做了解释："只要一个国家农业工人的工资通常被压低到工资的平均水平以下，从而工资的一个扣除额，工资的一部分通常加到地租上，这对最坏土地的租地农场主来说也并不能例外。就是在那种最坏土地有耕种可能的生产价格中，这种低微工资已经是一个构成要素，所以，产品按生产价格出售，不会使这种土地的租地农场主有支付地租的能力。"如马克思认为：真正农业工人的工资被压低到它的正常平均水平以下，以致工资的一部分由工人手中扣除下来，变为租金的一个组成部分，从而在地租的伪装下流到土地所有者而不是工人的手中。爱尔兰的情况就是这样。不管源自对农民的直接剥削还是源自产品价格上升后对农民的间接剥削，绝对地租都是在产权制度之下，土地所有者经济权利的体现和实现，因为他们占有了稀缺的资源，他们有资格这么做——要求一个最低限度的租金，否则他们宁愿不租。如此说来，任何土地皆有绝对地租而非仅存于边际土地，这符合新古典经济学的分析框架。

### 2) 绝对地租源自边际土地生产对市场价格的推高

无论如何定义地租、地租来源及产生原因如何，根本一点就是：土地能和资本及劳动力结合，并在付给社会平均甚至低于平均回报率（如果被接受的话）之

---

① 这里试图以新古典经济学理论诠释马克思的绝对地租理论，马克思敏锐地首次指出绝对地租的存在是正确的，是符合现代经济学理论的。但笔者并未对很多学者关于马克思主义经济学绝对地租理论的研究中的争执不休的观点进行一一辨析，这是较为艰巨的工作。

后，还有剩余。反之，如无相关的生产行为或者没有剩余，那么不存在地租，哪怕是绝对地租。

边际土地进入生产，表明它被市场需要而进行耕种，它的产品和价格被市场承认。这个价格不如说是成本，包括资本及利息、劳动力工资、平均利润和绝对地租。绝对地租在这里成为推动市场价格升高的部分，而不是市场价格升高的结果。非边际土地不存在产品的市场价格定价的问题，因此讨论绝对地租没有意义。

对非边际土地而言，一般都会存在一个地租，但这个地租本质上是一个稀缺租金，理论上和实践上都无法分离出绝对地租——它混合在地租之中，是一个客观的存在。绝对地租只对边际土地具有价值，但此时，边际土地没有级差地租。

张德粹的观点是非常正确的。在农民有充分就业机会之下，以及粮食市场全球化之环境下，农民要求正常工资，外边际土地很难投入生产并获得绝对地租。但一般边际土地仍有可能获得绝对地租，因为土地所有者若要价过高，土地有可能闲置，同时，农民出价过低，有可能劳动力闲置，此时边际土地本身是变动的，绝对地租数量也会变动，这和产品市场形势和劳动力市场、土地市场形势都有关系。例如，外边际土地可能变为边际土地，非（内）边际土地变为边际土地都是可能的。

3）边际土地具有绝对地租

为什么任何土地都有机会成本呢？马克思说过，"瀑布和土地一样，也和一切自然力一样，没有价值，因为它不代表任何在其中物质化的劳动"，但马克思这里说的土地是原始的土地，现实社会这种土地几乎不存在了。一般的土地都已经容纳了人类之前历史上的劳动投入，当然具有价值，视为资本品时，就有机会成本。对一块天然土地而言，没有投入劳动和资本，也没有为产权付出代价，此时是没有任何地租的。但只要投入资本和劳动进行改良，就会具有资本品性质，使用它要付出租金，底限就是资本的利息或机会成本。边际土地绝非天然土地，它已经容纳了人类的劳动和资本，只是数量较少而已，而且具有产权，获得产权和保护产权绝非零成本。马克思也说："级差地租和地租只是投入土地的资本的利息。"[①]土地所沉淀的资本使得土地具有自然和资本双重属性，其价值虽然具有垄断特点，但资本品特征又制约其垄断价格。依据前面的地租理论，转移租金相当于资本的机会成本，即购买的资本利息或保留价格，真正的剩余是经济租金，是另外的更重要的地租构成部分。

假定土地所有者拥有 $p_0$ 和 $p_1$，前者是埃文斯总结的土地出租的最低价格，后者是土地作为资本品的机会成本。租户报价低于机会成本 $p_1$，不等于一定要保有土地，因为能收入一点还是有利，但还有一个交易成本 $p_0$，低于 $p_0$ 出租还不如保

---

① 见《资本论（下）》第 44 章 "以下采自一本标明 '开始于 1876 年 2 月中旬' 的札记本"。

有。$p_0$ 和 $p_1$ 之间的报价则依据市场而定，有出租的可能性。报价越高于 $p_1$，越不可能闲置。

对非边际土地，$p_1$ 和 $p_0$ 依旧在理论上正确，此时土地具有级差地租生产能力，租金表现为整体性的支付，掩盖了绝对地租的存在价值。没有必要分割绝对地租出来，也没有现实意义。非边际土地没有必要区分绝对地租是因为此时绝对地租存在的理由不成立——绝对地租是因为所有权垄断并能决定产品价格。此时起作用的因素是土地的稀缺性。其实，所有土地都具有不同程度的垄断性，只有边际土地在决定是否加入生产方面发挥作用。该观点和埃文斯并不矛盾，虽然埃文斯并未指出只有边际土地才有绝对地租。

## 7. 结论

（1）马克思绝对地租理论的暗含前提常被人们忽视。有两个前提：一是绝对地租的讨论应该限于边际土地。非边际土地只是理论上存在绝对地租，但湮没在级差地租之中。二是封闭市场。此时边际土地可以影响市场价格。如果一个地区的粮食市场是开放的，那么到底是因为边际土地缴纳地租影响了市场价格，还是反过来市场价格提高允许边际土地投入使用？前者在开放市场结构下，很难成立。所以这个因果关系很难判定。此时绝对地租产生的原因只能是其他。

（2）一般土地不存在绝对地租，绝对地租只在边际土地产生，非边际土地存在级差地租（因为此时土地所有者不可能先要求一个绝对地租再要求一个级差地租，地租只表现为级差地租，一定高于理论上的绝对地租）。

（3）绝对地租是存在的，是稀缺性和独占性共同导致。稀缺性使得农业工人不得不对土地进行竞争，满足土地所有者的条件；独占性则表现为土地所有权在经济上有权要求一个最低租金——绝对地租——哪怕是边际土地，于是所有权（或私有权）是有效的导致绝对地租产生的直接原因。

（4）农业投资有机构成低，导致绝对地租产生，但这不是必要条件。

（5）对边际土地和非边际土地而言，现代新古典经济学解释绝对地租产生原因是交易成本、监督成本和不确定性带来的成本。绝对地租至少数量上要么涵盖埃文斯所言的三个成本，要么接近转移租金，即之前获得土地的机会成本或最低资本回报。土地所有者一般视其土地为投资品和资本品，可能会以低于机会成本的租金交易，但不会低于埃文斯三项交易成本和的租金成交。

（6）绝对地租最终价值来源。针对边际土地，一个可能是对劳动力的剥削，低于正常工资，也可能是利润的一部分的转移导致，不论此时的市场环境如何，也不论市场价格和生产价格的对比关系如何。另一个可能是市场价值大于市场价格，即剩余价值的转移，由所有权垄断强制收取。市场竞争也不能消除这个强制收取的最低租金。

### 8. 政策含义

在土地征收方面，一般征收的是市郊的优等地。城市边界区土地对农业而言一般是优等地，因为区位好，集约利用程度高，但毕竟还是农业地租。可对城市而言是边际土地，农民集体此时相当于土地所有者，对土地具有独占性且土地具有稀缺性。原因在于：从农民的视角，他们具有垄断的优势，若报价只是等于农业地租，那不如自用，可以无风险的获得农业地租（也可出租）。所以租用者（或购买者）的报价必须高于农业地租，这个只凭借权利而获得的租金实质就是相对城市土地而言的绝对地租，一定高于农业地租。这个地租部分可以不需要任何经济理由，只因为所有权。换言之，数量上看，补偿可按城市地租支付，此时城市地租只需要机会成本部分，可以收益法定价；也可以低于机会成本，即按城市边际土地的绝对地租支付。但不管怎么说，该种支付数量上都高于农业地租。基于此，对土地征收人来说，只支付农业级差地租是不够的，还必须支付一个增量部分，这样才是公平意义上的且容易做到的帕累托意义上的改进。此时的绝对地租是针对城市土地（边际土地），而非农业地租（最优土地）。补偿标准也应该针对前者。

## 3.2.3　埃文斯的新古典地租理论简介

埃文斯是当代最著名的英国土地经济学家。新古典地租理论对于揭示土地市场的运行规律和地价变动提供了有力的分析工具，然而，土地的独特性及土地市场的独特性使得新古典地租理论同样面临着理论和实践的诸多挑战。例如，在实践问题上，既然地租地价是一种剩余，是由最终产品价格决定的，那么地价就应该是由房价决定的。但是这种似乎不存在争议的观点饱受质疑。房价和地价更多地被认为是互相推动的关系，而不只是房价决定地价，地价不会决定房价。在理论层面，人们发现有两个关键问题被忽视了。

### 1. 错误地套用谷物与土地关系理论

埃文斯（2013）认为房价地价的研究错误地套用了李嘉图的谷物与土地关系理论，他们觉得土地可得性并不重要，其数量上升不会影响房地产价格。李嘉图认为土地供给是不可改变的，这是其结论的基础之一。实际上，住宅地价和房价，都依赖于对住房的需求，如利率、收入等，但土地的供给被规划系统所决定。进一步的，土地供给还由土地所有者将土地出售用于其他用途的意愿和能力所决定，在我国现阶段增量土地供给为主的背景下，地方政府实际是居于主导地位的垄断供给者，它有能力限制供给，同时由于受到土地财政的强烈激励，供给的意愿是依据市场形势而变化的，即在市场需求旺盛的时候，增加供给，反之减少供给。

但是住房的供给是滞后 2～3 年的，所以土地供给行为在住房价格波动性加大的情况下，常常会加剧而不是熨平住房价格的波动。政府总是自我感觉土地供给数量充足，殊不知，"嗷嗷待哺"的开发商更多。

实际上，地租的上升也能影响谷物价格。下面用两幅图进行解释（图 3.5 和图 3.6）。在特定的时间，一个城市对工业和公寓的有效供给数量是固定的，为 $OQ$ 部分，左边的向下倾斜的需求曲线是工业的，为 $PP'$，右边的需求曲线是公寓的，为 $SS'$，它们之间对总的供给进行竞争性使用，假定土地属兼容工业和多层公寓。此时，均衡的租金是 $R$，$OX$ 部分土地用于工业，$XQ$ 部分用于公寓，二者的对土地报价是相同的，但获得的数量不同。市场是均衡的。但如果政府可以的干预市场，减少公寓用地或提高公寓用地价格，我们看会发生什么。

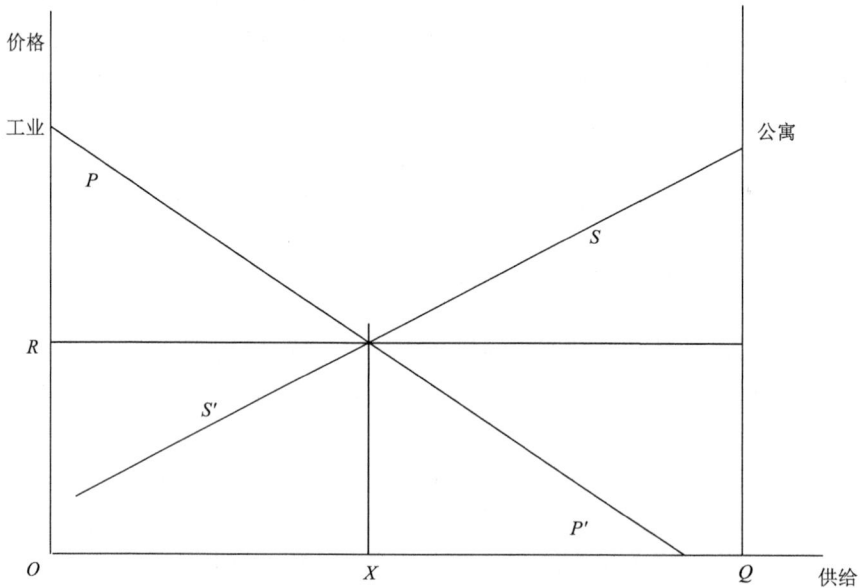

图 3.5　新古典地租理论下竞争性土地用途价格决定

假设政府大力鼓励资本投资，外来企业进入较多，工业用地需求曲线右移提高到 $P_1P_1'$，供给随之增加了，而公寓用地的需求不变，这是我们发现均衡的租金上升到 $R_1$，公寓用地的面积缩小了。这种情况常见于经济繁荣期。城市公寓用地减少，公寓建设随之减少，加之预期因素，不难预测公寓租金价格将上升。对公寓而言，人们可以说，由于土地有限性和多用途的竞争市场环境，如果公寓用地价格上升，有可能导致公寓价格的上升。当然，公寓市场供求形势是最基本的决定因素，决定了上涨幅度的大小。在这种情况下，人们更应该说是地价上升带动了房价上升，而不能说是房价带动了地价的上升，因为在这里地价的上升是替代性和竞争性的工业用地需求上升、带动供给增加和租金上升引发的。

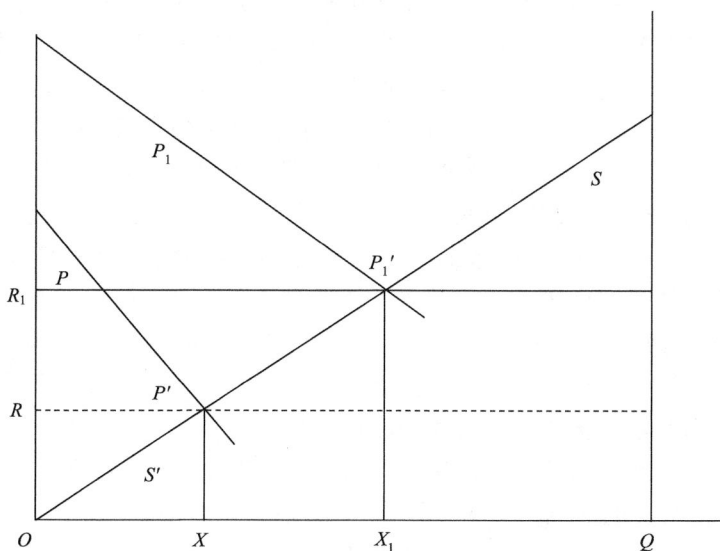

图 3.6　地租上升带动产品价格上升

## 2. 当代社会假定土地只有一种用途并非合理

李嘉图假设土地只有一种用途，此时当然土地作为引致需求，其价格决定于需求。而边际主义模型认为土地和其他生产要素一样，有多种而非一种用途。于是，当存在替代用途时，完全可能导致"房价高是因为地价高"。此时，土地是有机会成本的，这将无情地进入产品成本。因此，特定用途的地租并不是被某种产品所单独决定的。税收对土地使用的影响不是中性的。可能导致土地转向较低税率的用途，也可能使得税负以较高产品价格的形式表现到较高税率的土地使用上去。比如，在中国，假定一个地区一年内的土地总供给恒定，那么配置更多的工业用地必然使得工业用地价格下降而房地产用地价格上升，这是一种数量手段的土地市场干预方式。房地产用地价格的上涨明显是政府干预的结果，其必然导致显著的福利损失。

所以，当代社会，"地价-土地产品价格"之间的关系绝非单一的一方决定另外一方的关系，它们之间的关系受到经济环境和政府干预的影响。规划管制在其中起到很重要的作用。

埃文斯对经济地租的定义是：经济地租即为特定用途要素支付且高于将土地维持在该用途中所必要的转移收益的部分。他还认为：即使是规划的限制，使得一些土地仅有一种用途，该用途土地供给的变动（如由于规划限制的变化）也将导致地租或者价格的变动，包括其所生产产品和服务价格的变动，尤其是该种用途土地供给的增加将导致此类用途土地地租及其所生产产品和服务价格的下降。

从实务的观点来看，李嘉图的理论明显是正确的。但是人们往往会忽视的是，剩余法从本质上来说具有短期性。经济地租的最佳替换似乎是"盈余收益"（surplus earnings），这样就会非常清晰，即盈余收益和转移收益都是总利润的一部分，且二者的综合就是总利润。而且，人们至少可以认为地租分为盈余收益（实为经济租金）和转移收益[1]。由于规划限制固定了某种用途土地的供给，就创造了一种符合李嘉图理论的情景，即假设土地供给固定不变且只有一种用途。但规划改变导致的供给变化能影响价格。寻租活动中的地租是指经济地租而不是商业地租。

总之，李嘉图的理论实际上完全基于当时的社会经济环境，土地的用途比较单一化，土地的政府管制几乎没有，这些假设前提在当代发生了根本性的变化，所以李嘉图的理论不能说错误，其内核仍然是正确的。只是说其假设前提发生了变化，其理论需要给予根本性和较大的修正。另外，林子钦（2002）也从供给视角进一步阐释了土地的供给问题，认为李嘉图地租理论下，土地没有其他竞争性的使用，因此使用土地的机会成本为零[2]。阿隆索的地租模型忽略了土地的供给价格，出价最高的厂商或消费者将可以购得任意数量的土地，这是一个非常不合理的假设（Berkman，1965）。土地供给并非如李嘉图所假设的没有弹性，也并非阿隆索地租模型中假设的完全弹性。而且，土地供给受到土地所有者对于未来市场预期的影响。土地市场中供给面的复杂程度及它对于土地资源配置的影响往往被过度忽略。

埃文斯进一步指出，到底是李嘉图正确还是边际主义地价理论正确，取决于规划实施的程度。控制越强，土地用途越单一，前者越正确，即地价由需求决定。但数量和用途单一性必须同时考虑，共同起作用。

### 3.2.4　地租的创造理论

一块闲置的土地是没有契约地租的，也不存在经济地租，因为经济地租是前者的一部分（特殊情况下，后者数量上甚至可大于前者）。它只具有潜在的创造租金的潜力。从生产要素和社会经济生产过程来看，地租的创造必须和资本、劳动力相配合。正如马克思在《资本论》中引用的威廉·配第名言，"土地是财富之母，劳动是财富之父"，这是农业社会的生动写照，当代社会可能还需要加上资本。

对农业生产，无论土地自用还是出租，耕作者都需要投入一定量的劳动力和肥料、农药等资本要素，最终生产出产品投入市场，农产品市场一般被认为是一个完全竞争市场，所以个别生产者只能服从而不能决定市场价格（个别特殊农产品除外）。然后，去掉投入的资本成本和利息，付给劳动力的工资，剩下的才是

---

[1] 埃文斯建议用盈余地租替代经济地租概念，以避免混淆，但实际上二者是一样的。
[2] 现代社会，单一用途时，土地即使机会成本为零，也不一定会进入市场。在存在产权的前提下，机会成本等于零是一个特例，至少，卖掉土地换取的资金安全利息构成其机会成本。

地租。这也是一个农业经济问题。在中国的农业经济环境下，由于经营规模小，如果全额考虑耕作者投入的劳动报酬，那么地租将非常低，甚至是负数。从美国看，依据美国农业部（United States Department of Agriculture，USDA）统计数据，2015 年，全美有 2 032 300 个家庭农场，93.9%的土地用于家庭农场，生产了价值89.4%的产品。90%的农场属于小型农场，定义为总农场现金收入低于 35 万美元，占用了 48%的土地。中位数数据看：农场收入为-765 美元，非农场收入 67 500 美元；劳动收入 382 700 美元，非劳动收入 25 013 美元；总的家庭中位收入 76 735 美元，高于全美家庭收入 56 516 美元 35.8%。从平均数数据看：农场收入为 24 740 美元，非农场收入 95 140 美元；家庭收入 119 880 美元，高于全国水平 79 263 美元 51.2%。这说明，农地地租的创造能力是较低的，尤其是对小规模生产。很多时候，只是一种实现劳动力就业的辅助性生产资料。

　　对城市土地而言，地租是明显的。一旦土地投入生产活动，产品出售后总的收入，扣除资本、劳动力和必要的经营利润，剩余的将付给土地。所以，暂时抛开所有权等经济关系，只就经济视角，可以说资本和劳动参与都是创造地租的必要条件。没有资本的参与，尤其是没有劳动的参与，地租是不能实现的。只有劳动力参与的现代生产活动已经罕见。投入的土地是有权索取回报的，因为作为要素，它要么已经蕴含了过去大量的人类劳动，要么获取这个土地产权需要付出巨大的资本代价，而资本是过去劳动所换取的，马克思的剩余价值论可适用。刻意地去追问地租的最终来源没有价值。在经济层面上可以认为，地租就是对使用土地要素的、付给产权拥有者的一种回报或报酬。这是地租的另外一个定义。

# 3.3　土地发展权理论

　　近年来，一些学者对土地发展权的研究开始重视，高波指出，土地用途管制促成了土地发展权的产生，而土地发展权的设立有利于土地用途管制的实施。土地发展权是将土地变更为不同用途的权利，是对土地在利用上进行再开发的权利。他指出土地发展权不仅是变更用途的权利，而且是再开发的权利。本书更进一步精确的定义为："土地发展权是土地保有的并为法律法规所认可的法定拥有的权利或转换为不同用途的权利。"之所以下这样的定义是因为有些土地在法定条件下可以行使某种权利对应的用途但并未实施，目的是等待更合适的开发时机。

　　认识土地发展权，必须从土地用途管制谈起。土地管制是国家公权力，那么再认定土地发展权也属于国家，就不合理了（对集体土地而言）。

　　土地用途管制主要是政府对土地用途及其变更施加的限制，并对土地财产所具有的权利内涵给予的界定。规划（planning）或分区（zoning）是典型的管制手段。管制手段的运用同时具有社会经济成本和效益，往往具有多目标特性，除了经济目的之外，还具有环境保护、资源保护、粮食安全、公共设施投资和融资、促进可支付住房建设等。管制是政府对土地资源配置和土地市场的一种干预，因为市场有时在土地领域是失灵的。一些经济学家如科斯，提倡用财产权的途径来解决资源配置问题，认为在不存在交易成本等条件下，通过当事人的谈判，不管产权最初如何分配，最终都能实现帕累托效率的结果。这个观点告诉人们产权界定的重要性，但现实是交易成本在土地领域不仅存在，还很大。不能否定科斯观点的正确性，即使采用管制来干预土地配置，也需要尊重科斯提倡的财产权方法。为达到帕累托最优，政府对土地的直接资源配置和按照科斯理论通过谈判和市场化方式解决的资源配置，构成了两种不同的资源配置方式。在科斯理论下，产权是可分的，财产权是一束权利，对其可进行灵活的分割。

### 3.3.1　土地发展权的类型

土地发展权是一个权利的体系。这种划分，立足于对其权利本质的认识。它们都和管制相联系，其中基本土地发展权是所有土地都将拥有的权利，是财产权束的一支，当然有的国家也可以强行拿走它。超额和虚拟土地发展权可认为属于一种由基本土地发展权衍生而来的权利。人们说发展权时，将其混为一谈，这很难在理论上理清发展权，并不利于政策的设计。

第一是基本土地发展权。往往在综合规划的指导下，明确社会所需要达成的目标，政府通过明确或隐含地给土地施加一个管制强度，赋予每一块土地一个基本的发展权利，并制定使用的规则。规则和强度依据地块区位、现状利用类型、外部性大小等因素的不同而不同。基本的发展权规定了政府和土地所有者（也可能是土地所有者和土地所有者之间）双方权利的界限。众多土地所有者之间也可能通过协商，以契约的方式确定各个地块的使用权利和义务。它既是政府和土地所有者双方科斯式协商的结果，也是政府权衡管制强度后的妥协。这种权利类似法定的发展权，是动态的，更多的情况是一个国家或社区通过立法过程和选举过程，或者通过社会抗争过程，对这个权利进行定义。但必须承认，不同国家的法制理念不同，立法存在差异。

第二是超额土地发展权。如果土地所有者在基本土地发展权内容的基础上，试图向政府申请变更管制强度，超过法定权利，扩大发展权利，那么变更前后的发展权即为超额土地发展权。超额土地发展权常常不需要变更土地用途，它应该掌握在政府手中，通过协商达成一致［如绩效分区（performance zoning），或包含性分区（inclusive zoning）等］、修改规划或课征税费［如影响费（impact fee）］等方式有条件地向发展权需求者转移。超额土地发展权相当于原土地所有者向政府索取的新的土地开发权利。超额土地发展权与基本土地发展权有较大的区别，因为按照上述管制强度原理，政府对土地赋予了某个"合理的"管制强度和基本发展权利，在这个基本权利之上的权利则不应该属于土地权利人，应移交给政府所有（甚至可以出售），作为一种公共资源，实现公共产品供给、提高全体公民福利提升等目标。超额土地发展权可作为土地政策和规划政策的工具。

第三是虚拟土地发展权。一般有三种基本情况可创造出虚拟土地发展权：土地的现状利用强度小于法定的或基本的使用强度；土地被迫保持使用现状，失去再发展机会（如保护特定历史建筑和文化区），政府出于向该土地所有者利益补偿的需要；从较高的现状利用强度（一种基本发展权状态），降低到较低的利用强度（另外一种基本发展权状态）。这是一种可交易的发展权（transforable development right，TDR），深刻体现了政府和土地所有者间的协商和妥协，以及政府出于历史文化保护和生态保护等社会目的，通过规划、供给、补偿等工具对土地利用的深度参与。虚拟土地发展权和超额土地发展权比较类似，都是两种管制强度之差而形成的权利，都有需求者和供给者。不过，虚拟土地发展权的供给者是土地使用者或所有者，超额土地发展权的供给者是政府。需要注意的是，虚拟土地发展权建立在管制的基础上，配合以计划和指标等手段，在我国成都、重庆等不少地方已经被广泛使用。其基本原理是：将一个地区设为发展权输出区，其开发权利"向下减少"，如宅基地复垦为耕地；这样就制造出发展权指标。另外一个地区为指标接受区，由于接受区开发总量指标不够，这样买回的指标就获得了土地发展权，从而实现落地开发。这和美国实行的 TDR 非常类似，本质上是发展权的交易。

## 3.3.2  土地发展权与土地价值的来源和分配理论

土地的价值是权利的价值。如果土地的权利预期将长期乃至永久不变，那么其价值就是现状用途和权利下的价值。但是，任何土地都存在转换使用方式的可能性，只是不同区位的土地这种可能性不同而已。卡波扎和埃尔塞（Capozza & Helsley，1990）运用收入和发展在不确定性、不可逆性下建立的均衡土地租金和价格模型得出的土地价格构成与这个基于李嘉图模型得出的土地价格构成极为相似，只不过位置价值的未来增长部分变成了增长溢价（growth premium）加上与不可逆溢价相对应的选择权价值（option value）（图3.7）。二者的区别表现在 C-H 模型理论基础不一样且将目前城市边界以外土地的潜在价值区分得更为细致。实际上，卡波扎和埃尔塞研究中的增长溢价和选择权价值就是土地发展权价值部分。在一个动态的城市及其边界，一块土地不仅具有因为规划改变而获得新的权利的可能性[①]，而且具有择机开发选择的权利。这种可能性越高，土地的发展权价值越

---

[①] 在有些规划制定公众参与较多的国家，往往是那些需要改变土地用途的公众乐于参与规划、施加影响、表达意见，最后有很大可能实现符合意愿的规划的修改。

大，土地价值越高。只是这种价值是潜在的价值，必须等到规划改变后方能实现，但是这种预期一部分已经资本化到土地价值里面，即使土地目前尚未获得开发权，但其价值已经升高了。因为市场参与者从获取的信息里已经修正了自己的行为和决策：卖者惜售提价，买者投机愿意购入。在很多地区，土地发展权价值甚至是土地价值的主要构成部分。

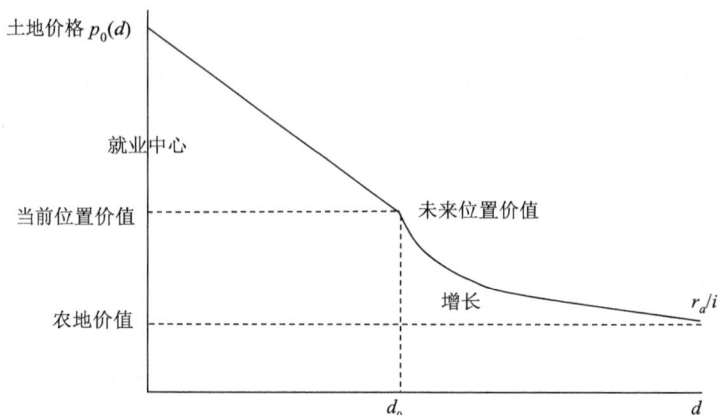

图 3.7　土地价值的构成

　　还要注意的是，因为分区和规划也可能是动态变化的，甚至是可以主动争取的，城市的发展也是变化多端的，如道路系统和商业中心的变化，所以土地未来的发展仍然存在巨大的不确定性，这些都可能对地价产生影响，而且特定时刻，这些信息未必完全资本化到地价之中。

　　地价的上升由诸多原因导致，一般认为主要有以下几种：一是内在的土地改良，土地所有者对土地不断进行投资，使其价值上升；二是外部投资带来的外部性，如基础设施改善使得土地价值上升；三是相对区位的变化，如果城市扩张，那么特定区位的土地价值随之上升；四是稀缺性增加，如果整个社会人口增加、生活水平提高、社会观念变化（如注重环境质量和休闲娱乐）等，都会使土地整体上更加稀缺，从而价值上升；五是规划管制的变化导致。其他原因还包括通货膨胀等经济原因。在当代，上述第三至第五种原因所起的作用变得越来越大。实际上，上述五种原因都可归结为一点：对土地的需求上升同时供给很难增加导致价值的上升。

　　传统的土地理论认为，土地增值税本质上是不劳而获，应归功于全社会的进步，且土地供给无弹性，对土地征税可以将增值部分收归国有，从而实现"涨价归公"的传统公平理念。然而这么做至少面临两大难题：一是很难分离土地所有者努力导致的增值和外来因素导致的增值；二是征税将导致市场行为发生变化，即使得特定用途供给土地数量减少，且可能导致税负的转嫁，最终无法实现对土地所有者的征税。如林毅夫（2004）就认为任何制度的设计要考虑两个主要原则：公平与效率。从效率上看，全部的涨价属于农民所有是最有效的。而从公平角度看，还需要考虑通过课税来使社会分享增值收益。是不是可以利用所得税来分享土地增值收益呢？其他的所得收入基本上是劳动收入，而土地增值收益基本上是不劳而获，用所得税跟其他的收入放在一起来解决土地级差地租的涨价归公，就会遇到一个两难问题，如果这个税率定得高，就会影响劳动积极性；如果税率定得低，有利于劳动积极性，但级差地租大量进入少数土地所有者手中，显然是不公平的。所以根据土地的特性，从公平与效率角度来看，部分涨价归公可能有道理的。殷章甫（2004）也认为土地增值税的确包括部分的不劳而获，其税率当宜略高于一般所得税，如此方符合社会正义原则。土地自然增值及社会增值，常与人为投资的土地增值结合在一起，如百分百征收归公可能侵蚀人为投资的贡献，这种不合理，必然阻碍人民对土地的投资改良意愿，影响土地有效利用。

在某些情况下，租金可能被视为垄断收入。在封建的土地所有权制度仍然存在的地区，很大一部分土地由几个家庭控制的地区，或诸如传统、所有权威等因素阻碍市场交易的地区尤其如此。在经济意义上，不动产所有权可以为土地所有者提供重要的差异优势，但拥有相似所有权的其他所有者的存在则阻止了真正的垄断的存在。

每当土地所有者从其他人的行为中获得地租，而不是因为自身改善的努力时，这种增量可以视为不劳而获。这种类型的不劳而获与大多数生产要素相关联，往往难以识别，在涉及不动产的案例中也很复杂，因为土地所有者在其拥有期间经常进行不动产改良。不劳而获一般在出售时才被资本化为物业的售价，其价值交给卖方。然后，新的土地所有者开始的价值可能低于其购买物业价格。当买家使用储蓄和现金收益来收购物业时，他们将地租视为正常的投资的公平回报，不是不劳而获的收入。人们获得租金和物业价值的增加是另一回事，此时是不劳而获，它们代表着资本收益。

中国过去征收的土地增值税，缺陷在于对开发环节和交易环节征收，且开发环节为主，这是不合理的，因为大量的未交易房地产并不能实现涨价归公。日本的经验是将土地增值税称为"让渡所得税"，属国税，1990 年起分为超短期（2 以内）、短期（3～5）、长期（大于 5），愈短，税率愈高，比例和数额兼采。超短期为 50%税率。总之，将土地所有者投资和管理土地所产生的增值归公是错误的，但是将这部分增值分割出来，在技术上几乎无法实现。因此，一个"最佳税率"至少在技术上是不存在的，仅具有理论价值。英国在 1947 年曾经尝试征收全部增值，但毫无悬念的失败了。

另外需要特别强调的是，土地增值与土地发展权理论中的"移位价值"关系密切，正因为实施了普遍性的土地管制，使得不能开发地区的发展权转移到了可开发土地之上，进而导致价值上升，这其实是政府干预市场的结果，和土地所有者的自身努力没有关系，因此也应该归公。

土地增值理论对于分析土地使用问题十分重要，也是分析土地征收问题的基础理论。站在公民的立场上，他们认为全部的土地价值尤其是土地增值部分都应该归属自己，但站在政府或者社会立场上看，这未必合理，必须将全部土地价值的一部分以税收的方式收归国有。在这个意义上，也只是从经济意义上讲，艾珀斯坦所说的土地征收相当于征税的理论是正确的，虽然土地征收给公民带来一定的痛苦和损失。因为土地价值的一部分源自社会，政府这么做也是合理合法的公权力行使。

## 3.4　有关土地征收的基本理论

土地征收研究涉及多学科，尤其是政治学、社会学、法学、经济学和管理学等，涉及理论包括帕累托理论、社会冲突理论等。另外，不同国家或经济体发展阶段不同，社会理念大相径庭。但无论如何，在制度逐步变迁的过程中，一国必须基于本国文化和历史、发展阶段，对本国的理论和实践进行切合实际的变革。目前有关土地征收理论最关键的问题在于：发展权要不要补偿？市场价格如何创设和评估？补偿原则如主观价值如何处理？国家是产权的界定者，国家机器何时介入征收？如何在经济增长和基本人权、财产权保护之间做出权衡？

### 3.4.1　主观价值和市场价值

图 3.8 中，$D$ 表示需求曲线，是潜在购买者带去的边际私人利益，它也可表示潜在购买者的支付意愿。$S$ 是供给曲线，它代表现在土地所有者从目前用途拿走一个额外单位的边际私人成本，它也代表他们的边际接受意愿去放弃土地。均衡价格是 $P^*$，数量是 $Q^*$，这是市场价格。但是在 $Q^*$ 右侧的土地不会成交，因为土地所有者的保留价高于市场价。供给曲线高于 $P^*$ 的那段表示土地所有者的主观价值，如果他们被强制交易，就会失去这部分价值，即三角形 $ABC$ 部分。所以说，公平市场价格交易就会对非自愿出售者产生补偿不足的问题。同时，对位于 $OQ^*$ 之间的土地所有者，他们能获取生产者剩余三角形 $OEB$ 部分。对他们而言，这是对其垄断地位的合理补偿，是一种"盈余"，属于经济租金。但 $Q^*Q_1$ 之间的土地所有者是受损者。因为政府制定的补偿标准依据的是该区域的市场信息，该信息只有价格，并无均衡数量具体是多少的信息。政府只是依据价格信息决定征收的数量，不可能考虑部分土地所有者的异质性、主观价值数量。

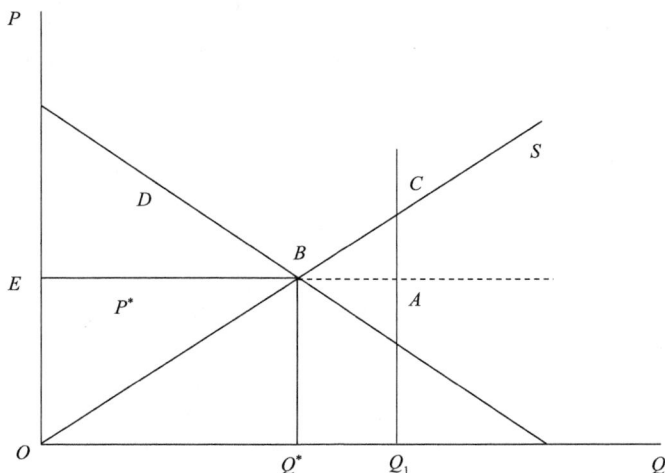

图 3.8　土地的主观和市场价值与征收补偿

所以公平市场价格未必是不受质疑的公平补偿，只是一种无奈的选择而已。每个土地所有者都是异质性的，他们对土地的价值认知也是千差万别。对 $Q^*$ 左边的土地所有者而言，越向左边分布的土地所有者获得的福利或剩余越多，因为他们的接受意愿较低。在这个意义上，有学者提出的"农民盼望征地"的观点只能适用于部分农民，而不能推而广之。必然有一些农民的接受意愿较高而可能蒙受征地损失。理论上，较低的补偿水平可能导致过多的土地征收。

## 3.4.2　规模经济与土地征收

如图 3.9 所示，横轴是可能开发的土地，纵轴是成本和价格，MVP 表示边际产品价值，OX 是土地价格。第一种情况，依据经济学理论，MVP=MC 是生产的最佳决策。如果开发商可以按市场价格强制收购土地，那么 $MC_{CP}$ 代表开发商面临的成本，此时最优开发规模为 $Q_{CP}$。但是一旦开发商不能拥有该权力，那他们所面临的成本曲线将随着需要土地的面积增加而增加，第二种情况如图 3.9 中 $MC_A$ 所示，此时最优开发规模将是 $Q_A$，明显小于 $Q_{CP}$。XY 表示对不同土地支付的不同价格，Y 点是最高价格。第三种情况是如果开发商在试图整合土地的信息被披露，且不能进行价格歧视策略，土地所有者意识到他们可以共谋，那么第二种价格方式将失效，所有人都要求按 Y 价格补偿，此时边际成本曲线可能是 $MC_B$，位于 $MC_A$ 之上，意味着支付土地的边际成本较高，最优开发规模减小为 $Q_B$。在这个过程中，可以发现福利损失了。第二种情况下，开发商获得的剩余是 XZY。第一种情况如果开发商能在此时强制购买，面临的成本是 $MC_{CP}$，将获得额外利润 VYU。这说明强制购买权使得开发商更加有利可图，但是买家的利润是以土地所有者的损失为代价的。如果开发商公开购买信息，那么很可能遭遇第三种情况，使得开发规模大大降低。即使能进行一对一的价格歧视，规模也会降低。且开发商的剩余降低，有可能失去开发的激励。

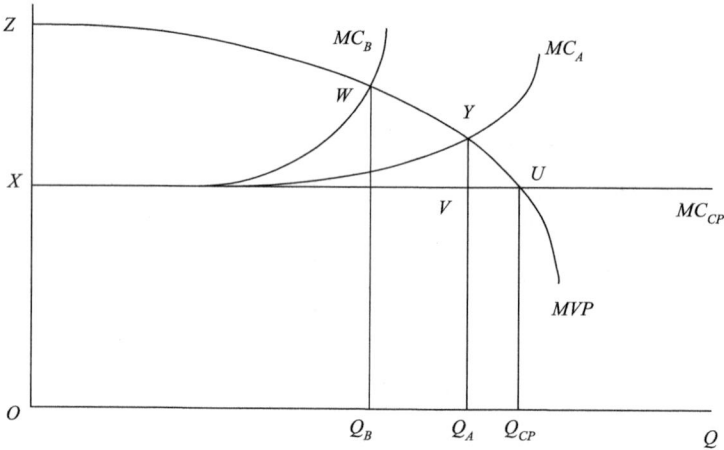

图 3.9　不同项目规模和策略面临的补偿成本

从另一个视角如社会整体看，如果社会缺乏住房，那么按照第三种情况运行，开发的住房将是不足的，这会导致社会福利的损失。另外，按照规模经济的原理，对土地开发而言，在开发过程中，必然产生诸如管理费、财务费等开支，项目规模过小，此类成本难以摊薄，损失的不仅是开发商的利润，社会也会失去规模经济带来的好处。

另外，敲竹杠（holdout）还经常伴随道德风险问题，少数人有可能采取策略行为，有意隐瞒真实接受意愿而漫天要价，其他人效仿，这样会导致边际成本曲线急速升高，有可能使得拟议的公共项目或开发无法负担成本而流产。

### 3.4.3　敲竹杠与反垄断理论

当一些项目需要大块土地，或者一些线性项目必须跨越多个产权、多个土地所有者的土地时，如一些城市更新项目或交通水利项目，项目的信息将成为公共信息，每个土地所有者将意识到他们可以拒绝出售来索取高价并对开发商施加高昂成本，他们可能在行为上发生两个大的改变：一是他们的机会主义行为，有意隐瞒其对土地的真实保留价格，提出远远高于市场价格的要价，因为他们知道其土地对特定开发商的垄断供给优势，开发商非取得该土地不能开发，开发商处于劣势地位；二是他们预期到项目开发后原有区位的条件改善和土地升值，误以为这种增值是他们的贡献或"牺牲"后应得的补偿（实际上，项目不开展，就没有此类增值），所以他们索要部分利益分割。如图 3.10 所示。$D$ 是需求曲线，$S$ 是供给曲线，$B$ 点是均衡点，$COMP$ 是政府依据市场信息给出的补偿水平。如果能动用征收工具，或者以市场价格进行收购，那么开发商能获得 $EBH$ 的消费者剩余，这是开发商攫取利润的空间。$OBH$ 部分是生产者剩余，实为经济租金。但如果存在少数敲竹杠者位于 $Q_1Q^*$ 部分，其要价对应在 $P_1$ 位置，远高于其机会成本和市场价格，三角形 $ABC$ 部分是他们应得的剩余，而多边形 $BCFG$ 则是他们试图向开发商多索要的价值。此时可发现 $BCFG$ 部分有可能等于甚至超过梯形 $EHCI$ 部分，后者是开发商剩下的消费者剩余，这样挤占了开发商的利润空间，甚至导致项目无利可图从而流产。由于项目流产，位于 $OQ_1$ 之间的供给者将也失去获得经济租金的机会，整个社会由此受损。所以敲竹杠问题不利于社会发展，必须以国家征收公权力作为威慑。这是征收正当性的主要来源。

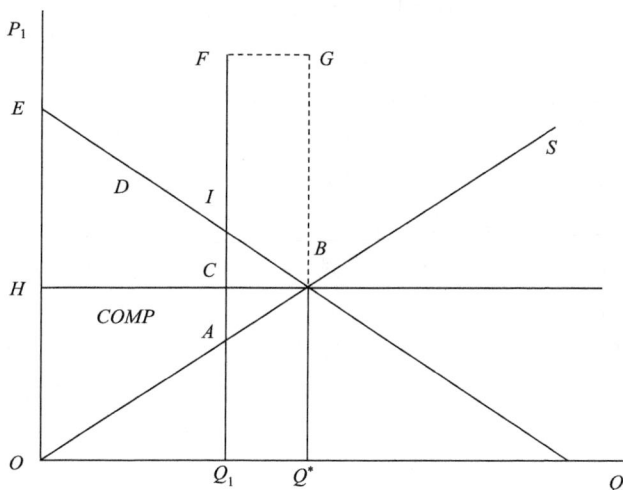

图 3.10　敲竹杠与征地补偿示意图

# 3.5　土地准征收的基本理论

## 3.5.1　警察权和财产权保护理论

规划是国家拥有的警察权运用的一种方式。警察权在美国虽然是国家主权的固有属性之一，是州和地方政府运行的关键权力之一，但它并非由联邦宪法授权。这种权力不同于征收权，尽管不少学者对此有错误的认识。该词发源自古代罗马法和英国普通法，police 源于拉丁的 politia，意味着公民管理或管辖，法语变为 police。18～19 世纪，police 与 policy 同义。一般认为，警察权是为了保护健康、安全、道德和一般福利，一些法院判例认为其实有更宽的含义。准征收的前提是明确的权利赋予。但警察权的运用要受到限制："不能把治安权解释成代表公共利益而行为的不受限制的国家权力，否则，作为例外情况的治安权就将压倒征收条款本身。"（张鹏和高波，2015）准征收常介于征收和警察权合理运用之间的模糊地带。运用不当，则陷入警察权的滥用而形成准征收。此时，政府需要从越界地带回撤，或者给予利益受损者一定补偿，以维护社会的公平正义。

　　土地权利是一个权利束，具体内容随着社会经济条件的变化而变化，是最容易受到干预的生产要素，主要源于它的不可移动性、外部效应和公共物品特性，这是其他商品或要素所不具备的特性。当国家为了公众健康、安全和社会秩序维持时，需要行使警察权，运用土地管制等手段约束土地权利，例如，对有害的土地利用行为进行限制或禁止，此时，国家并不需要为其行为后果担负赔偿或者补偿责任。准征收常介于二者之间，征收—准征收—警察权的运用构成一个连续的土地产权干预轴线。

　　从社会理念看，与财产权受到社会约束的必要性相对，国家的任何权力都不是绝对的，否则就有滥用的可能，如过度征收、过度管制。财产权是政府-公民（法人）双方围绕财产权到底有什么具体内容展开的博弈和权利分割，而且财产权本身的界定也处于动态变化之中。在一般意义上，当这种权利限制、分割获得双方认同或符合社会一般准则时，这种对财产权的约束可视为一种社会约束或对财产权的合理定义，而不构成准征收和补偿请求权。但是，当权利分割对财产权人过于不利，对其本质构成损害，甚至几乎剥夺了全部的权利内容（而不以价值来衡量）时，或剥夺了几乎所有且可能实现的价值时，又或普遍性限制对部分权利人构成不对等的特别限制时，则可能构成准征收。依据波斯纳对财产权的定义，"财产权是对有价值资源进行排他性使用的权利"，当价值都失去了，财产权就成为空中楼阁。

### 3.5.2　土地管制对地价的影响

　　图 3.11 中，设 *OS* 是总供给量，左轴对应是住房的需求曲线 *Dh*，右轴对应是工

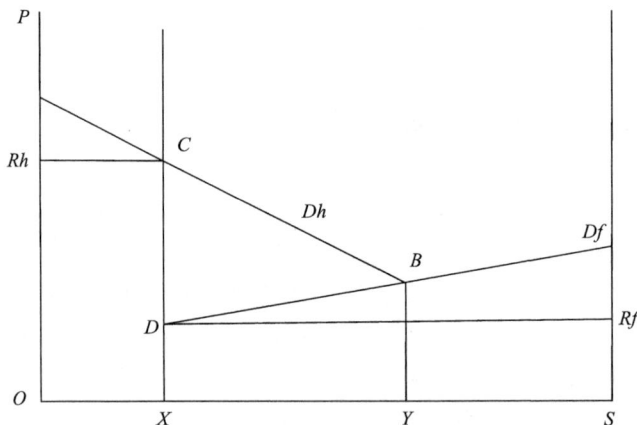

图 3.11　规划对地价的影响

业的需求曲线 *Df*，二者本应该交叉于 *B* 点，*OY* 数量用于住房。但政府的规划只供给 *OX* 的住房用地，那么供求线交叉于 *C* 点，住房用地价格明显上升到 *Rh*。同样，由于扩大了工业用地，则工业的供求线交叉于 *D* 点，对应的工业用地价格下降到 *Rf*。政府通过数量配置实现了对价格的间接干预。此时，李嘉图的地租理论是正确的，是因为住房价格高导致了土地的价格高。但是要看到规划管制在背后所起到的作用。可以说，土地供给影响了土地价格，这和住房价格影响了土地价格一样是并存的。

### 3.5.3　对准征收行为的补偿理论

上述理论分析可发现规划管制对地价、对土地所有者利益造成严重影响的潜在能力，一不小心，规划管制就会引发公平问题和公民的抗议，这从美国近几十年来一些著名的法院判例可知。管制就是一种潜在的征收。从市场环境看，由于土地独有的空间性特征，以及人口和经济要素分布的集聚性，不同区位的土地呈现不同的利用潜力和价值，一般性管制措施必然对土地构成的权利损害程度相差甚大，这对受到限制的公民是不公平的，有可能导致部分公民遭受"特别牺牲"，此时，国家应该考虑在合法且不撤销管制的前提下对部分公民进行补偿。

无论采取数量还是价格，还是其他更加潜在的、隐蔽性的管制形式，一旦构成准征收，应该予以补偿，其理由如下：①规划和管制导致的不公平只能由政府来纠正，否则会带来巨大的社会成本。②防止警察权的滥用。准征收补偿本身就是对警察权使用的防御和限制。如果随意地对财产权进行准征收，则导致过多的管制，不符合社会福利最大化的准则。③对人们行为形成正确激励。准征收一旦形成，人们会主动减少土地所产生的正外部性，甚至主动消除外部性，杜绝被准征收的可能；或者无视法律规定。④在提供公共品和保护财产权之间平衡。政府需要提供公共品，但也要保护财产权，维持某种平衡。⑤提高资源利用的效率。

在学界，管制、准征收及其补偿已经被不少学者逐步揭示。张千帆等明确指出《土地管理法》所体现的管制主义模式严重剥夺了农村自主发展和农民使用土地的权利，而这一切都在没有任何补偿的情况下维持着。这些限制规定极大抑制了农村土地的正常市场价值，几乎完全剥夺了农民分享城市化收益的权利，应被视为构成了未予补偿的管制性征收。土地财政其实就是第二次征税。艾珀斯坦（Epstein，2007）虽然没有提到发展权，但是隐晦地指出了政府部分征收的恶果："假设政府拿走了所有权的任何附属权利，假设他以任何方式减少了所有者的权利，那么从表面上看，他就将自己带入了征收条款的范围，无论所带来的改变有多么小，也无论该条款的适用由多么普遍。征收条款意味着：未经公平补偿，不得为了公共用途而部分或者全部征收私人财产。"

Now Naboth the Jezreelite had a vine-garden in Jezreel, near the house of Ahab, king of Samaria. And Ahab said to Naboth, give me your vine-garden so that I may have it for a garden of sweet plants, for it is near my house; and let me give you a better vine-garden in exchange, or, if it seems good to you, let me give you its value in money. But Naboth said to Ahab, By the Lord, far be it from me to give you the heritage of my fathers.[①]

# 第 4 章  中国的土地征收：变迁中的制度

没有社会经济生产活动，土地就不能被使用，继而就不能实现经济租金的创造；而没有征收工具的保障，也会减缓经济租金的创造，从而不利于社会和降低社会福利总水平。土地对于人类和变化中的社会而言，其用途总是处于动态的变化和升级过程中。如果土地只保持现状，那么它的功能只是现状用途租金和服务；如果闲置，那么土地只具有租金和服务的潜力，更不是财富；如果征收并投入新的更高更佳用途，则在新一轮生产过程中产生和实现新用途（HAP）下的租金和服务。同时，在一个限定的信息集之下，土地的总剩余和总利益是固定的，为有效应对敲竹杠者攫取过多的和不公平的租金，允许政府动用公权力去有效地威慑该种行为者，达成合作和交易，促进生产活动，从而实现社会总福利水平的不断提升。当然，这并不意味着可以随意和轻易地动用这个手段。

一个社会的土地制度和征收制度，从来不是一个静态的河流，而是和社会发展阶段紧密相关并不断自适应的。另外，土地征收制度也绝不是可以和其他制度割裂开来的。

## 4.1  对土地征收制度简单的历史回顾

中国的土地征收制度和中国的土地产权制度、土地使用制度高度相关并构成一个相互作用的整体。包含征收制度在内的整个的土地制度又是国家基本财政制度及国家基本制度（如公有制）的重要组成部分。因此，随着国家意识形态的变化即基本经济发展和社会管理模式的改变，土地制度随之而变。尤其是 1978 年以

---

① 翻译：耶斯列人拿伯在耶斯列有一个葡萄园，贴近撒马利亚王亚哈的王宫。亚哈对拿伯说："你将你的葡萄园给我作菜园，因为它贴近我的王宫。我会把更好的葡萄园换给你，或是你要银子，我就按着价值给你。"拿伯对亚哈说："耶和华万不容许我出卖先人留下的产业。"（《旧约·列王记》，第 21 章）

来的改革开放，从高度的计划经济向市场经济的转变，开始从根本上改变了土地使用制度。1994 年以来的分税制改革，又进一步固化了目前的土地制度。1986～2004 年长达 18 年的多次法律修订及系列文件出台，表明土地征收制度逐步走向完善，制度变迁速度加快。虽然社会决策层、理论层和其他层人士对不少重大理论和实践问题的认识正在达成共识，但受制于基本的国家制度和传统管理思维，整个土地征收制度改革的革命性和突破性的改革仍在酝酿之中。

### 4.1.1　1978年之前的土地征收制度：高度计划经济特色

这一时期的征地立法导向主要是服务国家建设需要，不存在是否公益性的争论，因为在国家一穷二白的基础上，发展经济、解决人民的基本生活是最大的公益。

（1）中央人民政府政务院对土地征收制度最早的法律规范是在 1950 年 6 月 24 日公布的《铁路留用土地办法》（2008 年 1 月 15 日废止），这是一部行政法规。其中第 6 条规定："铁路因建筑关系，原有土地不敷应用或有新设施需要土地时，由铁路局通过地方政府收买或征购之。"1950 年 9 月 16 日政务院进一步解释："至于地价问题，凡接收国民党政府时期之路基地产，经过征用程序有案可稽者，一般不予补发地价，对确实贫困之所有权人，可酌情补助；其未办征用程序以及新占用者在未进行土改以前，应照原办法第六条由路局通过地方政府收买或收购之。""征用公地，无须补发地价，如所征土地系土地改革法第 3 条但属于学校、孤儿院、养老院、医院等依靠土地收入维持费用者，应通过地方筹发地价。"

（2）1950 年 11 月 21 日，中央人民政府政务院公布的《城市郊区土地改革条例》第十四条规定："国家为市政建设及其他需要征用私人所有的农业土地时，须给以适当代价，或以相等之国有土地调换之。对耕种该项土地的农民亦应给以适当的安置，并对其在该项土地上的生产投资（如凿井、植树等）及其他损失，予以公平合理的补偿。"

（3）1953 年 12 月 5 日《中央人民政府政务院关于国家建设征用土地办法》，是中华人民共和国第一部比较完整的土地征收制度法律规定。这一办法就土地征收的范围、原则、补偿标准、审批权限及土地征收制度的一般程序都做出了较为详尽的规定。其中关于土地征收制度基本原则的规定，"既应根据国家建设的确实需要，保证国家建设所必需的土地，又应照顾当地人民的切身利益"，是土地征收制度的一个核心理念，也奠定了新中国土地征收制度的基本框架，1986 年及 1999 年的《土地管理法》中，都可以发现这部法规的影子和基调，如第四条的分级审批制、年产值计算补偿标准、妥善安置生产生活等。但一些好的东西后来没有坚持下去，比如，第五条："征用土地计划书完成第四条规定的批准手续后，用地单位应协同当地人民政府和中共党委（有些小的单位则直接在当地党政领导下），向当地人民进行解释工作，宣布对土地被征用者补偿安置的各项具体办法，并给群众以必要的准备时间，使群众在当前切身利益得到适当照顾的条件下，自觉地服从国家利益，服从人民的长远利益，然后始得确定征用，进行施工。如征用大量土地，迁移大量居民甚至迁移整个村庄者，应先在当地人民中切实做好准备工作，然后召开人民代表大会讨论解决之。"第八条："被征用土地的补偿费，在农村中应由当地人民政府会同用地单位、农民协会及土地原所有人（或原使用人）或由原所有人（或原使用人）推出之代表评议商定之。"

（4）1954 年 9 月 20 日，第一届全国人民代表大会（简称全国人大）通过的《宪法》对土地征收制度做了最高形式的规定。第十三条规定："国家为了公共利益的需要，可以依照法律规定的条件，对城乡土地和其他生产资料实行征购、征用或收归国有。"

由于该阶段尚未实施集体土地所有制，且生产力和生活水平较低，所以征地具有以下几方面特点：①由于当时土地的社会主义改造尚未完成，征地对象主要是农民的私有土地，较多地考虑了农民的利益诉求。②征地实施过程强调"公平合理"的补偿原则，要求"给群众以必要的准备时间，使群众在当前切身利益得到照顾的条件下，自觉服从国家利益"，表现出对普通群众利益的深切关注，强制性特征不突出。③对中华人民共和国成立以后土地使用过程中不同的情况做了细致的区分，通过收买、征用、征购和没收等不同的土地取得方式，适应了当时较为复杂的形势。征用不是唯一方式，这其实更加符合现代观念。④支持国家建设是明显的公益，为激励国民经济的各项建设，总体上征地的审批权限比较宽松。

（5）农业合作化时期土地征收制度的调整。随着国家经济建设的迅速发展，征地中多征少用、征而不用的情况屡见不鲜。1956 年 3 月 17 日全国人民代表大会常务委员会（简称全国人大常委会）通过《农业生产合作社示范章程》正式实施，农业生产合作化运动全面展开。1958 年，农业社会主义改造基本完成，高级农业合作社遍及全国，农村土地由农民私有转变为集体所有。1957 年 10 月 18 日，国务院修正了《国家建设征用土地办法》，并于 1958 年 1 月 6 日经全国人大常委会批准，由国务院颁布施行。新的征地办法与之前相比表现出以下变化。

其一是提出节约用地原则，将克服多征少用、早征迟用甚至征而不用等浪费土地的现象上升到法律的高度加以规范。时任国务院副秘书长陶希晋在《关于国家建设征用土地办法修正草案的说明》（简称《修正说明》）中承认："八年多来，国家因建设征用的土地约在两千万亩[①]以上。这些土地的征用，大部分是必需

───────────────

① 1 亩 = $\frac{1}{15}$ 公顷 ≈ 666.7 米²。

的，保证了社会主义建设事业的迅速发展。但是，在有的地区和某些单位，多征少用、早征迟用甚至征而不用等浪费土地的现象，也相当严重。根据河北、成都、武汉、长沙、北京、杭州等省市 1956 年的检查，几年征用土地中浪费的土地约占 40%。太原市 22 个建设单位征用土地一万多亩，荒芜五千多亩，达到 50%。浪费土地的原因，固然同大规模进行社会主义建设经验不足有关，而原办法对于节约用地、防止土地浪费，规定得不够具体细致，特别是缺乏明确的监督检查制定，也有很大关系。"

其二是征地的范围扩大，被征用土地除了农民的私有土地以外，还有农业生产合作社的集体所有土地。《国家建设征用土地办法》第八条规定："征用农业生产合作社的土地，土地补偿费或者补助费发给合作社；征用私有的土地，补偿费或者补助费发给所有人。"《修正说明》中，陶希晋指出："在原办法制定的时候，征用土地发补偿费的对象是个体农民；农业合作化以后，发补偿费的对象应当是农业生产合作社。土地补偿标准，原办法规定为三年至五年的产量总值；鉴于农业合作化以后农民的生产、生活都有所提高，原来的标准，就显得有些过高，同时原办法规定的产量在计算上也不明确，修正草案本着既照顾群众利益又节省国家开支的原则，将补偿标准改为二年至四年的定产量总值。从几年来的实际经验来看，各地土地定产量和农民生活水平都有所不同，对补偿标准规定这样的幅度是适当的。此外，由于群众政治觉悟提高，有的被征用了少量土地的农业生产合作社认为不影响它们的生产和社员的生活，表示热情支援国家建设，不要补偿费。对于群众的这种精神，国家应予鼓励；但必须注意掌握，既要防止对群众的政治热情估计不足，又要防止不很好考虑群众在被征用土地后生产和生活是否会受到影响。所以修正草案第九条第一款规定：'征用农业生产合作社的土地，如果社员大会或者社员代表大会认为对社员生活没有影响，不需要补偿，并经当地县级人民委员会同意，可以不发给补偿费。'另一种情况，征用农业社使用的非社员的土地（如社员在入社前租来、典来或者受亲友委托代种、代管而由他们带着入了社的土地），各地认为如果该土地所有人不从事农业生产又不以土地收入维持生活，可以不发补偿费。我们觉得可以这样做，但也必须经本人同意为宜。修正草案第九条第二款就是这样规定的。"应该说，这样的补偿标准是很低的，只有年产值的 2～4 倍，以现代的产权意识很难去评判本阶段人们的土地意识，基本上符合这个阶段消灭私有制、消灭财产权的意识形态特点。

其三，土地被征用者的安置问题，以农业安置为原则，地方负责解决。强调了被征用土地的农民在农业上安置，不要过多地要求转业。陶希晋指出："关于对被征用土地者的安置问题。原办法对于就地在农业上安置强调不够，被征用土地的农民过多地要求转业，这同国家多动员人'下乡上山'的方针不相符合。又原办法对于组织移民也规定的不够明确具体，有的地方曾因草率移民造成了劳民伤财的不良影响。修正草案针对着这些情况，首先强调在不影响生产、生活的原则下尽量就地在农业上安置；如果必须组织移民时，迁出和迁入地区的县级以上人民委员会必须共同切实负责。在组织移民时，应特别注意，迁入地区必须有长期定居的生产条件。"

总体而言，这个阶段的征地以低补偿甚至无补偿为特点，体现了国家公权力的强大威力和行政对所有资源（包括土地和人）的强力配置。个人和集体利益可以为了国家利益做出牺牲，个人的价值消失或隐藏在国家机器和意志的背景之中。有学者甚至认为目前围绕土地征收制度所形成的种种矛盾依然可以回溯到这一时期去寻找原因，因为土地征收制度的基本形态相比这一时期尚未发生实质性的改变。

### 4.1.2　1978～1985年的土地征收制度：探索和转型

1976 年"文化大革命"结束，我国政治和经济经过数年的拨乱反正和调整。1978 年，党的十一届三中全会作出了实行改革开放的重大决策，我国在 20 世纪 80 年代初期开始步入快速发展阶段。1979 年，党中央、国务院批准广东、福建在对外经济活动中实行"特殊政策、灵活措施"，并决定在深圳、珠海、厦门、汕头试办经济特区，福建和广东成为全国最早实行对外开放的省份。1980 年 9 月，中共中央下发《关于进一步加强和完善农业生产责任制的几个问题》，肯定了包产到户的社会主义性质。到 1983 年初，农村家庭联产承包责任制在全国范围内全面推广。1984 年 10 月，党的十二届三中全会比较系统地提出和阐明了经济体制改革中的一系列重大理论和实践问题，确认我国社会主义经济是公有制基础上的有计划的商品经济。1984 年 4 月，党中央和国务院决定又进一步开放大连、秦皇岛、天津、烟台、青岛、连云港、南通、上海、宁波、温州、福州、广州、湛江、北海 14 个港口城市，逐步兴办起经济技术开发区。80 年代中期，我国的科技、教育、文化等各个领域的改革也开始启动。从 1985 年起，又相继在长江三角洲、珠江三角洲、闽东南地区和环渤海地区开辟经济开放区。

（1）《国务院关于中外合营企业建设用地的暂行规定》（国发〔1980〕201号）。中外合营企业建设用地，应由建设用地主管部门统一办理征地和安置工作，向合营企业提供场地使用权，合营企业不得自行与被征地社队或原使用场地单位直接洽谈用地条件和确定建设用地。建设用地主管部门为中外合营企业征用土地时，其征地办法、审批权限、补偿标准、安置工作等，一律按《国家建设征用土地办法》办理。企业建设征用土地在法律上得到了认可[①]，并在事实上一直因袭至今，成为各方争议最大的问题之一。

---

① 第十条：本规定适用于中外合资经营的工业、旅游业、商业服务业，农牧业和合资建设的住宅公寓等所需的建设用地。与海外华侨、港澳同胞合资经营或外商、海外华侨、港澳同胞在我国单独投资建设的企业和工程，也应参照本规定的有关条款办理。

（2）颁布新的征用土地条例。1982 年 5 月 4 日经第五届全国人大常委会原则批准，并于同年 5 月 14 日由国务院公布施行了《国家建设征用土地条例》。首次提出"节约土地是我国的国策"。其中第四条规定"国家建设征用土地，凡符合本条例规定的，被征地社队的干部和群众应当服从国家需要，不得妨碍和阻挠"，第一次表现出征地强制性的特点。

第五条规定"征用的土地，所有权属于国家，用地单位只有使用权"，明确了所有权和使用权的分离，也为今后的土地使用制度改革打下了基础。该条例规定的征地对象主要是农村集体所有土地，征用土地的补偿费用包括土地补偿费、青苗补偿费、附着物补偿费和农业人口安置补助费，这些原则一直沿用至今。

总体而言，该条例仍然具有明显的计划经济色彩，但征地的强制性和补偿范围、两权分立对于后续几十年的土地制度具有基础性影响。实际上，30 多年来，中国的土地制度依然沿着这个轨迹前行。

（3）1982 年《宪法》。1982 年 12 月 4 日颁布的《宪法》正式确立了我国的城市土地国有制基调，并从法律角度规范征地，这可以视为依法管理土地的开始。《宪法》还首次明确了"国家为了公共利益的需要"，可以征地，虽然公共利益只是个"框"。《宪法》第十条规定：城市的土地属于国家所有。农村和城市郊区的土地，除由法律规定属于国家所有的以外，属于集体所有；宅基地和自留地、自留山，也属于集体所有。国家为了公共利益的需要，可以依照法律规定对土地实行征用。

相关条例出台。1982 年，国务院颁布了《村镇建房用地管理条例》，1984 年 9 月，颁布了《国务院关于改革建筑业和基本建设管理体制若干问题的暂行规定》，农牧渔业部、国家计划委员会等部门联合制定颁布了《关于征用土地费实行包干使用暂行办法》和《国家建设征用菜地缴纳新菜地开发建设基金暂行管理办法》等。其中《国务院关于改革建筑业和基本建设管理体制若干问题的暂行规定》（1984 年）实行征地由地方政府统一负责的办法。规定经批准的建设用地，应由县、市人民政府统一负责，实行征地费用包干使用，保证建设用地。

## 4.1.3　1986～2004年的土地征收制度：全面法制化

20 世纪 80 年代中期，是中国经济发展较快的一个阶段，乡镇企业遍地开花，导致大量土地非农化，甚至出现了更多的土地浪费现象，引发了人们对于耕地保护重要性的关注，这个阶段，耕地保护和征地成为全社会关注的领域。在 1992 年的全国开发区热潮及后来数十年中国经济增长的快速进行中，耕地保护一直是立法者关注的焦点。

（1）1986 年 6 月 25 日，全国人大常委会第 16 次会议通过了《土地管理法》。该法在总结经验的基础上，采纳了《国家建设征用土地条例》中的可行规定，并将其上升为法律，成为《土地管理法》的重要组成部分。1987 年 1 月 1 日《土地管理法》正式施行，第二十七条规定："征用耕地的补偿费，为该耕地被征用前三年平均年产值的三至六倍。"第二十八条规定："征用耕地的安置补助费，按照需要安置的农业人口数计算。需要安置的农业人口数，按照被征用的耕地数量除以征地前被征地单位平均每人占有耕地的数量计算。每一个需要安置的农业人口的安置补助费标准，为该耕地被征用前三年平均每亩年产值的二至三倍。但是每亩征用耕地的安置补助费，最高不得超过被征用前三年平均年产值的十倍。征用其他土地的安置补助费标准，由省、自治区、直辖市参照征用耕地的安置补助费标准规定。"第二十九条规定："依照本法第二十七条、第二十八条的规定支付土地补偿费和安置补助费，尚不能使需要安置的农民保持原有生活水平的，经省、自治区、直辖市人民政府批准，可以增加安置补助费。但是，土地补偿费和安置补助费的总和不得超过土地被征用前三年平均年产值的二十倍。"第三十一条规定："因国家建设征用土地造成的多余劳动力，由县级以上地方人民政府土地管理部门组织被征地单位、用地单位和有关单位，通过发展农副业生产和举办乡（镇）村企业等途径，加以安置；安置不完的，可以安排符合条件的人员用到地单位或者其他集体所有制单位、全民所有制单位就业，并将相应的安置补助费转拨给吸收劳动力的单位。被征地单位的土地被全部征用的，经省、自治区、直辖市人民政府审查批准，原有的农业户口可以转为非农业户口。原有的集体所有的财产和所得的补偿费、安置补助费，由县级以上地方人民政府与有关乡（镇）村商定处理，用于组织生产和不能就业人员的生活补助，不得私分。"

从其中几款主要条文可发现，补偿标准提高了。在劳力安置这块，可以进入企业工作安置和转为非农城镇户口在当时的历史条件下，对农民是颇有吸引力的。该阶段的征地矛盾并不突出。另外，这个时期尚未建立起土地有偿使用制度，土地市场缺失。由于该法有大量条款关于土地征用，几乎可称为"土地征用法"。

（2）1988 年，国务院决定在全国城镇普遍实行收取土地使用费（税）。与此同时开始试行土地使用权有偿转让，定期出让土地使用权。这标志着土地出让制度的开始。1990 年 5 月 19 日，国务院发布《中华人民共和国城镇国有土地使用权出让转让和暂行条例》，奠定了城镇国有土地使用有偿有限期有流动的制度基础并沿用至今，开创了土地市场化的时代，这也是城市土地两权分立的制度创新。

（3）1994 年 7 月 5 日，《城市房地产管理法》颁布。城市土地管理日益进入法制化的轨道，进一步使土地征收制度得到了完善，突出表现在以下几点。第一，由于之前实行了土地有偿使用制度，这次明确了划拨土地的范围，下列建设用地的土地使用权，确属必需的，可以由县级以上人民政府依法批准划拨：①国家机关用地和军事用地；②城市基础设施用地和公益事业用地；③国家重点扶持的能源、交通、水利等项目用地；④法律、行政法规规定的其他用地。第二，出让方式规定：第十三条规定土地使用权出让，可以采取拍卖、招标或者双方协议的方式。商业、旅游、娱乐和豪华住宅用地，有条件的，必须采取拍卖、招标方式；没有条件，不能采取拍卖、招标方式的，可以采取双方协议的方式。

遗憾的是，这部法律明确地将集体土地排除在了土地市场之外，如第八条："城市规划区内的集体所有的土地，经依法征收转为国有土地后，该幅国有土地的使用权方可有偿出让。"这就意味着集体土地是不能有偿由集体直接出让的。

（4）1998 年 8 月 29 日，第九届全国人大常委会审议通过了新修订的《土地管理法》，并于 1999 年 1 月 1 日起正式施行。1986 年以来，耕地数量减少较快，地方政府由于政绩冲动和压低征地补偿标准带来的社会矛盾日益尖锐，加强耕地保护和抑制地方权力是其中修法的目的。新《土地管理法》借鉴国外并提出了"土地用途管制"和"耕地占补平衡"等制度作为保证。土地征收制度也做出了重大的调整。征地审批方面将过去的分级限额审批制度变革为以土地用途管制为核心的农用地转用和征地审批制度，缩小了征地的审批权限，同时对存量土地供给的审批权则予以下放，从而激励了各地盘活存量土地的动机，试图控制征地总量。征地补偿标准相比较也得到了较大幅度的上调，由原规定"各项补偿费用之和不得超过被征用土地前三年平均年产值的二十倍"变为"三十倍"。征地的程序更加细化和严格，明确了"两公告一登记"的制度。

但是，这次法律修改仍然具有十分明显的计划经济痕迹。突出地表现在：管制色彩浓厚，虽然以用途管制替代了分级审批，但政府的审批权只是上收而已，程序更加复杂，还增加了用途转用程序，这让后来的用地者和管理者都叫苦不迭；对土地市场建设和财产权保护缺乏突破，主要原因还在于修法者认知水平有限；征地补偿虽有提高，但公众参与等的缺乏，依旧是"换汤不换药"的产值倍数法，这个产值只能是农业用途产值，本质还是政府的"官定价格"，公民依然只能被迫接受。一旦地方政府财力不够，就只能压低征地成本，损害被征地农民利益。这在之后及同期的各地"招商引资"中体现的非常明显。农民也很难分享社会发展和土地增值收益。这样的立法意图，对发展经济有利，而对防范征地纠纷、维护社会稳定并不有利。

（5）《国务院关于深化改革严格土地管理的决定》（国发〔2004〕28 号）发布。新一届政府发布了这个重要文件，对后续的立法产生了较大影响。最大的突破是可以在原来的 30 倍补偿之外，增加补偿。另外特别提出了要制定年产值标准和区片地价。如第十二条规定："完善征地补偿办法。县级以上地方人民政府要采取切实措施，使被征地农民生活水平不因征地而降低。要保证依法足额和及时支付土地补偿费、安置补助费以及地上附着物和青苗补偿费。依照现行法律规定支付土地补偿费和安置补助费，尚不能使被征地农民保持原有生活水平的，不足以支付因征地而导致无地农民社会保障费用的，省、自治区、直辖市人民政府应当批准增加安置补助费。土地补偿费和安置补助费的总和达到法定上限，尚不足以使被征地农民保持原有生活水平的，当地人民政府可以用国有土地有偿使用收入予以补贴。省、自治区、直辖市人民政府要制订并公布市县征地的统一年产值标准或区片综合地价，征地补偿做到同地同价，国家重点建设项目必须将征地费用足额列入概算。大中型水利、水电工程建设征地的补偿费标准和移民安置办法，由国务院另行规定。"第十三条规定："妥善安置被征地农民。县级以上地方人民政府应当制定具体办法，使被征地农民的长远生计有保障。对有稳定收益的项目，农民可以经依法批准的建设用地土地使用权入股。在城市规划区内，当地人民政府应当将因征地而导致无地的农民，纳入城镇就业体系，并建立社会保障制度；在城市规划区外，征收农民集体所有土地时，当地人民政府要在本行政区域内为被征地农民留有必要的耕作土地或安排相应的工作岗位；对不具备基本生产生活条件的无地农民，应当异地移民安置。劳动和社会保障部门要会同有关部门尽快提出建立被征地农民的就业培训和社会保障制度的指导性意见。"

与此同时，2004 年 11 月 3 日，国土资源部印发《关于完善征地补偿安置制度的指导意见》的通知（国土资发〔2004〕238 号），规定按法定的统一年产值倍数计算的征地补偿安置费用，不能使被征地农民保持原有生活水平，不足以支付因征地而导致无地农民社会保障费用的，经省级人民政府批准应当提高倍数；土地补偿费和安置补助费合计按 30 倍计算，尚不足以使被征地农民保持原有生活水平的，由当地人民政府统筹安排，从国有土地有偿使用收益中划出一定比例给予补贴；按照土地补偿费主要用于被征地农民的原则，土地补偿费应在农村集体经济组织内部合理分配。

上述两个文件尽管不是法律，但是奠定了后来土地征收政策变迁的基调。

（6）2004 年 3 月 14 日，第十届全国人大二次会议通过《宪法》修正案。第十条第三款由原来的"国家为了公共利益的需要，可以依照法律规定对土地实行征用"修订为"国家为了公共利益的需要，可以依照法律规定对土地实行征收或者征用并给予补偿"，完善了征地中立法的补偿要件。同时，《宪法》第十三条新增第三款规定"国家为了公共利益的需要，可以依照法律规定对公民的私有财产实行征收或者征用并给予补偿"，进一步从财产权利的高度对原有的征用制度进行了完善和补充。修订后的《宪法》对征收和征用进行了区分。

总之，随着土地制度和土地权利的逐步法制化，权利意识不断增强，这将产生一种始料不及的效应：征地难度加大，随之而来的社会冲突和矛盾逐步增加。换言之，从国家的视角来看，国家为了社会经济发展需要，创设、界定和保护财产权，但也造成收回这种财产权的难度增加。从农民的视角，他们与国家的长期博弈所获得的财产权（如承包地权利），需要国家的保护，但是也随时面临着遭受国家侵害的风险。

这个阶段，土地制度和土地征收制度都发生了革命性的变化，对整个国家和社会产生的影响是惊人的。目前的"土地财政"、地方政府投融资体制、房地产开发和市场制度都与土地征收制度有着紧密的关联。换言之，没有现有的土地征收制度安排，上述格局皆不能形成。

### 4.1.4　2005年至今的土地征收制度：巨大的社会张力和因时而变的市场化、地方化变革

2005 年以后，土地征收制度进入稳定期，随着土地市场的逐步完善和土地产权意识的觉醒，因应这种形式的土地征收制度改革不仅在国家层面，而且在地方层面进行各种深入探索。

（1）2005 年，国土资源部发布《关于开展制订征地统一年产值标准和征地区片综合地价工作的通知》，出台《征地统一年产值标准测算指导性意见（暂行）》；2006 年中央一号文件要求"加快征地制度改革步伐，按照缩小征地范围、完善补偿办法、拓展安置途径、规范征地程序的要求，进一步探索改革经验"。这些都是应对社会压力下，不断渐进式改革土地征收制度的探索。但无论是统一年产值标准还是区片地价，本质上仍然属于政府定价，有助于防止少数地方政府刻意压低补偿标准和保护农民利益[①]。

（2）2007 年 3 月 16 日，第十届全国人大第 5 次会议通过《中华人民共和国物权法》（简称《物权法》）。第四十二条明确规定，征收集体所有的土地，除依法足额支付原有各项补偿费用外，应"安排被征地农民的社会保障费用，保障被征地农民的生活，维护被征地农民的合法权益"。

（3）中共中央、国务院不断出台有关征地的文件。2008 年中央一号文件要求"继续推进征地制度改革试点，规范征地程序，提高补偿标准，健全对被征地农民的社会保障制度，建立征地纠纷调处裁决机制"。10 月的中共第十七届中央委员会第三次全体会议发布《中共中央关于推进农村改革发展若干重大问题的决定》（2008 年），规定在土地利用规划确定的城镇建设用地范围外，经批准占用农村集体土地建设非公益项目，允许农民依法通过多种方式参与开发经营并保障农民合法权益。2010 年，《国务院办公厅关于进一步严格征地拆迁管理工作切实维护群众合法权益的紧急通知》发布，要求征地前要及时进行公告，征求群众意见；

---

[①] 湖北省 2009 年和 2014 年两次发布了全省标准。2014 年产值标准将全省每个地市划分为 1～4 个级别，倍数从 16 到 30，亩年产值标准从 1080（建始县 4 级，对应倍数 25, 2.70 万元/亩）到 2780（宜昌 1 级，对应倍数 21, 5.84 万元/亩）。全省新征地补偿平均标准为 3.30 万元/亩，较上一轮平均标准 2.65 万元/亩提高了 24.53%。区片地价，全省每个地市划分为 1～6 个级别，最高的是武汉 1 级，35 万元/亩，最低的是襄阳 4 级，4.50 万元/亩。

对于群众提出的合理要求，必须妥善予以解决，不得强行实施征地。同年，国土资源部发布《关于进一步做好征地管理工作的通知》，要求各地应建立征地补偿标准动态调整机制，根据经济发展水平、当地人均收入增长幅度等情况，每2～3年对征地补偿标准进行调整，逐步提高征地补偿水平。征地批后实施时，市县国土资源部门要按照确定的征地补偿、安置方案，及时足额支付补偿安置费用；应支付给被征地农民的，要直接支付给农民个人，防止和及时纠正截留、挪用征地补偿安置费的问题。

如此密集地出台文件，反映了这个时期全国日益尖锐的征地拆迁社会矛盾，这些矛盾带来的巨大社会成本倒逼管理者必须对过去的政策作出适当调整。其实这个时期也处于我国经济从2002年起再次走上高速发展道路，同时房地产业和房地产经济飞速发展的阶段，毫无疑问，工业和房地产业发展，包括旧城拆迁改造，都需要大量的土地和房地产被征收。本次高速经济增长一直到2013年才有所回落。

（4）国务院于2011年1月21日发布《国有土地上房屋征收与补偿条例》。这是为规范国有土地上房屋征收与补偿活动，维护公共利益，保障被征收房屋所有权人的合法权益制定。第十七条规定："作出房屋征收决定的市、县级人民政府对被征收人给予的补偿包括：（一）被征收房屋价值的补偿；（二）因征收房屋造成的搬迁、临时安置的补偿；（三）因征收房屋造成的停产停业损失的补偿。市、县级人民政府应当制定补助和奖励办法，对被征收人给予补助和奖励。"第十九条规定："对被征收房屋价值的补偿，不得低于房屋征收决定公告之日被征收房屋类似房地产的市场价格。被征收房屋的价值，由具有相应资质的房地产价格评估机构按照房屋征收评估办法评估确定。"

该条例新意之处。一是第八条首次对公共利益进行了尝试性界定："为了保障国家安全、促进国民经济和社会发展等公共利益的需要，有下列情形之一，确需征收房屋的，由市、县级人民政府作出房屋征收决定：（一）国防和外交的需要；（二）由政府组织实施的能源、交通、水利等基础设施建设的需要；（三）由政府组织实施的科技、教育、文化、卫生、体育、环境和资源保护、防灾减灾、文物保护、社会福利、市政公用等公共事业的需要；（四）由政府组织实施的保障性安居工程建设的需要；（五）由政府依照城乡规划法有关规定组织实施的对危房集中、基础设施落后等地段进行旧城区改建的需要；（六）法律、行政法规规定的其他公共利益的需要。"

二是补偿标准的市场化和补偿范围的扩大。第十七条扩大了补偿范围，第十九条明确了补偿标准的原则是房地产的市场价格。

该条例是在城市拆迁社会抗争日益激烈的背景下出台的。虽然文本上说房屋征收，但在补偿时又说不得低于"类似房地产的市场价格"，后者实际上包含了土地的价值。该条例应该算是近年来进步最大、争议较小的一部规定。虽然针对的是国有土地，但思想完全可以移植到集体土地之上。

（5）《土地管理法》的新一轮修订遇阻。2012 年 12 月底，《土地管理法》修正案草案首次提交第十一届全国人大常委会第 30 次会议审议。由于争议太多，目前已经中止审议。该草案的主要亮点在于：删除按土地原有用途补偿和 30 倍补偿上限规定①。

为此，草案明确了公平补偿的基本原则，删除了按照被征收土地的原用途给予补偿和 30 倍补偿上限的内容，规定征收农民集体所有的土地应当给予公平补偿，保证被征地农民原有生活有改善、长远生计有保障，维护被征地农民的合法权益。在补偿内容方面，草案在现行第四十七条规定的土地补偿费、安置补助费、青苗补偿费和附着物补偿费补偿的基础上，把住宅从地上附着物中单独列出，并增加了社会保障补偿。

农业部、住房和城乡建设部、国土资源部等部门均参与了这次《土地管理法》的修订工作，牵头修订工作的国土资源部曾多次举行相关讨论会，并形成了多个版本的修正案草案。提交国务院法制办的修正案草案涉及的修改内容比较多，包括征地制度、征地范围等，但是最后提交全国人大常委会审议的版本却仅对第四十七条做了修改，该草案核心是集中对征地补偿进行修改，当时在全国人大常委会审议时引起各方争议，未获通过。

《土地管理法》的修订毕竟是一项系统工程，不应该只对土地征收做出修订。在十八届三中、四中全会提出新的改革任务背景下，启动新一轮的《土地管理法》修订程序需在农村土地征收、集体经营性建设用地入市、宅基地制度等新改革任务试点工作完成后再启动。2015 年，中共中央办公厅和国务院办公厅联合印发了《关于农村土地征收、集体经营性建设用地入市、宅基地制度改革试点工作的意见》，这标志着我国农村土地制度的改革即将进入到试点阶段。根据中央印发的有关意见，农村土地征收、集体经营性建设用地入市、宅基地制度改革试点工作 2017 年底完成。全国共有 19 项试验任务和 58 个试验区。2017 年底，农村土地各项改革试点完成后，《土地管理法》或将进行大修②。国土资源部已将《土地管理法》修订列入 2017 年立法工作计划，但只是提交国务院审议。同时研究起草《农村集体土地征收补偿条例》。但这种部门立法的效果和步子（力度）是值得

---

① 国务院法制办主任宋大涵表示，这些规定与当时的经济社会发展水平是相适应的，但现在逐渐暴露出一些不适应新形势、新情况的问题。从补偿原则看，在原用途基础上按照年产值倍数补偿，没有综合考虑土地年产值以外的其他因素，包括土地区位、供求关系及土地对农民的就业和社会保障功能等。从补偿标准看，30 倍的上限规定过死，不适应不断变化的经济社会发展情况和各地不同情况。

② 国务院国土资源部长姜大明表示，在 2017 年之前的试点工作中，要完善土地征收制度。针对征收范围过大、程序不够规范、被征地农民保障机制不完善等问题，要缩小土地征收范围，探索制定土地征收目录，严格界定公共利益用地范围；规范征地程序，建立社会稳定风险评估制度，健全矛盾纠纷调处机制，全面公开土地征收信息；完善对被征地农民合理、规范、多元保障机制。

怀疑的，这种怀疑不是针对专业知识，而是部门本身是征地的执行者，身兼立法者，很难在利益和立场上做到超脱。

本轮《土地管理法》的修订具有以下几个特点：广泛讨论；直面目前的征地矛盾并意识到征地补偿的市场化问题和提高标准问题；提出制度改革必须和其他几项特色改革综合配套推进。另外，预计革命性的修改本次不会发生，比如完全抛弃倍数法，按市场价进行补偿。但能否在 2017 年之后允许集体建设用地全面入市，值得期待。

另外，本次修法失败可认为是一件好事，因为本次修订的思路仍不够清晰，一些支撑理论仍然远远落后于发达国家，一些关键问题如仍然束手束脚、改革力度不大等，假以时日，这些问题将可能获得转机。修正案草案在其他方面的改革力度也很小，整体理念和域外立法借鉴等方面仍比较落后。

（6）完善被征地农民多元保障机制和各地的征地改革实践。从中央来看，继续出台了有关文件。2013 年，《中共中央关于全面深化改革若干重大问题的决定》发布，要求缩小征地范围，规范征地程序，完善对被征地农民合理、规范、多元保障机制。2014 年，《中共中央国务院关于全面深化农村改革加快推进农业现代化的若干意见》（2014 年中央一号文件）发布，提出"加快推进征地制度改革"。要求"缩小征地范围，规范征地程序，完善对被征地农民合理、规范、多元保障机制"。2015 年，《关于农村土地征收、集体经营性建设用地入市、宅基地制度改革试点工作的意见》发布，进一步明确了农村土地制度改革的方向与任务，并提出在北京市大兴区等 33 个县（市、区）进行分类试点。其中，3 个地区进行土地征收制度改革试点，希望通过 3 个地区试点，探索健全程序规范、补偿合理、保障多元的土地征收制度。2015 年，《深化农村改革综合性实施方案》发布，在"深化农村集体产权制度改革"领域，提出"开展农村土地征收、集体经营性建设用地入市、宅基地制度改革"。2016 年，《中共中央国务院关于落实发展新理念加快农业现代化实现全面小康目标的若干意见》（2016 年中央一号文件）发布，提出加快推进房地一体的农村集体建设用地确权登记颁证，推进农村土地征收、集体经营性建设用地入市、宅基地制度改革试点，抓紧出台土地增值收益调节金征管办法。从这些表面上看似乎区别不大，但连续多年发布的文件的背后，可发现国家对土地征收、集体建设用地放松管制、宅基地加快改革这"三块地"改革的迫切性在增强，在对主要制度改革扭在一起抓的认识层面和决心层面的巨大进步。改革背后的逻辑在于不仅要放松政府管制，增加市场配置资源作用，也要更多地让农民分享土地增值收益而不是被排除在外。

各地也在不断进行探索，这种有益探索早在 21 世纪初已经纷纷开展。一是留用地安置在各地纷纷出现，二是社会保障逐步纳入征地过程，三是少数地方探索税收或出让金返还。很多地方将失地农民加入社会保障成为强制性制度安排。如山东省早在 2010 年就以全省文件的方式规定对失地农民实行了社会保障[①]，省内有的地方还试点了出让金净收益的按比例返还。

湖北省 2014 年 11 月发布 53 号文件《省人民政府关于被征地农民参加基本养老保险的指导意见》规定："本意见的保障范围和对象，是指符合以下五项条件的被征地农民。（一）承包地被县级以上人民政府依法征收；（二）被征地时持有《农村土地承包合同》或《农村土地承包经营权证书》；（三）被征地时户口在征地所在地；（四）被征地后家庭人均耕地面积不足 0.3 亩（含 0.3 亩）；（五）年满 16 周岁。"补偿标准："县级以上人民政府为被征地农民给予一次性养老保险补偿，其补偿标准按不低于被征地时所在市、州上年度农村居民年人均纯收入的 3 倍确定。对被征地时 60 周岁以上（含 60 周岁）的人员，按照一次性养老保险补偿标准给予全额补偿；对被征地时 60 周岁以下（59 周岁至 16 周岁）的人员，年龄每降低 1 岁，补偿标准按全额补偿的 1%递减。"

2016 年，广东省人民政府发布《广东省人民政府办公厅关于加强征收农村集体土地留用地安置管理工作的意见》（粤府办〔2016〕30 号），规范全省的工作要求，并对该安置权利进行了货币化的换算安排[②]。留用地安置在经济上是对较低补偿标准的变相升高，也是对农民丧失发展权的权利补偿。这种方式具有市场化

---

① 《山东省土地征收管理办法》（山东省人民政府令第 226 号）规定（部分条文摘录），第二十三条："实行被征收土地农民社会保障制度。被征收土地农民社会保障资金由政府、集体、个人共同出资。政府出资部分从土地出让收入中予以安排；单独选址项目的政府出资部分，由用地单位承担。政府出资部分原则上不低于社会保障费用总额的 30%，并执行下列标准：（一）征地区片综合地价标准为每亩 5 万元以下的，政府补贴资金不低于每亩 1 万元；（二）征地区片综合地价标准为每亩 5 万元至 10 万元的，政府补贴资金不低于每亩 1.5 万元；（三）征地区片综合地价标准为每亩 10 万元以上的，政府补贴资金不低于每亩 2 万元。被征收土地农民社会保障资金政府出资部分，应当在征收土地报批时足额拨付至当地社会保障资金专户；政府补贴资金不落实的，不予批准征收土地。被征收土地农民社会保障的具体办法，由省人力资源和社会保障行政主管部门会同有关部门制定。"
第二十四条："建立被征收土地农民就业保障制度，将被征收土地农民纳入失业登记范围和就业服务体系。市、县人民政府应当从当地的土地出让收入中一次性安排适当数额的资金，扶持被征收土地农民就业。市、县人民政府应当采取措施，向被征收土地的农民免费提供劳动技能培训；具备条件的，应当安排一定的公益岗位，扶持被征收土地的农民就业。在同等条件下，用地单位应当优先安排被征收土地农民就业。"
② （一）合理确定留用地安置比例。留用地按实际征收农村集体经济组织土地面积（不包含征收后用于安置该农村集体经济组织的土地面积）的 10%至 15%安排，具体由地级以上市人民政府根据城乡规划和留用地安置的位置、用途、净用地比例、容积率、周边配套设施完善程度等情况确定；留用地安置面积为规划建设用地面积，包含道路、绿化等公共配套用地面积。征收土地用于农村基础设施、公益事业、拆迁安置、旧村改造等建设，农村集体经济组织同意按低于 10%的比例安排留用地或不安排留用地的，由该农村集体经济组织按照《广东省农村集体经济组织管理规定》（粤府令第 189 号）及其组织章程等相关规定，经农村集体经济组织成员表决通过并出具书面意见后，可按实际情况确定留用地安置比例或不安排留用地。（二）及时制定留用地折算货币补偿标准。各地级以上市人民政府要参照基准地价和本地区经济社会发展水平、平均土地收益制定留用地折算货币补偿标准，留用地折算货币补偿标准不得低于所在地相对应《全国工业用地出让最低价标准》的 70%。各地级以上市、县（市、区）基准地价调整的，留用地折算货币补偿标准要及时作相应调整。（三）进一步明确留用地性质。留用地在城镇规划区范围外的，原则上保留集体土地性质，由地级以上市、县（市、区）人民政府依法办理建设用地手续。留用地在城镇规划区范围内，以及涉及占用其他农村集体经济组织集体土地的，依法征收为国有土地，并可由地级以上市、县（市、区）人民政府无偿返拨给被征收土地农村集体经济组织，视同以出让方式取得的国有建设用地。（四）鼓励集中连片安置留用地。各地级以上市、县（市、区）人民政府可按照"统一规划，集中安置"原则，在开发区、产业园区、产业集聚区、工业集中区、城镇社区等统筹划定专门用于留用地安置的片区，对留用地实行集中安置。各类开发区（产业园区）涉及征收农村集体土地的，留用地原则上在其规划范围内集中选址。

色彩，符合社会需求，提高农民收入，有利于社区发展经济和增加集体分红。另外，各地还纷纷颁布了最低征地保护标准，防止损害农民利益。

## 4.2　存在的主要问题

### 4.2.1　历年的土地征收数量

本书对 2001～2014 年的土地征收数量和建设用地供给数量统计发现，多年平均来看，年均土地征收数量为 380 472 公顷，建设用地供给数量为 398 808 公顷，二者相差不多。但每个年度两个数据差距较大，主要原因在于征地和供地常常是存在时间差的，比如上一年征的地，下一年才可能供给，甚至延后多年完成供给（表 4.1）。

表 4.1　2001～2014 年土地征收和建设用地供给面积

| 年份 | 土地征收/公顷 | 建设用地供给/公顷 | 占比/% |
|---|---|---|---|
| 2001 | — | 178 678.27 | — |
| 2002 | — | 235 436.90 | — |
| 2003 | 286 026.00 | 286 436.66 | 1.00 |
| 2004 | 195 655.36 | 257 919.70 | 0.76 |
| 2005 | 296 931.29 | 244 269.47 | 1.22 |
| 2006 | 341 643.60 | 306 805.89 | 1.11 |
| 2007 | 301 937.28 | 341 973.95 | 0.88 |
| 2008 | 304 010.74 | 234 184.68 | 1.30 |
| 2009 | 451 025.72 | 361 648.75 | 1.25 |
| 2010 | 459 246.00 | 432 561.42 | 1.06 |
| 2011 | 568 740.50 | 593 284.57 | 0.96 |
| 2012 | 517 764.30 | 711 281.31 | 0.73 |
| 2013 | 453 070.75 | 750 835.48 | 0.60 |
| 2014 | 389 607.91 | 647 996.14 | 0.60 |
| 总计 | 4 565 659.45 | 5 583 313.19 | — |
| 平均 | 380 471.62 | 398 808.09 | — |

注：依据历年《中国国土资源统计年鉴》整理

但国家统计局网站的征收土地数据远小于同期的国土资源年鉴数据，前者应该是失真偏小的，可能将一些城市规划区外的独立工矿和线性项目用地排除了。2004～2014 年，城市建设用地面积年均增加 1920.15 千米$^2$，而同期建设用地供给年均为 4438.87 千米$^2$，说明存量土地的供给开始居于主导地位（表 4.2）。

表 4.2　征收土地和城市建设用地面积、建成区面积

| 年份 | 建成区面积/千米² | 城市建设用地面积/千米² | 征收土地面积/千米² | 人口密度/（人/千米²） |
|---|---|---|---|---|
| 2004 | 30 406.19 | 30 781.28 | 1 612.56 | 865.00 |
| 2005 | 32 520.72 | 29 636.83 | 1 263.50 | 870.20 |
| 2006 | 33 659.80 | 31 765.70 | 1 396.48 | 2 238.15 |
| 2007 | 35 469.65 | 36 351.65 | 1 216.03 | 2 104 |
| 2008 | 36 295.30 | 39 140.46 | 1 344.58 | 2 080 |
| 2009 | 38 107.26 | 38 726.92 | 1 504.69 | 2 147 |
| 2010 | 40 058.01 | 39 758.42 | 1 641.57 | 2 209 |
| 2011 | 43 603.23 | 41 860.61 | 1 841.72 | 2 228 |
| 2012 | 45 565.76 | 45 750.67 | 2 161.48 | 2 307 |
| 2013 | 47 855.28 | 47 108.50 | 1 831.57 | 2 362 |
| 2014 | 49 772.63 | 49 982.74 | 1 475.88 | 2 419 |
| 平均增加值 | 1 936.64 | 1 920.15 | 1 571.82 | — |

注：国家统计局数据

## 4.2.2　存在的主要问题

中国的土地征收制度和其他主要国家和经济体不同之处主要在于三个特点：①政府直接参与土地市场。在城市土地国有制度约束下，政府对一级市场的高度供给垄断，在供给压力下，征地数量巨大。②土地征收明显成为财政工具，尽管这种行为客观上存在合理性。政府一手征地，一手出让土地，其间尤其是商业性用地存在巨大价格差，这和很多发达国家政府并不从征地行为本身赚取差价显著不同。③城乡二元土地制度、土地公有制和严格的土地管制，使得集体所有土地目前难以成为土地供给来源，农民集体难以成为地方政府的土地市场竞争者。存在以下的问题。

### 1. 产权残缺

在土地公有制、国家单一制体制和中央集权传统制度背景下，加之集体所有制形成并长期存在于人民公社体制下，集体土地产权残缺，表现在诸多方面，如市场不建立、登记不健全、权利不明确等。一旦国家建设需要，必须转换所有权。另外，农民使用集体所有土地做宅基地，往往遇到很多审批程序，甚至不少地方"冻结"审批。作为所有权主体的"集体经济组织"无权有偿出让土地，只有有限的"出租"承包地的权利。非农建设转换用途的权利。总之，国有和集体所有土地形成明显的二元结构，集体所有土地成了国有土地的"附庸"。

理论上，建设用地只需要国家对用途变化进行许可，所有权主体即可实施供

地，并获得地租或地价收入，国家可通过税收等手段予以分割，但中国的集体土地几乎是没有这个权利的。

## 2. 补偿较低且落实不到位

《土地管理法》目前的主要规定，第四十七条："征收土地的，按照被征收土地的原用途给予补偿。征收耕地的补偿费用包括土地补偿费、安置补助费以及地上附着物和青苗的补偿费。征收耕地的土地补偿费，为该耕地被征收前三年平均年产值的六至十倍。征收耕地的安置补助费，按照需要安置的农业人口数计算。需要安置的农业人口数，按照被征收的耕地数量除以征地前被征收单位平均每人占有耕地的数量计算。每一个需要安置的农业人口的安置补助费标准，为该耕地被征收前三年平均年产值的四至六倍。但是，每公顷被征收耕地的安置补助费，最高不得超过被征收前三年平均年产值的十五倍。征收其他土地的土地补偿费和安置补助费标准，由省、自治区、直辖市参照征收耕地的土地补偿费和安置补助费的标准规定。被征收土地上的附着物和青苗的补偿标准，由省、自治区、直辖市规定。征收城市郊区的菜地，用地单位应当按照国家有关规定缴纳新菜地开发建设基金。依照本条第二款的规定支付土地补偿费和安置补助费，尚不能使需要安置的农民保持原有生活水平的，经省、自治区、直辖市人民政府批准，可以增加安置补助费[①]。但是，土地补偿费和安置补助费的总和不得超过土地被征收前三年平均年产值的三十倍。国务院根据社会、经济发展水平，在特殊情况下，可以提高征收耕地的土地补偿费和安置补助费的标准。"[②]这个规定，主要内容浓缩为三点：①农业用途计算基准；②土地补偿费和安置补助费综合不超过 30 倍，但后者在一些地区尤其是人均耕地少的地区，是补偿"大头"；③地方政府可以增加安置补助费，但财力有限，是否增加看情况而定。

从土地经济学理论看，目前的"倍数法"补偿只是对土地的机会成本（转移租金）部分进行了补偿，政府拿走了几乎全部经济租金。

以定州为例。2004 年 3 月 15 日，定州市支电办下发了《关于定州电厂占地有关情况的说明》，说明中称，定州电厂共占地 1748 亩，全部征地费用 5929 万元，每亩征地费用 33 919 元，按照国家、省有关政策规定，此项费用每亩需上交国家和省、市 19 584 元。经市委、市政府研究，每亩兑付村 15 480 元。电厂灰场和灰场路共占用绳油村土地 378.9945 亩。征地款共计 586.69 万元（含青苗补偿费）。这个金额在当年只相当于当地约 4 亩住宅用地的价格（按一般地段楼面地价 1000 元/米$^2$，容积率 2 计算）。相当于 2016 年北京市五环附近一套普通住宅

---

① 笔者关注多年的新闻没有听说执行过这一条款，一般地方政府能节省补偿费用都尽量节省，不会轻易提高补偿标准。宁愿给出变相的货币补偿，如还建物业、留用地等。

② 这一条的执行也没有见于新闻报道过。更多的情况是，各地迟迟不肯对过时的补偿标准进行提高，甚至超过 5 年都不调整。

的价格。在一份 2014 年某市政府对信访的文件中，政府承认："为推进化工工业园建设，2012 年化工循环产业园征地 1005.27 亩，每亩 28 750 元标准支付补偿合计 2890.15 万元，其中劳力安置费每亩 17 500 元。征地标准约为 2.88 万元每亩。还有 1184.13 亩未办理征收。"假定估算 2012 年广州天河区一块地楼面地价 2 万元/米$^2$，容积率 3 计算，住宅用地只需要 482 米$^2$，不到一亩，总价即可达到 2890.15 万元，而这个工业园已经占地 1000 多亩。如果一家有 20 亩地，那么补偿总额还是可观的。但假设一家只有 5 亩地，补偿 20 万对一些家庭而言很快可以用完，今后的基本生活将无着落。家庭的异质性使得各自看待征地的态度是不一致的。

以经济水平处于中游的湖北省为例，地方政府制定的补偿标准在 22 倍左右，一般地区每亩补偿在 4 万元左右。这 4 万元可能只能维系一个典型 4 人家庭 2～3 年的生活开支。这个标准如果和政府出让后的收入相比，就显得更低。2014 年湖北省政府 12 号文《省人民政府关于公布湖北省征地统一年产值标准和区片综合地价的通知》将全省补偿标准确定为 16～30 倍，产值标准从最高的 2780 元/亩到最低的 1080 元/亩。比如，武汉市东西湖区的一级地，年产值为 2700 元/亩，补偿倍数对应为 21，每亩总额为 56 700 元。如果进行一个简单的测算，假设当地的楼面地价为 3000 元/米$^2$，开发容积率为 3，那么每亩的政府出让地价在 600 万元左右，这和补偿水平之间存在 100 倍的差距。虽然我国的土地出让蕴含了开发权的价值及政府对基础设施投入的成本回收，但是"一买一卖"之间的鸿沟还是十分明显。

问题还在于，征地补偿的钱并不是全部分给失地农民，集体有权留存一部分，之前的被征地农民可能要求参与分割，那么留给农民的钱只能更少。另外，不少地方政府财政紧张，并不是将补偿作为征地的前置条件，而是经常待征地结束，供给之后才有钱补偿农民，一旦经济不景气，土地供不出去，就拖欠补偿款[①]。还有不少地方政府还可能采用压低补偿标准的方法减少对农民的补偿，方法有压低年产值标准、降低补偿倍数等[②]。这样的补偿标准，农民当然不会满意，一些地方不得不采用留用地、返还物业等方法予以变相提高，否则，征地就难以开展。

各省级政府为了让地方政府有据可依和保护农民防止社会矛盾，常常会出台年产值分区标准。有的虽然没有年产值标准，但公布了保护标准，相当于最低标准，对下级政府进行制约，防范矛盾的酝酿。

如 2016 年最新的广东省征地补偿保护标准（包含土地补偿费和安置补助费两项）见表 4.3。以耕地第五类为例，补偿标准约为 5 万元/亩。这个标准相当于补偿的下限。

---

① 这相当于一家工厂从上一家工厂那里赊来原料，加工后卖出去才付款给上一家工厂。
② 据一份广东省韶关市某县 2011～2012 年的补偿标准文件，其中省道 246 线河塘至洗鸡坑段改建项目补偿安置方案，土地补偿和安置补助两项合计 337 350 元/公顷（约 22 490 元/亩）；赣州至韶关段铁路补偿安置方案，土地补偿和安置补助两项合计 302 160 元/公顷（约 20 144 元/亩）。

**表 4.3　广东省征地补偿最低保护标准**　　（单位：万元/公顷）

| 地区类别 | 耕地 | 园地 | 林地 | 养殖水面 | 未利用地 |
|---|---|---|---|---|---|
| 一类 | 174.00 | 133.90 | 61.20 | 180.75 | 53.50 |
| 二类 | 128.15 | 98.60 | 46.30 | 133.00 | 39.45 |
| 三类 | 96.90 | 74.50 | 37.60 | 100.60 | 29.80 |
| 四类 | 88.80 | 68.30 | 31.80 | 92.20 | 27.30 |
| 五类 | 75.60 | 58.15 | 28.60 | 78.45 | 23.20 |
| 六类 | 69.90 | 53.80 | 25.20 | 72.60 | 21.50 |
| 七类 | 65.00 | 50.00 | 22.60 | 67.50 | 20.00 |
| 八类 | 57.20 | 44.00 | 20.70 | 59.40 | 17.60 |
| 九类 | 52.60 | 40.50 | 18.00 | 54.60 | 16.20 |
| 十类 | 47.00 | 36.20 | 15.75 | 48.80 | 14.50 |

### 3. 法律不完善，整体立法和行政理念都比较落后

这种落后主要表现为社会各界，包括政府官员和部分专家学者，既缺乏对土地价值的真实认识，也缺乏对土地市场运行规律的认识。第一，我国长期土地公有制之下财产权意识比较薄弱，很多人认为国家有充分权力来征收土地，只要"群众生活水平"不降低，将土地的价值简单地看作只具有农业生产功能，是对土地这个复杂"商品"特性的无视，忽视了土地所具有的情感和就业等价值；第二，政府官员和部分社会成员具有发展优先的国家本位理念，认为为了经济增长和社会发展，被征地农民应该服从国家，甚至做出一定的牺牲也可接受；第三，从国家的人事制度或社会舆论看，多数人认可"有能力""有政绩"的官员，这样的官员提升机会更多，而出政绩就必须在有限的任期内（4 年左右）提高征地效率，如果土地征收中为保护农民利益而"耽搁"了时间，可能被认为是缺乏魄力和能力的官员，是"好人"却不是"能人"；第四，从立法角度看，我国的土地领域立法多数由法律界人士、少数非法律的学术界人士和政府官员合作完成，有时也听取社会意见，但是这种立法的广泛性仍是深受质疑的。农民、经济学家和社会学家等普遍缺乏参与立法的表达意见的机会，加之我国一些学科在理论方面和国外仍有较大差距，这都阻碍着一部世界先进的法律的起草。如果学者不能影响决策者的观点，用较为先进的理念结合我国国情在立法思想层面进行大的改变，就很难期望立法层面的大的飞跃。甚至，在少数关键领域，我们试图借鉴的国外的制度都是建立在肤浅的认识基础上。

正如张千帆和杨世建（2012）所言："国家主义立法思维及重管理效率、轻权利保障的立法理念使《中华人民共和国土地管理法》正在成为土地管理纠纷增多和征地腐败日益严重等诸多社会问题的重要根源，同时该法存在的问题还造成公共利益界定不明确、集体土地权利限制不合理、政府规划及征收权力几乎不

受制约、权利救济渠道实际缺失等诸多现实问题。《土地管理法》的修改不能仅仅着眼于条文的修补，而应当以保障土地权利为理念，以民主参与、市场交易、公正补偿及合理税制改革等基本原则为指导，从立法目的、公共利益界定、公众参与、规划法治、公正补偿、程序公正、集体土地自由入市等十个方面进行全面修改。"

### 4. 缺乏救济渠道和地方政府权力制衡

土地征收的发起权力在于地方政府，尤其是市县级政府，对于少数线性或大型水利、交通等项目，发起权力可能在省级政府。一般是市县级政府的国土资源部门负责报批程序，是否征收和补偿标准的决定权在市县级政府，省级政府有审批权和监督权，具体执行权可能下放给更基层的街道和乡镇政府，国土资源部门具有一定的解释权。所以权力在整个地方政府体系内部运行，存在一定的监督和制衡。比如，征地是否合法和标准是否得当，地方国土资源部门及省级国土资源部门具有建议权和监督权。自从国土系统实行省以下垂直管理之后，上级国土资源部门对下级国土资源部门乃至下一层级地方政府都具有一定的监督权力。但本级国土资源部门作为地方政府部门，对本级政府是无法监督的。在这样的权力结构之内，如果上下级政府达成"默契"，国土资源部门很难监督本级政府。

如果土地征收在发起或实施等环节出现问题，则传统的解决程序如行政复议、检举、举报等方式很难被整个政府系统所重视。比如，征地补偿标准由各级政府制定的文件所发布，这个文件一般被视为抽象行政行为，很难对标准本身提起疑义或诉讼。具体征地项目依据标准制定实施标准。公民可以选择向法院对具体行政行为提起诉讼[1]，但地方政府对地方法院的影响力是很大的，一旦地方政府拒不执行法院判决，法院就缺乏执行手段。总体而言，土地征收制度的运行目前的主要制衡力量存在于政府体系内部。

另外，作为国家的最高权力机构的全国人民代表大会及其常务委员会，虽然拥有一定的立法权力，但实际上土地征收方面的立法起草和制定权主要被较高层级的地方人大（省级和批准的较大的市）享有[2]。县级人大基本上没有立法权。所

---

[1] 在实践中，与土地征收相关的行政诉讼主要包括以下几种类型：①征地审批权不当或者违法行使引发的纠纷；②征地程序违法引发的纠纷；③当事人不服征地补偿安置标准争议裁决机构作出的决定；④当事人不服乡镇人民政府、有关行政部门对集体经济组织土地补偿分配纠纷处理决定。在征地纠纷中，大多数进行的诉讼属于行政诉讼，民事诉讼为数不多，但是并不是所有的程序都要走行政诉讼，有时候也可以走民事诉讼的程序，如对于非法占地的行为，从民事角度考虑可以起诉民事侵权，要求停止侵害、赔偿损失、恢复原状。

[2] 地方立法权，是指省、自治区、直辖市、所有设区的市的人民代表大会及其常务委员会根据本行政区域的具体情况和实际需要在不同宪法、法律、行政法规相抵触的前提下可以制定地方性法规的权力。截至 2015 年 2 月，除了省、自治区和直辖市外，23 个省会、5 个自治区首府、18 个较大的市，以及 4 个经济特区、1 个特别合作区共 49 个地级市拥有地方立法权。2015 年 3 月 15 日，《中华人民共和国立法法》修订，地方立法权扩至所有设区的市。对地方立法权的范围限制作出规定：较大的市制定地方性法规限于城市建设、市容卫生、环境保护等城市管理方面的事项。地方立法事项须省一级人大批准。

以一旦发生征地争议，一般只能通过合法的政府系统内渠道进行解决，上访也是一个常用的方法。

## 5. 集体土地所有制缺陷导致在补偿标准和分配方式上容易诱发社会矛盾

土地征收的对象一般是集体所有土地。集体所有土地是共有的，所有权代表或者行使权利人却是模糊的。虽然法律认为集体经济组织是所有权代表，但在不少地方并无该组织，由村委会代行此职能，而村委会是一个自治性机构，不是经济组织，也不是政治组织。

由于不少村缺乏集体资源，村委会组织比较松散，村委会成员的工资依赖政府的拨款，以及在"熟人社会"中他们和基层政府的千丝万缕的联系，使得村干部在征地过程中成为夹在中间的人：政府不敢得罪，村民也不能得罪。但村干部的确是征地开展的重要力量[①]。村干部和地方政府的合谋和其代理行为是征地侵害农民利益（包括知情权、参与权、谈判权等）的一个常见原因。

在有限征地款的分配上，存在一些制度性难题，包括：安置补助费分给失地农民争议不大，但土地补偿费是对所有权的补偿，承包权人到底分割多少为妥，没有法律标准；本次未征地的本组织农民有无权利分割？如果村给失地农民调田，其他农民能否参与分配？

## 6. 滥用公共目的

滥用公共目的主要是法律内在的弊病，使得所有建设基本上都要求使用国有土地，都要动用征收手段，公共目的成为一个"口袋"，任何用途和目的都可以装进去，包括工业用途、房地产开发用途，甚至土地尚无任何具体用途的政府对土地的储备行为。一些诸如毫无公共利益可言的别墅项目、高尔夫项目、豪华住宅等都随意使用征地手段，这必然使得《宪法》第十条关于具有公共利益才能征地的规定失去严肃性。同样的问题存在于城市内部的拆迁方面，虽然拆迁征收的是房屋，但是本质还是土地，对于城市衰败区，实施征收具有一定合理性，但是对于不属于上述情况的，政府却频频动用征收权力。

某种程度上说，很多大规模的工业园区建设都打着公共利益的招牌而行着"政绩"之实，在这种冲动之下，农民的利益更难得到保障。

## 7. 农民受损及其诱发社会矛盾多

征地手续不完善、群众参与权剥夺、补偿标准较低、分配不合理、政府承诺

---

① 刘培伟（2015）认为正是基于农民"结果至上"的观念，村干部才设计出了那些灵活应对农民的策略，从而完成了征地这一棘手的任务。当前的政府征地之所以能顺利实施，很大程度上是依靠村干部与时俱进的工作策略。

不兑现、集体成员间意见不统一、生活在失地后影响大等，皆可能导致部分农民利益受损，从而诱发社会矛盾，如发泄不满、阻止施工、抗议、上访等事件。这些事件有时是个别人参与，有时是人数较多的群体性参与。

### 8. 其他问题

普通公民违法用地频繁，包括使用超占宅基地、违法改变用途、超占土地、超容积率等方式。这些问题反映了过度管制下公民与政府之间隐形的对抗，类似于"弱者的抗争"中的日常抗争。这种抗争性质比较接近纵火和暗中破坏。其实农民明知道违法却依然带有投机心理或者法不责众等心理，先试着违法，如果逃过制裁，则获利巨大，这样的风险值得去冒[①]。

以宅基地为例，如果农民符合条件获得宅基地，但土地所有者批准是不够的，还要从乡镇政府层层上报批准方可，有时被拒绝也并不罕见，地方政府的拒绝理由是很多的，诸如规划不符、指标用完、集中建设新村等。这在一定程度上刺激了农民的违法行为。如果反过来看，在规划指导下，在法律和规则约束下，审批权力下放给村集体或社区，大家协商来决定，则违法现象反而可能减少。应借鉴西方分区制度，实行规划刚性约束下的有偿使用和社区内部监督制度。宅基地不宜太小，应留出庭院和花草树区域。

另外，现行的制度在土地资源配置方面权力和计划色彩浓厚。比如，房地产开发要求必须使用国有土地，土地和城市规划为之配合，那么就人为地制造了一个悖论：非公益必须征地。政府让自己进入主动征地的怪圈，农民及集体随时面临被规划和被征地的危机。普通市民缺乏建房的权利，这也是导致房地产价格居高不下的原因之一。

## 4.3　土地征收的公益性前提

### 4.3.1　概述

回顾我国 20 世纪 80 年代后的土地征收法律制度变迁，以及 1998 年实行新的城市住房制度带来的房地产业飞速发展的历史，明显发现土地制度存在的内在矛盾。一方面法律明确规定国家为了公共利益方能征地，一方面规定所有城市用地必须征收为国有后使用。那么这意味着无论是否符合公益性目的，都可以动用征收工具。《宪法》第十三条规定："国家为了公共利益的需要，可以依照法律规

---

① 詹姆斯·C. 斯科特通过对马来西亚的农民反抗的日常形式——偷懒、装糊涂、开小差、假装顺从、偷盗、装傻卖呆、诽谤、纵火、暗中破坏等的探究，揭示出农民与榨取他们的劳动、食物、税收、租金的利益者之间的持续不断的斗争的社会学根源。笔者认为，农民利用心照不宣的理解和非正式的网络，以低姿态的反抗技术进行自卫性的消耗战，用坚定强韧的努力对抗无法抗拒的不平等，以避免公开反抗的集体风险。

定对公民的私有财产实行征收或者征用并给予补偿。"《物权法》第四十二条规定："为了公共利益的需要，依照法律规定的权限和程序可以征收集体所有的土地和单位、个人的房屋及其他不动产。"这两个法律都明确规定征地所需的公共利益要件。但是商业房地产开发按照世界上大多数国家实践看，明显不属于公共利益，部分政府人员却轻易动用征收权力。

根据公共经济学理论，社会产品分为公共产品和私人产品。按照萨缪尔森在《公共支出的纯理论》中的定义，纯粹的公共产品或劳务是这样的产品或劳务，即每个人消费这种物品或劳务不会导致别人对该种产品或劳务的减少。而且公共产品或劳务具有与私人产品或劳务显著不同的三个特征：效用的不可分割性、消费的非竞争性和受益的非排他性。而凡是可以由个别消费者所占有和享用，具有敌对性、排他性和可分性的产品就是私人产品。介于二者之间的产品称为准公共产品。边际拥挤成本是否为零是区分纯公共产品、准公共产品或混合产品的重要标准。

公共产品提供的载体就是土地。其实土地使用的公益性是一个"连续光谱"，可大致将其分为三类：明显公益性用途，如水、电、路、公园、污染处理、军事、水利电力设施、政府机构办公等；准公益性用途，该类土地具有一定的市场经济和政府干预交叉性质，且其使用具有一定的排外性和消费竞争性，边际拥挤成本明显存在，如一些收费型公路、政策性垃圾处理厂、政策性养老机构、政策性住房等，包括工业用地；最后一类是私人品，如商业设施和商业住房，这类用途虽然具有一点点广义的公益性，如可以提供税收和社会服务功能，但是在效用的不可割分性、消费的非竞争性和受益的非排他性三个方面，都不具备公共产品特征。

另外，从土地使用的外部性维度看，公共产品是在提供正外部性。土地使用有时具有正外部性，有时具有负外部性。公共产品一般是提供正外部性的，有些时候防止负外部性从某种意义上就是在提供正外部性。那么，衰败区改造也具有公共产品色彩，至少具有准公益性用途。

### 4.3.2　当前一些学者和机构的观点回顾

张千帆（2010）认为政府插手征地的前提是一定要具备公共利益。干预最小原则要求这种界定一定要比较狭窄。他原先不看好公益界定，觉得这种界定在中国没有什么用；一定要有公民去参与谈判，才能将公共利益的边界确定下来。应该先决定是否征收，然后决定补偿多少。这看起来是两个阶段，其实是联结在一起的。农民最关心的当然是补偿标准。总之，张千帆的观点有两点：一是公民参与；二是公益性和补偿应该一起谈判。

刘守英（2008）则建议制定《公共利益征地否定式目录》，明确规定盈利性目的用地不得征用。我国的土地征收制度形成于计划经济时期，土地与其他生产要素均由政府支配，用地主体一般是国有企业、政府部门或国家大型基础设施工程（如公路、铁路、水利等）。由于没有对公共利益进行界定，征用的农地被各级政府大量用于非公共建设目的。然而，随着改革的推进和经济的发展，用地主体日趋多元化，土地用途早已超出"公共目的"的范围。在东部工业化程度较高的县市，工业用地占到全部建设用地的 30%，用地主体以民营企业为主。房地产和商业、服务业等经营性用地占到总建设用地的 20%，这部分用地完全是为了赢利。第三类用地是市政设施和基础设施用地，约占建设用地的 50%，这部分用地具有公益性目的，但其中也有大量用地背离了公共利益特征。为了阻断地方政府以"公共利益"在法律上难以准确界定为由，任意扩大征地范围，应出台政策明文规定，非公共利益用地不得通过征用获得，并列出不属于公共利益用地的名录，作为国土监察的基本依据。

盛洪（2009）主张严格设定公共利益的范围，他在评论现行《土地管理法》及其修订草案时，认为对"公共利益"做了过于宽泛的解释，反对在未来修法中认定"公共利益"包括"在土地利用总体规划确定的城镇建设用地范围内，国家实施城市规划进行建设"。因为城市规划建设用地，包括大量商品性住宅和商业性设施用地。即使为了实施城市规划需要城市土地国有，也不一定要征收，购买集体土地所有权同样是一种选项，甚至很可能是更好的选项。另外，现行土地利用总体规划的编制和实施，虽需经过听证程序，但事实上公众参与程度很低，尤其是农民，参与程度就更低。以一个没有得到广泛共识的土地利用总体规划确定的城镇建设用地范围为分界线，圈外集体建设用地可以流转，圈内集体建设用地必须征收，肯定会很难说服农民。可以预见，基于利益博弈和公平诉求，如果这一条款的实施势必造成大量的上访甚至群体性事件发生。总之，国家实施城市规划，管制特定土地的用途和使用强度，相当于已经对土地进行了某种程度的征收，集体建设用地应该可以直接入市并保持集体所有制性质，或者由政府或用地者直接购买后转为国有。不论哪种方式，都比现有规定下的情况要有利于保障失地农民财产权益。

本书虽然认同实施城市规划具有公共利益，因为城市规划是国家拥有的另外一项公权力——警察权，但是不能将"可以征收集体土地"等同于"一定征收集体土地""必须要征收集体土地"或"不可收购集体土地"。即使正当的目标也必须面临后面要讨论的"比例原则"和市场收购前置的问题。所以，实施城市规划就需要征地在法理上是不能成立的。

汪晖和陶然（2009）认为我国现行土地征收制度中最令人诟病的地方，在于征收权的行使并不是全部出于公共目的，事实上把公益性用地和非公益性用地都纳入了征收范围。如果某块土地上生产的产品可以交由市场来解决，那么这块土地也可交由市场解决。只有那些市场提供不了的产品，不论盈利与否，均可视为公益性项目，所需土地可以通过征收，包括：①凡直接的公共事业用途；②具有公共利益性质的一切其他用途；③为实施上述用途所必需的相关设施和附属设施用地。如是，征地就可以排除一般的商住项目用地、工业项目和旅游项目用地等明显属于非公益性的盈利项目。当然，随着经济、社会的发展，对公共利益含义的认定也会有相应的变化。因此，在未来的土地征收制度改革中，可以考虑设计一套审核机制，即由第三方机构（如地方人大，或者是法院）通过严格程序，来审核某类或者某项征地项目是否符合公共利益从而决定是否可以征收。

　　建立审核机制的建议是二位学者非常重要的观点。但这个解决思路也存在范围狭窄的突出问题：排除工业项目、商住项目、旅游项目并不难，难的是要解决那些具有一定（或较小）公共利益项目的用地以推动经济增长的问题，在西方发达国家也并没简单地排除工业项目。

　　上述关于公共利益的几个有影响力的观点具有一定的启发意义，但是不能解决在社会发展和保护公民权利之间存在的冲突，缺乏可操作性。土地征收的公共利益界定问题，需要抛开看似有理的"公平正义""保护农民利益"，进行动态化的制度设计：现阶段较宽泛的界定和未来逐步缩小的界定。同时，公共利益的界定只是整个土地征收的对国家公权力之限制性环节之一——而不是充分条件，不能作为其他环节的独立环节，应该和其他环节做整体考虑。如果独立看待公共利益界定问题，将永远无法达成共识。这种整体性包括和公平补偿、比例原则考量和程序正义的结合。

　　不可否认，界定公共利益可能不太难，但是否可以动用征收、二者之间的必然联系能否构成足够的理由来征收的判断更加困难。从美国两个著名案例来看，法官们对为了公共利益是否可以动用征收权存在的争议是非常大的，在密歇根州历经多次反复的案件——波勒唐社区理事会对底特律市案（Poletown Neighborhood Council vs City of Detroit，1981）中，法院支持了底特律市，认为该市为了振兴摇摇欲坠的经济和解决失业问题而征收私人土地指定用于私人使用（通用公司建设装配厂并最后得以实施）是合法的[①]，但该案最终被密歇根州最高法院对 2004 年维恩县诉哈斯柯克案（County of Wayne vs Hathcock）的判决所推翻。在这个案件中，维恩县试图将位于当地机场以南的私人土地征收后转让给某一公司，用于建设一个大型商业技术园区，其中包括一个会议中心、旅馆和娱乐设施。维恩县称，征收的目的是创造新的就业机会、刺激私人投资和该县的进一步的开发、增加税收并支持新的发展机遇。但是，该案法官拒绝援引波勒唐案的判决。法官指出，

---

[①] 通用公司需要新建一个大型装配厂，选址在波勒唐社区，后者是一个城市型社区，面积约 2732 亩。政府同意征收，法院支持了该征收行动。该案主要质疑的是征收将财产权从一个私人转移给另一个私人。反观在中国，政府征收土地建设工厂几乎没有法律障碍。

波勒唐案中多数法官的判决意见在有关美国政府征收权的法理历史上头一次提出这样一个观点，即一般意义的经济利益（generalized economic benefit）足以使征收私人财产并转让给其他私人实体使用正当合法。另外一个著名案例是凯洛案，该案中，该市试图征收衰败区土地用于城市振兴，但当时并没有具体的使用者，无法判断是否是私人使用，虽然最终将该土地卖给私人使用。

### 4.3.3　公共利益确定的原则

国家和政府的存在是为了促进社会整体利益，他本身应该没有直接的利益。可以看到的是，现代社会公益性定义将逐步严格和缩小范围。公共利益的本意也是保护公民产权来制约国家权力。

1. 公益性是征收权使用的必要条件，且必须谨慎使用

规模经济既对企业有利，也对整个社会有利，可以提高经济效益，增加社会福利，或者说，做大"蛋糕"。但是要做到规模经济，必须克服敲竹杠的问题，少数的敲竹杠者要么阻碍规模经济，要么将这些潜在的社会福利据为己有（如"拆二代""富豪村"被认为是社会不公平的），因此，动用土地征收具有经济上的合理性。换言之，如果一个项目将创造足够高的公共利益，而少数人的敲竹杠将使这种可能性失去，那么动用征收权是正当的。从这个意义上讲，创造社会福利，防止社会福利损失是重要的，然而又是最具争议的公益性来源，因为这种公益性发生在未来且其很难被感知。同时，这些福利归属具有不确定性。

著名的凯洛案，由于部分居民的反对，使当地失去了良好的经济发展机会，社会损失巨大，这是一个典型的案例，虽然新伦敦市胜诉，但开发项目最终还是失败了[①]。

凯洛案的确在美国引发了大量争论和民间反抗，很多人认为判决对保护公民财产权不利，但各州的反应是不一致的，很多州没有反应[②]。如威斯康星州就没有太多反对声音。按照美国宪法第五修正案和威斯康星州宪法第 1 条 13 款，征收的

---

① 该项目经过了漫长的艰苦谈判，甚至州长亲自出面调解，部分居民终于同意搬迁，而市政府为此付出 1.6 亿美元搬迁 15 户人家的巨额赔偿数字。然而由于久拖未决和天价土地赔偿，如今，部分居民虽然已经搬迁，但没有任何开发商能够有如此耐心等待住户搬迁和支付天价赔偿金，纷纷放弃投资。因此，新伦敦市赢了官司，却输了经济发展。钉子户们输了官司也输了经济发展，几户钉子户的僵持导致最后的结果就是新伦敦市继续衰败。留下来的仅仅是一块块写着禁止进入（no trespassing）的牌子的荒地。直到现在，计划中的重建区依然空空如也——荒芜的土地上不再是市民的家园，变成了城市里流浪的小动物们的庇护所。因为整个项目的争议性，动工日期一推再推，市政府决定暂时中止了开发项目，并成立了新的规划委员会研究发展计划。
② 各州对凯洛案有 4 种立法反应：① 4 个州确认哪些公共目的是允许的（亚利桑那州、爱荷华州、肯塔基州和怀俄明州）；② 4 个州特别禁止某些用途如经济再开发、提高税收收入（亚拉巴马州、密歇根州、北达科他州、科罗拉多州）；③ 4 个州将以上两者联合，定义一个特定的目录，认定目录里的满足公共使用（阿拉斯加州、佐治亚州、肯塔基州、明尼苏达州）；④ 8 个州没有反应（阿肯色州、夏威夷州、马萨诸塞州、密西西比州、新泽西州、纽约州、俄克拉何马州、罗得岛州）。

权力限制在公共使用的情况下。联邦法院和州法院判定法院是认定公共使用成立的机构。

例如，威斯康星州的定义较宽，无成文法律条文，但总结法院案例发现有 6 种满足公共使用：高速公路、机场、桥梁、大坝、图书馆、排水。威斯康星州支持衰败区和贫民窟的清理计划。所有案例先于凯洛案，但都和多数派意见一致。并无法律规定可以为私人商业使用去征收，但是威斯康星州允许"为任何合法的目的"征收。其中之一是消除衰败区。实际上，许多和再开发有关的征收都是以此名义的。威斯康星州对凯洛案的反应就是对征收衰败区财产（blighted property）做了限制，并给出了一个定义，而且，改变了仅有一个居所构成的衰败区财产的定义。至少需要满足以下条件之一：本人和配偶、子女或有血缘关系的四代内的亲属无人居住；区内和附近犯罪率至少是辖区水平的三倍。

目前中国的地方政府大力推动旧城改造和工业区建设，客观上的确具有公益性。官员在宣传时，经常对这些行为冠以"推动经济增长""增加就业""让城市更美""发展是硬道理"等口号，老百姓对此也有一定的认可度。不少地方政府在进行此类合法合理活动的同时，却在压低土地征收补偿、强拆等方面损害了人民利益，反而损害了行为符合公益性的本质。

但是，征收并不能频繁和轻易使用，必须倾听民意并得到超过 90%居民同意后实施征收权。如果随意压低土地和房屋补偿标准、过度偏向开发商利益，可能不仅不会制造社会福利，还可能导致社会福利损失。所以具有公益性并不能成为政府公权力任意使用的武器，它只是一个前提和必要条件，绝不是充分条件。只有在穷尽购买等一切必要手段之后才可使用征收。

### 2. 征收权、补偿标准和公益性、程序正义的关联

第一，我们必须承认土地征收所可能带来的公民的利益损失，如艾珀斯坦所说的征地相当于征税，有时认为这是一种"特别牺牲"，既然如此，就必须恪守公益性前提。按照平等保护的原则，国家无权要求少数公民为全体国民忍受较大的财产损失，只能是一定程度的损失。争议较多的是广义的公共利益。

第二，从过去的历史看，地方政府往往存在"财政幻觉"，有过度征地的可能性存在。再者从政府有可能被利益集团影响的角度看，地方政府确实有为了部分群体利益动用国家公权力的倾向，所以必须予以限制。

第三，公共利益的界定与补偿标准之间不应该建立关联，不能认为具有公益性就可以降低补偿标准，让公民做出更大牺牲。对个体公民而言，无论土地未来如何使用，他们的利益受损程度不会改变。

最四，对那些不具有公益性的项目绝对不能动用公权力，只能双方协商购买。协商不成，宁可放弃，如一些高尔夫项目。

第五，公共利益的界定和征地程序之间应该建立关联。制定公益性目录的目的主要是为制定区别性征收程序服务，如果明显是公益性的，那么征收程序要求更快速、更有效率；反之，则程序较多，更注重对公民权利的保护。

### 3. 土地征收的公益性应该和社会阶段和理念关联

第一，一个国家有自己依据社会经济发展阶段定义公共利益的需要。公共利益具有阶段性特点，但总的趋势是趋严。第二，一个独立于政府的国家机构应该担负什么是公共利益的解释权，如全国人大和省人大，政府不宜作为解释机构。第三，公益性和公民的财产权理念是紧密相关的。目前的中国，受到长期计划经济国家体制，以及特殊土地集体所有权制度的影响，财产权观念或财产私有的理念并不强烈，因此对公益性的重视程度并不高，反而对补偿标准的重视远高于前者。但随着社会发展阶段的变迁，未来对公益性重视将会逐步提高。我国台湾地区即属此例。台湾地区由于是土地私有制，加之经济发展程度较高，人民对土地感情深厚，对公益性重视程度反而较高。

### 4. 土地征收的公益性和公民权利的救济关联

这种救济最重要的体现是公益性的判断要通过立法和司法环节建立对行政权力的制衡机制。立法一般有较高稳定性，很难依据社会经济发展形势及时变动，因此，司法判例或司法解释可以成为判断公益性的重要依据，以及时回应社会形势和社会需求。

## 4.3.4　小结

总之，本书对公益性问题建议有以下几点。

（1）有必要制定公益性的分类目录，作为与其他征地环节的必要链接，如征地程序。

（2）公益性目录需要依据社会理念和发展阶段动态调整，并交由司法机关，适应变化的社会需要，行政机关权力受到约束，不得解释公益性范围，因为政府本身是土地征收权力主体。

（3）公益性与否影响程序，但不影响补偿标准。

（4）公益性只是征地的必要条件，必要时可和补偿标准进行一定的权衡。即对不具有公益性的项目，在进一步提高征地拆迁补偿标准的前提下（如在市场价格补偿之外，提供奖励金），可作为应付钉子户的威慑工具和底线工具，严格限制使用；这种严格使用的含义是必须由政府之外的主体去判定是否需要动用征收，如一些旧城改造区，要求95%以上的居民同意改造，方可进行房屋拆迁，即属此例。如果95%的居民同意改造，只有5%的居民反对，导致改造项目无法实施，不能说这种保护少数人财产权的方法是合理的。而且这 5%的居民可能有部分是事实上的隐瞒真实接受意愿的，有部分源于一些诉求无法得到法律和社区舆论的支持而反对项目。

（5）实施城市规划不属于公益性，但可在严格限定下实施；"在土地利用总体规划确定的城镇建设用地范围内，国家实施城市规划进行建设"，这条规定应该严格限制，虽然这么做的公共利益是明显的，但是此时并无具体用地者，而且用途很可能包含大量非公共利益，换言之，实施城市规划整体上毫无疑问具有公共利益，但部分土地的未来用途不具有公共利益。所以必须在明确未来公共用途之后，可批准实施征收。确有少部分非公益项目的，应该将受益大部分返还农民。另外如对一些"三边地"（三边地是指一些边角地、夹心地、插花地等）的整合，以及对一些产权过于分散土地的整合，也应该可以征收，这样做有利于土地使用的规模经济，有利于防止"反公地悲剧"的发生。

（6）土地储备不得使用土地征收；土地储备应主要针对存量国有土地进行，对集体所有土地，应通过收购的方式或土地置换方式开展（如给农民住房，换取集体所有土地）。

## 4.4　土地征收的程序正义

国家的存在必须拥有三大权力：征收、征税和警察权，而且国家是唯一合法的暴力机关，它有能力对公民的人身和财产权施加合法或不合法的损害。但是各国又都对政府拥有的这些权力施加一定的限制，其中就包括程序性限制，以此来防止公民的合法权利不受国家合法和非法的侵害。

应该说，在土地征收问题上，没有程序正义就没有实质正义，正如一句法谚所说"无救济无权利"（Any right without remedy is not a right）。程序正义是权利得到保障的基本条件。合理的程序，有利于保护公民的权利。

程序主要在于 5 个关键环节：一是在公益性判定，启动征地环节，公民是否有质疑权；二是在强制征地之前是否设置协商或购买谈判环节；三是在补偿标准确定环节，公民的参与权；四是在补偿标准确定后，公民是否可质疑标准，不被强制搬迁，交出不动产；五是在土地事实被征收后，公民事后是否继续拥有的诉讼权。

必须注意的是，在土地征收的问题上，涉及规划的问题和规划对土地产权、产权束的定义，规划和补偿标准、程序之间的联系是紧密的。第一在于规划对土地价值的界定。土地征收对象表明是土地，实质是土地权利，权利的价值被规划所界定。不同的用途其价值的差异可以高达百倍。第二在于区位，越是靠近市中心，一般地价越高，因为节省了交通成本，且公共服务资本化程度高。尤其是城市郊区的土地，即"城市建设用地范围"，具有较高的价值。第三是土地的基本权利，但中国的规划制度并没有对土地进行初始赋权，即使划定了不同于现状的更高用途，这种权利实际上并不被政府承认。

## 4.4.1　中国的土地征收程序

土地征收的一般程序可分为 8 个主要步骤：①预征告知《国务院关于深化改革严格土地管理的决定》中规定"在征地依法报批前，要将拟征地的用途、位置、补偿标准、安置途径告知被征地农民"，国土资源部门不履行这一法定职责就是行政不作为。②地籍调查和地上附着物登记。由县或市级国土资源部门会同被征收土地的所有者、使用者实地调查被征土地的四至边界、土地用途、土地面积，地上附着物种类、数量、规格等，并由国土资源部门现场填制调查表一式三份，由国土资源部门工作人员和土地所有者、使用者共同确认无误后签字。国土资源部门应将土地所有者、使用者签字的材料作为报批的必备材料归档上报。③征询意见，组织征地听证。《关于完善征地补偿安置制度的指导意见》中规定："在征地依法报批前，当地国土资源部门应告知被征地农村集体经济组织和农户，对拟征土地的补偿标准、安置途径有申请听证的权利。当事人申请听证的，应按照《国土资源听证规定》规定的程序和有关要求组织听证。"在听证过程中，负责组织听证的机关应当将其补偿标准、安置途径的有关证据向听证的农民出示并做出说明。如果被征地的农民认为征地机关拟定的补偿标准和安置途径依据不足，可以提出自己的建议，如果被征地农民提出的建议合理合法，征地机关应考虑重新更改补偿标准、安置途径。被征地农民提出的异议和建议，听证机关应该形成笔录。④征地材料的组织、审核及上报。市县国土资源部门根据征地情况调查结果和市县人民政府拟定的征地补偿标准、安置方案，以及建设项目的相关材料，依法拟定农用地转用方案、补充耕地方案、征用土地方案和供地方案，编制建设用地呈报说明书（简称"一书四方案"），经过县级人民政府初步审核同意后，由县级人民政府正式行文报批。县级人民政府同时应就征地补偿标准合法性、安置方案的可行性及妥善安置被征地农民生产生活保障措施出具说明材料；被征地农民提出的意见较多、情况较为复杂的，县级人民政府应当说明采纳意见的情况。⑤征地的审核、报批。市县人民政府上报的征地材料，由省（自治区、直辖市）国土资源厅（局）受理，并进行审核。凡是征地材料齐全、征地程序合法、征地补偿标准符合法律规定且安置方案已经确认，市县人民政府已经出具说明材料的，报请省级人民政府审批。须报国务院批准的，由省（自治区、直辖市）人民政府审查后报请国务院批准。我国有权批准征地的机关只有国务院和省（自治区、直辖市）人民政府①。市县人民政府是征收土地的主体，但并不是批准征收土地的主体。实践中，很多市县人民政府采取边报批边占地的方式非法占用农民的土地。因为，并不是市县人民政府上报征收土地，省级人民政府或国务院就一定会批准征收土地。⑥征地公告。经依法批准征地项目后，市县人民政府和市县国土资源部门要及时进行征地的两公告，即征收土地公告和征地补偿、安置方案的公告。根据《征收土地公告办法》的规定，征收土地公告由市县人民政府在收到征用土地方案批准文件之日起 10 个工作日内进行，内容包括：征地批准机关、批准文号、批准时间和批准用途；被征用土地的所有权人、位置、地类和面积；征地补偿标准和农业人员安置途径；办理征地补偿登记的期限、地点。征地补偿、安置方案公告由市县国土资源部门进行，内容包括：本集体经济组织被征用土地的位置、地类、面积，地上附着物和青苗的种类、数量，需要安置的农业人口的数量；土地补偿费的标准、数额、支付对象和支付方式；安置补助费的标准、数额、支付对象和支付方式；地上附着物和青苗的补偿标准和支付方式；农业人员的具体安置途径；其他有关征地补偿、安置的具体措施。如果征地项目未获省级人民政府或国务院批准。由发布预征公告的国土资源管理部门及时下发书面通知，取消原预征公告。⑦两公告后被征地农民的权利。根据《征收土地公告办法》的规定，被征地农村集体经济组织、农村村民或其他权利人对征地补偿、安置方案有不同意见的或者要求举行听证会的，应当在征地补偿、安置方案公告之日起 10 个工作日内向有关市县人民政府土地行政主管部门提出。有关市县人民政府土地行政主管部门应当研究被征地农村集体经济组织、农村村民或者其他权利人对征地补偿、安置方案的不同意见。对当事人要求听证的，应当举行听证会。确需修改征地补偿、安置方案的，应当依照有关法律、法规和批准的征用土地方案进行修改。有关市县人民政府土地行政主管部门将征地补偿、安置方案报市县人民政府审批时，应当附具被征地农村集体经济组织、农村村民或其他权利人的意见及采纳情况，举行听证会的，还应当附具听证笔录。征地两公告后，被征地农民的提异议权和听证权是他们第二次对征地的补偿、安置的话语权。⑧征地补偿、安置方案的批准和交付土地。市县国土资源部门进行征地补偿、安置方案的公告后，公告期满当事人无异议或者根据有关要求对征地补偿、安置方案进行完善后，将征求意见后的征地补偿、安置方案，连同被征地农村集体经济组织、农村村民或其他权利人的意见及采纳情况报市县人民政府批准，并报省级国土资源部门备案。

征地补偿、安置方案批准后，市县人民政府应及时依法组织落实征地补偿、安置方案的事宜，将征地补偿、安置方案确定的费用及时足额地支付给被征地的

---

① 这是 1999 年新《土地管理法》采用的约束地方政府的新制度，防止以前分级审批造成的化整为零，规避上级审批的问题，但新的问题是新制度的审批成本非常高，包括时间成本。与地方政府急于拿到土地、发展经济的需求严重矛盾。

农民和村集体经济组织。被征地农村集体经济组织、农村村民或其他权利人应当在征用土地公告规定的期限内持土地权属证书（土地承包合同）到指定地点办理征地补偿登记手续。被征地农村集体经济组织、农村村民或者其他权利人未如期办理征地补偿登记手续的，其补偿内容以市县国土资源部门的调查结果为准。征地补偿、安置方案确定的有关补偿费用没有足额支付到位的，被征地的农村集体经济组织和农民有权拒绝交出土地。如果征地补偿、安置方案确定的有关补偿费用已经足额支付到位而被征地的农民拒绝交出土地的，征地的市县人民政府有权责令限期交出土地。如果被征地的农民对市县人民政府确定的补偿标准和支付方式等有不同意见，也应该交出土地。对于补偿标准等有关纠纷，可以通过行政复议、行政诉讼、行政裁决的方式予以解决。市县人民政府是征地主体，并非国土资源部门。

## 4.4.2　主要问题

（1）土地征收目的合法性审查程序缺失，实际上是法律程序流失形式。公共利益是征收的前提要件，是对政府权力的必要限制，世界各国都对这个前提进行审查。但我国法律中没有规定如何在审批程序中对此进行合法性的专项审查，即没有程序性规定，这使得《宪法》《土地管理法》《物权法》等重要法律的对应条文陷入空谈。在《征收土地公告办法》中也没有征地目的合法性的专门说明。

（2）缺少对行政机关的监督机制。行政机关既是土地征收的决定者，亦是执行者，还是纠纷调节者、土地供给者、市场参与者，多重角色集于一身。最严重的是政府是规则制定者和利益主体，这二者是不应该重叠的。另外，政府内部的监督权是有限的。市县人民政府是实际的征地发起者和执行者，最后也要负责，但省级和中央政府是审批者，但并不对后果负责。上级政府因为信息不对称，只有有限的能力和意愿监督下级政府。再者，政府和国土资源部门之间也存在衔接问题。地方国土资源部门制定补偿标准，可是政府尤其是乡镇街道级政府才是真正的实施者，二者只是业务指导关系，内部监督也是有限的，国土资源部门很难阻止地方政府发展经济下的征地冲动。我国现行土地立法并没有在征地范围的决定权、征地审查权、赔偿方案确定权等方面做出监督方面的规定。

（3）缺乏对被征收人的保护程序。一是征地程序透明度和公示性不够。征地的进程农民无法得知，在补偿方案的确定上，政府内部起草、核准并实施，都是制定批准好了才告知农民。二是被征收人在土地征收过程中缺乏表达自己意见的机会。征地补偿、安置方案批准后，有关地方人民政府应当公告，并听取被征地的农村集体经济组织和农民的意见，但既然征地补偿方案已经批准，被征收人的意见所起的作用是微乎其微的。三是对被征收人的救济措施规定不足。根据《土地管理法》及其实施条例的规定，被征收人在征地范围、补偿标准等方面存在争议的，由县级以上地方人民政府协调；协调不成，由批准征地的人民政府裁决，并没有规定其具有向司法机关获得救济的权利，这样的救济措施是远远不够的，因成本高，很难真正执行。批准征地的人民政府往往是中央和省级人民政府，这样的裁决对农民而言，成本之高是难以承受的。

### 4.4.3　美国的征地程序及其借鉴

美国各州法律存在差异，以威斯康星州为例，它的征地分为交通和排水设施两大类，如对于"交通和排水设施"有十几个程序：申请、重新安置令、评估、谈判、购买管辖性报价、质疑征收权准确性的诉讼（不是对补偿数量）、接受管辖报价、支付补偿、之后不能提起征收成立诉讼、占用土地、由业主或其他利益相关方提出上诉、征收委员会裁决、对征收委员会的裁决上诉到巡回法院、放弃听证或向巡回法院陪审团上诉。

从这个流程发现几个明显特点：第一，补偿的评估由第三方而不是政府来单方制定；第二，政府和个人的谈判，如能达成购买共识，则不需要征收；第三，不能达成共识，政府给出补偿报价，这个报价不需要对方同意，如果接受报价，则征收基本完成；第四，先行补偿，一旦接受，不能提出征收标准方面的诉讼；第五，不同意报价的，可通过裁决、上诉到巡回法院、继续上诉等准司法和司法程序获得救济，但上诉不影响土地被征收。

从更广义的程序看，按照奥姆的总结[①]，征地涵盖 10 个步骤。第一步，规划流程。这些规划提供了市民参与的机会，帮助界定公共利益，树立未来主权国家征用权行使行动的意识。第二步，确定征用对于实现公共（利益）的必要性。威斯康星州的法律使用"公共（利益）必要性"这一术语，但这一术语与"公用""公共用途""公共利益"的概念相同。然而如何确定取决于征收机构的类型及财产征用的目的性质。许多征收机构自己确定公共（利益）必要性。如果征收机构是私营公用事业，如电力公司，公共（利益）必要性则是通过一家政府机构——威斯康星州公共服务委员会来确定。其他情况下，公共（利益）必要性则是由法院来确定。第三步，在正式谈判程序开始前，征收机构会与受影响的业主取得联系。业主有权对要被征收的财产进行评估。财产评估要出具书面报告，如果征收活动涉及道路和下水道，征收机构必须在法院存档一份搬迁令。搬迁令要说明项目的布局、新旧位置，以及要征收的财产权益。在征收机构下达搬迁令后 20 天内搬迁令必须在征用地所在县的县书记员处存档，供公众查阅。第四步，谈判期完成搬迁令存档及财产评估后，征收机构必须尝试与业主谈判购买所需的财产。州法律要求在谈判开始前发给业主一份关于国家征收权行使程序的信息手册及一份

---

① 资料来源：布雷恩·奥姆（Brian Ohm）在中国的一个内部讲稿。

关于搬迁利益的小册子。业主的财产评估报告必须视作谈判的一部分。谈判期间，征收机构必须提供一份地图，说明拟建项目影响到的所有财产。随地图一起发给业主的还必须包括收购要约涉及的至少 10 位邻近土地所有者的名字。征收在这个阶段还未开始，只是进行征购谈判。如果业主同意议价购买，征收机构必须在土地所在县的契据登记官处登记不动产转让契据。此外，还应发通知给业主，告知其拥有在不动产转让契据备案日后 6 个月内进行上诉的权利。该上诉权只能就业主收到的补偿金金额进行质疑。不动产转让契据备案日就是征收日期。第五步，购买的司法报价。根据威斯康星州法律，如果谈判未能促使征收机构购买财产，则必须向业主进行司法报价。司法报价是征收机构向业主发出的书面通知，内容包括项目性质说明、征收财产说明、征收机构提出的占用财产时间说明、对征收财产支付的补偿金说明，以及协助搬迁方面的信息。业主在收到司法报价后有 20 天的时间来决定接受与否。收到司法报价后 14 日内，要在契据登记官处备案一份通知，通知所有有利害关系的各方所述财产处于公用征用阶段。如果业主接受了司法报价，则在 60 日内财产权发生转移，并向业主支付报价中规定的金额及财产转让发生的相关杂费。如果业主以书面形式拒绝了司法报价，或者在 20 日内未采取行动，则征收机构可以制作补偿书。补偿书是一份文件，是在业主拒绝司法报价后送达给他们的，用于说明合理补偿额。补偿书列出所有有记录的对该财产享有权益的人员，说明征用的财产，包括征用机构的开始占用时间。该文件的备案把财产的所有权转移到征收机构，也说明了支付给业主的财产补偿额。对于议价销售，在不动产转让契据中说明补偿额。第六步，质疑国家征收权的诉讼（公用目的/公共利益）。业主可以质疑对司法报价中的财产进行征收的授权，诉讼必须在司法报价通知发出后 40 日内向法院提起。如果在 40 日内业主没有质疑征用机构的财产征收权，则业主失去这样做的权利。此外，如果业主接受了关于其财产的任何付款，则业主不得质疑征收机构的财产征收权。在此过程中，业主可以质疑征收机构所采用程序存在的缺陷、"公共"性质及提议行使国家征收权的必要性。虽然有人可能在法庭上质疑征收对于维护公共（利益）的必要性，法院一般会遵从关于公共（利益）必要性的相关立法规定。如果有任何合理的理由支持，该决定会得到支持。第七步，补偿书。如果司法报价被拒绝或不被接受，征收机构要向土地所有者提供书面声明，说明要支付的补偿额、财产介绍、占有日期及其他信息。所提供的补偿额必须等于或多于司法报价金额。然后业主收到补偿书中规定的补偿额扣除任何未缴纳的不动产留置权及比例税赋。征收机构可邮寄支票给业主或交存法庭保管。付款后，该补偿书要在土地所在县的契据登记官处备案，财产所有权转移到征收机构。补偿书的备案日期就是征收日期。任何有关财产的公平市场价值问题要根据该日的价值进行解决。第八步，合理补偿上诉。若业主对支付的财产补偿额有异议，可在征收日期后两年内（或议定的不动产转让契据在契据登记官处备案日后 6 个月内）提出上诉。业主可到县征收委员会上诉。对于某些征收活动，业主可放弃这一程序，直接向法院提出上诉。州法律要求，完成上诉需要把某些通知和文件存档，因此建议业主聘请法律顾问提供上诉协助。县补偿委员会有权判定征收财产的合理补偿。委员会要有 6～12 名委员，人数多少取决于全县的人口数。这些委员是当地人、本县或邻县居民，并由法院委任。委员们错开上岗，任期三年，通常三人一组。由委员会主席选取三名委员来审理案件。委员会收到上诉后 20～30 日内必须进行审理。委员会诉讼程序不像法庭诉讼程序那样正式。按照法律，司法报价或补偿书中的金额不能披露给委员会。业主有权出面出示证据。案件审理结束后县补偿委员会要在 10 日内做出书面裁决。如果业主或征收机构对县补偿委员会的裁决不满，任何一方可在县补偿委员会裁决后 60 日内向法院提出上诉。如果发生上诉，则补偿委员会裁定的补偿额在上诉结果出来之前不予支付。业主有权向陪审团要求合理补偿。合理补偿的尺度是征收日财产的公平市场价格，如果业主或征收机构对审判法庭的判决不服，任一方可在正式判决后 6 个月内向上诉法庭提出上诉。第九步，诉讼费用及成本费。州法律规定在某些情况下由征收机构承担诉讼费用（律师费、评估费等）。在某些情况下，如果业主败诉，则业主可能需要向征收机构支付"成本费"。第十步，占用。征收机构发出书面通知后 90 日内不得要求住所里的任何住户搬出或把公司或农场搬迁。征收机构不得要求房屋占用人在财产所有权转移到征用机构之日腾出房屋，直到可比重置财产可用时才可以做此要求。搬迁人员有权在被购置的房产里免租居住 30 日，免租期自产权转移至征收机构后次月 1 号或当月 15 号开始计算。如果在产权转移到征收机构后业主破坏或损毁了任何征用财产，业主可能要承担损毁赔偿责任。免租期结束后，征收机构有权拥有该财产，如果遭到拒绝，征收机构可向财产占用人发出通知，48 小时后可向法院申请将占用人移走。因项目而搬迁的人员应收到合理补偿，获得搬迁补助及购置安置房补助。

　　上述征地的 10 个步骤，第一步是规划，使得人们知道这里要干什么，是建设公路还是别的。时间大概是 1 年左右，使得人们对土地未来有较为明确的预期。在第二至七步中，通过评估和协商，70%～80%的土地是收购的，而不需要征收，时间大概需要 1 年，如果不同意价格，到期仍然需要迁走，土地被政府获得并开始项目。有些州专门制定快速征收（quick taking）程序。如果业主不走，警察介入赶走，但补偿已经支付。第八步是补偿的上诉，可以继续进行，或许要花 1 年或更多的时间，如 2 年。威斯康星州的典型程序给我们的启示有以下几点。

　　第一，美国的征地并不是我们假想的要很多年才能完成，并不是我们假想的缺乏效率。即使收购不成功，被征收人不接受司法报价，1 年左右即可强行占据，如果采用快速征收程序，需要的时间更短，尽管极端的纠纷案例可就补偿问题打很多年的官司。第二，收购优先，具有强制性的征收在后作为威慑。第三，公益性在征地初期可受到挑战，并且是重要的挑战，许多土地征收计划在这一关都不能通过，这对保护公民财产起到了很重要的作用。第四，公民的救济方式是多元化的，即使土地被占用，仍然不失去诉讼权利，且采用非行政的渠道，对政府是很大的制约。如第八步合理补偿诉讼可由县补偿委员会裁决，委员会并不是行政组织，委员的组成能极大地提升公民对其裁决的信任和服从。即使不同意裁决，还可寻求司法救济。第五，法院的参与是广泛和深入的。人们常误解这样会导致法院疲于奔命，实际上，超过 80% 的用地是谈判购买的，剩下的才需要真正动用征收权，这只有部分需要上诉到县补偿委员会，更加少的才会闹到法院。

因此，未来我国土地征收程序性制度设计最迫切的：一是从过去的主要由"政府内部行政救济"扩大到准司法和司法救济，增强公民对补偿裁决的信任；二是增设公益性挑战程序；三是收购优先，减少征收使用频率。

至于原有制度中的听取人民意见和听证等环节，如果增加谈判协商环节，则能获得最真实的意见。转变观念也是至关重要的，如果征收权全部掌握在政府手中而缺乏制约，很难期望地方政府在政绩冲动和财政财力约束下能真正倾听呼声，大幅度提高补偿标准。

## 4.5　土地补偿的标准和范围

### 4.5.1　概述

补偿标准应该更多从农民的视角去分析问题，而不是过去的国家视角；应该从财产权失去的角度来分析问题，而不是从"农民生活水平不降低"的角度。一部分学者从土地功能的角度，认为土地具有生态价值，所以在补偿时将该部分价值纳入补偿，采取旅行成本法、条件价值评估法（contingent valuation method，CVM）等测度生态价值。该方法具有一定合理性，因为中国目前缺乏农地交易的市场，很难衡量其价值。但生态价值往往具有外溢效果，土地的所有者是很难将其内部化和货币化，农民除了能感知其效用之外，很难在市场上将其交易。一部分学者认为土地具有社会保障价值，所以应该将它衡量后纳入补偿标准。这种思路具有合理性，土地历来对农民具有社会保障功能，且构成农民是否交易其土地的重要考量，换言之，土地的社会保障价值至少构成了土地交易时的保留价格。但是对应的，从政府的角度，社会保障是政府的责任，如果征收了土地，则更应该将农民的社会保障责任担负起来并提高其保障水平，而不是一般农民所具有的低水平的"新型农村社会养老保险"。

虽然政府对土地施加了管制并影响其财产权，但是土地所有者仍然从这种行为中收益，获得暗含补偿，这种利益可能来自周边土地利用的确定性。所以土地征收虽然使农民失去财产权，但获得了货币或安置房，其剩余土地可能增值，就业机会增加，以及可能获得其他利益。虽然政府决不能以农民获益为借口去降低补偿标准，但农民亦不能苛求在征地时将所有问题交由政府解决。征地补偿必须建立一个基准和评估、协商机制，作为其他工作的基点。

其实，我国土地征收频发的一个根本原因是缺乏农地市场，市场缺失是征收补偿纠纷多发的根源之一。因为没有市场交易案例，所以长期以来，政府采用收益法的思路，即倍数法，认为 30 倍的年产值补偿，相当于给了地价补偿，这是基于一种收益法的估价思想。殊不知，这样的标准建构在农地永远不能改变用途和土地不会增值的假定之下。而在土地征收补偿上，收益法由于其还原利率的技术性定量困难，一般不为许多国家所采纳。实际上，目前在城市里对房地产交易目的的价格，很少也很难采用收益法来评估，因为其评估结果往往只有人们实际市场交易价格的 1/2，所以即使采用了该方法，也只能作为最终参考。我国恰恰采用该方法和思想来确定征地补偿。

## 4.5.2　是否按农地市场价值补偿就合理

如果按照目前的土地制度框架，以农业用途为权利内核进行交易，并按该价格确定补偿标准，并不意味着这样的补偿就是公正补偿。主要原因在于农地存在用途转换的可能性，我国目前的规划制度相当于剥夺了农地的这种权利。为什么一些成熟市场经济国家的市场价格被认为合理？主要源于其农地具有发展权，这些权利已经将未来用途转换的可能性和预期资本化计入了交易价格，同时，交易者甚至可以进行投机，预测未来规划将发生有利于自己的改变，从而给出更高的购买或出售保留价，这一些都取决于交易双方的理性。

## 4.5.3　价值标准分歧的经济学原因

一般认为，市场价格只是反映在特定时间内对特定数量水平交易的均衡价格，供需双方互相调整价格后，当市场供给量等于需求量时，称作市场均衡，成交价格即为均衡价格，成交数量为均衡数量。但此时，供需双方是一个群体，市场价格可能是众多交易的一个平均或众数价格。这完全不能代表个别供给者对商品的价值判断。

为什么会出现价值标准的分歧呢？林森田（2005）认为，禀赋效应（endowment effect）对征地补偿标准有影响。以市场价值为土地征收之补偿标准，是基于需求理论的支付意愿之价值衡量。源自经济理论之传统原则——无差异曲线表示，一种财货替代另一种财货的比率，并保持消费者于消费时，其满足或福利水平不变。换言之，以土地征收的观点，即为后一种财货（土地）减少的数量，对前一种财货（货币）增加数量的比率。但实际上，人们对于失去土地的评价，可能超过其获得的评价，即消费者对于失去财货或土地的要求，将比其获得等量相同的财货或土地所愿意支付的要多。此种价值衡量的不对称现象，可称为禀赋效应：即人们对失去一种标的物的要求价格，常超过其取得等量同一标的物所愿意支付的价格。另外，接受意愿（willingness to accept）和支付意愿（willingness to pay）之间差距，或者说禀赋效应，于实际的社会生活中发生的主要原因为，消费者购买时，常受到可支出收入的限制，但于需要补偿时，并不受此种限制。此外，购买财货是再出售而非使用者，可能不会有禀赋效应之发生。

　　一些经济学家发现还存在以下效应。现状偏见（status quo bias）是指由于对现有情况的偏好，形成标的物之所有权人，既不愿意购买，亦不愿意出售同样标的物之偏见；厌恶失去（loss aversion）是指透过期望效用理论，对于失去某一标的物的效用牺牲，往往大于取得等量同一标的物所获得之效用。对现状偏见的解释最能得到学界认可的是前景理论。卡内曼和特沃斯基（Kahneman & Tversky，1979）指出，产生现状偏见的原因在于投资者是损失厌恶型的，即投资者的价值函数是 S 形的，在决策过程中，人们赋予损失的权重明显大于赋予获得的权重。两人在其论文中指出，人们对损失的价值感知通常是相同数量所得的两倍，人们厌恶任何形式的损失，并且尽量使这种损失不再发生。后悔规避视角的研究认为改变现状可能比保持现状带来更大的后悔感，行为人偏好于那些能使他们预期后悔感最小化的决策。

　　林森田认为土地征收的社会成本是不可忽视的，被征收之土地所有者的决定并不取决于市场价格，还要看是否完全补偿其失去土地的损失，否则不被强迫，即可出售其土地。这种差异，会形成社会成本，仅以市场价值为补偿标准，会产生社会成本。法律上往往给予高于市场价值之补偿。

### 4.5.4　征收补偿的合理标准

1. 只从经济层面看，主观价值是最佳补偿标准，是最为公平的

　　土地就其本身而言是复杂商品，具有多功能性和异质性等特点，不像一台电视机，后者是纯粹消费品，功能比较单一化。土地不仅具有生产力并为人类生存提供必需的食品和能量，而且其承载的功能还提供了人们的居住和生活空间；另外，长期在特定地域生活的人们，已经在脑海中学习、积累并建立起了某种"经验性知识"，这种知识对他们而言是具有价值的；同时建立起来的还有社会网络和情感联系，这些都是具有效用的。这些资源可能被认为是具有价值的；反之，如果被迫失去这些资源，就会带来明显的价值丧失、效用丧失及附带的痛苦感。

　　从人们自身而言，也是异质性的，如表现在年龄、性别、教育程度、收入、就业技能、人生经历等方面的差异。这使得人们对特定土地的感知具有差异性。

例如，有的人可能对农村毫无感情，非常羡慕城市文明，试图早日逃离故土；有的人则留恋不已，故土难离；还有一些漂泊在外的人想叶落归根。再如，年龄也对人们的选择有很大影响，年轻人往往渴望到城市寻找好的发展机会，中老年人则更喜欢农村的"采菊东篱下，悠然见南山"。所以就"土地-人民"这个组合体而言，不同人对同样土地的价值判断是不一样的，从经济学上讲，他们的"保留价格"是不一样的。换言之，他们的主观价值也是不一样的，有的人需要较高的价格才愿意放弃土地，而有的人仅较低的价格就愿意放弃土地。例如，一些中老年人由于缺乏其他就业技能和对故土感情深厚，对土地相对可能有较高的评价。

如果我们能按主观价值对人民进行补偿，那当然是比较理想和公平的，因为在这个过程中，人民并未遭受损失，他们的其他诉求已经体现在他们对土地的主观评价之中了。如贝克尔说："对我来说，公正赔偿唯一合理的解释是土地拥有者的心理预期价值。这常常比该土地的最高市场价更重要。"（贝克尔和波斯纳，2011）

波斯纳从征收权力运用的角度谈了补偿问题，他说："一般说来，在所有者看来，其土地价格远远高于市场价格（这就是该土地属于他，而不是其他任何人的原因），因为土地的地理位置和附属设施（这是他购买该房产，而不是其他房产的原因）正合他的心意或是正满足他的需要，也可能出于搬家成本太高的考虑。房地产是一种高价商品，因此，一个特定地块的所有者通常会索要一个高于市场价的特定价格。征用权的作用就是通过税收降低这个特定价格。"

所以波斯纳认为对土地征收权唯一公正的解释是，有时土地所有者会试图尝试"顽固抵抗"，在没有土地征收权的情况下，他可以得到一种垄断地租。最明显的例子是关于有通行权的公司（如铁路或管道），它需要每一个反对出让自己土地的所有者的妥协，才能在两个地点之间通行。每个土地所有者得知这一点后，都会在这种激励下进行抵抗，除非公司支付一个非常高的价格，否则他们就拒绝出售。每一个土地所有者都希望成为最后的顽固抵抗者；倘若不是最后一个，得到的补偿会少得多。波斯纳说的顽固抵抗，其实就是敲竹杠获得垄断地租。

总之，按照人民对土地的真实主观价值进行补偿，且必须假设规划的建设项目并未公布并尚未带来特定土地的价值随之发生的价值改变，同时假定人民不会有意的夸大其主观价值等前提下，对主观价值进行补偿是最佳方法。

### 2. 最为现实的标准是市场价格标准

主观价值补偿看似美好，却不易实施。由于以下原因，很难采用主观价值作为补偿标准。

（1）最大的困难在于衡量主观价值没有客观标准，因而非常困难，且容易导致欺诈和新的不公平。将有更多的人会进行机会主义行为，有意夸大对土地的价值评价，获取更多利益。芒奇（Munch，1976）指出："总之，多个地块整合一个地块产生一个问题就是垄断和搭便车。如果特定地块是物理上唯一的，租金将归属现在的土地所有者，任何稀缺要素。即使没有物理唯一性，由于替代地块的交易成本和不确定性，对于最后一个要解决的地块，整合也会产生一种潜在的租金。即使财产权定义足够好，市场可以有效运行，如果改变产权单位不是问题，最后由于改变产权单位所创造租金的权利还是不能被正确分配，这是由于保留价不能自由观察、且其他卖者要求的价格不确定性存在。这就制造了搭便车问题，每个团体有激励去攫取多于他自己独立保留价的利益，假设其他团体的不对称行为。"

（2）可能的严重的道德风险。如果对上述的私人价值、搬迁成本、律师费、机会成本等都进行补偿，财产所有者就有动机对财产进行过度投资，以及滥用上述各种成本，由此造成资源配置和激励机制的严重扭曲。米塞利在这方面有较多研究。

（3）虽然艾珀斯坦认为公民应该获得更多的东西以补偿对其权利的剥夺，但是更多的学者认为公民毕竟担负着一定的社会义务，为了社会整体利益做出一点必要的牺牲是合理的。

（4）主观价值补偿有较高的交易成本且可实施性差。如果征地涉及人数众多，那么逐个地揭示其主观价值，以及可能的人际比较问题，都可能拖延征地的实施，花费更高的交易成本和时间成本。土地征收权力者也缺乏搜寻信息和纠正夸大行为等为政府节约开支的经济激励。尤其是在整合土地时并不是单一地块征收时，少数土地所有者非常容易高估其主观价值，从而成为敲竹杠者，力图获取垄断性租金，而这个垄断性租金的数额实际上和土地所有者无关而只和需求者的迫切性有关。换言之，土地所有者未作任何贡献，是不合理的不劳而获。

（5）社会理念是变动的。一般而言，对财产权保障有三种法则：财产法则、义务（责任）法则、禁止法则。法学家卡拉布雷西和梅拉米德在 40 年前提出的规则框架，成为了研究规则选择和效率比较的一个主导范式。两位作者提出的"禁止规则""财产规则""责任规则"的类型划分，被学界称为"卡-梅框架"。

禁止规则的基本含义是在明确法益归属的同时，却"不许法益在即使是自愿的买卖双方之间进行转让"。也就是说，禁止规则承认一个私人主体拥有特定法益，但是禁止或是限制法益拥有者进行特定的转让。实质上禁止规则旨在取缔特定市场。这个法则一般用在对具有特殊环境生态价值的土地的保护方面。

财产规则意味着国家允许和保护法益的自愿交易。财产规则赋予法益拥有者的权利，实际上是法益的定价权：法益拥有者有自愿决定法益交易价格的充分而完整的权利。在这个法则下，对财产的保护力度是最强的，不得通过强制定价来获取财产。

责任规则，是指"只要愿意支付一个客观确定的价值，就可以消灭一个初始法益"。也就是说，法益的转移不再只取决于当事人之间的自愿定价，而是由法律设定"买断"或"卖断"价格。这时，法益实际上被划分为了两半，一半是法益拥有者的求偿权：当法定情形发生时，可以从法益剥夺者那里获得赔偿的权利；

另一半是法益相对人的征用权：当法定情形发生时，可以通过支付法定价格，从法益拥有者那里合法取得法益的权利。法益拥有者的求偿权和法益相对人的征收权往往规定在同一法律条文或者判例规则中，但是往往各自表述，彼此独立。这里的"法定价格"在法律上常常表现为征收的合理补偿。既然责任规则剥夺了法益拥有者自愿定价的权利，就只能由其他机构通常是法院进行强制定价（凌斌，2012）。

当对财产权保护强的时候，多采取财产规则，反之，采取责任规则；只有在极端的情况下，采取禁止规则，例如，禁止房地产开发从村集体获得土地，无论双方如何愿意以某个价格交易。目前，土地征收主要采用责任规则，但在非公共利益用途时，采取财产规则，这是一个趋势。随着社会理念的变化，对财产权和担负义务的解释不同，适用的原则会发生微妙的保护。

### 3. 市场价格标准的缺陷

（1）毫无疑问，使用市场价格标准，一部分真实的主观价值被剥夺，相当于艾珀斯坦所言的"征税"。土地所有者做出了一定牺牲。

（2）市场价格很难解决没有市场和没有价格的情况。如我国的农地没有市场，承包地是不能买卖的，集体土地所有权更不能买卖。在此情况下，市场价格标准是没有意义的，收益法获得的补偿标准在技术上存在严重缺乏且大幅度偏离市场价格（如果有的话），并不可取。

（3）潜在价值的问题。所有土地都存在潜在价值，只是程度差异很大。从经济学上看，在没有规划的极端情况下，特定土地在现状用途下经常具有更高的用途下的转换预期，或者是用途不变但使用方式更佳的可能性，这些预期会资本化到土地价值中去。

但是，规划的普遍性存在使得特定时刻每块土地都有一个法定的用途。这时，现状、规划和最高最佳用途三者之间出现复杂的分歧。有三种最典型的可能性：低于规划用途（如农用地，规划是工业）；等于规划用途（如现状和规划都是农业用途，但未来有改变规划的可能性）；高于规划用途（如现状住宅，未来是农业）。第三种情况按照"法不溯及既往"的原则，应该承认现状用途，因为很多规划是后来颁布的。第二种情况现状和规划相等，但是未来仍然存在更高用途转换的预期和更改规划的可能性，所以只要举证充分，应该予以个案分析并部分承认其价值。

第一种情况，现状低于规划用途，那么相当于现在没有充分利用土地，未来的用途转换预期是明确且可行的，实实在在具有价值并被政府保护的，当然可以按照未来用途来认定其价值。但这种情况仍然存在争议：第一，按未来用途评估价格可能并无可比案例，市场法缺乏运用基础；第二，按未来用途评估价格可能高估该土地的价值及其归属的正当性，因为土地未来用途价值一部分源自规划，是规划给了本区特定用途，而周边土地可能依然被规划为较低用途，所以虽然法律认可该未来规划用途，但并不等于承认将其价值全部分配给土地所有者是正当的。

第二种情况是，未来的规划用途还处于不确定性下，即使能按未来更高用途来认定，但也面临可比案例缺乏和价值归属正当性的问题，即使有可比案例，也不宜将全部价值补偿给土地所有者。但如果有充分证据能证明未来用途的可能性足够大，土地所有者应该有增值的分割权。

另外，从法理上看，规划权作为警察权的一种形式，被认为具有集体财产权的性质，虽然由政府掌握，但其经济价值属于整个辖区公民。换言之，只源自规划用途转换的价值——即土地增值的一部分应该属于社区。但必须注意的是，土地增值并不全部源自规划转换。所以理论上，土地被征收的土地所有者，是否分享全部土地增值，是否定的答案；且源自规划的增值，应该被社区整体获得。一言概之，增值在土地所有者和社区之间应该分割。就土地征收而言，土地所有者应该分割多少土地增值在技术上并不存在定量的标准，而应该通过其他手段进行解决，如谈判协商、法庭裁决、人民陪审员商定等。不同利益主体的取向不同，但通过协商，能取得共识。比如，市民、官员倾向于抑制所有权，降低补偿，维护公共利益；而土地所有者和环境主义者则倾向于提高补偿，保护产权。在建立土地市场方面亦是。

### 4.5.5　如何认定土地发展权价值及增值分配

在一个有市场的国家，土地是有市场价值的，但是法定用途、现状用途、未来可能规划用途三者之间经常出现偏离，使得在进行市场价值评估时出现非常复杂的局面。如上所述，即使考虑未来规划和潜在最高最佳用途价值，也不等于按土地所有者认为的用途评估的价值就全部归属土地所有者，其中一部分是不予补偿的。这是一个基本的原则。具体分析如下：①现状用途低于法定用途，也低于未来可能有利用途。可按法定用途评估，但扣除基础设施投资成本。②现状用途等于法定用途，但低于未来可能有利用途。依据证据证明其具有较高转换概率的方能认定未来可能有利用途的价值，如城郊土地，但权利界定取最低限度内涵。③现状用途高于法定用途，但低于未来可能有利用途。按现状用途评估。④现状用途高于法定用途，但等于未来可能有利用途。按现状用途评估。

毫无疑问，征地补偿重要起点是对土地的权利内涵进行界定，界定产权是政府的权力，而这在技术上比较困难。不做这样的初始界定，就无从讨论发展权及其归属，也不宜讨论增值归属。所以，完善一个国家的规划制度对土地征收补偿问题解决极为重要，然而目前尚未获得足够重视。用途认定需要和分区、规划制度结合考虑。

就中国多数城市规划圈内土地征收而言，政府往往已经划定某个地点为工业、住宅或商业等用途，那么相当于承认了该地的未来最高最佳用途是该种用途，虽然现状仍然是农业用途。换言之，实际上，法律许可了这种用途，但并没有将权利相应地授予给土地所有者。在中国，农民可能也缺乏机会参与土地的规划制定和决策过程。你将我的土地规划为更高用途，那么没有理由我不能分享增值，而且我的土地的确具有转换用途的潜在能力和市场需求，只不过是通过政府的规划将其实现而已。依据之前所分析的"移位价值"理论，这种增值的一部分源自规划制定时的对其他地块的禁止转换用途导致的地价"移位"——相当于地价漂移和空间重新分配。当然，土地所有者也无权独占这种增值，何况这种增值很大一部分源自过去、现在和未来预期的政府对周边基础设施的建设。

最后，从国外经验看，虽然评估以现状用途下的市场价值予以评估，但对未来用途认定并不是全盘否定的[1]。换言之，这种对土地未来用途的预期必须是合理的，有限度、有证据的。威斯康星州法律认为，如果认为土地有更佳可能的用途，可以通过诉讼解决[2]。

可见，对预期用途和价值并不是以"不合法"的大帽子一概予以否定，这样做实际剥夺了土地所有者的财产权价值的发展权，后者是主要的价值构成。武断的否定看似合法，实则不公平。问题出在我国的规划思维上，国内的土地规划常常只赋予一块土地一种用途，并视为永远用途，且并未给予用途方面"向上"或"向下"的选择权，或者说缺乏使用规则，土地所有者不知道他们如何改变用途。一旦需要改变，则面临的可能是政府的新一轮行政许可，包括土地出让金的补缴。也几乎没有出现向下的改变。而且国内的上下顺序是不同于美国的。美国的土地用途顺序是商业、工业、多户住宅、单户住宅、农业和生态保护区，中国可能是商业、住宅、工业、农业和生态保护区，基本是按土地租金曲线来划定的。

### 4.5.6　小结

就中国的实际和规划体制来看，现行的补偿原则应该向市场价格方向靠拢，具体看有三种情况最为常见：①在城镇郊区的建设用地范围内，土地有用途转换的高概率，且控制性规划已经覆盖，除了贯彻收购优先的原则外，还是有必要制定征收补偿的标准，可以按照规划用途进行评估和补偿，但是必须扣减基础设施配套成本。这需要制定一套我国自有的评估体系。或者可以继续原有的征地区片地价政策，但制定的方法依据如上思想。②对远郊区缺乏发展概率的农业土地，且规划属于农地但需要临时变更用途的，按农地用途补偿。但是农地缺乏市场，可按照收益法评估价格并实行加成原则，弥补收益法缺陷，加成的部分必须涵盖社会保障等必备费用。从长期看，国家可能放开农地承包权交易市场，一旦有了这个市场，那么可

---

[1] 房地产价格评估中如果双方对用途另有约定，可按约定进行例外，这是房地产估价规程允许的。

[2] 威斯康星州法律估价因素：最有利的用途。公平市场价值考虑最有利的用途，等同于最高最佳用途。不一定是现在用途，而是要考虑目前和未来的最高最佳用途，调整后可运用的用途。一块空地或改良财产的最高最佳用途一般如下定义：法律许可，物理可能，财政可行，最大化的获益性。

在承包权价格的基础上换算出所有权征收的价格。随着人口流动的大趋势，承包地禁止流转给外村人也许是对集体土地所有权制度的误读。如果外村人愿意购买承包地并生产生活在本村，成为本村居民，且本村一致同意其落户，没有理由禁止其获得农地。对规划属于建设用地的，仍按①的原则补偿。③对处于①②之间的地带，实行前述补偿原则都不合适的时候，先按②原则补偿，农民提出异议时，在举证的前提下，可由地方的独立委员会进行裁决。但尽量避免情况③的区域覆盖范围。

### 4.5.7 土地征收的比例原则

比例原则的含义有三。①适当性原则：指通过一个法律手段可达到目的，若无法达到，该手段即属不适当。若如此，反而使部分财产权人承担社会大众所应付出之成本，则该法令或决定应予以取消。手段和目的具符合性。②必要性原则：目的与最小损害方法对应。③狭义比例原则：一个措施虽然是要达到目的所必要的，但不能给人民过度的负担。政府获利大于民众损害则可用该方法追求目的。金俭（2007）认为比例原则是指行政机关执法时所选择的希望方式和手段必须与法律所要实现的目的成比例，并相一致，旨在维持公共利益与财产权之间的公平衡量。比例原则分广义狭义。广义包括：适当性，要求国家所实施每一权力行为都必须以实现宪法和法律规定的目的为目标，并且每一手段的运用都必须有利于其法定目的的实现；必要性，又称最小侵犯，以最小的牺牲达到目的。比例原则从狭义上看：行为和措施对个人造成损害与社会所获利益之间应成比例，保持均衡。

第一个适当性原则比较好判断和规制，如旧城改造的目的是合法且可以达到的；但必要性原则容易违反，尤其是工业用地，很难判断最佳的规模是多少。比例原则作为判断是否动用征收权的一个判断标准，最佳的体现就是：能收购，不征收；无公益性或公益性不够大，不征收。

实际上，比例原则比较专业化，通俗来讲，可归纳为：无（少）公益性，不征收；能收购不征收，能少征收不多征收。本书认为比例原则最为核心的思想就是征收带来的社会利益和对公民财产权造成的损害应该有合理的比例关系。

## 4.6 相关领域制度建设及下一步的制度变迁方向

土地征收问题既是一个经济问题，也是一个政治问题，第一，建立一个权力的制衡机制是基本的要素。行使征收权的执行机构——政府，必须受到人民代表大会和法院的监督和审查，让受影响的公民有上诉（appeal）的渠道，一方面制约部分地方政府的违法行政和滥用权力；一方面也能建立起值当的"社会减压阀"

机制，让公民能挑战（argue）政府的行为，其诉求如果合理，能得到其他权力机关的支持。这样的中立性或近似中立性的机构，担当了公民和政府之间"仲裁者"的角色。只有建立这样的渠道，才能逐步减少频繁的上访及衍生的大量社会资源的无谓耗费。而传统的争议裁决模式，在单一制国体和官员考核制度背景下，更多地具有"既当运动员又当裁判员"的色彩，另外，在适当的时候完善人民陪审员制度，让一些处于缺乏行政具体规定（或只有法律原则性规定）和老百姓关注的焦点利益之间地带的争议问题，能有另一个解决渠道。

第二，在经济层面，要尽快解决补偿标准问题。可能的选择远期是建立农地市场，近期可建构和修改特殊的征地补偿技术规范和法律，让补偿标准的最初确定权交给中立的机构，原则是考虑土地的合理增值分割诉求。

第三，公益性和正当程序、补偿问题合并解决。可建立一个公益性用地目录，明确禁止目录，对处于模糊地带的特殊处理。征地初期，公民可就公益向法院行政庭提起诉讼，因为发起征地是具体行政行为。对所有征地都要增加收购协商环节，大力减少征收权使用频率。对模糊公益地带的征地，对补偿标准可从宽，间接社会利益特别大的，可征收。非公益项目，涉嫌违反宪法和基本法律，一律不得征收。

第四，地权制度和集体组织制度需要跟进改革。集体组织制度改革必须贯彻权利和义务结合原则、土地和房屋结合原则、公共财政收支结合原则、社区成员适度流动性和稳定性结合原则这四大原则。我国的集体土地所有制度由来已久，存在不少问题，推翻式改革并不现实也不必要，完全可以在此基础上进行改革。权利和义务结合原则主要是说社区居民不能只有权利而没有义务，没有义务就很难主动参与社区管理，对待权利可以是选择性态度，可以要，也可以不要。这个义务未来既包括农地的税负，也包括房屋的税负义务。土地和房屋结合原则是说要让外来人符合一定条件下可以进入社区，这个条件包括土地和房屋。在历史上，很多村落也有不断接纳"外来户"的传统，但这个外来户不能是盯着宅基地而来，而是以务农目的而来。公共财政收支结合原则是说社区必须有收入，这个收入既包括政府给予的财政支持、转移支付等，也包括自筹的资金，用于社区内公共服务。自筹资金主要为不动产财产税，税率由社区自定，税率和公共服务水平相匹配。也可以是零税率，比如，一些经济发达地区的村集体，有大量的物业出租等收入，完全可以对财产税实行零税率。社区成员适度流动性和稳定性结合原则是说，在城市化大趋势之下，不可能要求村民的封闭性，必须有适度流动性，流出的成员其原有财产可以转让，但成员权利同时失去。对财产的转让，社区可以征收一定的调节金。进入者必须原则上承接原有成员的全部权利义务。有些权利可能需要购买或者满足一定条件方能获得。社区应制定符合本地实际的有关规则。

　　第五，消除对集体土地的不合理的管制。中国有大量的集体建设用地[①]，禁止这些土地进入房地产市场是没有学理依据的。因为这些土地的使用既不会损害耕地保护，也不会损害农民利益，反而有很多好处：增加住房供给平抑房价、让集体获得土地收益从而提高农民收入、集体获得收益可以改善农村基础设施和公共服务从而实现城乡一体化等。其利益远远大于成本。虽然目前的管制有助于地方政府获取土地出让金收入和相关税收，但同时给社会带来的福利损失是以千亿计的。这些社会损失至少包括以下方面：社会稳定维护支出、农村基础设施支出、农村福利支出、高房价带来的经济增长损失等。反过来看，如果政府能放弃一部分土地出让金而转向持有环节的房产税或房地产业税收，其总收入减少幅度并不如想象的那么大。因此，放松对集体土地的使用管制迫在眉睫。

## 4.7　结论：国家公权力的收缩

　　无论怎么要公民参与，抑或收购协商价格，为了对付可能的敲竹杠，提高社会福利总水平，在合乎《宪法》前提下，土地征收这个公权力必须坚决保留，至少作为其他征地程序进行的"威慑"手段。如果没有这个终极的手段，很难想象利益诉求千差万别的各方能坐下来，既争取自己合理的权利，又能做出适当的妥协。毕竟市场规律是不能违背的，客观的市场下的经济租金总量一定是有限和固定的，在分配问题上，各方必须达成一致，不是追求单方利益最大化而牺牲其他方利益。征收这个权力就是迫使各方妥协的有力武器。某种意义上，它是降低交易成本、达成交易的有力武器。

　　但是，地方政府的权力必须受到制约。在地方政府尚不能超然于土地租金和土地利益之外时，我们的司法机关不能回避社会日益严峻的征地引发的社会冲突形势，必须在公益性审查、标准裁定、事后救济等方面发挥更大的作用。地方人民代表大会作为最高权力机关，应该在准司法方面发挥更大的功能，如组建地方性的征地委员会，对有关事项进行仲裁。

　　国家层面，需要顶层设计，关键的就是以下几点：一是征地前收购协商制度；二是土地规划制度；三是征地后对补偿标准的继续救济权。从根本上看，我国的土地征收制度或许需要的不是修修补补的"调整倍数"，而是一个彻底的结构性调整和理念革命。核心还是在公共利益和保护农民财产权之间的均衡。

---

[①] 据国土资源部土地调查数据，2015 年，全国有村庄用地 28 673.7 万亩，同期城市用地 6393.1 万亩，建制镇用地 7348.6 万亩。村庄用地是城镇用地面积的 2.1 倍。中国土地勘测规划院发布《全国城镇土地利用数据汇总成果分析报告》。报告称，截至 2013 年 12 月 31 日，全国城镇土地总面积为 858.1 万公顷（12 872 万亩）。按照地类，住宅用地面积为 285.2 万公顷（4278 万亩），占 33.2%；工矿仓储用地为 237.3 万公顷（3560 万亩），占 27.7%；公共管理与公共服务用地为 108.8 万公顷（1632 万亩），占 12.7%；交通运输用地为 104.9 万公顷（1574 万亩），占 12.2%；商服用地为 60.2 万公顷（903 万亩），占 7.0%；其他土地为 61.7 万公顷，占 7.2%。截至 2013 年底，全国农村集体建设用地面积为 3.1 亿亩，其中经营性建设用地面积为 4200 万亩，占农村集体建设用地的 13.5%。

# 第5章 土地征收补偿中的农民态度及制度创新案例

## 5.1 概 述

我国正处于经济社会快速发展的阶段，发展经济仍然是主流的民意，土地征收不可避免会继续发生，但在我国，无论土地征收的发起、方案制作、实施、补偿标准制定，还是纠纷的处理和复议，全部由地方政府实际包揽，征地范围扩大、补偿较低和暴力拆迁等问题屡有发生。

美国法院最先提到征收权是在1831年。在此之前几乎没有社会获取私有财产的案例。少有的几个案例主要是解决道路和磨坊积水区的占地问题，没有做出特别努力去建立一个合法的哲学以评判合理性。在得到法院承认之后，征收权很快被接受为美国法律公认的一个方面，并做了三个重要的修正：联邦和州政府能够把这种权力授给其他政府单位、公共和私人公司；这个权力意在用于公共目的；对所有获取的财产必须给予合理的补偿。

在法学家看来，只有满足公共用途（public use）和公正补偿（just compensation）等最基本前提，方能强制性地征收或者获得公民的土地。但随着社会的发展，人们的观念也在发生微妙的变化，一些广义的公益项目，如城市更新，也能获得公权力的认可从而实施征地。

从国外的经验来看，国家一直在小心翼翼地处理保护公民财产权和运用国家公权力的关系。土地征收从公共使用演进到了公共目的，国家警察权进一步扩大，但带来了不小的争议和危机，其代表性判例是凯洛案。新伦敦市政府依据康涅狄格州议会的一项法案，划定了经济开发区以吸引投资者进行投资。市政府准备在划定开发区内，在给予补偿的基础上强行征收居民住宅和私有土地，然后转手卖给开发商。地方法院判决新伦敦市政府胜诉，居民们仍不服，继续上诉到联邦最高法院。联邦最高法院维持地方法院的裁决，宣布市政府胜诉，原告必须服从市政府的征用规定。当然，联邦最高法院也要求新伦敦市政府在征用的时候要给予合理补偿。联邦最高法院少数大法官也有不同意见，包括首席大法官伦奎斯特。事实上，联邦最高院法的大法官用普通人无法比拟的目光，敏锐观察到了完全自由市场模式将阻碍美国经济发展这一潜在事实。

21 世纪以来，在不断尖锐的利益冲突和强大社会矛盾压力下，地方政府逐渐回应公民的呼声，在国家法律允许和地方财力许可的范围内，对土地征收制度和政策做出了积极的探索，这些探索部分也会"上传"到国家层面，对法律做出适当修改，进而不断推进我国的土地征收制度变迁。

但无论怎么改革，公民的意见始终是全社会需要了解并加以尊重的。

## 5.2　土地征收拆迁的佛山市顺德区乐从案例

### 5.2.1　乐从征地的经过

佛山市顺德区乐从镇腾冲社区居委会位于乐从镇镇区东面，东邻荷村、南接镇东区、西靠 325 国道、北接小布村，辖区面积 1.8 千米$^2$，社区常住人口 3071 人，住户822 户，流动人口 4300 多人，居委会下设 10 个居民小组，是一个股份社。从 20 世纪90 年代开始，社区居委会依据地理优势，将农用土地变为工业用地，陆续经历了工业园、钢铁产业园的时代。腾冲社区自主改造项目属于佛山市新城"三旧"改造的重点项目，社区的改造方案计划除了现金收入外，根据自治章程，与中标企业协议，保留部分物业留给集体使用，保证村民获得持续红利。腾冲整个社区共有 5100 多股。

2015 年 9 月和 10 月，腾冲股份合作经济社分别出让两块土地，被碧桂园分别以 12.7 亿元与 11.59 亿元的成交价拿下。开发商已经向政府支付首期融资款，到村账金额约为 10.93 亿元。按股分红，最多一户领得 714 万元。作为佛山市新城核心区旧村整村改造中第一个拿到土地出让金并分红的村居，腾冲村被网络炒作为"富豪村""土豪村"，轰动一时。

然而事实并非如媒体宣扬的是合作经济社在出让土地，查阅土地交易公告可知，两块土地皆被政府以挂牌方式出让，土地性质为国有商住用地，只是土地出让金被合作经济社获得。需要澄清的是，24 亿多元的土地出让金，近期可用于分红的只有 50%，而且，巨额土地出让金归属合作经济社，是借助了"三旧"改造的契机和优惠政策。

实际上，早在 2001 年顺德区推进"村改居"时，该村土地已经全部转性为国有土地，只是未得到任何补偿而已。第一块宗地面积 84 121.8 米$^2$，折合楼面价4 074 元/米$^2$，溢价 9.47%；第二个地块占地 71 156.65 米$^2$，折合楼面价 3 965.76元/米$^2$，溢价 19.6%。两块宗地合计占地面积 155 278.45 米$^2$。地价之所以这么高，除了地块附近有地铁规划的 7 号线通过外，还得益于区位的优势及城市规划的发展定位。按地面地价折算，两块宗地 1.565 万元/米$^2$，约 1043.8 万元/亩。可以认为，这次事件变相属于对村集体过去土地转为国有的一次巨额补偿。这和传统征地补偿每亩 10 万元左右的官方标准形成了鲜明的对比。

顺德区的案例从经济学本质来看是一次"迟来的"土地征收补偿，和土地征收时的留用地政策一样，是被征地农民分享社会发展成果、变相提高补偿标准、捕获土地增值的手段。在珠江三角洲地区最早开展土地征收制度和集体建设用地改革，主要在于以下几个原因：一是地方政府的财源广，并不依赖土地出让收益，且实施城市规划需要改造特定地区并为房地产开发提供土地供给，提高城市整体功能。二是来自被征收人的抗争。由于经济发达地区土地价值被老百姓认识，传统土地征收的低补偿标准受到强烈抵制，难度迅速增大，政府被迫让出土地增值收益这块蛋糕。因为政府不征地，村民照样有大量的获得土地收益的机会，村集体自己也有能力利用土地做非农用途。换言之，土地对这些村民的机会成本是很高的。三是集体行动能力的增强。珠江三角洲很多地区的农村，村里存在经济合作社，有集体经济，每年按收益情况进行分红，村民已经形成对分红收入的"依赖性"。土地及地上物业收入作为主要来源，历来被村民高度关注，加之村内治理结构，村干部很难完全抛开村民而支持政府的土地征收意图或决定。

这三个主要原因中，第二个最为重要，这主要源于村民地权、地价意识的觉醒，甚至呈现完全不同于欠发达地区的特点。

## 5.2.2　土地被征收人对土地征收的态度

为了解农民对土地征收的态度，2015 年 12 月，笔者对顺德区乐从镇 5 个村进行了实地调查并访谈了村民，共获得 109 份有效问卷。这 5 个村距离佛山主城区约 15 千米，紧邻乐从镇建成区，处于城乡融合地段，位于城市规划区内，地理位置优越。分别是大罗村、小布村、腾冲村、荷村、大墩村（表 5.1）。

**表 5.1　受访者基本情况统计**

| 年龄/岁 | 18～35 | 36～45 | 46～59 | ≥60 | — |
|---|---|---|---|---|---|
| 数量（占比） | 14（12.8%） | 10（9.2%） | 32（29.4%） | 53（48.6%） | — |
| 教育程度 | 小学及以下 | 初中 | 高中、中专 | 大专及以上 | |
| 数量（占比） | 54（49.5%） | 37（33.9%） | 12（11.1%） | 6（5.5%） | |
| 户籍 | 城镇 | 农村 | — | — | — |
| 数量（占比） | 3（2.8%） | 106（97.2%） | — | — | — |
| 性别 | 男 | 女 | — | — | — |
| 数量（占比） | 50（45.9%） | 59（54.1%） | — | — | — |
| 职业分布 | 务农 | 职工 | 半工商半农 | 经商、个体 | 房东失业等 |
| 数量（占比） | 26（23.9%） | 16（14.7%） | 6（5.5%） | 7（6.4%） | 54（49.5%） |

### 1. 是否支持土地征收

第一，从"政府应该减少征地"的调查看，虽然对征地不满意的人占多数，但是认为应该减少征地的为 32 人，占比 29.4%；认为不应该减少的为 10 人，占比 9.2%；认为视情况而定的 58 人，占比第一，为 53.2%。说明被征收人并非一味地抗拒征地，支持的前提就是补偿价格。持有"价格满意就征地，不满意就不征地"的人较多，具有实用主义的倾向。甚至不少受访者已经将土地视为自己有权出售的财产（尽管调查区域土地早已宣布为国家所有）。

第二，按征地用途分，受访者的态度呈现区别，对道路、学校等公益性目的征地支持率为 41.3%，加上"合理的就支持"（可视为有条件支持）的 57.8%，几乎达到 99.1%。不支持者只有 1 人。对工业区建设目的征地，支持者 9 人，占比 8.3%，加之"合理的就支持"79 人，占比 72.5%，二者共计 80.8%。对房地产、商业等目的征地，支持者 26 人，占比 23.9%，加上"合理的就支持"的 76 人，占比 69.7%，二者共计 93.6%。综合看，三个不同选项狭义支持率平均为 21.7%，广义支持率（含有条件支持）平均为 91.2%。而据笔者 2014～2015 年在广东省四会、潮州、湛江、东莞、韶关、三水等地区所做的 401 份调查问卷看，狭义支持率为 15.5%。再看 2007 年笔者在仙桃、荆门和宜昌，加上武汉，共涉及 12 个县（市、区）25 个村所做的问卷调查，有效样本 398 份中，支持征地的（狭义支持率）仅有 11%。这显示发达地区对土地征收的支持率高于全部地区支持率。老百姓认为合理的征地就支持，更在意补偿的标准。

### 2. 对土地征收及其政策的满意度

整体满意度看，109 份问卷中，不满意的有 67 人，占比 61.5%，满意的有 13 人，占比 11.9%。这说明对征地的整体满意度比较低。

### 3. 影响土地征收满意度的因素

影响因素排前三位的依次是征地补偿费高低（98 人），政府承诺的补偿没有落实到位（40 人），村干部暗箱操作，如截留补偿款（39 人）。其他比较重要的因素还有程序不到位，没有征求村民意见，或者没有公示；政府征地后高价卖地；有没有参加社会保险或者商业性保险；今后生活和收入受到影响。而认为对土地有感情，觉得土地是无价的人仅有 8 人。可见，补偿费高低及其落实及程序依然是被征收人最为关注的问题，前者可认为是出于生存和发展的需要，后者可认为是出于公平的需要，生存动机和公平诉求表现明显。在改进征收补偿方面，有 82 人（75.2%）表达了大幅度提高补偿标准的诉求，这说明补偿标准是农民最关注的问题。程序也是农民较为关注的问题。

### 4. 征收还是集体建设用地的保留之选择

从对问题"村集体的土地用于工商业建设，土地需要转为国有才行吗"的回答来看，认为征收为国家所有好的 13 人，占比 11.9%；认为没必要转，保留为集体所有好的 72 人，占比 66.1%；认为都可以的 12 人，占比 11.0%。这说明村民对保留建设用地为集体所有，依然具有强烈的偏好。同样的证据还表现在有 82 人（75.2%）希望集体土地以土地入股分红的形式，保障长期收益。这说明农民地权意识的提升，发达地区农民已经认识到土地保留为集体所有的重要性，这对他们长远利益更有利，虽然一次性获得巨额补偿也是他们盼望的。换言之，如果补偿处于一般或较低水平，农民会选择保留土地为集体所有。

5. 对征收补偿标准的认识

认为按政府制定的标准为准的有 10 人，占比 9.2%；认为以保障家庭今后的生活水平不降低为准的 29 人，占比 26.6%；认为按照市场标准的 56 人，占比 51.4%；认为按照个人认为的价值标准的 14 人，占比 12.8%。这说明，市场标准获得具有较高的认同度。何谓市场标准？访谈中发现，供求双方平等谈判达成的数额，是受访者认定的市场标准，这也符合经济学基本理论。

6. 征地所带来的好处

第一，对"村里土地建设的工业区和商铺出租是否给您带来了收入增加"问题，认为有和有一点点的收入增加的有 90 人，占比 82.6%。认为没有的只有 13 人。对"房屋出租是否给您家带来了收入的增加"问题，认为有的为 29 人，占比 26.6%，认为没有的为 80 人，占比 73.4%。第二，对"你认为土地未来会增值吗"问题，认为会的有 105 人，占比 96.3%。对"您认为本地土地增值或房屋出租收入（家庭收入）的提高是外来投资带来的吗"问题，赞成者 43 人，占比 39.4%；认为土地自身价值和外界投资都有影响收入的有 51 人，占比 46.8%，二者共计占比 86%。不赞成者无。另有 9 人认为土地本来就会升值。可见，被征收人明显意识到外来投资的重要性。第三，认为农民应该分得土地未来增值的一杯羹的为 100 人，占比 91.7%。

另外，调查中发现，老百姓似乎对村干部极其不信任，认为有镇村干部合谋，或者低价卖掉土地，或者利益输送，使他们的利益受损。有些村级管理不公开不透明，甚至存在专制、贿选等。老百姓普遍痛恨腐败，普遍盼望三公：公开、公正、公平，不患寡而患不均。农民渴望程序上的监督权，防止土地被干部低价出让或者出租。

从上述问卷回答可得出以下结论：第一，受访者并不抗拒征地，更在意征地补偿的标准，不少人表示他们可以直接卖地，价钱合适就卖，不合适就不卖。在这种情况下，土地保留为集体所有或者国有区别并不大。第二，尽管对公益性用途征地的支持率更高，但公益性有疑问的用途支持率也很高。第三，受访者认识到资本和征地给他们带来的好处，并希望参与收益的分配。第四，土地征收应该采用市场标准，大幅度提高目前征地补偿标准，这暗含着对增值收益的分享。第五，多数人愿意保留土地为集体所有并能持续参与收益分享，如村集体经济的分红。

## 5.3　集体建设用地市场改革试点：南海案例

作为全国 33 个农村土地制度改革试点地区之一，佛山市南海区集体经营性建设用地入市工作取得实质进展。2015 年 12 月 1 日，南海区第一宗集体土地在南海区公共资源交易中心正式挂牌出让，成为全省试点改革以来集体经营性建设用地入市"第一挂"。该土地面积 28.93 亩，为科教用地（用于建设幼儿园），地块所有者为大沥镇太平社区北海股份合作经济社。经该经济社集体表决，地块采取出让方式入市，土地出让年限为 30 年，交易起始总价 5786 万元（合 200 万元/亩）。出让前后，土地所有权并无改变。竞得者可办理土地使用权证，并可获得今后用于抵押或分割转让等处分权。

这只是南海区集体建设用地市场建设的升级版的开端而已。南海区文件（《佛山市南海区人民政府关于印发佛山市南海区农村集体经营性建设用地入市管理试行办法的通知》，南府〔2015〕50 号）第十二条规定："农村集体经营性建设用地使用权出让，是指村（居）集体经济组织以土地所有者的身份将农村集体经营性建设用地使用权在一定年限内让与土地使用者，由土地使用者向村（居）集体经济组织支付土地出让价款的行为。农村集体经营性建设用地使用权租赁，是指村（居）集体经济组织以土地所有者的身份作为出租人，将一定年限的农村集体经营性建设用地使用权出租给承租人使用，由承租人与出租人签订土地租赁合同，并向出租人支付租金的行为。农村集体经营性建设用地使用权作价出资（入股），是指村（居）集体经济组织以土地所有者的身份将一定年限的农村集体经营性建设用地使用权作价，作为出资与农村集体经营性建设用地使用者共同举办联营企业的行为，该土地使用权由联营企业持有。"

本条规定对集体建设用地一级市场行为进行了界定，与过去所称的"集体建设用地流转"明显不同，叫出让、出租和作价出资（入股），即村居可作为市场主体和地方政府一样出让土地，这将对培育市场起到引领性作用。尽管过去，村居一直采用"流转"的方式进行土地交易，但这种交易在土地登记、抵押等方面面临诸多问题。

## 5.4　征地补偿和集体建设用地政策的并进：东莞案例

### 5.4.1　东莞市基本情况

作为"世界工厂"，东莞市的土地利用强度非常高，接近生态临界点。根据 2005 年年度变更调查数据，东莞市土地总面积 247 413.0 公顷，已利用土地 238 904.0 公顷，土地利用率 96.56%。其中农用地面积 121 466.0 公顷，占土地总面积 49.10%〔耕地 14 943.0 公顷，园地 45 873.0 公顷，林地 36 962.0 公顷（国土统计口径，不含平地中的经济林地和四旁绿化），牧草地 165.0 公顷，其他农用地 23 524.0 公顷〕；建设用地面积为 98 278.0 公顷，占土地总面积 39.72%（城市用地 4 583.0 公顷，建制镇用地 10 703.0 公顷，农村居民点用地 17 060.0 公顷，其他独立建设用地 49 767.0 公顷，交通运输用地 9404.0 公顷，水利设施用地 5 425.0 公顷，其他建设用地 1335.0 公顷）；其他土地面积 27 669.0 公顷，占土地总面积 11.18%（水域 19 161.0 公顷，自然保留地 8509.0 公顷）。东莞市 2005 年建设用地占总面积比例已达 39.72%，为全省平均水平的 4 倍多；土地利用率高达 96.56%，高于全省 94.59% 的平均水平；其他土地中绝大部分为河流水面及难以利用开发土地，土地开发后备资源短缺（表 5.2）。

表 5.2　2005 年东莞市土地利用情况

| 用地类型 | 面积/公顷 | 占比/% |
|---|---|---|
| 农用地 | 121 466.0 | 49.10 |
| 建设用地 | 98 278.0 | 39.72 |
| 其他土地面积 | 27 669.0 | 11.18 |
| 合计 | 247 413.0 | 100 |

资料来源：《广东省东莞市土地利用总体规划（2006—2020 年）》

依据《广东国土资源年鉴 2016》中有关东莞的资料，截至 2014 年底，东莞市辖区内土地调查总面积为 24.60 万公顷。农用地面积 10.45 万公顷，其中，纯耕地面积 1.37 万公顷，园地面积 3.16 万公顷（可调整园地面积 1.41 万公顷），林地面积 3.41 万公顷（可调整林地面积 0.27 万公顷），草地面积 0.08 万公顷（可调整草地面积 0.08 万公顷），其他农用地面积 2.43 万公顷（可调整地类面积 0.56 万公顷）；建设用地面积 11.39 万公顷，占比 46.3%，比 2005 年增加了 15 622 公顷，6.58 个百分点。年均 1562.2 公顷，数额巨大。其中，城镇村及工矿用地面积 10.30 万公顷，交通运输用地面积 0.77 万公顷，水库及水工建筑面积 0.32 万公顷；未利用地面积 2.76 万公顷，其中，水域及水利设施用地 1.40 万公顷，其他草地 1.09 万公顷，其他土地面积 0.27 万公顷。

### 5.4.2　东莞征地补偿和集体建设用地政策的并进

在集体建设用地方面，东莞市建设用地供求关系一直很紧张且征地难度大。盘活存量、鼓励集体建设用地入市成为必然选择。东莞市有集体建设用地 113 万亩，其中工业用地约 80 万亩，集体建设用地占全部建设用地的 7 成。再如长安镇有集体建设用地 4595 公顷，占全镇土地面积的 51.38%。2005 年至 2014 年 10 月，共有 63 宗 1597.5 亩集体建设用地使用权办理了流转手续。其中工业用地 59 宗，经营性用地 2 宗（加油站、科研教育设计），协议科教用地 1 宗。东莞市鼓励对历史集体建设用地补办手续，实行备案制，市政府批复后所有权不变，可办理土地使用证。对因企业在从事经济活动时法律必须要求国有、并申请转为国有土地的，给予各种优惠。东莞年均发生 30 宗交易。

同时，改进了土地征收政策，征地目前是和农民五五分成，即出让金镇级留成部分分成。税收也可分成，设立了针对村民的最低收益担保。

目前有几种土地处置方式，使得村集体可以参与增值收益的分享。一是保留集体所有，参照国有土地进行招拍挂，除掉税费，剩余收益全归村集体；或者村自主流转，多采取租赁方式。二是土地转为国有，收益一次性分配。对经营性用地，土地所得收入扣除成本后，镇与社区五五分成，工业用地全部归社区，主要采取招拍挂的方式进行。三是土地转为国有，合作开发，收益归镇，社区长期获得镇的收益分配。或者由镇给予财政补贴，补贴标准相当于"项目的经营性税收收入镇级分成部分的 40%"，同时设置兜底线，村所获月平均收益不能达到按企业实际用地面积计算 1 元/米$^2$的，镇予以补足。

最终结果是，从村民的视角来看，对征地项目在一次性货币补偿的基础上，对招拍挂收益部分进行分配，保障村集体所得分配比例不低于 25%。除此之外，还有所得税分成，集体土地用于工业项目的，所得税的镇级部分 30%～50%给村。所以不难发现，即使土地被征收，除了获得货币补偿之外，还增加了增值收益和所得税等分配，最后村民的收入得以大幅度增加，土地征收的矛盾得以规避。实际上，村民可依据情况选择不同的土地处置方式，村民所获得的经济租金与自己流转土地，已经差别无几。所以，东莞是土地征收和集体建设用地替代、互补和融合的成功典型。

从地方政府的视角，一手转集体建设用地市场，一手不断改进传统的征地补偿政策，保障了整体建设用地市场的有效运作，农民的满意度较高。在这个过程中，政府巧妙地在促进企业发展拉动经济增长和规避征地矛盾之间，在保障政府稳定财政收入和农民分享土地增值之间，保持了微妙的平衡。

## 5.4.3　东莞市征地补偿政策

党的十八大报告指出，要改革和完善土地征收制度，提高农民在土地增值收益中的分配比例。但在降低工商业成本和保护农民利益之间毕竟存在一定冲突和矛盾。东莞伴随着高速的工业化和快速的城市化进程，大面积的集体土地被征收，由于存在征地补偿标准较低、补偿安置不到位等问题，村民的土地财产权益受到侵害，导致征地矛盾尖锐突出。

## 1. 补偿标准

2015 年，东莞执行的征地补偿标准是 2011 年制定的，按照《广东省征地补偿保护标准（2010 年修订调整）》，结合东莞的实际情况，将东莞的征地补偿保护标准分属一类、二类两个类别。含东莞市区在内的 10 个镇街按照一类标准实行征地补偿（表 5.3），耕地补偿标准不得低于 128.70 万元/公顷。该标准将视实际经济发展状况，适当进行调整。不过这样的保护性标准对东莞这样一个经济发达的地方而言，实际上很难满足农民的补偿要求。在征地保护标准基础上，使用"产值倍数法"，土地征用补偿为该土地征用前的三年间平均产值的 6～10 倍，安置补助费为三年间平均产值的 4～6 倍，二者总和不应该超过土地被征用前的三年平均产值的 30 倍。规定中的"产值倍数法"计算难度大，存在不确定性，很难反映土地真实价值，在实际操作中加大了人为因素，增加了操作中的难度和社会矛盾。实际补偿的标准会低于土地真实的市场价值很多。

**表 5.3　东莞征地补偿保护标准分类表**

| 地类 | 一类镇街/（万元/公顷） | 二类镇街/（万元/公顷） |
|---|---|---|
| 耕地 | 128.70 | 97.50 |
| 园地 | 99.00 | 75.00 |
| 林地 | 45.00 | 34.20 |
| 养殖水面 | 133.65 | 101.25 |
| 未利用地 | 39.60 | 30.00 |

注：一类镇街包括莞城街道、东城街道、南城街道、万江街道、长安镇、虎门镇、厚街镇、石龙镇、寮步镇、常平镇；二类镇街为其余镇街

安置政策方面，采用以下几种方案。①货币安置：其中征地总费用一般由土地补偿费和安置补助费、青苗补偿、地上附着物补偿组成。②留用地安置：按征地面积 10%划留给被征地集体或折算货币补偿。③社会保险安置：目前被征地农民个人最低缴费标准为每人每月 104.8 元，缴费年限为 15 年。按个人最低缴费标准缴纳 15 年被征地农民养老保障金为 18 864 元。④其他安置方式还包括用地单位安置、农业安置等，但是东莞市实际施行的较少。

## 2. 几年来土地征收及其补偿特点

### 1）年征地总量呈上升趋势

由图 5.1 可知，征地总量在整体上呈缓慢上升趋势。东莞市当前正处于城镇

化、工业化发展加速阶段，产业转型正在进行，新增建设用地规模持续扩大，这是东莞市有限的土地资源供应所不能满足的。

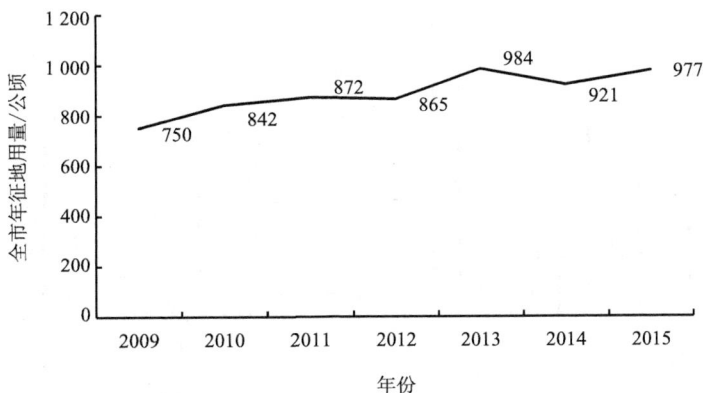

图 5.1　东莞市年征收土地面积
资料来源：《中国城市建设统计年鉴》

从征地占用类型看，2007～2015 年，由于东莞市建设用地强度较高，不可避免地征收一些存量建设用地，建设用地占比 20.8%，农用地依然是主要类型，占比 69.1%，年均 629.24 公顷（9438.63 亩）。626 个样本中，602 个是城镇建设用地和批次征地，平均综合补偿标准 171.14 万元/公顷；24 个样本为工程项目用地，平均综合补偿成本为 135.16 万元，前者比后者高 26.7%（表 5.4）。

表 5.4　土地征收占用土地类型

| 土地类型 | 总面积 | 农用地 | 建设用地 | 未利用地 |
|---|---|---|---|---|
| 面积/公顷 | 5 663.175 | 3 914.334 | 1 175.761 | 573.581 |
| 占比/% | 100 | 69.1 | 20.8 | 10.1 |

注：2007～2015 年土地征收面积及比例
资料来源：东莞市国土局网站

2）区域特征

历年《东莞年鉴》土地征收数据（图 5.2）显示，征地位置较为集中，土地征收热点主要是临深片区和以麻涌、石排为代表的等比较外围的镇区。由于受到香港、深圳和东南亚国家辐射影响，临深片区发展较其他片区城镇发展较为迅速。其他片区的城镇多数位于东莞市的中部、西部和北部。

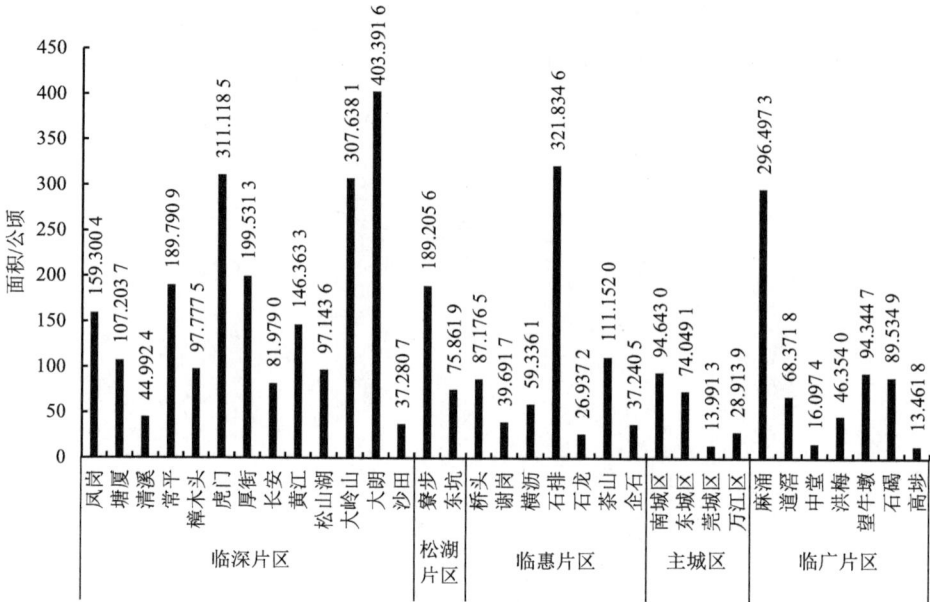

图 5.2　东莞市年均征收土地面积
资料来源：依据历年《东莞年鉴》整理

3）实际补偿平均水平

根据图 5.3 所示，市内的临深片区和主城区的征地费用综合标准总体高于其

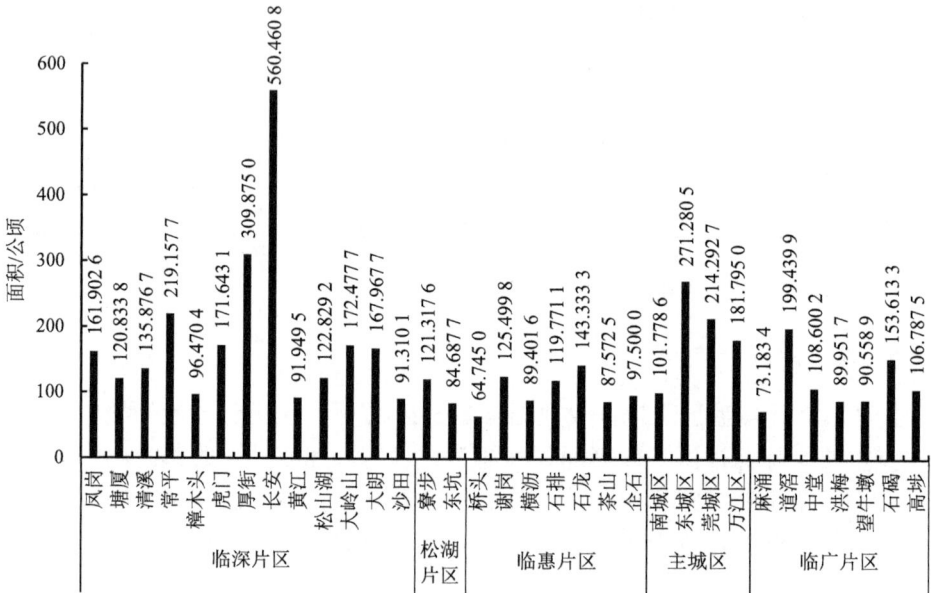

图 5.3　2007～2015 年东莞市各镇区征地费用综合标准
资料来源：《东莞年鉴》

他片区，原因在于临深片区和主城区的经济发展程度较高，土地更加稀缺。其中经济发达的长安镇的征地费用综合标准偏高，主要得益于其集体经济的发展壮大。该镇、村、组都有自己的资产公司，公司一般由各村民集资入股组成，掌握着一部分集体土地。集体土地的流转收益和资产运作的不断增值，使村、组的资产公司的资产升值，所得的资金通过分红或其他方式返还给村民。如长安镇宵边村的资产公司，一年可有约 1.1 亿元的收入，其中 40%直接以现金方式发放给村民，作为征地补偿费用和福利。

4）征收用途中工业用地占比重大

不含公共事业设施用地，以 2014 年为例，东莞市各类经营性土地成交占比中，工业用地占了 55%，说明被征收的土地主要利用于工业建设（图 5.4）。作为制造业起家的东莞，其未来发展是打造国际制造业名城。但是新增用地指标将长期处于偏紧状态，用地供应更多是通过"工改工"等"三旧"改造方式来进行转型升级，发展更高端制造业。

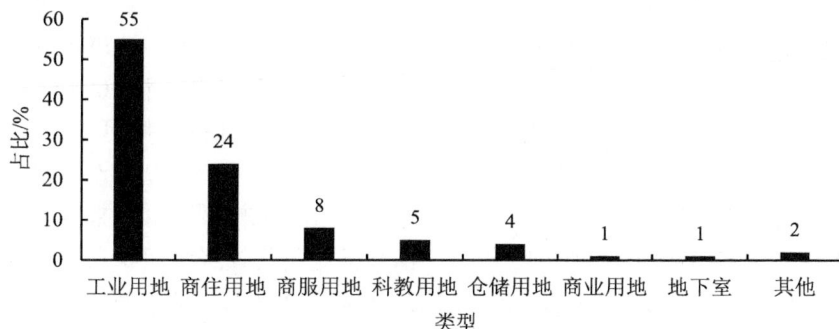

图 5.4　2014 年东莞市各类土地成交面积占比
资料来源：合富辉煌东莞市场研究部

5）征地留用地尚未完全落实

《东莞市征收农村集体土地留用地管理实施意见》规定，在符合城乡总体规划和土地利用总体规划的前提下，留用地按土地面积的 10%安排。鼓励采用留用地折算货币方式补偿，留用地折算货币补偿的计算方式，是按征用地村所在片区征收耕地保护标准与办理农用地转为建设用地需要的所用费用总和。从理论上讲，留用地指标相当于发展权指标，上述的计算方法是不科学的，并不能反映指标的市场价值①。

---

① 笔者对土地发展权价格估算：总样本 626 个，留用地发生 164 个，占比 26.2%。留用地面积 143.975 公顷，占对应地块总面积 1440.36 公顷的 10%，说明该片落实留用地是按 10%标准执行的。留用地转换货币补偿 18 506.68 万元，占总补偿额 717 987.1 万元的 2.6%。在留用地样本中共有 101 个实行了留用地货币化补偿（样本数量占比61.6%），平均补偿标准为 255.32 万元/公顷。63 个样本保留或落实留用地权利。如果扣除留用地"落地"的机会成本按 130 万元估算，那么实际土地发展权价值为 125.32 万元/公顷（因为留用地"落地"需要占用集体其他土地从而失去未来被补偿机会），换算为 125.32 元/米²。本书认为这相当于实际上的土地发展权的价格，是一种村集体和政府协商后的具有政府定价色彩的价格，而真正理论上或市场水平的发展权价格应该远比这个高。

但由于东莞市土地资源紧缺，仍有 83 个历史留用地欠账批次至今尚未落实到位，2017 年前政府需落实到位的留用地面积为 1376 亩。《广东省人民政府办公厅关于加强征收农村集体土地留用地安置管理工作的意见》（粤府办〔2016〕30 号）规定：各地级以上市人民政府要参照基准地价和本地区经济社会发展水平、平均土地收益制定留用地折算货币补偿标准，留用地折算货币补偿标准不得低于所在地相对应《全国工业用地出让最低价标准》的 70%。各地级以上市、县（市、区）基准地价调整的，留用地折算货币补偿标准要及时作相应调整。东莞市属于 5 等，地价为 384 元/米 $^2$，假定按 100% 标准折算每亩留用地折算货币为 25.6 万元。平摊到 10 倍土地上，每亩留用地权利价值为 2.56 万元。这与我们测算的每亩 8.36 万元有不小的差距。

6）征收补偿标准低于市场价值，收益分配悬殊

（1）收益分配。目前的土地征收补偿的费用只考虑农产品产值的收益，而城镇开发建设涉及长远收益，这部分收益往往与村民无关，村民长远利益得不到保障。以凤岗镇为例，该镇在 2015 年 1 月以 16 200 万元出让了一块住宅、商服用地，面积为 18 613.53 米 $^2$，即平均每公顷土地为 8703.35 万元，建设用地市场价是补偿价（400 万元/公顷）的 21.8 倍。扣去政府为该地块前期支出的成本 1 084.88 万元（征地补偿费用为 279.20 万元、留地补偿费用 465.33 万元、动拆迁费用 340.35 万元），政府实际盈利 15 115 万元。且根据该地块 2 的规划容积率，可以建设 37 226 米 $^2$ 的商品房。按照凤岗镇平均 10 000 元/米 $^2$ 的售价，净利润率按 10% 来算，得出开发商可以盈利 3722.6 万元。而 2015 年凤岗镇被征地的集体经济组织和农民的平均补偿费用标准为每公顷 150 万元，加上留用地每公顷 250 万元的补偿，农民享有的补偿费用为 744.53 万元，仅为政府盈利的 5% 和开发商的 20.3%（表 5.5）。

表 5.5　凤岗镇土地征收收益比测算表

|  | 被征地集体或村民 | 政府 | 开发商 |
|---|---|---|---|
| 支出/万元 | 土地 | 1 084.88 | 29 778.4 |
| 收益/万元 | 744.53 | 15 115.12 | 3 722.6 |
| 是农民收益的倍数 | — | 20.3 | 5 |

资料来源：东莞市国土资源交易网

事实上凤岗镇的房价受毗邻城市深圳的影响，房价不断被推高，甚至在 2016 年初创下了全东莞最高房价的记录。但是村民能够享受的征收补偿标准却低于长安镇、虎门镇等一类镇街，可以预见，房价、地价和征收补偿费用之间存在的巨大差距对被征地村民而言是极不公平的，也孕育着社会冲突。

（2）区域差异大。一类镇街的征地费用综合标准（征地总费用/征地总面积）远高于二类镇街的征地费用综合标准，前者是后者的两倍以上。具体情况见表 5.6。

表 5.6  东莞市一类镇街、二类镇街平均征地费用综合标准

| 镇街类型 | 平均征地费用综合标准/（万元/公顷） |
| --- | --- |
| 一类镇街 | 292.096 3 |
| 二类镇街 | 123.807 1 |

由表 5.6 可知，一类镇街平均征地费用综合标准高出二类镇街一倍多，征地费用综合标准的数量也明显多于二类镇街的数量，二类镇街的征地费用综合标准主要集中在 100 万元/公顷以下。随着物价涨高，现行的征地补偿标准难以满足村民日益增长的生活水平需求。例如，2015 年发生在凤岗镇官井头村的群体性事件，主要原因是村民期望的征地补偿标准和实际得到的补偿标准不对等。另外，由于毗邻城市深圳的地价不断攀升，凤岗镇的房价也被推高，但是凤岗镇的征地费用综合标准 10 年不变，造成在这一项目的建设中一直有村民不断上访，干群关系紧张，甚至有村民与当地警察发生激烈冲突。

（3）村民生计可持续性降低。货币安置操作简单可行。这种方式为许多地方的征地拆迁作出了一定贡献，但是也为村民的日后生活埋下了不少隐患。由于许多村民文化程度不高，不善于管理较大数额的征收补偿款，甚至在较短时间内挥霍掉。这不仅影响了村民的长远生活，也影响了社会的长远发展。目前，土地安置方式逐渐告别了单一的货币安置方式，变货币安置、留用地安置、社会保险安置多种安置方式相结合，在一定程度上改善了村民收入可持续性的问题。虽然东莞市已经基本告别了过去以耕田为生的局面，进入了城镇化阶段，大量的第一产业人口向二、三产业转移，但是在大部分城镇中，村民的综合素质不高，大部分村民依靠村里的分红不足以支撑生活，土地的被征收可能中断他们过去的持续性收益，如过去出租土地获得持续性租金收入。

本书认为，社会保障补偿是具有货币价值的，是一种提高补偿标准的变相做法。这里做一个简单的货币测算。收集的 626 个样本中，包括留用地在内的征地总费用为 736 364.46 万元，总面积为 5663.18 公顷，平均成本为 130 万元/公顷。必须注意的是这个标准不含社会保障费和其他隐含补贴，该标准在东莞市并不算高，尚不足 10 万元每亩。

以洪梅镇为例，据一份听证通知（东国土资听告字〔2014〕20 号），以村（社区）身份参加社会养老保险（简称社保）最低缴费标准（缴费年限 15 年，每月 104.8元）计算，共计 18 864 元/人，1 公顷对应 10 个人。须参加社保人口换算：年末全市户籍人口 191.39 万人，按 60%人口仍然具有村居土地权利资格估计，计有 114.83万人，对应农用地和未利用地总面积 13.21 万公顷，则人均拥有集体所有土地 0.115公顷/人，换言之，征收 1 公顷须解决约 8.7 人的安置问题及费用。当然，这个数字随每个村人口和剩余土地的关系不同而发生较大变化。那么每公顷社保费用为

16.41 万元。如此，包含土地补偿、劳力安置留用地和社会保障 3 项补偿的东莞市土地补偿水平约为 146.41 万元/公顷。

但须说明的是，我国土地征收补偿常常随地块位置、用途、是否拆迁、人均耕地水平等因素变化，在一些城郊地区的补偿标准可能远远高于这个数字。上述计算皆属于平均水平计算。

### 5.4.4　东莞市国有土地供给

#### 1. 供给方式

有征收就有供给，供给从侧面反映了土地需求及诱致的土地征收情况。由于2011 年开始东莞市加大了基础设施的建设力度，基础设施建设用地（如公用设施用地、公共建筑用地、交通运输用地、水利设施用地等）一般又以划拨的方式进行供应，导致 2011 年开始东莞市土地供给总量中通过划拨出让的土地比例较大，甚至超过了通过招拍挂方式出让的土地总量之和。不过随着基础设施的不断完善，2011 年以来通过划拨的方式进行供应的土地面积也逐渐下降，到 2015 年基本和招拍挂方式出让的土地面积持平。在上一节统计土地征收时发现，2007～2015 年均数量是 629.24 公顷，而依据本数据源，2008～2015 年均土地供给数量为 1232.8公顷，2006～2014 年均非农化土地为 1562 公顷，这三个数字放在一起具有有趣的含义。其中的差距说明非农化的土地一部分来自集体土地且保留为集体所有，且供给土地的很大一部分也源于存量国有土地的供给。

表 5.7 说明，划拨土地无论数量还是比值依旧占据很重要的位置，可见公共设施用地在现阶段仍然非常迫切。协议出让土地的数量和比例保持相对稳定，说明该种政策性较强的土地供给方式稳定（图 5.5）。

表 5.7　2008～2015 年东莞市国有土地供给方式及其数量、占比

| 年份 | 招拍挂出让面积/公顷 | 占供给总量比 | 协议出让面积/公顷 | 占供给总量比 | 划拨出让面积/公顷 | 占供给总量比 | 土地总供给面积/公顷 |
|---|---|---|---|---|---|---|---|
| 2008 | 654.538 4 | 0.76 | 50.732 2 | 0.06 | 159.701 7 | 0.18 | 864.972 3 |
| 2009 | 371.505 3 | 0.74 | 42.047 | 0.08 | 89.754 7 | 0.18 | 503.307 |
| 2010 | 666.297 | 0.71 | 173.721 3 | 0.18 | 103.511 4 | 0.11 | 943.529 7 |
| 2011 | 593.289 1 | 0.32 | 52.667 95 | 0.03 | 1 195.588 | 0.65 | 1 841.545 |
| 2012 | 335.463 2 | 0.27 | 87.438 61 | 0.07 | 810.014 4 | 0.66 | 1 232.916 |
| 2013 | 760.424 6 | 0.41 | 145.370 1 | 0.08 | 946.326 9 | 0.51 | 1 852.122 |
| 2014 | 316.760 7 | 0.33 | 135.375 | 0.14 | 513.047 9 | 0.53 | 965.183 6 |
| 2015 | 730.875 1 | 0.44 | 153.905 1 | 0.09 | 774.027 3 | 0.47 | 1 658.808 |
| 平均 | 553.64 | 0.50 | 105.16 | 0.09 | 574.00 | 0.41 | 1 232.80 |

资料来源：中国土地市场网数据统计

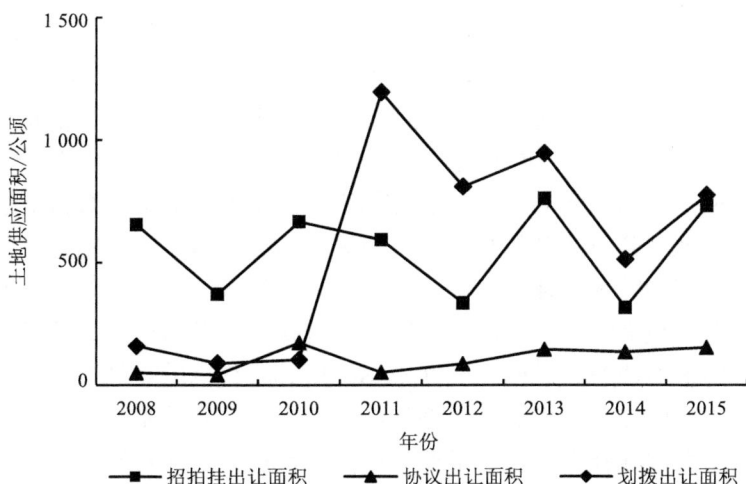

图 5.5　2008～2015 年东莞市土地出让面积折线图
资料来源：中国土地市场网数据统计

## 2. 土地供给收益

表 5.8 为《中国国土资源统计年鉴》中统计的东莞市土地供给数据，由于数据的统计口径可能不同，其中有部分年份的土地供应面积与中国土地市场网的数据有较大出入，本书对东莞市的土地供应分析主要以中国土地市场网数据为准。国土年鉴数据只作为佐证。

表 5.8　2008～2014 年东莞市土地供给面积及宗数

| 年份 | 建设用地供应总量 | | | | 划拨 | | 出让 | | |
|---|---|---|---|---|---|---|---|---|---|
| | 宗数/宗 | 土地面积/公顷 | 土地面积 [a]/公顷 | 前者是后者的倍数 | 宗数/宗 | 土地面积/公顷 | 宗数/宗 | 土地面积/公顷 | 成交价款/亿元 |
| 2008 | 85 | 537.66 | 864.972 3 | 0.62 | 7 | 25.91 | 78 | 511.75 | 84.93 |
| 2009 | 133 | 473.98 | 503.307 | 0.94 | 8 | 89.75 | 125 | 384.22 | 69.02 |
| 2010 | 231 | 793.38 | 943.529 7 | 0.84 | 12 | 93.86 | 219 | 699.52 | 135.78 |
| 2011 | 194 | 797.33 | 1 841.545 | 0.43 | 28 | 129.80 | 166 | 667.54 | 134.94 |
| 2012 | 201 | 1 143.98 | 1 232.916 | 0.93 | 59 | 703.39 | 142 | 440.59 | 114.10 |
| 2013 | 261 | 1 867.69 | 1 852.122 | 1.01 | 64 | 953.69 | 197 | 914.01 | 215.56 |
| 2014 | 172 | 1 096.59 | 965.183 6 | 1.14 | 21 | 559.74 | 90 | 213.96 | 105.84 |
| 2015 | — | — | — | — | — | — | 153 | 783.6 | — |

注：2015年数据来自《广东国土资源年鉴 2016》，其他数据均来自历年《中国国土资源统计年鉴》
　　a. 数据来源于中国土地市场网

## 3. 供给分布

以"十二五"期间样本为例，根据东莞市 2011～2015 年土地出让数据统计，可以发现工业用地供给和房地产开发用地供给呈现出一定的区域分布特征：房地产开发用地主要分布于东莞市市区及虎门镇镇区、塘厦镇镇区。虎门镇受到 2014 年"镇改市"试点的消息影响，加之虎门邻近广州南沙和深圳前海自贸区的一大地理优势使得房地产开发热度要高于其他镇区。塘厦、凤岗两镇则是深莞惠的弧形中心区，毗邻深圳特区，伴随珠江三角洲一体化进程，在深莞惠经济圈融合的带动下，房地产业也受到了大量的外地购房者追捧。东莞市工业用地供给在地理分布上主要集中于麻涌镇、凤岗镇和沙田镇这些比较外围的镇区。原因是随着经济发展，城市中心区域土地租金不断增加，商业用途等用地由于本身利用效率高，竞租能力比工业用地强等，使得工业用地不断被挤出，并向城市周边扩散。

## 5.4.5　土地市场价格

受到宏观经济环境变化、人口规模变化、交通条件改善及相关配套设施的逐步完善等因素影响，东莞市 2008～2015 年通过招拍挂方式出让的土地价格总体情况见表 5.9。其中工业用地招拍挂出让价格从 2008～2015 年总体变化不大，基本维持在 500～700 元/米² 运行；2015 年相比 2008 年反而有下降。普通商品住房用地招拍挂出让价格总体上呈现上升趋势，楼面单价从 2008 年的 1478.7 元/米² 上升到 2015 年的 3021.0 元/米²，7 年间上涨了 104.3%。上述数据侧面反映了东莞市仍然保有工业用地的低成本优势和政府的扶持性优惠政策。

表 5.9　2008～2015 年东莞市土地招拍挂出让价格

| 年份 | 招拍挂出让工业用地 | | | 招拍挂出让普通商品住房用地 | | | |
|---|---|---|---|---|---|---|---|
| | 面积/公顷 | 单价/（元/米²） | 宗数/宗 | 面积/公顷 | 单价/（元/米²） | 楼面单价/（元/米²） | 宗数/宗 |
| 2008 | 379.15 | 658.48 | 41 | 187.12 | 3 973.98 | 1 478.69 | 24 |
| 2009 | 138.68 | 556.82 | 35 | 130.30 | 3 953.67 | 1 645.22 | 33 |
| 2010 | 261.09 | 543.03 | 58 | 227.14 | 4 612.65 | 1 880.66 | 62 |
| 2011 | 198.33 | 502.50 | 45 | 296.27 | 3 973.55 | 1 672.41 | 63 |
| 2012 | 155.83 | 716.13 | 58 | 107.28 | 6 071.30 | 2 137.07 | 29 |
| 2013 | 365.84 | 542.38 | 77 | 293.85 | 5 548.30 | 2 413.31 | 59 |
| 2014 | 191.48 | 640.13 | 55 | 113.57 | 7 437.98 | 2 739.82 | 23 |
| 2015 | 496.57 | 590.11 | 71 | 154.56 | 7 582.76 | 3 020.98 | 42 |
| 平均值 | 273.37 | 593.70 | 55 | 188.76 | 5 394.27 | 2 123.52 | 41.9 |

资料来源：中国土地市场网数据统计

# 5.5　土地征收为国有土地和集体建设用地两个市场融合

上述三个案例皆发生在经济较发达的珠江三角洲地区，它们都有着长期的集体建设用地市场运行经验，表面上看不具有推广价值，但实际上，随着我国逐步迈向发达国家、新型城镇化、城乡进一步融合的进行，预期这些具有一定创新意义的政策未来将可以逐步得到推广。国有土地和集体土地市场的替代和融合将成为不可阻挡的潮流。顺德区的案例表明土地的价值可大部分分给老百姓；南海区的案例表明村民可直接处分（出让）集体建设用地，捕获绝大部分地价；东莞市的案例表明土地出让金和税收可按比例返还农民并和集体建设用地市场并行。从一定意义上讲，有"世界工厂"美誉的东莞，在征地改革上的力度最大。然而，殊途同归，无论集体土地还是转为国有，都是对土地在非农化过程中的产权处置方式对土地价值的分享都是共同的，在这一点上，二者是融合的，很难截然分开。

## 5.5.1　融合的必要性

第一，经济发展诱致的土地稀缺性和经济租金创造将提升人民的地权意识，资本受到欢迎。首先，土地在当代是一种极为重要的资产和财富，然而这种来自地价的财富毕竟是一种"剩余"。作为生产要素的一种，必须和资本及劳动力结合，在生产并"销售"之后，方能将剩余分配给土地所有者，这种剩余是经济租金。人们逐渐认识到资本和投资在这个过程中的作用，所以他们并不排斥土地征收，没有征地，就没有投资，更没有经济租金。调查显示土地征收的广义支持率平均达到91.2%之高，而认为应该减少征地的仅有29.4%。86%的人认为本地土地增值或房屋出租收入（家庭收入）的提高和外来投资有关；82.6%的人认可村里土地建设的工业区和商铺出租有助于他们收入的提高。其次，经济租金创造所带来的好处使人们开始对这种租金的争夺。"惜地"意识和"地是我们的"的地权意识随之迅速增强。正如巴泽尔（1997）所言："人们对资产的权利（包括他们自己的和他人的）不是永久不变的，它们是他们自己直接努力加以保护、他人企图夺取和政府予以保护程度的函数。最后这点主要通过警察和法庭奏效。正如这里下的定义那样，产权不是绝对的，而是能够通过个人的行动改变的，""随着这些权利价值的上升或下降，个人通常是如何更为谨慎或更不谨慎地界定权利的。当人们相信这种行为的收益将超过成本时候，他们就会运用权利。"最后，这种对经济租金的争夺实际包含了对土地发展权的争夺。现行的按土地现状用途进行补偿的"产值倍数法"，并不包含土地未来的经济租金，这并不能满足人民对土地权利的要求。因此，对这类产权的界定（土地发展权）将会是未来要解决的核心问题。已经有不少村民对政府将他们土地规划为耕地保护区而丧失发展权表示不满，认为这样不公平。

所以，经济发展诱致的土地稀缺性和经济租金创造提升了人们的地权意识，反过来，提升的地权意识也会强化人们对权利和利益的维护，这都会逼迫传统的土地征收模式后退。征地补偿标准将被迫提高，土地增值收益逐步被分享。

第二，现阶段村民主要以分享土地增值、提高补偿标准为诉求，持有经济实用主义的倾向。首先，现阶段，村民对土地所具有的精神等非市场价值还未充分认识，认为对土地有感情，觉得土地是无价的人仅有 8 人，占比 7.3%，这和我国台湾地区有明显差异，毕竟台湾地区和大陆所处的社会发展阶段不同。陈新民认为土地具有多元的价值，应该予以重视。徐世荣（2013）更认为"土地征收和土地掠夺属基本人权议题，政府却把土地征收窄化为金钱补偿问题，只重视土地的交换价值，完全忽视其使用价值及情感认同"。"更为重要的是，土地是我们主观认同的空间，它是我们安身立命的家，是我们心灵联结及依靠的处所，它除了是非卖品外，更是我们的根与生命。"其次，无论是土地征收还是集体建设用地流转，只要能给村民带来无差异的效用，他们都会支持。土地征收需要提高补偿标准，我们看到，96.3%的人认可土地未来会增值，91.7%的人应该分得土地未来增值的一杯羹；51.4%的村民认为应该按照市场价值进行补偿，虽然我国目前没有该类土地的市场价值，但这个价值绝非农用价值，而是非农用价值。75.2%的村民明确表示应该大幅度提高补偿标准。

第三，公平诉求和分享实现机制在两个市场的融合中必不可少。公平诉求还表现为村民对程序正义的渴望，有 71 人（65.1%）认为他们没有或只有很少的行使参与权、知情权、监督权；有 90 人（82.6%）表示应该公开、公平分配征地补偿费，接受村民的监督，防治腐败。不少受访者还表达了对于惩治贪官、公开政务、决策民主、落实补偿、落实承诺、政府帮助找工作等诉求。75.2%的人希望集体土地以土地入股分红的形式，保障长期收益。

第四，土地所有权不改变将成为主流意识。66.1%的受访者认为保留为集体所有好。越来越多的村民意识到保留为集体所有，对他们今后保持收入的持续性、维系集体存在和分红更为有利。在东莞市长安镇的访谈发现村民已经认识到土地转为国有后，他们将失去使用期满后继续收租的权利，土地和他们无关了，而目前陆续到期的历史用地使他们可以再次"卖地"。甚至有村民表示他们并不太欢迎房地产用地，因为房地产用地期限长，需要的公共服务（如教育、交通）"太多"，不划算。因此，加之前述的地权意识增强，以及国家法律的变革，集体所有土地直接进入市场将成为不二选择。

### 5.5.2　融合的制度演进

集体建设用地市场是国有土地市场的重要补充。首先，如果能提高补偿标准，是否保留为集体所有并不重要。其次，如果能逐步摆脱对土地财政的过度依赖，地方政府作为征收权力的拥有者，有能力通过税收汲取财政资源，逐步放弃过度的土地征收权行使，培育地方的集体建设用地市场。

## 5.6　结　　论

现阶段，地方政府对经济发展的强烈渴望和并不充裕的地方财政，使得地方政府普遍对资本和投资持有渴望和支持的态度，我国并不存在大范围和大幅度提高征地补偿标准的环境，要求地方政府马上放弃"低价征地、高价出让"的传统模式存在很大困难。但目前的土地征收制度已在缓慢变迁。珠江三角洲的案例说明集体建设用地市场是对土地征收下国有土地市场的有效替代，且融合的趋势已经形成。土地征收补偿标准提高和村集体直接供给土地在实现村民分享土地经济租金或土地增值这个意义上，达成了一致。

作为征收征税权力拥有者、制度及法律的供给者，国家应对财政税收制度和土地征收、供给制度进行整体设计，试点并推广发达地区的改革经验，培育国有和集体两个市场，采用统一的规则，并使之达到完全的融合。

土地征收仍然是建设用地供给的主要来源，但国有存量建设用地甚至集体建设用地在供给方面的占比逐渐增加。为了保存工业竞争优势，地方对工业用地供给市场给予积极干预，价格长期保持不变。但这种市场价格也可能反映了整个宏观经济的平稳或低落。同时，商住用地价格保持快速增长，所提供的土地出让金可为城市建设和公共设施提供资金来源。

跳出征地行为本身来看，地方政府在社会经济发展中的确面临着困难的选择：在发展经济或经济转型的艰苦进程中，既要保持地方工业地价的稳定以保持在区域间竞争中的优势和对资本的吸引力，防止高地价挤压投资；又要以适合地方实际情况的补偿标准和方式来和农民博弈，维护征地秩序（这种秩序的含义是，补偿标准缓步提高，快速的提高将不可避免地导致水涨船高）和社会稳定。

于是，增加多元的补偿方式，包括留用地和社会保障等手段，甚至设置出让金和税收分成，将有助于在和农民的博弈中丰富谈判手段。允许集体建设用地入市对地方政府也具有好处：增加了土地供给，吸引了投资，增加了税收。因此，如果并不对土地出让金非常渴望并拥有较宽的税基和财力，地方政府将"两条腿走路"，即土地征收政策和集体建设用地政策齐头并进，互为补充。这样的改革的本质一是放松土地管制，培育新的市场和供给；二是政府逐渐和农民分享土地增值收益，而不是将经济租金全部拿走。这样的改革将代表中国未来土地制度改革的方向。

# 第6章 土地准征收：国家权力的
## 必要限制

## 6.1 概　　述

分区和规划作为政府的权力，主要起源于 20 世纪初期，那是一个人口集聚于城市、经济开始较快发展的时期，土地使用的外部性加剧。换言之，如果不是上述环境的出现，分区和规划，乃至后续的准征收问题就没有出现的必要。

对准征收的理论探讨源自对土地产权的保护。准征收是指当政府或其授权的机关出于公共利益对财产权利的行使进行限制，导致财产权人无法正常对财产进行使用收益、财产价值遭到贬损，从而具有等同于征收效果的一种行为或制度。

土地准征收问题源于政府对土地的管制行为。世界各国普遍对不动产使用和市场进行干预。作为一种极为重要的土地政策工具，土地规划和管制（二者不同）试图纠正市场失灵，被认为是国家为了健康、安全和公共福利目的而行使的一种合法和正当的警察权。它是土地政策的基本工具，且是其他国家政策的辅助性工具。不少人认为，为了公共利益，土地管制是一种简单的、廉价的、易行的公共政策，根本不需要补偿。比如，要保护一块农地或森林，政府可以征收后予以保护，但也可以采用管制禁止其改变用途，从而节省财政开支。但这种认为管制没有任何社会成本的思维是计划经济式的，且容易导致无限度的管制和"财政幻觉"问题。在中国，这种担心"一放就乱，一管就死"从而陷入两难——最终还是不断加码管制，但该做法效果并不佳。

中国人多地少，土地需求旺盛，且不同用途土地间竞争激烈。受国家单一制国家结构形式、历史文化及传统计划经济思维遗留的影响，我国的土地受到较严重的管制。很多管制往往有着良好的道德或者正义借口，却掩盖了很多高昂社会成本及经济增长、社会福利等方面的巨大损失。在国民财产权意识并不强烈的时代，人们往往并不知道他们"本来拥有什么权利"，所以对管制的感知可能并不明显，甚至对现状习以为常。

但是，土地通常和房屋等附着物、定作物等复合在一起，已经成为公民及其家庭的最重要财产。所谓"有恒产者有恒心"，对财产权的追逐使得人们努力工作、安分守己、教育子女、发家致富，最后带来全社会的国富民安。国家和政府的存在就是为了让国民充分享有财产权利和迈向更加富足的社会。在现代市场经济下，只有承认和保护财产权，才能维护社会交易秩序，激励公民从事有益于社会的各种活动，促进一国财富的不断增加。

在国民财富不断增加的同时，财产权意识逐渐增强，对保护财产权的诉求也在增强。公民不仅反对其他个人和组织侵犯自己的权利，也反感和警惕政府对自己权利的合法或不合法的侵害。土地是不动产，不会折旧，不会转移，也不会隐匿。其使用中的外部性不得不要求政府对其施加合理的限制，防止"公地悲剧"等非理性行为及其导致的后果，而且政府也有必要不断推进社会利益，如提供生态和湖泊、河流保育等，公民及其财产权担负着一定的社会义务，即合理限度的利益牺牲。但是，政府绝非超然利益之外绝对理性的组织，如果管制或限制"太过"，就会偏离财产权保护的初衷，此时，需要政府进行必要的后退。在不同的情况下，保护私人财产权的行动被指为管制性征收（regulatory taking）、反向征收（inverse condemnation）、没收性征收（confiscatory taking）或推定的征收（constructive taking）。但最为常见和典型的行为还是管制性征收。在中国，也称之为准征收，二者是同义词。

美国早期判例认为："它（宪法第五修正案）本身不是为了限制政府必要的对私人财产权的干预，而是一旦发生合理干预构成征收后保障补偿。"威斯康星州宪法第 1 条 13 款也认为："没有人的财产可在缺乏公正补偿的前提下拿走。征收法律发展了两个竞争性原则：一方面要尊重个人的财产权，另一方面也要认识到政府需要保留能力去管制地主对土地的潜在使用以推进所有公民的利益。"于是在 1926 年的欧几里得案（Euclid），美国联邦最高法院判定地方分区是一个警察权的合法使用，而早在 1922 年宾州煤矿案（也称马洪案）中，法院判定"财产可被限制到一定程度，但一旦走得太远，就构成征收"，这种征收被描述为推定性（constructive）或管制性征收。该案是管制性征收概念形成的标志。马洪案的结果告诉人们，管制有可能等于物理征收，产生了管制性征收的概念，当管制走得太远，那么等于物理征收需要补偿。

土地准征收和征收都是对公民权利和财产的限制或损害，但权力来源不同，一个是警察权，一个是征收权。前者主要是政府管制土地干预市场引发，后者是获得土地和干预市场引发。共性是都具有干预土地市场的成分。准征收源于管制，准征收部分情形是对土地发展权的征收[①]。继土地征收问题之后，不合理的准征收将可能引发社会不公，遭受公民普遍反抗和不满。在某些情况下，这种社会冲突并不以上访或群体事件的方式表达，而是以大范围违法用地、抗拒征地、拒不配

---

① 从美国的判例看，诉讼的发源一般是土地使用许可被拒绝、获得许可时被附加地役权和捐等其他不合理条件、被停止开发权，共同点都涉及土地的进一步开发。

合等日常方式表达出来。

所以无论从改善国家管制方式、缓解社会冲突还是保护公民利益角度，都需要对准征收的原理、判断标准和补偿等进行研究，并从制度和政策层面进行检讨和修正。在提高土地利用效率和促进公平目标过程中，必须要在促进公共利益和保护财产权之间达到一个平衡。

## 6.2　国内外研究现状和趋势

在现代社会快速发展、资源稀缺和利用外部性增加的趋势下，一般而言，财产权的内涵处于动态的界定中（Posner，2005），而非一成不变。从财产权理论发展趋势看，社会经济发展彰显了对财产权保护的强烈需求，但财产权往往担负着一定的社会义务，二者需要一种平衡。与传统的土地征收构成对公民土地财产权的完全剥夺不同，当代的准征收以更加普遍和更加隐性的方式对土地权利构成界定或侵占。我国当代多数关键性和最艰巨的土地问题的核心已经聚焦为对土地的管制或准征收，将不是过去的征收。如宅基地、集体建设用地等问题久拖不决，根本原因在于产权（束）如何赋予、界定和保护。财产权是一个社会制度，随社会而变化，所以财产权对变化的技术和社会价值产生响应。如果社会需要，财产权的权利束将不断地加减。但是这个过程不是单边的变化程序，社会改变着土地的财产属性，人们也会改变财产的特定属性，这是一个辩证的关系，即人们自己和社会都在不断改变着土地的财产属性。人是能动的，而不是只会被动接受财产权的变化，而且是人组成了社会并推动社会制度变迁。换言之，只要人的观念和社会价值变化了，财产权一定会发生变化，财产权既是社会的产物又是历史的产物。

对权利保护、定义的天然缺陷是冲突的总根源。在长期的计划经济时代及其遗留影响下，在较低的法律认知水平下，管治者和公民其实对自己有什么权利（力）、义务（责任）都是不清楚的。由于对国外并不深入了解，我们存在很多的观念误区，有些舶来的制度甚至类似"邯郸学步""东施效颦"，精髓和内涵没借到。

从社会实践上看，我国的土地制度处于快速和关键的变革时期，土地财政、耕地保护、房价飞涨、"三农问题""小产权房"等社会热点问题无不与土地相关，规划制度是其他制度的基础性制度，面临着迫切的改革需要。2015年，中共中央办公厅和国务院着手对最重要的"三块地"进行改革，即承包地、宅基地、集体建设用地。这些改革既是产权制度的改革，更重要的是规划管制制度的改革。从当代中国社会和世界趋势来看，所有制本身的重要性在下降，而权利本身及其内含的权能对现代社会和经济增长的重要性不断增强。上述改革皆和土地管制高度关联：土地征收是和城市土地的垄断性供给和规划配合相关；承包地是和农用地不得非农化的规划用途管制相关；宅基地是和不得随意处分（如不得转让给外村人，也和户籍制有关）的管制相关；集体建设用地是和不得用于房地产、不得随意转换用途的规划管制相关。

### 6.2.1　土地管制的研究

我国大陆地区土地学界对土地管制的研究主要起源于土地利用规划和城市规划。20 世纪 90 年代以来，国内土地学界的沈守愚、刘书楷、王万茂、曲福田、陈利根、黄贤金等学者分别从经济学、法学和管理学等多视角对土地管制有不少论述。近年来，谭荣（2009）、陈美球等（2007）、王向东和刘卫东（2012）等学者以国外规划为借鉴，对我国土地利用规划的内涵和手段等有新的认识。法学界的研究也很多，如邢翔（2012）、邢锡芳（2006）、王郁（2009）等。

土地用途管制、土地发展权、土地准征收三个问题有着天然的联系，这种内在关联近年来受到研究者的重视。孙弘（2004）、臧俊梅（2007）、张鹏（2010；2013）等对土地发展权及耕地保护问题有系列的研究成果。城市规划学界的柏巍（2008）、田莉（2007）、蔡震（2004）对分区的本质、与发展权的关系、对社会群体的影响等进行了深入研究。法学界如张鹏（2003）、张敏（2010）等提出对财产权应该有合理限制，否则对土地构成准征收而应该给予补偿。

20 世纪 60 年代以来，西方国家和中国台湾都有大量文献对土地管制问题进行分析。不少学者探讨了管制目的和功能、效应、利弊、手段等问题。如哈维和乔赛（Harvey & Jowsey，2008）、边泰明（2003）、林森田（2002）、韩乾（2013）、王卿韵（2005）、张媛婷（2008）、蔡佩璇（2009）、梁鹤年（1995）、张刚维（2008）、胡海丰（2001）等的研究。管制效应方面，切希尔和谢波德（Cheshire & Sheppard，2005）、OECD（2010）、贝尔托（Bertaud，2002）、亨内伯里和巴罗（Henneberry & Barrows，1990）、奎格利等（Quigley et al.，2009）等有深入的研究。管制必然对财产权价值和利益关系造成影响，这为利益补偿提供了法学和经济学的理论支持。张刚维（2008）认为土地使用分区管制是政府用以界定财产权的一项重要工具。边泰明（2003）认为管制是为了达到某些公共利益从土地所有者身上取走了部分财产权。另外有一些学者如赖（Lai，1997；1998）和布罗姆利（Bromley，1978）、费希尔（Fischel，1985）有类似的研究。

### 6.2.2　对准征收的多学科研究

管制的研究必然过渡到对准征收的研究。准征收与警察权正常运用分界的重要性不容置疑。如周家维、王洪平、金俭等认为判断之标准关键在于与国家警察权的区分上，对不动产财产的限制，应当遵循正当、合法、合理、合比例原则，以最大限度地达到自由与限制的平衡。适度限制应该具备五要素，即目的的正当性和公益性、限制行为的法定性、程序的正当性、限制功能的辅助性、手段的适度性（比例原则）。上述观点主要从法理出发，仍然不能解决如何判定"适度限制"或如何补偿的复杂社会经济问题，且都没有考虑艾珀斯坦所言的管制给受害者带来的暗含补偿问题。在管制合理与否的模糊地带，这种暗含补偿存在与否十分关键。一些目的为公益性，且赋予（或在管制后保留）财产权人一定权利的准征收，政府的管制行为可能免除明示的补偿责任。

　　即使在对财产权有成熟保护法律的国家，对政府管制行为何时构成准征收并给予补偿也存在不同意见。约瑟夫发现环境运动迫使人们重新考虑财产权的定义，然后重构征收的法律。辨别征收（强制补偿）和警察权运用（非强制补偿）时，要看政府行为的性质。他还认为财产是竞争过程的最后结果。土地利用的妨害并不是一个好的判断可补偿性的标准。为了安全和健康而管制且不需要补偿是没有历史基础的。费希尔提出正常行为标准用来判定准征收，将它作为基准权利，然后判断管制是否侵犯这种正常行为，最后决定是否构成准征收，这和埃里克森的观点类似，认为对次正常行为的管制需要补偿。麦西克认为普通法试图在侵入个人的财产权和国家权力之间保持平衡，对社会提供利益而由少数人承担不合理成本是不公平的，而补偿规则就是在个人和社会之间的妥协。经济损失并不足以构成征收，失去了大量经济价值并不足以认定土地权利的丧失。权利的描述是重要的。为了公益将土地所有者土地征收且不补偿造成不成比例的负担，这是不公平的。

　　特纳等评估了土地管制对地价和福利的影响。管制、补偿都应该考虑土地资源配置的效率和公平。布鲁姆等分析认为补偿是一个对抗征收的保险，就是对管制性征收的负面效应付出的一份保险。政府是潜在的保险供给者。补偿能提高土地市场效率，消除管制和风险厌恶者所面对的风险。风险的降低也会减少土地市场决策的扭曲。埃文斯认为理论上的公平和效率问题在实践中并不重要，土地所有者看起来不会对将被征收的土地进行过度投资。卡兰德罗持同意观点，认为由于道德风险和逆向选择，私人保险市场运作不会有效。本杰明改造了布鲁姆和鲁宾菲尔德（Blume & Robinfield, 1984）的模型，认为政府非善意。管制下征收常常包含很多非对称信息，尤其是不知道影响了多少个私人利益。因斯建立了一个关于政府征收的经济模型，分析了补偿的两个经济动机。温弗瑞等认为当土地持久不能开发下没有补偿，那么就会产生反向的激励，这对社会是不利的。当补偿绑定开发的私人利益时，效率将达到。博德等运用公共选择模型对受到竞争性政治利益影响的管制者决策进行了研究，将利益者分为土地所有者、环境主义者、纳税人，分析他们对不同的补偿规则反应。尤伦对费希尔和米塞利等的研究进行了对比。费希尔主要观点是在联邦和州水平上，民主政治可防止无效率和不公平的管制。征收问题是一种在道德风险和财政幻觉之间的权衡。瑞都、艾尔特曼有类似研究。上述经济学的研究主要以模型的方法从准征收和补偿的激励、效率、风险等角度进行。

　　但经济学的研究是存在不足的，塞德尔（Seidl）等指出了社会学理论在准征收研究中的重要性。关于管制、补偿的经济学问题及不断涌现的冲突，使得人们关注补偿的三个基础理论：新福利经济学理论、新古典政治理论、社会冲突解决理论。

　　萨克斯（Sax，1964）回顾了侵入理论、有害使用理论、价值减少理论，认为财产是竞争过程的最后结果。他在 1971 年的论文中指出当我们辨别征收（强制补偿）和警察权运用（非强制补偿）时，要看政府行为的性质。妨害并不是一个好的判断可补偿性的标准（Sax，2002）。在最关键的准征收问题上，法学家艾珀斯坦（Epstein，1985）认为管制征收应该视为物理征收，给予补偿，除非管制提供了实质性的实物补偿。反之如果政府对被管制者的损失考虑不够，不强迫给予补偿，这会产生财政幻觉。经济学家布鲁姆和鲁宾菲尔德（Blume & Rubinfeld，1984）、米塞利和塞格松（Miceli & Segerson，1994）及其他人建立模型分析了这种幻觉。虽然政府的行为值得关注，但被管制者的行为也需要关注。如果充分补偿，那么他们可能有动机对其财产过度投资，因为知道当政府获得土地时这些投资将被完全补偿。他们认为如果政府的决策征收独立于现在的用途，那么零补偿是最优的。如果政府发生财政幻觉，那么一次性补偿是最优的，因为这不会扭曲土地所有者的投资动机。但现实社会的复杂绝非经济学模型所能抽象概括的。这个模型所建立的最优补偿原则，类似于侵权法中的最优责任原则，在事前规则下，被管制者如果从事了有效水平的投资并由于征收利益受损，应该被补偿。在事后规则下，只要政府管制无效率就必须补偿。总之经济学家试图提出最优补偿规则，本规则仍然需要判断政府管制是否有效率和土地所有者投资是否有效率，这样的效率判断本身就是困难的。

　　费希尔和沙皮罗（Fischel & Shapiro，1989）认为补偿规则应该在无知之幕下选择，并预计未来的政府行为。如果未来政府是多数主义决策，那么部分补偿是最优的。这种补偿平衡了多数主义政府试图攫取太多土地和土地所有者对管制土地的过度投资。赫马林（Hermalin，1995）也假设一个多数主义政府，他推导了一个补偿原则，要求补偿等于征收所获得的收益。上述著名学者的研究日趋复杂侧面反映了准征收补偿问题的复杂性。和土地征收补偿的基本共识不同，准征收补偿和原则的确定是困难的。如皮克里罗（Pecorino，2013）将潜在的政府偏倚放入模型，政府的福利函数建立在社会不同群体的效用基础上，假定管制和无管制纳税人都可以从管制中获益（潜在的不公平），就会存在扭曲性税收。在给出很多假定并复杂推导之后，结果发现补偿规则受到很多参数的影响，需要个案决定。扭曲性税收是一个很重要的考虑因素，政府是否有偏，双方的获益大小或偏好都是重要影响因素。

　　王洪平和房绍坤（2011）认为国家的限制性法令措施是否构成管制性征收，其判断之标准关键在于与国家警察权的区分上。若财产权限制逾越国家警察权正当行使的限度，则构成管制性征收。看来一个度还是很重要的。总结美国的判例学说，有财产权剥夺论、多因素平衡论、实质侵占论、妨害控制论、全部经济价值剥夺论、目的/手段正当论、政府角色定位论 7 种标准。金俭（2009）认为法律的根本目的是保护和促进自由。无论是不动产财产权的自由，还是不动产财产权的限制，均有一个度的问题。陈明灿（2001）认为就德国而言，当土地使用限制成为财产权之内在约束而具"社会拘束"之特性时，则对其所产生之损失通常不须予以补偿，但社会拘束之具体判定标准并不容易建立。罗静静（2011）、罗文君（2013）就准征收的判断标准等问题进行过讨论。另外一些学者认为，"特别牺牲"和"准征收"是判断是否应该对管制进行补偿的依据。持这种观点的李惠宗（2001）、周家维（2001）认为管制是应该补偿的。冯君君和卓佳慧（2000）、奥沙利文（2003）亦提出了是否应予补偿的判断标准。另外，谢哲胜（2004）有深入全面的研究。

王丽晖（2013）认为以"价值减损程度"为核心的两要素标准，结合特定事实审查，已成为判断管制性征收的主导性标尺。陈明灿认为判断准征收即补偿要视具体情况综合而定，应结合情状相连、区位、特性予以综合考量。以农地为例，对农地未来发展机会所为之限制，如果农地本身的发展潜力并不大则不需要补偿，而发展机会很大且实质性构成损害时，应予补偿。不能一概而论认为全部应该补偿。尤其要分析该国（地区）社会经济条件之内容及其演变情形。这个观点尤其具有说服力。

土地发展权开始获得学者们的重视，在特定地区，构成土地价值的主要部分。边泰明、陈明灿对此有明确论述。权利（力）属性方面，征收权和规划权是两个权力，不动产财产权与土地发展权是两个权利。土地规划权与土地发展权的冲突实质之一是宪法比例原则。土地发展权法律属性应为私权。谢哲胜认为准征收制度应该考虑四点准则，其中第四点"经济上可行之使用"原则实际上暗示了基本发展权的分配。

## 6.2.3　不同法学源流的观点

法学界的研究可大致分为以美国、德国或日本两大体系。准征收问题源于财产权保护和征收理论，学者都注意到了土地管制对财产权可能构成的损害。波斯纳认为对补偿问题应持谨慎态度，即使政府管制造成了价值损失。对财产权的清晰界定是很难的，应采取平衡的方法："绝对权利的替代方法是平衡。"艾珀斯坦更倾向于保护财产权，在从征收转向准征收及管制问题的研究中，他认为征收和准征收是国家强制财产权交易的权利，而且这种财产权的交易必须留给个人较其被剥夺的权利更有价值的权利；对国家可强制交易的性质的两种关键假设，使得人类可以避免霍布斯的无限主权者。所有管制行为，无论补偿与否，都属于征收条款的适用范围之内。政府行为是否为普遍的征收行为，关键是要看它对每个受其行为控制的个人的财产权发生了什么后果。实际上现代社会更多的征收是对财产权的部分征收。对权利的部分征收是否补偿，他的主要观点可归纳为三点：原则上应予补偿；是否补偿要看受害人是否已经获得了暗含实物补偿；判断是否给予实物补偿的标准，即"根据已经确立的三个独立检验标准来判断，某项管制是否提供了宪法所要求的暗含实物补偿（一般经济理论、再分配的动机、征收对遭受它的当事人的影响以及不成比例的程度）"。

大陆法系学者主要从德国的特别牺牲概念出发，将"因违法但无责之公权力行为所生之损失"，定义为"类似征收之侵害"，和"具有征收效果之侵害"一起，构成应予以补偿的范围。是否构成对财产权的本质损害和违反"平等原则"是关键判定原则。然而，到底财产权拥有什么内涵或者初始权利是判定的出发点，但要做到这一点并不容易，因为财产权"内容确定"或"内涵形成"与财产权限制之关系非常复杂。立法者对于财产权内涵之形成，并非可以恣意为之，仍应恪守比例原则与平等原则，且需衡量财产权应有功能，做适切之调整与形成。这和肖泽晟提出的社会对财产的一般观念可用于判定准征收构成有相通之处。

## 6.2.4 简要评述

从学理上看，准征收和财产权是一对孪生问题，它们都不能离开对方单独讨论。准征收介于征收（补偿）和警察权运用（不补偿）之间。土地征收和管制（准征收）都属于国家拥有的一项权利。目前的研究多关注法理和美国判例法式的分析，主要在法学领域。但近年来，土地经济学家开始介入准征收的研究。目前研究的不足在于：一是缺乏对土地发展权本质、类型及量化的深入认识；二是忽略了对初始土地权利赋予重要性的认识；三是对土地资源配置效率和公平的分析不够透彻。

截至目前，研究者似乎都默认了土地的权利是清晰的和得到界定的，但事实完全相反。如果没有权利的起点，后续的研究是没有根基的。无论各国制度如何不同，面临的最为迫切的问题是解决初始权利的问题，之后才是警察权的干预和权利的动态分配问题。虽然警察权是政府的权力，但还是最终属于公民的权力，管制的利益属于全体公民，管制的目的是让最大可能多的人能分享利益。如果公民的权利被全部武断地拿走，那么这个规划管制的权威是可想而知的，公民的遵从和守法效果也是可想而知的。

未来需要继续推进的研究包括：①构建土地管制、土地发展权、土地准征收三者统一的理论内在联系和逻辑框架，围绕财产权界定，从土地管制出发，以土地发展权为财产权核心，构建统一分析框架；②主要从经济学的帕累托最优和法学上的正义原则视角，对土地征收和准征收的异同进行土地经济学分析；③从制度经济学的分析方法，结合产权的动态性和不确定性方面，对征收和警察权之间的"权利轴"进行分割；④探讨国家公权力和财产私权利之间平衡的经济学解决途径，即寻找公共利益和私权利共赢的理论基础；⑤探讨准征收判定的多维标准，尤其是构建经济维度的标准；⑥对构成准征收的情况，给出补偿的标准及补偿手段的经济理论基础。

政策应用方面需要推进：①在理论研究的基础之上，从政府的制度完善视角，提出目前土地用途管制、准征收制度的修正方向，转变思想观念，不断完善政府的管制手段的科学性；②从国家权力运行及其分权的视角，对构成准征收的救济途径和补偿诉求给出制度设计和政策建议；③在公共政策方面，将准征收理论运用在重要的政策领域，特别是土地规划管制制度，其他还包括土地征收、小产权房、农村宅基地、基本农田保护、自然保护区保护、城市历史文化区保护、城市绿地等公共品供给、土地财政、城市化、房地产开发等方面。探讨市场化的管理手段，达到既促进公共利益又维护公民权利的目的，促进经济社会快速发展的同时，维护社会稳定和公平正义。

# 6.3　中国的管制和准征收：主要形式及其后果

土地管制属于对财产权的一种限制，这种限制是对权利整体或部分权能的一种约束，包括占有、使用、收益和处分。限制性规定不一定以土地相关的专门法律、法规的方式出现，还可能以一般性法律、法规的方式出现。故而有学者认为管制是一种行政立法行为，主要属于抽象行政行为。

世界各国以不同方式的进行土地管制，其功能已经从传统的防止妨害拓展到处理不完全竞争、提供公共设施、改善资源的流通性、收入的再分配等。规划和分区动机从外部性分区扩展到财政分区、包含分区等。另外，由于交易成本巨大，以及人们非理性行为大量存在，通过自由协议来协调最优的土地利用行为是很难达成的，因此，人们需要让渡出自己手中的部分权利给一个类似政府的机构，来制定某种规则，但多数情况下，政府所制定的规则和决定受到某种投票规则或利益集团的影响。

可以这么认为：政府的有关分区和规划，如果没有在一般区域中列出许可或条件用途，并将它实实在在地赋予土地所有者，使之成为一种现实的土地权利，又或者在公民申请开发许可时，设置过分的要求或条件，那么很容易构成过度管制和准征收。

我国的土地管制主要以土地规划和城市规划两个手段为载体，但还包括了大量的一般性法律、法规和文件中的法律性规制，所以应该从广义的视角来看待我国的土地管制行为。例如，在申请规划许可证时被要求捐地用于建设学校或公交站等可视为一种"义务型"管制。除此之外，目前土地管制的主要形式还有：①《土地管理法》规定的用途管制制度。对所有土地的用途转换（包括集体所有土地）进行审批，即使土地被规划覆盖，但规划用途并不是土地的内在权利，换言之，土地几乎没有初始权利。土地使用者只能维持现状的用途，尤其是农用地，只能农用，受限最严重的是基本农田，甚至连挖鱼塘和种果树也不行。此时，土地虽然并没有被剥夺全部的经济价值，但不具有任何用途选择的权利，可认为是严重的管制。②对集体建设用地的入市限制。建设用地不需要用途转换的，即使这些使用是无害的也被禁止，如进入房地产领域。类似的例子还有宅基地，宅基地只能转让给本村人，这种限制购买者的方式实际上使土地失去绝大部分价值。③以土地转用、征收，以计划指标的方式对土地使用数量进行限制，是一种数量型管制。④城市土地受到土地规划、城市规划在使用区位、容积率、密度等方面的限制，这种方式具有普遍性。⑤风景名胜区、饮用水水源保护区、河道、公路铁路两侧、湿地、自然保护区等特定区域的生态或其他保护性措施。⑥实施土地法等有关法律时，对有害土地利用行为的禁止，如禁止挖土、从事污染生产等。⑦行政许可时对部分申请的拒绝或附加条件。

土地管制不仅影响土地使用的方式和效率，而且对财富分配和社会公平的影响同样是巨大的，表现为不同土地使用者受到的差别影响。依据土地经济学理论，区域内每块土地在特定时刻都有被开发的概率，但由于规划，只有部分土地获得开发许可从而全部土地的"浮动价值"被固定在少数地块，后者获得"移位价值"。获得开发权且容积率较高的土地所有者可能"不劳而获"，一夜暴富，而被限制开发的土地所有者则承受"暴损"。所以规划对地价的直接影响及使土地所有者可能蒙受的利益和损失，导致部分的土地增值有理由归公，而对应的，利益严重受损者应该适当补偿。另外，不少国外研究表明，土地管制和房地产市场的价格泡沫之间存在关联，对排斥特定群体（如黑人等有色人种）居住在特定地区也有至关重要的作用，进而制造"排外性分区"。换个角度，特定地区的房地产价格奇高，本身就能起到排斥低收入者的效果。

# 6.4　美国宪法关于准征收问题的简单历史回顾

从 20 世纪的法律演化过程，主要通过一些关键案例梳理。从联邦最高法院的视角，可以发现美国宪法对管制和准征收问题的基本态度。美国宪法第五修正案和第十四修正案都是重要的宪法依据，美国作为联邦制国家，各州都有自己的宪法，他们可能不执行联邦政府的部分法令，但联邦宪法和最高法官的判例却具有至高无上的权威。其中关键部分就是著名的宪法征收条款，以及在人权法案第五修正案的最后一句话。征收条款的含义是，如果一个人拥有私人财产，那么政府可以征收，但是必须是公用且必须受到公正补偿，按照市场价值补偿。任何层级政府的土地管制和规划行为是要受到联邦宪法征收条款规制的。

美国的土地管制及财产权保护问题可分为 4 个关键时期：奠基期（1900～1928 年），包括三个案例；沉寂期（1929～1977 年），包括一个案例；边界界定期（1978～2000 年），包括五个案例；21 世纪，包括三个案例。

1）奠基期

第一个案例是海达切克对色巴斯坦案（Hadacheck vs Sebastian，1915），其意义是：“对政府的管制没有限制，管制可以禁止特定活动。”[1]第二个是马洪案（Pennsylvania Coal vs Mahon，1922），其意义是：“管制有可能等于物理征收，产生了管制性征收的概念，当管制走得太远，那么等于物理征收需要补偿。”[2]第三个是欧几里得案（Village of Euclid vs Ambler Realty Company，1926），其意义是：“分区（地方土地管制）是合宪的，政府有权将土地划分为区，指定土地接受的用途，政府能对可接受的土地用途活动区别对待，分区并不是走得太远的例子。”1915 对政府管制尚没有限制，1922 年政府的管制可能出现问题，可能走得太远，此时要补偿，或者取消管制，到了 1926 年认为分区并列出许可用途是一个管制可接受的方式，并没有走得太远。

2）沉寂期

典型的是伯曼案（Berman vs Parker，1954）[3]，该案定义了什么是公共使用，认为对衰败区的再开发是合法的公共利益，此时，公众可从私人手里获得土地并转给另一个私人，只要政府宣布其衰败。本案本质上属于征收，法院给予了国会极大的尊重，国家权力行使受到的限制是很小的，这和后来的博勒腾案（Poletown）和凯洛案（Kelo）判决遥相呼应。这也可能和美国在此阶段急于发展经济有关。

3）边界界定期

警察权和征收的边界处于界定期。典型的案件中，诺兰案（1987）的启示是管制必须促进合法的国家利益；多兰案（1994）的启示是必须在国家行为和对土

---

[1] "... we are dealing with one of the most essential powers of government, one that is the least limitable.... the imperative necessity for its existence precludes any limitation upon it ... if ... private interests are in the way they must yield to the good of the community."

[2] "The general rule ... is, that while property may be regulated to a certain extent, if regulation goes too far it will be recognized as a taking."

[3] 在 1945 年，国会通过哥伦比亚特区重建法案，创建哥伦比亚特区重建发展土地机构，其目的是识别和重建华盛顿特区的衰败区，国会给新机构以权力——土地征收，以获取私人财产并公正补偿。伯曼和其他上诉人在委员会划定的一个衰败区拥有一家百货公司，并反对征收他们的财产，只是为了美化该地区。土地所有者在联邦地区法院提起民事诉讼，挑战该法的合宪性。他们的案件被驳回。他们然后直接向美国联邦最高法院提出上诉。为了美化和重建社区的目的，夺取伯曼和其他上诉人的财产是否违反了第五修正案的“征收条款”？不。在法官威廉·道格拉斯撰写的一致意见中，法院裁定，第五修正案并不限制国会根据任何具体目的征收私有财产的权力。法院的结论是，确定在为公共福利征收财产时应重视什么价值的权力属于国会。“如果管理哥伦比亚特区的人决定国家的首都应该是美丽的、卫生的，那么第五修正案中没有任何东西妨碍我们。”

地所有者的要求之间有合理联系；第一英格里希案（1987）的启示是暂时的管制可以构成征收；卢卡斯案（1992）的启示是如果政府行为剥夺了土地所有者全部经济上可行的用途，那么管制走得太远，财产被管制所征收且土地所有者有权得到补偿。

4）21 世纪

在典型的泰浩湖案（2002）中，政府颁布 32 个月的对所有土地改变活动的暂停令，一些土地所有者认为这是一个暂时征收，法院认为规划和管制是"正常和期待的"政府功能，法院不甘于过去所做的常规的活动，判定暂停令是一个土地使用规划好的工具，地方政府规划和管制行为获得了一个放行的"绿灯"。

2005 年的凯洛案是对伯曼案的回归，提出了两个重要的问题：一是假定并没有衰败这个前提，为了单一的经济目的和振兴目的可以公共征收吗？二是公共征收土地能从一个私人转移到另一个私人手中吗？答案是肯定的。另外在停止海滩再造公司对佛罗里达州环境保护部案（Stop the Beach Renourishment vs Florida Department of Environmental Conservation，2010）中[①]，判定为了环境保护，政府努力防止海滩侵蚀并没有剥夺土地所有者的财产权（通行、私密等）。定义财产权的性质对州（而不是联邦）来说是其职责。

从历史阶段的简单回顾可见，美国 1922 年判定政府管制走得太远而需要补偿或取消管制，1926 年判定分区对土地的划分是管制的可接受的方式，1954 年政府可以征收土地从私人转移到私人，只要是为了推进公共利益，且当原来的土地处于衰败区。在 1978～1992 年则对宾州中心案提出了限制，对过分热心的政府管制要施加限制，实际上，这些限制是否能真正挑战政府管理私人财产的方式仍存在疑问。2002 年判定地方土地管制是正常和预期的政府功能。2005 年判定政府可将土地从私人转移到私人手中来推进公共利益，以经济发展和创造就业的名义，不管是否最初土地属于衰败区。

## 6.5　14 个经典判例的逻辑

关于管制性征收有最为经典的 14 个判例（以下皆为简称）：欧几里得案

---

① 1961 年，佛罗里达州制定了《海滩和岸上保护法》（BSPA），以恢复和保持该州内严重侵蚀的海滩。2003 年，根据 BSPA，佛罗里达州环境保护部提出了申请联合沿海许可和授权使用最高淹没线下的土地，以便从沙滩挖沙来重建海滩。停止海滩再造公司（SBR），一个房主协会，随后质疑签发许可证和 BSPA 的合宪性。佛罗里达州最高法院撤销了许可证，认为签发将导致违宪。在上诉时，佛罗里达州最高法院首先重新确认已核准的问题，以确定 BSPA 是否"表面上"合乎宪法。然后，法院认为 BSPA 并不违宪，认为它没有剥夺土地所有者的沿海权利，却没有补偿。通过恢复沿岸（即在岸上或附近）的权利受到宪法保护，佛罗里达州最高法院是否引起第五和第十四修正案禁止的"司法征收"？不是。美国联邦最高法院认为，佛罗里达州最高法院没有违背第五和第十四修正案无公正补偿的征收财产。

（Euclid）、马洪案（Mahon）、苏特姆案（Suitum）、克石通案（Keystone）、卢卡斯案（Lucas）、洛雷托案（Loretto）、泰浩湖案（Tahoe-Sierra）、宾州中心案（Penn Central）、诺兰案（Nollan）、多兰案（Dolan）、孔茨案（Koontz）、帕拉佐洛案（Palazzolo）、第一英格里希案（First English）和林格尔案（Lingle）。回顾这些判例有助于摸清如何寻找管制和征收之间的界限和逻辑。

### 6.5.1　美国准征收的分类

不同类型有不同的判定标准或严苛程度，不能混杂。若将管制性征收称为反向征收，它可分为三大类。

（1）物理占有。当政府对不动产进行永久性物理占用时，就会发生物理占用征收，无论多么微小或占用的是什么，占用者可以是政府授权的第三方，不一定是政府。这种情况最典型的例子是一个不动产之下建设了新地铁，对不动产的安全造成了影响或潜在影响，业主可举证要求获得补偿或征收。

（2）管制性征收。这是一种最典型的征收。又可分为两大类：①类型征收（categorical taking）。一种情况是其经济价值全部被拿走；一种情况是本身征收（per se），发生在被物理占用的情况，典型的如洛雷托案。②非类型征收（non-categorical taking）。一般发生在政府施加的管制对财产产生了较大的影响，但未失去全部经济价值，这时需要进行检验性判定，是否构成征收。

（3）捐（exaction）。当业主申请政府许可时被要求提供土地或金钱等各种形式的捐献时，如果不合理，就可能构成因捐而发生的征收。

### 6.5.2　14个判例解析

以下对 14 个美国典型准征收判例作对比（表 6.1）。

表 6.1　14 个美国典型准征收判例对比

| 判例/年份 | 标准 | 案情/政府和使用者谁胜诉 | 意义和价值 |
| --- | --- | --- | --- |
| 欧几里得村对安博勒房产公司案（欧几里得案）/1926 | 符合美国宪法第十四修正案中关于"平等保护"（equal protection of law）的条款，而且安博勒房产公司也没有明确的证据来证明他们拥有的土地价值贬值了，并遭受了经济上的损失 | 原告被管制/败诉 3:6 | 管制是警察权的合理运用 |
| 宾夕法尼亚煤炭公司对马洪案（马洪案）/1922 | 有没有财产利益，管制是否走得太远 | 原告煤炭公司被限制开采/胜诉（管制败）8:1 | 第五修正案条款到颁布管制领域，开启管制合法性时代 霍姆斯大法官认为如果该法令能带来某种互换的利益则可以被认定为是有效的（经济互惠原则首次提出） |

续表

| 判例/年份 | 标准 | 案情/政府和使用者谁胜诉 | 意义和价值 |
|---|---|---|---|
| 苏特姆对泰浩地区规划局案（苏特姆案）/1997 | 是否存在最终结论，TDR 是否能足以提供符合第五修正案的公正补偿是问题的关键 | 原告苏特姆被限制但获得 TDR/胜诉 5∶4 | TDR 的引入 |
| 克石通烟煤总会对贝尼迪克案（克石通案）/1987 | 颁布法令构成征收（facial challenge）如果是成熟的，那么它是表面挑战（对法律本身是否合宪），是否拒绝所有的经济上可成立的用途，没有就不是征收 | 原告公司被限制开采/败诉 4∶5 | 法院采纳了布兰代斯法官财产价值是相对的观点（应当考虑的是财产的整体，而不是仅仅其中一部分的地表支撑权）当土地的使用方式构成"非法妨害公益时"，政府有权予以限制。但究竟是否构成非法妨害公益，则需要新的事实认定 |
| 卢卡斯对南卡罗来纳州海岸委员会案（卢卡斯案）/1992 | 首先符合类似应用挑战后，要判断是否一个本身（per se）的征收？管制拒绝了财产的全部用途？管制导致了物理占有的资产？当对土地的管制没有在实质上促进合法的政府利益，或是剥夺了土地所有者对其财产在经济上可行的利用时，便构成征收。如果要求土地所有者为了公共福利的目的而去牺牲其土地所有的经济利用可能性也就是说让其财产处于经济上的静止状态，那就已经是对其财产的征收 | 原告卢卡斯被要求/胜诉 6∶2 | 形成了"管制征收"中比较严厉的一项特别规则：如果管制法令剥夺了土地所有者对其土地"全部"在经济上有利之使用时，这就构成了"准征收"，此时就不需要通过宾州中心案中的三要素进行权衡判定。联邦最高法院又回到了依据个案事实来衡量的一般规则上来 |
| 洛雷托对曼哈顿有线电视公司案（洛雷托案）/1982 | 永久物理占领他人财产是征收，管制是导致物理占有？应该考虑一个持久的物理入侵/一个暂时的物理入侵和一个仅仅限制性的管制三者的区别 | 原告洛雷托被侵入/胜诉 6∶3 | 如果政府的作为乃是对财产的永久性的物理侵占，无论是为了重大的公共利益，还是所造成的经济影响轻微，依然构成必须给予补偿的征收 |
| 宾州中心交通公司对纽约市案（宾州中心案）/1978 | 是否符合三因素平衡检验：对诉求者的经济影响，干扰了显著地基于投资的预期，政府行为的特征 | 原告公司被限制/败诉 3∶6 | 地标保护限制是否构成征收？发展权转移是一种公正补偿？本案构建了一个一般判断管制征收的规则，提出了社会互惠概念。联邦法院认为判断何时有管制征收发生基本上是依据个案事实来认定 |
| 诺兰对加利福尼亚州海岸委员会案（诺兰案）/1987 | 捐是否恰当，是否关联，有公共目的，在合法的州利益和公共对其允许的条件之间必须存在一种"必要的关联"。施加条件的类型必须对应同样的新开发引起的效应类型 | 原告诺兰被要求捐出地役权/胜诉 5∶4 | 政府施加的诸如捐献地役权等条件必须严格谨慎；关联程度很关键；而且存在接触（touching），即政府施加了对财产的物理干预（通行其土地）；某种程度上看，诺兰-多兰规则过于重视对于开发商财产权益的保护，不利于合理的管制，法官之间的意见分歧 |

续表

| 判例/年份 | 标准 | 案情/政府和使用者谁胜诉 | 意义和价值 |
|---|---|---|---|
| 多兰对泰格德案（多兰案）/1994 | 如果存在合理联系，在捐施加的条件和新开发所引发的负担或影响之间必须还有一个大致的比例 | 原告多兰被要求捐地/胜诉5：4 | 是诺兰案的深化，负担政策对当事人的利益造成多大程度上的影响，是否符合大致比例原则（rough proportionality） |
| 泰浩湖保护委员会对泰浩地区规划局案（泰浩湖案）/2002 | 有限的暂停不是本身征收本案的主要争议点在于区域计划局的禁建令并非"永久地"剥夺了土地的"全部"经济利用价值，此时，是适用卢卡斯诉南卡罗来纳州海岸委员会中确立的当然准征收规则，还是回归一般规则中的三要素权衡分析 | 原告被限制/败诉3：6 | 它在一定程度上结束了政府对管制性征收赔偿的历史，也就是说强化了国家警察权力和《土地分区管制法》，以公益为目的的管制性征收并不适用于宪法第五修正案的征收条款。联邦最高法院明确地认定，应当适用宾州中心案一般规则。"概念性分割"的观点是无效的，因为法院必须关注"地块整体" |
| 孔茨对圣约翰河水管理区案（孔茨案）/2012 | 诺兰和多兰的情况叠加，同时施加了货币捐和土地捐的条件 | 原告孔茨被限制开发/胜诉5：4 | 政府不得有条件地批准土地使用许可，除非条件与土地利用有关，并与拟议土地利用的影响大致成比例 |
| 帕拉佐洛对罗德岛案（帕拉佐洛案）/2001 | 购买时的管制通知不是一个绝对的防御。依据宾州中心案中确定的基准来分析。即使在法令的管制后，350万美元的土地价值只剩下20万美元，也不认为当地发生征收。因此，卢卡斯诉南卡罗来纳州海岸委员会中所确定的当然规则被严格限定在了一个很狭隘的特殊情形，而不是一个一般性的规则 | 原告帕拉佐洛被限制开发/胜诉5：4 | As-applied挑战，联邦最高法院更新了成熟度检验 |
| 第一英格里希案/1987 | 三因素平衡后判定征收，如何救济管制征收：如果发生征收业主必须从颁布管制之日起补偿，政府不能以修改或撤回管制为借口来回避补偿。发起征收的程序。法官霍姆斯几十年前指出："一个改善公共设施的强烈愿望不足以保证达成愿望，通过一个捷径而不是为此支付补偿的合宪方式来做。" | 原告教会被限制开发/胜诉6：3 | 如何救济：对第五修正案的基本理解不是试图去限制政府权力，对财产权本身的干预，而是如果一旦构成征收就必须补偿 |
| 林格尔对雪佛龙（美国）公司案（林格尔案）/2005 | 征收条款对管制的挑战必须基于管制对产权的负担的严重性，而不是管制在促进政府利益方面的有效性。"实质性促进"公式不是确定管制是否构成违反第五修正案的征收的适当检验 | 原告林格尔政府管制/胜诉9：0 | Agins（实质推进公共利益）不再是一个管制征收的检验实质性促进是一个实质性法定程序问题，不是一个征收问题 |

注：笔者根据法院判例整理

从14个案件的法院判决结果看，政府管制胜诉5次，被管制的使用者胜9次。从案件发生的年代看，20世纪20年代2个，70年代1个，80年代4个，90

年代 3 个，21 世纪 4 个。

### 6.5.3　判定标准

不少学者对美国判例内在的标准进行了讨论。刘海平（2007）认为在法律上规定什么构成对财产的违宪征收是很困难的，历来的判例也是冲突的，联邦最高法院在不同阶段采用的是不同的判断标准，有三个要素是相当关键的。包括：①该管制在经济上的影响（对财产价值的减损）；②该管制对公民合理投资期待所干预的程度；③政府行为的性质。法院一再地强调最终问题就是存在争议的法律管制是否"单独强迫了一部分人承担依据公平正义的原则应当由社会公众作为一个整体来负担的责任"。而在考量政府的管制究竟是在合法范围内对权力的行使还是逾越权限侵犯公民权利时，法院往往就是依据所谓公平正义的标准，这是因为管制征收实际上是一个程度的问题，虽然有上述的一些固定标准，但对公平正义的考量才可能是法院实际上区分合宪管制与违宪管制的标准。这还是一个实质性公正程序问题。一般而言，下列几种因素被列入考虑的范围之列：①是否是为了避免某种对公众的伤害。即如果是对明显有害的使用进行管制，不会构成征收。②财产"价值减损"理论，基本上就是一个程度的问题，但此项标准是和上面第一项"危害"标准配合使用。③权衡判断标准。此种标准是通过衡量个人所遭受的损失与增进的社会公共利益，如果社会公共利益大于个人损失，则个人不受补偿。但是不能单独采纳这个标准，否则政府的法令只会在很少的情况下被宣告违宪。法院必然还会考虑的公平与正义。

刘连泰（2014）认为综合马洪案，多数意见和反对意见完整展示了分析管制性征收的几个基本概念工具：实体性正当程序、权利束、平均利益互惠原则。这些概念工具和警察权的概念一起，构成了分析管制性征收的基本元素，通过元素与元素的组合，可以构造确定管制性征收的坐标系。马洪案之所以堪称经典，是因为上述三个元素同时登场，该案进一步展示了上述元素对判断管制性征收的意义。实体性正当程序是手段和目的构成的坐标系（判断阻止财产有害利用的管制是否构成征收），平均利益互惠是负担与利益构成的坐标系（判断提升公共福利的管制是否构成征收），权利束是被剥夺的利益与财产的全部利益构成的坐标系。联邦最高法院不过是交替适用三个坐标系来判断管制是否构成征收（广谱适用的坐标系）。

从上述 14 个判例中，发现有几个根本性原则或因素体现在法官的判例中：①是否本身征收；②是否成熟；③是否走得太远和存在财产利益；④是否存在合理联系和大致比例；⑤是否物理占有；⑥发生时间；⑦是否通过三因素检验。在判断是否构成征收的维度方面，一般会考虑 4 个维度：合理性（如林格尔案）、大致比例性（如诺兰案、多兰案）、实质占有（如卢卡斯案）、促进一个实质性公共目的和基于投资的预期之间存在合理的必要性（如宾州中心案）。

一般而言，一旦构成侵入（touching 或 invasion）很容易判定构成征收，判定构成征收的触发点还有：管制行为是否构成一个持续或暂时性对私人财产的入侵？管制或行为是否要求土地所有者捐献一部分财产做公共使用并满足大致比例性？是否管制剥夺了土地所有者几乎所有的经济可用性？

结合上述对反向征收的分类，笔者认为检验的重点是管制性征收和捐引发的征收两大类，其中关键是非类型征收。对比法律对征收和准征收的公民财产权保护，可以发现二者之间存在共性的东西[①]：一是对公共目的的强调，这和政府行为的性质有关，也和土地所有者遭受负担和管制带来社会收益合理性和对比有关（有点类似比例原则）。二是对公正程序的强调，如合理联系、大致比例、是否成熟之类的检验；宪法的正当法律程序条款从两个方面同时保证了防止国家滥权和钉子户损害公益的情况发生。正当法律程序是指公平和固定的程序。也就是说，如果没有合法程序，国家剥夺公民的生命、财产是非法的。在美国宪法第五修正案（1791）和第十四修正案（1868）中规定，如果没有正当法律程序政府不能侵害公民的生命、自由和财产。但是所谓正当法律程序只不过是宪法为政府实施警察权提供了便利。1897 年洛克纳案后，联邦最高法院认为一个州在行使其警察权的时候，必须公正、合理、合适，因此必须把国家警察权限制在公共安全、公共卫生和公共福利领域内。三是对补偿的公正性的重视，这方面的检验较多且复杂，如互惠原则[②]、负担义务相称、基于合理预期的投资等。第三类补偿检验最为重要和困难，留给法官的自由裁量权最多。

总的来说，法律本意不是拒绝政府管制，而是构成征收必须补偿。物理干扰容易判定征收这个争议不大，如洛雷托案 6：3 的压倒性意见，多兰案、诺兰案也触及这个红线。政府的行为不能剥夺土地所有者所有经济价值，这类似公正补偿原则。政府不能将公共利益的借口施加给单个人来承受，管制是对一般大众的，且公共利益和义务之间要合理联系且大致成比例。现代社会里，管制往往会给土地所有者造成经济损失，所以有没有补偿性利益给土地所有者来免除补偿的责任

---

① 征收的一般宪法保护原则有三：公共利益、正当程序、公正补偿。

② 刘连泰（2015）认为经济互惠公式为"一项管制给财产权人带来的利益大体上等同于施加给他们的负担，该管制措施不违反宪法"，且无需补偿。按照经济学更刚性的语言，如果管制的变化不仅给财产施加了负担，而且带来了直接的利益，不构成需补偿的征收。社会互惠公式："如果一项管制给社会带来的利益粗略地等同于给财产权人施加的负担，不构成需补偿的征收。"因为受到管制的土地所有人作为社会的一员，与其他成员一样平等受益，不构成需补偿的征收。从上述两个公式可以看出，"平均利益互惠"概念采用的是效益标准；"经济互惠"概念适用帕累托改进原理——"假定固有的一群人和可分配的资源，从一种分配状态到另一种状态的变化中，在没有使任何人境况变坏的前提下，使得至少一个人境况变得更好"，"社会互惠"概念适用卡尔多-希克斯改进原理——"只要某种变革提高生产效率，经过足够长的时间后，受损者就会自然地得到补偿。在长时间的一系列政策改变中，这次变革使这部分人受益而另一部分人受损，下次变革则可能使这部分人受损而另一部分人受益，相互抵消后益大于损，就意味着社会福利的增大。"

是一个重要的考量因素，这是公正补偿原则的体现。

### 6.5.4　管制征收对我国的初步政策借鉴价值

正如刘海平（2007）所言，管制性征收及其公正补偿条款将政府从一个权力机构转变为一个理性人：政府在决策过程中也必须平衡收益和成本，这不仅有利于防止政府权力的滥用，也有助于保证政府的管制行为符合社会的总体利益。 长期以来，我国是一个重视公权力而忽略私权利的国家，政府享有权力，但却不用承担相关的责任，在出台一系列的法规、法令、命令、决议时没有动机去考量成本与收益，很容易对私人的财产权利造成侵害。我国不可能完全照抄照搬美国的征收体制，但美国在关于如何平衡私权与公权的做法对我国在未来的法律改革具有一定的参考价值。

必须注意到，中国美国两国制度尤其是法律制度差别很大，美国的判例只能给我国提供理念性的参考，很难直接移植。深层次来看，从土地经济学的视角，纵观美国的判例实践，可获得以下几点思考。

（1）美国一直在不断探索警察权和公民财产权保护之间的合理界限。无论是从典型的马洪案提出的"走得太远"，还是现代社会发展需要的必要的和细微的"捐"的义务。很多的判例中，实际的对财产权的干预强度并不大，如洛雷托案、多兰案和诺兰案，仍然被判定征收，而影响很大的泰浩湖案，被管制方没有得到法院支持。

（2）土地利益是考虑的重点，尤其是互惠利益，且新的补偿工具得到重视，如可交易发展权（TDR）。

## 6.6　准征收与补偿的理论引入和中国实践

本书认为，美国的准征收是建构在以分区为特色的土地干预制度之上的，美国地方政府最典型的土地规划管制工具包括综合规划、分区、细分和官方地图（official mapping），在此制度下，土地具有基本的权利，尤其是基本的土地发展权属于土地所有者，只要符合法律和规划管制条件，申请开发一般能获得批准，所以判断准征收具有起点，这是需要借鉴的。我国由于土地发展权制度尚属于法律空白，所以管制何时走入准征收的判定具有更大的技术难度，也需要迥异的判定方法。

无论是征收、准征收还是管制，都是围绕土地权利和国家（集体）公权力的平衡问题展开。征收行为具有明显的权利剥夺特征，且以补偿为"唇齿条款"而具有可辨别性。土地管制对权利的部分剥夺具有隐蔽性和渐进性，是私权利和公权力角力的结果，是否需要补偿具有难以辨别性。只从法律规范或司法判例进行判定都很难获得一致性答案。土地作为一种市场资源和要素，必须结合其特性，将权利放置于特定的市场条件下进行判定，才具有更强说服力。现代社会发展已经逐步揭示，土地发展权作为土地的一项权能，受制于并对抗管制的功能日益凸显。本书认为，考虑中国的法律体系和社会理念，目前准征收判定的重点应该立足于土地基本发展权的定义方面，这个起点解决不好，很难说政府的管制或行政许可侵犯了你的财产权-太过-从而需要补偿。在中国，最普遍的难点在于宾州中心案构建的三要素：对诉求者的经济影响，干扰了显著地基于投资的预期，政府行为的特征在适用存在困难。因为第一，管制很难说对土地所有者产生了什么经济影响，因为土地所有者对自己的权利禀赋并不清楚，只是感觉受到了影响；第二，更难说存在基于投资的预期，买什么样的土地就有什么样的权利，变换用途永远掌握在政府手中，没有确定性；第三，政府行为多数是为了提供公共利益，而不是阻止妨碍，且很少提供互惠利益，这个是唯一可挑战的方面。

## 6.6.1　土地发展权理论

土地发展权的权利内涵和价值受到政府管制的界定，是不是从属于土地所有权（或使用权）的一种权利？学界对此分歧严重，不少学者认为该种权利被政府严格掌控而认为它属于国家，本书不认同该观点。狭义的土地发展权就是指土地的初始性、禀赋性等内在的权利，应该属于土地所有权（使用权）本身，并获得政府保护。但狭义和广义之间的发展权属于谁，尚有待讨论。下文将解释何谓广义、狭义发展权。完全不受限制的土地，不存在发展权问题，但这种情况在现代社会基本不存在。绝对的限制相当于剥夺土地所有的发展权利，完全用行政来配置资源，将陷于低效率的窘境[①]。因此，按照社会对权利的一般概念和内涵的认同，政府一般会寻求一个"合适的"的管制强度，对土地开发的权利进行恰当的定义（赋权）和分割，以获得社会福利的最大化。于是，在土地开发权利和管制强度之间就建立了一个联系：政府管制和市场共同对土地的权利进行明确和合理的界定。对特定的土地，在管制的同时，赋予其对应的开发权利。对一块土地，从帕累托最优的效率标准看，它应该具有基本的、内生的发展权。作为影响土地使用的两种权利，土地管制权和土地发展权各具功能，前者更具有公共权力色彩而掌握在政府（或一个集体）手中，后者更具私权利色彩而掌握在土地权力所有者手中，二者具有一定的对应关系且相互深刻影响。权威学者如费希尔等已经论证，土地分区权是一种社区性、集体性公共权力，在此权力下，土地所有者以包含发

---

[①] 此时，类似土地人民公社所有或一个国家将所有企业都规定为国家所有，国家的确可以选择这么做，但这样做的效率非常低，不符合基本的激励原则，历史已经表明这种做法的惨痛失败结果。土地制度亦复如此。

展权在内的土地权利与之抗衡。

基本发展权是土地的内在权利。发展权价值不仅和土地市场、建造成本等参数密切相关，实际还和管制强度（可用容积率 $\rho$ 定义）有关，其中 $\rho$ 的影响最大。明显地发现，政府对土地所赋予的基本开发密度不仅影响基本发展权的大小，还对其与土地原用途价值的比例有很大影响。基本开发密度（权）越大，发展权相对价值越大。从经济学视角看，土地发展权价值源于其他土地开发潜力的转移——其他土地被限制开发而本地块可以开发。

总之，受到管制影响的土地发展权，它是市场条件和政府管制共同作用下形成的混合权利。在区域内部，不同地块被确定为不同的用途和开发时机、开发强度，从而实际上不仅改变了整体的市场条件，而且发展权价值在空间上进行了新的配置。特定地块的发展权及其价值同时受到周边地块的影响而不能独立，它反过来也影响周边地块价值，这是土地市场所具有的特征。

## 6.6.2　公权力干预下土地权利轴线的形成和对准征收行为的补偿

土地权利是一个权利束，具体内容随着社会经济条件的变化而变化，是最容易受到干预的生产要素，主要源于它的不可移动性、外部效应和公共物品特性，这是其他商品或要素所不具备的特性。征收会拿走土地的全部权利；当国家为了保障公众健康、安全和维持社会秩序，但又不想付钱也没钱去征收全部土地时，可以选择行使警察权，运用土地管制等手段约束土地权利，如对有害的土地利用行为进行限制或禁止，此时，国家并不需要为其行为后果担负赔偿或者补偿责任。准征收常介于二者之间，征收—准征收—警察权运用构成一个连续的土地产权干预轴线。

这个轴线是连续的。第一，征收是对土地权利的全部剥夺，对权利人而言，即使按照市场价值补偿，那么他还是会损失附加在土地上的所有主观价值。在某种意义上，征收也包含了对财产权的部分强制剥夺，相当于征税。

第二，如果合理地管制，即赋予土地一定的基本发展权，即使很小，如果符合社会一般观念和行为标准，那么不构成准征收。恰如著名学者费希尔所言，"在管制征收的法律实践中，传统的损害利益标准似乎最与基本的习俗一致，该习俗被征收条款和警察权的效率实践所暗示。此时被称为正常行为标准。它认为法院应审查社区的管制是否与社会习俗一样"。正常行为标准是费希尔提出的主要学术主张。如果政府设置超越正常行为的标准，则可能走得太远。

第三，如果几乎或完全剥夺土地发展权，或者管制强度超过基本习俗下的标准，那么很容易构成需要补偿的准征收。本书认为，这个管制强度（或者基本权利），不仅要看社会习俗，还要端视土地所处的市场环境。

　　从社会理念看，与财产权受到社会约束的必要性相对，国家的任何权力都不是绝对的，否则就有滥用的可能，如过度征收、过度管制。财产权是政府-公民（法人）双方围绕财产权到底有什么具体内容展开的博弈和权利分割，而且财产权本身的界定也处于动态变化之中。在一般意义上，当这种权利限制、分割获得双方认同或符合社会一般准则时，这种对财产权的约束可视为一种"社会约束"或对财产权的合理定义，而不构成准征收和补偿请求权。但是，当权利分割对财产权人过于不利，对其本质构成损害，甚至几乎剥夺了全部的权利内容（而不以价值来衡量），或剥夺了几乎所有且可能实现的价值，又或普遍性限制对部分权利人构成不对等的特别限制时，则可能构成准征收。依据波斯纳对财产权的定义："财产权是对有价值资源进行排他性使用的权利"，当价值都失去了，财产权就成为空中楼阁。

　　从市场环境看，由于土地的空间性独有特征，以及人口和经济要素分布的集聚性，不同区位的土地呈现不同的利用潜力和价值，一般性管制措施必然对土地构成的权利损害程度相差甚大，这对受到限制的公民是不公平的，有可能导致部分公民遭受"特别牺牲"，此时，国家应该考虑在合法且不撤销管制的前提下对部分公民进行补偿。一个简单的例子是将荒无人烟的土地规划为生态保护区并禁止所有建设，很难构成准征收；反之，将大城市附近土地规划为基本农田保护区，禁止任何建设，则对土地所有者是不公平的，应该给予某种形式的补偿。

　　一旦构成准征收，应该予以补偿，其理由如下：①规划和管制导致的不公平只能由政府来纠正，否则会带来巨大的社会成本。②防止警察权的滥用。准征收补偿本身就是对警察权使用的防御和限制。如果随意地对财产权进行准征收，则导致过多的管制，不符合社会福利最大化的准则。③对人们行为形成正确激励。财产权的保障有利于人们的努力工作和市场交易。④在提供公共品和保护财产权之间平衡。政府需要提供公共品，但也要保护财产权，维持某种平衡，不能强制性地让少数人为全体人提供公共品做出过度牺牲，这是武断和专制的。⑤提高资源利用的效率。管制并不能全部替代市场功能，过度管制对市场和资源配置是有害的。

　　在学界，管制、准征收及其补偿已经被不少学者逐步揭示。张千帆等明确指出《土地管理法》所体现的管制主义模式剥夺了农村自主发展和农民使用土地的权利，而这一切都是在没有任何补偿的情况下维持着。艾珀斯坦虽然没有提到发展权，但是隐晦地指出了政府部分征收的恶果："假设政府拿走了所有权的任何附属权利，假设他以任何方式减少了所有者的权利，那么从表面上看，他就将自己带入了征收条款的范围，无论所带来的改变有多么小，也无论该条款的适用有多么普遍。征收条款意味着：未经公平补偿，不得为了公共用途而部分或者全部征收私人财产。"

### 6.6.3　土地发展权和准征收判定

土地发展权和准征收存在紧密联系：二者都是由于管制而生，准征收的实质是对土地发展权的剥夺程度，是否补偿还需要考虑融合进去的明示或暗含补偿因素。第一，当管制对土地发展权实施了几乎全部剥夺，则构成准征收。第二，当管制未伴生一定的默许的基本发展权，或者其他变相形式的发展权，类似于艾珀斯坦所言的没有"暗含补偿"，此时可认定构成准征收。第三，管制对发展权限定的程度因市场条件和发展许可而定，管制不可避免地会对发展权进行定义。当市场中土地转换用途的概率高，发展权价值大时，容易构成准征收。反之，当土地的发展权价值本身较小，那么管制被视为合理的"社会拘束"，土地所有者应予忍受。第四，禁止进行有害土地使用活动是国家公权力的合理运用，不存在发展权的剥夺问题；对公益性公共品供给目的下的管制则需要考虑它对发展权剥夺的程度。

总之，虽然发展权价值大小和权利受限是判定准征收的良好标准，但由于同时需要考虑是否赋予初始发展权或暗含补偿，判断标准如下：第一，是否具有暗含补偿。在现代社会，土地基本发展权是土地不可剥夺的权利，如果政府赋予了基本发展权，允许一定的或"合理的"开发权利，则不需要补偿；反之，如果管制没有附加任何明示的或暗含的基本发展权，则必须要进行补偿。换言之，依据社会公平等一般理念和市场条件，在土地权利的界定和初始赋予阶段，如果管制的同时赋予了土地合理的发展权利，则不构成准征收。赋予权利之后，实施新的管制措施，则视其程度判定。其他类型的土地发展权如超额土地发展权等皆不属补偿范畴之内。第二，一般性的管制措施下，重点考虑空间差异性。对发展潜力和发展权价值巨大的地块，土地所有者利益受损严重，构成准征收。第三，公益性、交易成本、效率等是在遭遇难以判定时的附属参考标准。

换个视角看，准征收和发展权理论下的赋权和经济补偿都是对政府保护财产权、防止侵害财产权的一种"倒逼"机制。

## 6.7　准征收补偿理论的初步政策含义

现代国家应该对自己行为的目的和效果进行谨慎的审查。我国《宪法》明文规定："国家为了公共利益的需要，可以依照法律规定对土地实行征收或者征用并给予补偿。"（第十条）"公民的合法的私有财产不受侵犯。……国家为了公共利益的需要，可以依照法律规定对公民的私有财产实行征收或者征用并给予补偿。"（第十三条）可见，对包括土地在内的私权利进行保护与国家保留的征收权力是伴生的。作为警察权的管制亦不例外。基于生态环境、社会公平等考虑的用途管制本身没有错误，但是违背"平等""比例"原则的几乎完全剥夺被管制者发展权的管制却是不合理的。

政府的存在是有价值的。在不存在有效政府控制下，每个人（根据自然权利的传统）被赋予了某些个人权利，但这些权利价值很低，因为一些个人总是试图夺去那些本来属于其他个人的权利（艾珀斯坦，2011），这可能陷入霍布斯笔下的原始状态和丛林世界。这个社会福利馅饼是较小的。如果成立诸如政府这样的政治组织对社会加以管理，那么社会收益（馅饼）增大了很多，这是社会行为正当性的基础。为了控制私人（对私人）的侵犯，需要国家拥有警察权；为了防止自愿交易不能产生足够的抗击私人侵犯所需要的权力，国家需要拥有强制交易的权力，这种权力就是征收权。

准征收的研究昭示人们，国家管制权力的行使要和保护公民私权利进行权衡，公权力力行自我约束，以保护公民自由和财产权。政府要小心翼翼地防止走入准征收的领域。不要管制太过，而是在管制同时给予适度的明示或暗含的权利补偿。一旦构成准征收，必须实施事后补偿，方式不一定是现金，也可进行暗含补偿（分配基本发展权），免除准征收补偿责任，以维护社会的公平正义。

在此按准征收的性质和补偿的可能性大小将政府管制行为进行大致的分类。

（1）对土地利用具有明显公益性且开发具有危害性行为的管制。一些重要的自然和水源保护区、湿地等土地开发属于此类。政府管制具有必要性，可不赋予土地基本发展权，不构成准征收，必要时甚至收归国有。可按照平等保护原则对原住民进行搬迁、社会保障、就业、财政转移支付补贴等形式的补偿，让全社会的财富向受影响的公民进行转移性财政支付。对一般性农用地管制，可参照该原则。

（2）对土地利用具有明显公益性且开发危害不大行为的管制。城市周边（或者内部）农用地和未利用地保持现状确实具有巨大公益性，但这些土地的发展潜力巨大，发展权价值较高，占土地价值的主要部分，此时如无暗含补偿，则明显构成准征收。用判例法的理论，此时容易危害土地"经济上可行之使用""价值贬损太过"等。它们进入建设用地市场只是时间问题，开发虽具有一定危害，但也会产生社会收益，如土地可用于发展工业解决就业、建设住宅提供可支付住房等。此时的管制构成准征收。政府对其基本权利应该予以承认，可按照土地面积对开发指标进行一次性分配和锁定，基本发展权使用完毕，只能通过购买发展权或者容积率移转等方式获得新增开发权利。实际上，开发只会发生在小部分土地上，且其区位可受到政府调控。允许集体建设用地入市和分配宅基地使用指标具有土地基本发展权分配（暗含补偿）的具有类似的政策效果。

（3）对土地利用无关公益性，开发具有一定负外部性行为的管制。主要是城市内部的建设用地，如果没有规划的约束，由于交易成本等原因，土地开发将可能产生混乱、陷入无人提供公共产品的困境。无论私有制或国有制的环境，如果后面的管制剥夺了之前的使用权利或开发权利，构成准征收，需要补偿，依据侵害程度实行部分补偿，因为原土地已经获得潜在收益。如果想获得额外的开发权，需要向政府购买。政府可通过发展权交易市场实施对受限土地所有者的经济补偿。对缺乏证据证明土地拥有某种发展权的情形，按照公平合理的原则赋予基本发展权。超出部分的权利，不予承认。

（4）最为重要的是，立法机构应该对行政机关主导的规划管制法令和文件进行严格审查，大幅度减少不当管制，更倾向于保护财产权和加强对初始赋权的要求。从事后救济的角度看，司法机关要承担起对公民财产权的保护重任，保护公民的请求权等权利。一定的历史阶段，对抽象行政行为应该纳入行政诉讼的范围。

国家应该在运用公权力和保护财产权私权利之间保持平衡，促进资源利用的效率和社会财富分配的公平正义，国家不仅应该对土地利用的负外部性进行纠正，还应该对公益性土地利用和公共品供给目的下的土地准征收行为对公民造成的损害进行补偿。土地准征收实际损害的是土地的基本发展权，如果承认和赋予了土地的一定的发展权，那么就暗含了权利补偿而不需要另行补偿。另外，管制虽然带来负面效果，但是同时有助于创设发展权交易市场，让获得发展权的主体对丧失发展权的主体进行补偿而不需要耗费财政资源。总之，国家是否承认和赋予土地基本发展权并结合具体土地市场条件是判定准征收构成、补偿及管制合理性与否的两大主要标准。另外，政府必须更多采用市场化的规划管制措施，减少僵硬武断的传统管制手段，让土地权利人可以通过市场获得部分补偿而不是通过地方捉襟见肘的财政。

土地发展权是判定土地准征收的首要和良好标准，但国家如何合理地赋予土地基本发展权，赋予多大的权利，受到哪些因素的影响等问题仍然需要进一步的研究。

# 第7章 准征收与补偿实证研究

## 7.1 引　言

　　世界范围内，无论是发达国家还是发展中国家，在21世纪土地产权问题仍然是一个全球热议话题。产权是一束权利的组合，对土地产权的全部剥夺并以合法的土地征收带来的社会冲突及社会抗争，是当代的热点问题，但对土地产权部分限制或剥夺并以土地管制手段表现的政府行为，是否会产生激烈的社会冲突，是一个较新的理论和实践问题。农民是否感受到管制并由此产生不满？正如有布鲁斯所言："凯洛抵制只是征收抵制的一部分而已，管制性征收方面的警察权实施已引发了抨击。"

　　在土地征收制度下，符合公益目的，经法定程序和公平补偿，可以对人民的土地权利进行剥夺。在土地征收时，人民的财产权遭受"特别牺牲"而必须给予补偿。土地征收行为实施难度及人民对征收的支持与否，明显受到社会理念、经济发展和城市化所处阶段的影响。近年来，由于土地管制引发的土地准征收问题开始吸引人们关注，尤其是在一些经济较为发达的地区。

　　无论土地征收还是土地准征收，都是一个土地权利（简称地权）问题，地权问题不仅和统治者的规定关联，也和公民的意识、行为反应乃至博弈行为关联。随着社会经济环境的变化，人民对土地的权利意识、对土地价值的认识不可避免地发生着变化。社会实践显示，过去，土地对于农民具有强烈的生存价值和情感依赖，而随着工业化程度的加深和人口流动性的增强，土地对于农民的生产价值在下降，但土地权利意识却反向增加。国家公权力运用过程中，是否会损害农民利益、是否引起农民心里的某种意识、是否诱发矛盾和冲突？本章主要从农民的视角，探寻他们对土地管制的感受（是否有感），试图对土地权利和土地意识演化的方向进行判断，为未来的制度变革提供有益借鉴。

## 7.2　过去的研究

　　地权制度关系国民福祉和经济增长，一个国家的土地政策和地权制度，根植于该国的农民的文化、社会心理特征和习惯、历史、制度的路径依赖等。首先，人们必须承认地权观念的历史性。如法学家沃格特（Vogt，1999）认为财产的含义是变化的。人们看待它的方式和制度，以及人们对这个词赋予的含义，都会不断变化。财产和法律一起出生且必须一起灭亡。在法律出现之前，没有财产。拿走法律，全部财产终止。财产权不能在没有合法化和更高权力所实施之下存在。依据"自然权利"理论，该理论由17世纪的哲学家洛克提出，认为对财产的自然权利源于个人的劳动。这似乎意味着社会上的财产权可以先于和独立于国家的支持。然而洛克也承认财产必须被国家所承认和保护。通过国家或其他认可的更高机构，社会将财产权赋予某类人而不是其他人。

上述观点表明了财产权和政府、法律之间的紧密动态复杂关系：财产权最终依赖于政府的保护和法律，政府用一种选择性方式决定群体成员有什么样的权利，该权利被承认为财产权并给予恰当的保护。具体含义是：第一，财产权在不同社会间相差可能很大，一个时期可能与另一个时期差别很大，因为它们是历史性决定的。第二，被特定机构选择的财产权不可避免地倾向于特定群体或个人，且倾向于特定权利类型。第三，财产权的冲突在每个社会都不可避免。所以，静态的或者刻板的死守既定的法律，抑或过于超前的法律，都不会得到社会的普遍承认。

社会学家比较倾向于从社会群体内部去分析问题。田先红和陈玲（2013）认为产权不仅是一个权利界定问题，还是权利实践和阶层竞争关系问题。农村地权配置规则的混乱、强力原则在地权分配秩序中的凸显，正是农村社会阶层分化及由此引起的规则变迁的结果。但该观点忽略了国家这个外部力量的作用。曹锦清（2016）从心理上分析了中国农民有一个很重要的特点就是要求平均主义。平均主义给予的负担，农民也接受了。这表明农民对国家对于产权的界定有较高的耐受力。

从土地本身的多功能角度看，它是一个独特和复杂的资源，包含经济、生态和社会三个元素。非常不同于普遍的商品和生产资料，不仅具有多种经济、生态功能，而且蕴含了农民的就业、情感、公平和社会保障等社会功能。所以，绝不能以一般的投资品来看待土地。李承嘉等（2011）调查发现，不论是一般民众或农民在价值观方面，普遍同意农地的重要性，在农地保存上也有极大的共识，但存在态度差异。土地的多功能性已经成为常识，但是借口土地的多功能性就强行施加给农民义务或者开脱政府应承担的责任，却备受社会各界质疑。另外，学界在讨论土地流转时，不少人认为土地具有社会保障功能，不主张其私有化或自由流转，否则将影响社会稳定，这是关于土地权利和农民关系的一个较有影响的观点。

从土地-农民的互动关系及农民对待土地的行为模式视角看，学界关于农民对于土地利用行为到底遵循"生存理论"还是"经济理性"，斯科特（2001）提出的农民的道义经济学认为农民不仅有强烈的互惠观，他们的经济行为是基于道德而不是理性，奉行"生存第一"和安全第一的原则；支配小农经济行为的主导动机原则是"安全第一""极力避免风险"，以及"在同一共同体中，尊重人人都有维持生计的基本权利和道德观念"。舒尔茨显然是反对小农非理性假定的先驱。

实际上，小农行为具有双重性：一方面追求生存第一和安全第一，另一方面追求收益最大化。或者可以说，对一些地区的一些农民而言，生存是他们对土地所附加权利的认知"底线"而已，是不可侵犯的，但不排除生存权得到满足后，经济理性的诉求会随之出现。王露璐（2007）对民国时期苏南地区投资土地行为的研究发现农民的行为是"生存伦理"下的"安全第一"与"经济理性"支配下的利益追求共同作用的结果。一些农民的选择，更多体现在"安全第一"的生存伦理原则支配下的一种恋土情结。虽然验证了斯科特关于"安全第一"准则的约束力和适用性的论断，但是人们的行为会随社会经济环境变化。所以，人们不能简单套用 20 世纪初的背景和结论来适应 21 世纪的农村。总之，生存权本质上不属于地权，但地权是农民生存权的重要基础，而经济理性则牢牢地与地权挂钩。

利益一直是权利的内核。利益重塑对地权的演化具有根本性的推动作用。郭亮（2010）发现，农村税费改革之后，趋向个人权利本位的地权建设是当前地权纠纷发生的直接诱因。在利益的刺激下，通过农户表达权利的话语，各种土地制度的遗产都复活了。赵德余（2009）也认为在中国的土地征收关系中，虽然农民也一样面临生存权利的诉求，但是生存权利并不是唯一的目标追求，农民对抗地方政府的寻租机会主义行为，试图最大限度地争夺和分享土地租金显然也日益上升为农民的集体行动目标。这相当于告诉人们农民地权意识的逐步形成，当代中国基本解决农民生存权问题之后，谋求利益或更好的生活成为人们追逐地权的主要目的，如对承包权、公平征收补偿权、非农使用权等权利诉求。

地权是人对土地的权利，作为主体的农民的抗争是地权演化的重要力量，抗争将农民和国家置于一个大的分析框架之内，农民的抗争是地权获得的重要方式。地权是社会发展的产物，有时源于上层的制度安排，有时更多源自基层人民的博弈和斗争。换言之，产权绝非只是源于上层的"施舍"，而是主动争取的结果，这一点在 70 年代末的"承包到户"中早已获得证明。不少学者认为生存意识固然重要，同时，权利意识越来越在民众的维权抗争中占据主要位置。柏兰芝（2013）认为，"产权界定"也不只是制度设计中可计算的工具和手段，它可以是一个集结、动员和自我赋权的过程。不同的行动者在斗争的过程中重新定义个体和集体的利益，并重新塑造习俗和制度。

经典观点认为当外来侵犯触及到农民的最后生存底线，违背生存规则的道义经济时，农民日常形式的反抗便以"暴力形式"呈现出来。耿羽、折晓叶、刘培伟对农民围绕地权的抗争问题做出了重要研究。但裴宜理（2008）质疑认为，传统中国人就不是为权利意识而奋斗，而是为规则意识而奋斗。在中国，权利往往被理解为是由国家认可的，旨在增进国家统一和繁荣的手段，而非由自然赋予的，旨在对抗国家干预的保护机制。中国语境下的规则不能不说也具有权利的色彩，比如，孙中山提出的"平均地权"，中国共产党提出的"打土豪分田地"，就反映了 20 世纪中国人内心对拥有土地的权利诉求和公平诉求。随着时代发展，这种诉求会发生某些变化。

可以认为，与生存伴生的多是公平的（安全的）诉求，与权利伴生的多是效率的（利益的）诉求，二者时而分离，时而共生。具体哪种意识居于主导地位，则是一个实证问题。

## 7.3 理论分析和假说

土地权利是一束权利支构成的集合，但不同的"支"重要性不同，归属的明确性也不同，这种明确性表现在模糊性和动态性方面，即在理论上和实践上这个"支"是否从属于整个权利束，并不是无争议的。如土地是否具有"开发权"，并不存在无争议的共识，不同国家在不同时期的规定也不同。这种现象投射到公民的意识层面，说明了他们或者没有明确意识，或者有意识但强度不同。资源的管理者亦如此。这反映了产权问题的复杂性和历史动态性。

特定时间断面上国家的土地管理政策是具体和确定的。与土地征收拿走农民全部土地权利相比，国家对农地的权利限制及其所带来的损失往往具有极大的隐蔽性。多数限制，如通过颁布法律和政策实施禁止农地未经征收而转为建设用地，一般被认为是合理的，因为多数国民认同"粮食安全""鼓励农业"等价值取向。但是在一些城市边缘地区，具有农地转为建设用地潜力或者已经是"集体建设用地"的集体所有土地，被土地规划或城市规划规定为农地、绿地或其他公共设施（如道路）用地，此时，就涉及巨额财富的分配、权利配置的公平性问题。或者说，土地的发展权利被剥夺了，有可能触及准征收的界限。然而，这种权利未必能被农民所认识到，或者说，他们可能并不认为这种权利"本来就属于我们"。因为这种权利更多地属于一种经济性的发展权利，而不是生存权利。

胡新艳、罗必良等在研究农地内部流转时发现，农地对于农民来说是一种不可替代的人格化财产，农地劳作往往被当成身份象征或精神寄托，并随着赋权的身份化（成员权）、确权的法律化（承包合同）、持有的长久化（长久承包权）而不断增强。因而，人们对于人格化财产，倾向于给予更高的价值评价，禀赋效应会更强。从这个意义上，土地的生存权具有较高的评价。

禀赋效应是指当个人一旦拥有某项物品，那么他对该物品价值的评价要比未拥有之前大大增加。同时，在行为金融学中的"损失厌恶"理论认为一定量的损失给人们带来的效用降低要多过相同的收益给人们带来的效用增加。因此人们在决策过程中对利害的权衡是不均衡的，对"避害"的考虑远大于对"趋利"的考虑。

很明显的是，土地的发展权并不具有人格意义而是一种财产性权利，这种权利蕴含在土地之中，很难被一般群众所发现，直到他们产生这种需求并被政府禁止之后。另外，人民对权利的认识，深深地受到过去法律制度的影响：即过去没有获得过法律承认的权利，可能很难唤醒他们对该种隐形权利的诉求。土地发展权被不少学者认为实际上全部掌控在政府手中。换言之，农民可能并不认为发展权是他们本来就拥有的"禀赋"。

土地发展权理论认为，该种权利因管制而生。国家干预土地至少有两个手段：征收和管制。

从上述理论分析可知，传统农民比较重视土地的农业生产功能，这一点通过实地调研不难发现。如2015年对广东省肇庆市四会市的访谈发现农民渴望国家对基本农业生产设施的建设。对该县级市所做401份随机抽样问卷调查发现，304人（75.8%）认为国家有必要保护农地；299人（74.6%）表示国家采取的措施不够严格。结果表明多数农民对于农地的管制对他们利益的影响态度是暧昧的。在被问到"国家对耕地的管制是否影响了您的利益"时，186人（46.4%）回答是有影响。在过去的调研中发现，一般农民很少提出对产权的诉求，更多的是对平均主义、公共服务的渴望。

但是2015~2016年对发达地区的调查则发现相反的结果，如在东莞、顺德、南海等地调研发现，村干部和村民开始质疑规划权、发展权的问题，质疑为什么把我的地规划为农地？在南海的不少村，村民认为土地办证指标不足，这取决于"土规"和"三旧"改造专项规划给的指标的量不够。但政府的指标优先保证重大工程项目如狮山镇的大众汽车城，留给村的指标就少了，导致某些村补办不了证。另外的问题就是规划管制，如靠近一些旅游风景区会受到严格的规划管制，致使村集体无法获得办证的用地指标，狮山镇石泉村就是一例。上述问题都影响了集体土地进入市场并获得足够收益。

实际上，少数管理者已经在工作中遭遇难题而开始反思规划的公平性问题。如作为地方政府土地规划部门的专家史京文（2011）就认为："土地利用总体规划在划定各类用途区时，虽然有公告的程序，但并没有充分征询集体土地所有权人和承包人的意愿，不同用途的土地有着明显的土地收益差距，有的建设用地需要复垦为农地，有的则反之，导致一些人蒙受意外损失而使另一些人获得意外收益。如何在效益与公平之间取得平衡，有利于规划的实施和推进，也是今后规划实施中的重大难题。"

实际上，存在地区间态度的差异性并不意外，因为土地发展权及其价值本身就受到本地市场环境的影响。当缺乏经济价值时，土地的管制不会产生效应，因为移位价值并不大，被管制者不会有明显感受。反之，无补偿的管制将会诱发不公平感，甚至社会矛盾。所以，土地政策尤其是规划政策对农民的影响是不同的，本书提出以下理论假设：假说一，经济发展水平对农民被管制感知具有正向关系，越是具有农地转用需要的地区，农民越会感知管制。假说二，集体分红越多，农民越能体验农地转用的作用，越需要建设指标，越会感知管制。假说三，农民的家庭和个人禀赋会影响管制感，越是从事传统农业，对管制感觉越少。假说四，耕地保护的认同度越高，越能忍受一定程度的管制。假说五，对土地征收的接受度越高，越具有发展和权利导向，越不会有被管制感。假说六，对财产的交易权越有明确的认识，越是能感知管制。

## 7.4　资料来源和研究方法

### 7.4.1　样本与数据

本书所用的数据源于 2014 年 7 月与 2015 年 7 月在广东省各县市所做的农户问卷调查。调查采用多阶段随机抽样的方法对样本地区共发放问卷 480 份，回收有效问卷 401 份，问卷有效率达到 83.5%。在选择样本点时，充分考虑了两点：一是所选择经济发达的珠江三角洲地区样本和不发达地区样本皆有，并大致数量相当；二是调查地点近郊、远郊平衡分配（表 7.1）。

### 7.4.2　变量选择与定义

（1）被解释变量。有无管制感测评的是受访者对政府制度和政策的感知度，"总体而言，有没有感觉到受到了土地使用的种种限制"，依据回答，处理为 0、1 变量。

（2）个人和家庭特征。包含年龄、职业、教育、户籍、自报家庭支出、有无迁居城市愿望。其中职业依据纯务农和纯务工经商连续分布，合并处理，令务农和半工半农类型为 0，其他为 1。自报家庭支出替代家庭收入测度家庭财富状况，防止受访者对收入问题的抗拒感。

（3）耕地保护的态度。"您认为国家对耕地的保护措施是否够严格"衡量受访者对国家政策的接受度，越是赞成，那么越能忍受必要的土地管制。"是否需要保护耕地"和迁移变量类似。"耕地保护是否影响自身利益"衡量政策对受访者经济方面的影响。这两个变量都能衡量受访者以耕地作为生存保障的诉求。

（4）土地征收态度。"是否愿意土地被征收"衡量受访者对这种最强程度的产权剥夺的态度；"对国家土地征收标准和政策是否满意"一定程度上可衡量受访者的发展和权利诉求，对标准和政策满意显示农民对土地征收用于发展经济的接受度更高。

（5）非农建设需要和物业分红。"是否需要非农宅基地建设需要""村需要建设用地指标"衡量农民的经济发展和自身发展权利的诉求；"村是否有物业""是否有物业分红""物业分红是否提高家庭收入"衡量受访者对能更自主使用村集体土地建设物业并提高收入的权利诉求。

（6）财产权认知。"宅基地卖给城里人价格会高""宅基地卖给城里人是否合理"，衡量受访者对家庭重要财产受到交易限制的态度。

（7）社会经济变量。用当地人均国内生产总值（GDP）和农村人均可支配收入作为指标。

表 7.1　变量描述性统计

| 变量 | | 代码 | MAX | MIN | AVE | STED |
|---|---|---|---|---|---|---|
| 有无被管制感（有 1，无 0） | | FREG | 1 | 0 | 0.566 | 0.5 |
| 是否需要补偿（是 1，否 0） | | NDCOMP | 1 | 0 | 0.86 | 0.34 |
| 个人和家庭特征 | 性别（男 1，女 0） | SEX | 1 | 0 | 0.59 | 0.49 |
| | 年龄 | OLD | 83 | 19 | 38.98 | 15 |
| | 职业（务农和半工半农 0，经商务工和其他 1） | OCCUPY | 1 | 0 | 0.59 | 0.49 |
| | 教育（小学 0，初中 1，高中 2，大专及以上 3） | EDU | 3 | 0 | 1.7 | 1.1 |
| | 户籍（城镇 1，农村 0） | HUJ | 1 | 0 | 0.11 | 0.31 |
| | 自报家庭支出/元 | SPEN | 500 000 | 2 000 | 55 279 | 52 811 |
| 耕地保护的态度 | 耕地保护需要加强（是 1，否 0） | STRICT | 1 | 0 | 0.25 | 0.44 |
| | 是否需要保护耕地（是 1，否 0） | NEEDPROT | 1 | 0 | 0.76 | 0.43 |
| | 耕地保护是否影响利益（是 1，否 0） | WELF | 1 | 0 | 0.46 | 0.5 |
| 土地征收态度 | 愿意土地被征收（是 1，否 0） | ZS | 1 | 0 | 0.39 | 0.56 |
| | 对征地补偿标准和政策满意（是 1，否 0，其他 2） | MANYI | 2 | 0 | 0.56 | 0.83 |
| 非农建设需要和物业分红 | 需要建设 | NEEDCONS | 1 | 0 | 0.43 | 0.5 |
| | 上年分红数量/元 | BONUS | 75 000 | 0 | 1 104 | 4 700 |
| | 村是否有物业 | WUYE | 1 | 0 | 0.35 | 0.48 |
| 非农建设需要和物业分红 | 是否有分红提高收入 | FENH | 1 | 0 | 0.46 | 0.5 |
| | 村需要建设指标吗 | JTJS | 1 | 0 | 0.78 | 0.42 |
| 财产权认知 | 宅基地卖给城里人合理（是 1，否 0） | HELI | 1 | 0 | 0.60 | 0.49 |
| | 农村住房出售给城市人价格是否高（是 1，否和不卖 0） | PRICE | 1 | 0 | 0.47 | 0.5 |
| 社会经济变量 | 人均 GDP/元 | PGDP | 145 727 | 6 725 | 54 659 | 38 580 |
| | 人均可支配收入/元 | INCOME | 121 100 | 6 278 | 15 925 | 9 664 |

## 7.4.3　模型选择

分析农民对土地流转时，对数据进行必要的处理，将观点中立和不知道的样本舍去，将因变量转化成二分变量（同意或不同意），可以选择 Binary Logistic 回

归模型进行分析,但无论使用哪种类型,分析结果差别不大。因为因变量是 0、1
变量,事件发生的概率是依赖于解释变量,自变量已经处理为分类变量,所以适
合采用 Probit 和 Logit 模型。当因变量是名义变量时,Probit 和 Logit 没有本质的
区别,一般情况下可以换用。区别在于采用的分布函数不同,前者假设随机变量
服从逻辑概率分布,而后者假设随机变量服从正态分布。

## 7.4.4　实证分析结果

本次调研的计量分析结果见表 7.2。

**表 7.2　计量分析结果**(Logit/Probit 计量模型)

| 变量 | 系数(logit) | 标准误 | 系数(probit) | 标准误 |
| --- | --- | --- | --- | --- |
| NDCOMP | 0.086 | 0.38 | 0.06 | 0.229 |
| OLD | −0.069 | 0.227 | −0.04 | 0.14 |
| SEX | 0.081 | 0.246 | 0.047 | 0.15 |
| HUJ | 0.300 | 0.42 | 0.18 | 0.25 |
| EDU | −0.031 | 0.153 | −0.019 | 0.09 |
| OCCUP | 0.132* | 0.079 | 0.079* | 0.05 |
| SPENS | 0.276* | 0.159 | 0.17* | 0.096 |
| STRICT | 0.430 | 0.29 | 0.26 | 0.176 |
| WELF | 0.999*** | 0.25 | 0.615*** | 0.168 |
| NDPROT | −0.228* | 0.078 | −0.14* | −0.078 |
| ZS | 0.004 | 0.129 | −0.0006 | 0.078 |
| MANYI | −0.633*** | 0.15 | −0.379*** | 0.09 |
| JTJS | 0.637** | 0.29 | 0.4*** | 0.178 |
| WUYE | 0.336 | 0.28 | 0.21 | 0.168 |
| BONUS | −0.035 | 0.04 | −0.02 | 0.024 |
| NDCONS | −0.067 | 0.25 | −0.04 | 0.15 |
| HELI2 | 0.498** | 0.247 | 0.3* | 0.149 |
| ZJD | −0.064 | 0.173 | −0.04 | 0.1 |
| PRICE | 0.332 | 0.24 | 0.197 | 0.146 |
| PGDP | 0.798** | 0.36 | 0.479** | 0.21 |
| INCOME | −5.120** | 2.07 | −3.09** | 1.24 |
| Schwarz criterion | 1.57 | | 1.545 | |
| Akaike info criterion | 1.29 | | 1.319 | |

　　实证结果看:①个人和家庭特征变量中,只有职业变量是显著的,越是从事
非农产业,越能感知到土地管制,符合理论预期。家庭自报开支水平越高,越会
影响管制感,这可能源自较大的家庭开支倒逼人们对金钱的需求。而收入的一个

重要来源就是乡村工业发展和土地的非农化。②在耕地保护的态度方面，认为"国家对耕地的保护措施够严格"的，越有管制感，但变量不显著；认为耕地保护影响自身福利的，越有管制感，这符合理论，因为自身福利和被管制感具有内在统一性，是正相关关系。认为需要加强保护耕地的，多无管制感，符号为负，通过显著性检验，这也符合理论预期，因为认为需要保护耕地的人群，一方面更可能是珍视农地的农业从业者，另一方面是耕地的公共品特性，使普通公民都基本认同耕地保护的理念，并愿意忍受一定程度的管制。③在土地征收态度方面，对国家征收农民所有土地的补偿标准和政策满意度越高，越无管制感。如果说管制是较低程度的征收的话，相对于"彻底"的征收，越是满意度高，当然越不会感受到管制，这也符合理论预期。但是，在是否愿意土地被征收方面，并未通过显著性检验，说明了土地征收本身就是一个复杂的问题。④在非农建设需要和物业分红方面，物业分红和非农建设本身就是高度关联的，只有存在非农建设需要的，才能通过租金等收入实施较多的物业分红。村里是否有分红、是否提高了收入几个变量没有通过检验，这可能说明了村庄分红水平还未能对被管制感产生作用。但认为国家应该给予农村更多的建设指标用于建设工厂，发展集体经济的，越会有被管制感。这反映了人们对土地发展权意识的萌发，一旦有这个意识，那么更可能产生被管制感。⑤从两个社会经济变量地区人均 GDP 和可支配收入来说，前者是显著正影响，后者是显著负影响，产生了背离。前者说明，经济越是发达地区，越可能产生管制意识；而后者说明，较高的可支配收入，会消弭被管制感。两个经济指标本来应该是正相关的，但统计数据发现二者并不同步，一个人均 GDP 较高的地区，农民可支配收入却很低。⑥在财产权认知变量方面，越是认为"自己的房子卖给城里人合理"的人，越是可能感知到限制感，因为目前的法律是禁止此类交易的。该假说没有获得验证，表明一般地区（非发达）农民缺乏对宅基地这个财产的交易需求，或对财产权的认知观念模糊，对国家的政策认可度较高。

## 7.5 政策含义

上述实证结果表明，对于土地管制这样一个较新的事物，即使在学界都尚存争议，对于普通百姓而言，更加仅存在朦胧的意识，这种意识会随着社会的发展阶段而出现变化，具有阶段性和区域性。本书从受访者的视角，试图发现一些影响被管制感的影响因素。研究发现几个比较明显的趋势：一是社会经济变量对人们的被管制感产生显著影响，经济越是发达，越是非农建设需要强烈，当地人越可能产生被管制感。二是人们的土地管制态度出现分化，越是从事、依赖传统农业，或者越是珍惜农地而支持耕地保护的人群，可能还处于生存导向之下，被管制感较弱；反之，越是远离农业和耕地，家庭支出水平较高的人群，以及并不反感目前土地征收政策的人群，越是具有发展导向和权利导向，被管制感较强。三是财产权观念开始发挥作用，宅基地可转让给城市人的观点持有者，越是有被管制感。

简单的政策含义就是，当政府在一个区域实施诸如土地规划、土地市场管理等具有土地管制性质的政策时，必须考虑地方实际，应该适度地给予集体所有土地一定的开发权利，如指标等，同时还要考虑地方内部的财富分配平衡，因为土地发展权本身就是财富分配的工具，切切实实地影响社会公平和社会幸福感。必要的时候，财政转移支付工具也是达成分配公平的手段，对那些因为土地管制而受损的农民一定补偿。但是，基于我国的基本土地制度和财政制度，土地发展权（暗含给农民的补偿）配置和财政工具二者比较，前者仍然具有交易成本低、农民易于接受、政府不受预算限制等优势。而且土地发展权配置更具有市场化的特点。传统的僵硬的计划式土地管理方式必须正面考虑农民的感知，不能一味地单方制定规划和分配指标，而更多关注土地资源使用的公平性。如果严重缺乏公平，那么土地的效率也是值得怀疑的。没有证据表明政府主导的土地发展权配置方式，就一定比农民自己主导的配置效率高和灵活度高，珠江三角洲地区的集体建设用地市场发展已经证明了这个"非正规市场"确实对社会经济发展起到的积极推动作用，以及对增加农民收入所具有的惊人推动效果。

# 7.6　结　　论

土地权利是一个"权利束"，而且社会的发展会增加新的"权利支"，土地的开发权利就是其一。这种新型的权利，是人口增加和土地外部性急剧增强、政府管制土地使用下的产物。虽然这种权利的属性及归属在学理上并未达成一致，但绝不能否认该权利演化的动态性及重要性。在效率和公平双重目标下，无论该权利如何配置，都不能忽视土地这个载体上其他的权利束，尤其是所有权和其他物权人的福利变化和公平诉求。

土地发展权的客观存在目前仅在学界获得广泛认同，但归属并无共识。实证研究表明公民对此概念尚存模糊的认识，他们仅有有限的被管制感或限制感。本书以被管制者为研究对象，对影响被管制感的因素进行了讨论，并提出了初步的政策含义。我们认为，土地发展权无论归属何方，它都是社区集体的财富。农民对土地既存在生存的诉求，也存在权利和发展的诉求，这取决于农民的个人家庭特征、地区经济发展阶段、非农发展需求等因素。这要求管理者需要在未来面对农民对土地管制的明确感知、可能出现的对土地发展权的合理诉求。调查发现农民（225 人，占比 55.9%）已经对土地管制有感知，因此因管制而引发的土地发展权配置问题将在理论和实践层面，未来有较大的研究价值空间。

# 第8章 征收和准征收的统一：
# 兼论社会冲突

## 8.1 概 述

　　土地征收表面上看只是一个失去土地及补偿的问题，但实际上还和国家对土地的管制（及可能的准征收）相联系。土地的自然属性在一个时期内保持相对稳定性，但土地权利的构成和内涵却有着较快的演化速度，土地相对区位的变化使其潜在价值也保持着较快的变化速度。土地征收和管制都涉及如何对权利内涵进行界定的问题，然后这个具体的"权利束"才有可衡量的价值，在此基础上方能恰当的确定补偿原则和补偿额度。表面上看起来土地征收导致的社会冲突和社会矛盾是金钱的问题，实际更是一个国家公权力的使用问题，是一个对权利的认可、保护问题。现代以来，土地权利日益成为土地纠纷发生的内在诱因和制约性因素。

　　具体而言，为什么土地征收和土地管制有关呢？第一，土地的位置是固定的，自然特性变化并不大，但用途是具有改变的潜能的，在这里，存在一个现状用途和权利。第二，中国独特的社会经济制度尤其是规划制度以国家主权的方式对所有的土地进行了规划，使每一块土地具有了规划用途。而现状和规划用途常常并不一致，尤其是城镇郊区。对一块典型的被征收农地（并非一定是农地），既然规划先行，对土地设定了非农用途，理论上应该是赋予了这块地的初始分区（zoning），该地是允许开发的。但是，我们又强行地要求土地必须转为国有，必须征收方能使用，而为什么农民不能自己出让土地？所以在理论上现行的制度本身是存在瑕疵的。第三，土地还有一个潜在用途，即规划虽然设定了用途，但最佳最高用途可能已经变化。

　　最大的问题产生了：到底按现状用途、规划用途还是潜在用途补偿？如果假定从低到高对土地用途排序：生态—农业—工业—居住—商业，这里有三种常见的可能：①现状用途低于规划用途等于潜在用途；②现状用途低于规划用途低于潜在用途；③现状用途低于规划用途高于潜在用途。到底按照什么用途补偿？一味的按照现状补偿是不公平的，也是很难实施的。

　　前面章节讨论过土地征收和规划的关系，规划有可能构成准征收，所以征收权-警察权是国家权力层面的交叉混合；征收-规划-补偿是行为层面的交叉和混合。美国一般采取个案审查，参考多种因素判定。也许准征收很难找到终极的标准，但是在某个特定社会阶段还是可以制定的一个基准补偿原则——尽管它不是终极标准。如果是公共利益，也许我们只需市场价格补偿；但如果非公共利益，那我们必须高于市场价格方能实施权力。这就是区别公共利益的价值所在。因为创造出来的经济租金需要更多地分给土地所有者。

## 8.2 征收和准征收的区别和统一

准征收也是征收，美国学界将征收称为直接征收（direct condemnation），准征收称为反向征收（inverse condemnation）。前者是政府主动和明显的剥夺财产权行为，后者是政府试图管制且不愿意征收补偿但实际上已经构成征收，被管制者反过来诉求征收补偿的行为。二者似乎是双刃剑。前者常常必须补偿且这种补偿是基本前提，而后者常需要通过准司法或司法进行检验判定方能获得救济。在英语中，准征收和征收一词都包含 taking，或 condemnation，这说明二者是有共性的。在此总结出 10 个共同点。

①二者都是国家拥有的公权力。这种权力不以公民的同意为行使前提，但权力并不是肆无忌惮的，宪法和法律会规定有关的限制性条款。②二者目的都包含提供公共产品，扩大社会福利。即权力的行使暗含的前提是为了公共利益，能提高社会福利，否则即属公权力滥用。③从后果看，都是对产权的限制或一定损害。征收的补偿并不含主观价值补偿，相当于一定程度上对土地所有者的征税；准征收则不同程度的降低土地的价值，甚至能达到 90%。但换个视角看，土地所有者受损的同时也在获得一定的利益。通过土地征收所提供的社会福利使土地所有者在内的每一个人都能受益，通过土地准征收带来的限制对面的保护使得财产权价值更加稳定、安全。这里都存在一个暗含补偿问题[①]。④从国家行为对公民的利益影响看，征收和准征收都是对社会财富的分配，这中间，必然不同个人影响方向不同，进而诱发社会矛盾和冲突，那些受损严重的人有可能会进行抗争，此时需要一个调解和仲裁机制或制度进行利益的调和。⑤在补偿方面，征收必须公正补偿，而准征收一旦构成，适用征收的补偿原则，但可用非货币的方式进行利益补偿。⑥在本质方面，土地征收和准征收都是征收，是对公民合法财产权的"拿走"。⑦在保护公民财产权和限制公权力方面，都沿用公共利益、正当程序、公正补偿、平等保

---

① 设想美国有一个土地所有者，有一万公顷土地但位置不佳。此时政府修建一条公路通过其土地，占用其中的 10 公顷，土地所有者将依法获得市场价值的 10 公顷补偿，似乎利益有所损失，但理性的土地所有者清楚，这条道路的修建使他的土地可及性大为改善，增值不少，这占用的 10 公顷土地零补偿或许都是可以接受的。但在中国，农民家庭的土地数量不仅少而且零碎化，这里的暗含补偿利益是可以忽略不计的。马洪是美国最大的地主，有 1335.4 万亩土地。

护等基本原则。⑧征收和管制都是对市场失灵的必要干预。⑨公权力和私权利保护都要保持均衡。不可滥用公权力，也不能过分保护私权利，否则不利于社会经济发展。⑩土地管制和规划制定得合理，则土地征收和准征收问题都可获得较好的解决。

　　土地征收毕竟和准征收（管制）不同：①征地属于征收权，是对公民财产的剥夺，管制则属于警察权，是为了社会的健康、安全和一般福利提高。②管制之影响部分财产权和价值，而征收是剥夺全部财产权。③在经济后果上，征收剥夺财产但给予货币补偿，部分公民损失主观的非市场价值；管制则导致损失和获益同时出现，依据情况而不同，管制的影响更加具有隐蔽性。④在经济学原理上不同。征收主要是克服垄断和敲竹杠问题，防止土地所有者攫取不合理利益，从而促进公共利益，同时征收的土地可直接用于提供公共产品如学校和公园等；而管制是防止负外部性、提供正外部性，进而促进社区的安全、健康和一般福利。⑤从补偿看，征收一定补偿，但管制乃至即使构成准征收时，一般判定法令无效，解除管制，发给许可等，只有少数情况下给予变相的补偿或直接货币补偿。⑥从发展趋势看，征收的领域将缩小，配合以购买的手段，能不使用公权力则尽量不使用公权力；而管制将一直使用，但尽量以市场化和对公民财产权影响更细微的方式进行。⑦在救济方面，前者非常关注公共利益前提的挑战来保护财产权，后者则更加关注财产权核心权利束的构成和经济价值损失的程度、负担和公共利益之间的合理比例性关系。⑧从成本看，管制的经济成本更低，国家更容易采用，但社会成本存在不确定性。⑨从行为的后果和性质看，征收是主动直接实施的对财产权的干预，创造更多财富，界限清晰；管制虽然也是主动实施，但对公共利益的创造是间接性的，如分区以较为间接的方式提升了整个社区的财产价值，另外，管制对生态型环境型利益的创造是重要的。⑩从土地市场构建和权利保护看，管制手段比征收更加重要，更加具有日常性。一个土地市场，可以没有征收，但不能没有管制。只要给的报价足够高，最终都能解决敲竹杠问题，只是财富分配不合理。实际上，二者是相互配合和互补的（表8.1）。

### 表8.1　土地征收和准征收的对比

| 土地征收 /准征收（管制） | 相同点 | 不同点 |
| --- | --- | --- |
| 1 | 权力：属于政府的公权力 | 权力：征收是征收权，管制是警察权 |
| 2 | 目的：提供公共产品、提高社会福利 | 程度：征收是对产权的全部剥夺 |
| 3 | 后果：都是对产权的限制或损害 | 后果：征收损失主观价值，准征收损失和收益共存<br>隐蔽性：准征收更加隐蔽 |
| 4 | 利益：分配了社会财富，可能引发公平、抗争、社会冲突或矛盾 | 经济学原理：征收是克服敲竹杠，准征收是克服外部性和提供正外部性，防止搭便车 |

续表

| 土地征收<br>/准征收（管制） | 相同点 | 不同点 |
|---|---|---|
| 5 | 补偿：征收是必须，准征收可能被补偿 | 补偿：征收必须，准征收综合判定 |
| 6 | 本质：都是征收 | 趋势：征收减少，准征收增加 |
| 7 | 审查救济：都适用征收的救济方法：公共利益、正当程序、平等保护、补偿 | 救济：前者关注公共利益标准审查，后者司法标准更严 |
| 8 | 功能：对市场失灵的纠正 | 成本：准征收的经济成本更低，但社会成本存在不确定性 |
| 9 | 平衡：权利-权力界限的划分，和利益划分类似 | 征收直接创造公共利益，具有主动性；管制间接创造公共利益（防止坏的），具有被动性 |
| 10 | 管制解决好了，征收和准征收皆可解决 | 对土地市场构建和权利保护而言，管制比征收更加重要 |

## 8.3　征地诱发社会冲突类型、特征及其治理： 来自两个村的案例

### 8.3.1　概述

　　土地征收带来的社会冲突历来是影响社会稳定的重大问题，并不断成为社会舆论的热点。群体性事件影响政府威信，导致人员伤亡，相关的经济损失更无法统计，且恶性事件未见减少的势头。2015 年十八届五中全会提出创新、协调、绿色、开放、共享的发展理念，2016 年中央一号文件第 26 条提出推进农村土地征收、集体经营性建设用地入市、宅基地制度改革试点。这些中央文件显示，不仅分享理念和改革土地制度，提高农民财产性收入，已经成为国家意志，而且也暗示着制度变迁对消除社会冲突的重要手段性价值和迫切性。

　　当今社会的冲突，很多和土地有关，无论是土地征收还是土地准征收。在征收问题上，典型的社会冲突是 2005 年的凯洛案给社会和公民心理带来的巨大冲击；在土地准征收问题上，典型的社会冲突是宾州中心案。18 世纪以来，财产权概念的发展是巨大的。很多产权是社会冲突争取来的，而不是从天而降的[①]（Harvey，2010）。比如过去在 20 世纪初期人们可以虐待动物，任意打妻子和孩子，但到了 20 世纪后半叶，无论是伦理还是法律层面上，这些行为已经被逐渐禁止。再如在 1978 年安徽省凤阳县小岗村 18 位不想饿死的农民在一起冒着坐牢的危险，签下分田到户"生死契约"，从此拉开了包产到户的历史大幕，这个村后来被高度评价为打响了改革开放的第一枪。包产到户得到了邓小平同志和时任安

---

① "All of these changes were with significant social struggle, but all came to be." （Harvey，2010）

徽省委书记万里的支持。[①]

从宏观的视角，或国家权力运行的视角看，一个国家是具有自己的理念和目标的。自 1949 年开始，从过去的 60 多年历史来看，中国人以自己独有的智慧，从 1840 年以来一百多年内忧外患、备受欺凌的惨痛的民族和国家悲剧中不断汲取经验教训，一直在摸索适合自己国情的特色制度，既有政治制度，也有各种社会和经济制度，包括本书所讨论的基本土地制度。正如不少学者所认为的，中国是一个缺乏宗教信仰的国家，我们或许还是一个对现代国家对国家权力如何运行缺乏明晰理念的国家。仅从 1978 年以来，中国经济走入快速发展阶段，"保住球籍"的口号在 20 世纪 80 年代成为深刻的时代记忆，"发展是硬道理"是 20 世纪 90 年代来的时代记忆（邓小平 1992 年南方谈话提出），而"科学发展观"则成为 21 世纪的深刻社会记忆。在此理念之下，发展是全社会的共识，在此共识下，中国快速成为全球第二大经济体并有可能在 2020 年超越美国。

从国家的微观参与主体看，国家和人民关于权力、权利如何划分和运行，一直在进行不断的探索。改革开放 30 多年来，在土地国有化的大背景下，旺盛的建设用地需求与有限的土地资源供给之间的尖锐矛盾，是国家不得不面对的巨大挑战。农用地的征收为中国工业化和城镇化的快速发展提供了大规模的非农建设用地保障，成为推动中国经济高速增长的一个重要因素。但由征地引发的社会矛盾随之而来，这既严重影响我国社会主义和谐社会的建设，也严重影响我国政府的国际形象，带来了难以估量的社会成本。

土地征收涉及城市发展、公共利益、政府权力、公民权利等一系列重大的问题，使得诱发征地冲突的原因多种多样，影响冲突事态发展的因素复杂繁多。当前，社会经济的发展和互联网的普及使人们在意识观念上发生了极大的转变，征地冲突问题也呈现出新的时代特征。

## 8.3.2　过去的研究

社会冲突的特征、产生机制及其防治是社会学的热点问题，受到学界的高度重视。当前的社会冲突的特征，多数研究者认为目前的社会冲突并非结构性的，而是存在明显利益动机。美国著名的农民研究专家詹姆斯·斯科特用"生存伦理"这一重要概念来强调生存规则的道德含义，并提出"贫困本身不是农民反叛

---

[①] 这种情况下，1980 年 9 月，中国共产党召集各省、自治区、直辖市党委第一书记座谈会，在会议纪要《关于进一步加强和完善农业生产责任制的几个问题》中，提出了对于包产到户区别不同地区、不同社队采取不同的方针，并肯定了包产到户"是联系群众，发展生产，解决温饱问题的一种必要的措施。就全国而论，在社会主义工业、社会主义商业和集体农业占绝对优势的情况下，在生产队领导下实行的包产到户是依存于社会主义经济，而不会脱离社会主义轨道的"。尔后，包产到户作为家庭承包经营的一种形式，在全国农村迅速地采用和推广。1981 年 1 月，实行包产到户的生产队占中国农村生产队总数的 1%，到同年 6 月增加到 19.9%。随着农村经济体制改革的深入发展，包产到户逐步演变为包干到户的形式。

的原因，只有当农民的生存道德和社会公正感受到侵犯时，他们才会奋起反抗，甚至铤而走险"的观点。在抗争方式上，他还提出了"日常抗争"这一开创性概念。然而斯科特的时代特征今日在中国已经不在。而通过研究中国北方农民与官员之间的博弈行为，欧博文和李连江（1997）也提出了一种有别于暴力行为和农民日常抗争的抗争方式——"依法抗争"。这类抗争者是以当时的政治价值观和法规标准为行动框架进行抗争的。"依法抗争"行为的出现标志着中国乡村权利意识的觉醒。

失地农民的维权行动一直是学者们研究的焦点问题，从欧博文与李连江提出的"依法抗争"，于建嵘的"以法抗争"，到应星的"草根动员"，对于农民的行为活动解释框架的研究一直缺乏共识，仅在社会学框架内研究社会冲突问题难免过于微观。

实际上，"维权"话语也有夸大当代中国农民抗争的政治性之嫌，中国农民的抗争行动远未达到西方抗争的专业化程度和组织强度，他们的维权具有很强的被迫性特征（"饿死不做贼、屈死不告官"，这是几千年封建统治下不少中国百姓的思想观念）。而且，他们在维权方式的选择上也更注重实效性而非是否属于司法途径。研究失地农民的维权行为固然有其重要价值，但遗憾的是失地农民如何应对侵权行为，选择何种途径维权并没有得到学界重视。

集体行动不同于个人行动，其行为动机和心理特征存在差异。单光鼐（2013；2015）认为命运共同体往往成为集体行动最直接最便利的动员结构，社会抗争其实是一个情感集体唤醒的过程，目前的群体事件存在着"结构性的治理便利"。因为零星的、分散的局部社会冲突和民众"一盘散沙"、原子化的、低度组织的集体行动均易为政府分散应对。民众有可能只关心短期的经济利益而将不满暂时压制，在利益受损时集中爆发出来。他同时认为解决社会转型期的征地与拆迁问题，首先要解决利益均衡和利益表达问题，利益冲突的解决，首先就是要形成和建立切实保护个人基本合法权益的观念和制度。国外有些学者围绕权利意识、阶级形成和公民权等框架，试图解释社会抗争的出现，描绘了一个居于自组织能力并敢于挑战政府权威的中国社会图像（Bernstein & Lu，2003；Li & O'Brien，1996；Perry & Selden，2010）。

权利的受损必然带来多种多样的抗争方式或手段。权利-抗争-制度变迁是社会演化的重要动力。权利的赋予是随着社会发展而变化的，这种变化有时源于上层的制度改革，有时更多源自基层人民的博弈和斗争。农民的抗争或参与的社会冲突是"为生存"还是"谋发展"，存在不少争议。经典观点认为当外来侵犯触及到他们的最后生存底线，违背生存规则的道义经济时，农民日常形式的反抗便以大规模的暴力的反叛斗争呈现出来（斯科特，2001，2007）。但不少学者认为生存意识固然重要，但是，权利意识越来越在民众的维权抗争中占据主要位置。当代中国抗议活动的框架模式称为"规则意识"而不是"权利意识"（于建嵘，

2009；耿羽，2011）。美国学者哈维（Harvey，2010）探究了私有产权及公共权力二者冲突的历史背景和运作的法律框架及现代政治斗争，指出土地所有权及使用权作为美国不断重构的核心价值观的主要推动力，是最能反映出公共权力和私有产权之间的冲突。雨山等（Yusranna et al.，2017）通过研究土地利用冲突实例，指出政治话语和媒体对正式法规的重新制定有一定影响。一些新政策的引入或实行可能会导致矛盾冲突的产生与显现。也正因为这短暂的显现，那些法律法规在其发展演进的潜伏期实际上也是公开可见的。在农民的抗争方式上，土地征收中农民的 6 种抗争方式：媒体倾诉、谈判、寻租和机会主义、上访、诉诸法院、暴力抗争（赵德余，2009）。农民的诉求是随着社会发展阶段而变化的。过低的征地补偿会损害农民的生存权，但在经济发达地区，当生存不再是首要问题时，谋求经济租金的分割将演化为当然诉求。如折晓叶（2008）的研究相当程度上揭示了东部沿海地区农民的参与行为逻辑，并且指出沿海农民采取的一种"韧武器"，即非对抗抵制方式，具有很强的秩序再生的合作色彩。刘培伟（2015）认为农民的"结果至上"特点会影响其对土地征收时的抗争方式，但这只能说明农民行为所具有的实用主义特点。实际上，无论是日常的，还是激烈的抗争，都一直在发生。今日中国，维稳日益成为地方政府的首要任务之一，故政府在社会运动和抗争行动中的角色和行为逐步得到国内学者的关注和研究。肖唐镖（2015）指出，当前我国政府面对民众抗争的回应体制还是一种政治化而非法制化的维稳体制，而这种政治化处理的"自我加压"则很可能将社会矛盾"建构"为真正的政治问题。而陈发桂（2011）认为，要想有效消解这一维稳运行机制带来的负面效应，就应当在基层政府的引导下，给民间组织留有一定的生存空间，为公众参与社会治理提供场所和机会。

土地征收（有时包含拆迁）历来不仅是最容易诱发上访，也是最容易诱发社会冲突的行为和社会领域。毕竟，土地和房屋是中国老百姓安身立命的必需品。谭术魁（2008）定义了土地冲突并给出了原因分析，认为土地冲突是一种"过激行为"，是单位或者个人围绕土地发生的过激行动。详细地说，土地冲突是单位或个人为了取得、捍卫、行使土地权益或者排除他人干预而采取系列的过激行动。过激是冲突的核心词汇，是否合法并无界定。他认为触发因素包括：越权征地、捏造用途征地、征地程序不合法、征地情节不透明等，但本书认为这些触发因素并不是说触发点，而是一般诱因而已。

社会冲突诱因一部分源自国家不合理的土地制度尤其是管理制度，如"限权和赋权"（吴毅和陈颀，2015），征地中的官民纠纷和群体性事件，本质上是在表达农民对缺失权利的不满。但农民本身对土地产权的认识也有偏差（张浩，2013），"正是农民对土地的权属认知，一定程度上决定了他们的行动选择，并在客观上使得征地变得相对容易"。有时冲突发生在村民之间或村民-村组织之间（邢朝国，2014）；失地农民的抗争是有着很强个人化色彩的，是试图通过个人不断的连锁性施压来达到削弱集体社区合法性，从而强化社区中个人抗争行为的共鸣和合法性。这种抗争具有自我利益取向、日常性、手段多样性（朱静辉和马洪君，2014）。媒体在抗争中扮演了一定的角色（吕德文，2012）。可见村组织本身有时是冲突发生的原因和对抗的对象。

从深层次看，土地征收诱发的社会冲突正聚焦于利益。由于利益而生互动，且互动不仅是主体之间发生，而且抗争主体与国家制度之间也能产生互动。正如科尔曼《社会理论的基础》认为的，仅谈及行动者和行动者的利益是不够的；还必须考虑"资源"和"控制"等概念。如果一个行动者与另一行动者有利益相关，这两个行动者就要互动（当一个行动者控制对另一个行动者有用的资源时，则对双方都有互动的激励）。

这个资源就是土地发展权（土地增值）。土地征收中的利益主要是土地增值收益（郭亮，2012；张先贵，2016）。当前土地征收冲突的产生不只是"权力"对"权利"的单方面压制所造成，而且源于利益主体对土地增值收益——级差地租分配共识的未达成。

随着社会经济的发展，土地作为权利和利益的载体，属性和价值发生了重大变化；对应的，随着人民权利意识不断提高，对土地的认识、对生存和发展的诉求、对社区组织形式和功能的需求也出现了新的特征。农民的土地权利和权益是否得以实现或受到保护，直接关系到社会冲突是否发生及其治理。在土地征收研究方面，国内外著述颇多。

总体而言，目前的土地征收矛盾主要聚焦于补偿标准和程序方面。虽然世界上多数经济体以市场价值作为补偿标准，但我国的农地并无市场，也无市场价值，现行的补偿标准只算是一种官方标准。这种标准很难让农民分享土地增值。抛开对土地情感等主观价值的补偿不谈，对于土地增值是否可以分享，学者们争论不休，典型的反映就是周其仁、华生、贺雪峰、天则经济研究所课题组多年的论战。

综上，国内外对土地征收产生的社会冲突问题有比较全面的研究，这对于我们深化土地征收补偿制度改革以破解社会冲突研究具有很重要的参考价值。因征地而产生的社会冲突，主要是农民的抗争行为所引发，既有日常的"媒体倾诉、协商"等比较温柔的日常方式，也有比较暴力的突发方式。从诱因看，主要来自对土地利益的经济分享要求和对公平公正的社会诉求。从抗争对象看，农民的抗争对象不限于政府，但政府在其中起到决定性作用。从抗争特征看，逐步从生存伦理向发展伦理转变，仍然具有个人本位的利益维护和进一步的超越个人本位的利益诉求的倾向。但是，过去的研究注意到了利益的争夺、国家、地方政府和农民之间的动态互动，注意到了社会冲突的防治，但并未鲜明地提出国家制度变迁和社会冲突之间的良性互动。下文将在划分土地征收引发社会冲突类型、特征、诱因等基础上，基于前文讨论的合理征收补偿标准，对土地征收引发社会冲突问题进行理论和案例研究。

### 8.3.3　征地冲突的概念和分类

通过谷歌等网络工具，收集了近十年间土地征收引发的 183 件典型案例，从冲突起因、焦点、冲突形式、行为主体数量、冲突激烈程度和组织程度维度考虑，对征地冲突的类型做出以下划分，同时对有关概念进行了定义（图 8.1）。

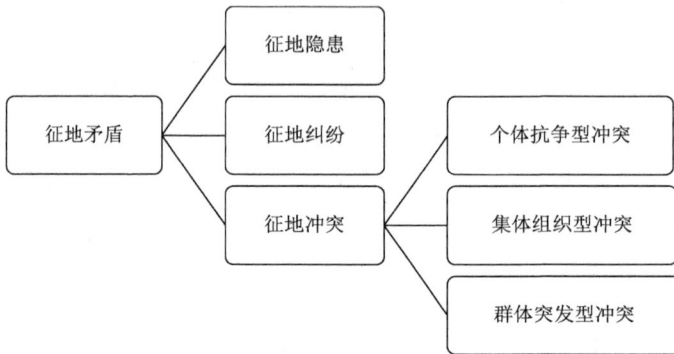

图 8.1　征地冲突类型（方法 1）

1. 冲突类型概念（按参与者和强度分）

征地矛盾是指土地征收过程中，不同主体之间因征地涉及的权利和利益纠纷而产生的一种对立状态。征地矛盾是冲突的起点，但一般矛盾不足以构成冲突。矛盾的烈度是渐变的，有日常性的不满与隐忍，也有言语上的争执和肢体的冲突，还有最严重的群体性事件。不满的情绪可大可小，它们不一定会演变成纠纷；但负性情绪也可能在一直得不到释放的情况下累积成怨恨，最终导致冲突的爆发。按矛盾的对抗形式和激烈程度，可分为征地隐患、征地纠纷和狭义的征地冲突。三者既可理解为征地矛盾累积和不断演进的三个阶段，又可视为在烈度、外部社会影响、治理难度方面均逐渐增强的三种征地矛盾形态。

1）征地隐患

征地隐患是征地过程中隐藏的、尚未发生的征地冲突。主要强调冲突爆发的概率、社会预期损失。征地隐患属于一般性或狭义的征地矛盾，主体的典型表现为不满和抱怨，乃至愤怒，多为语言和情绪的表露，未必上升到下一步的纠纷状态。利益受损者意识到利益的损失但同时也在计算着维权的成本，多数慑于高成本、高风险而选择偃旗息鼓或忍让妥协。

2）征地纠纷

土地权利主体间因在征地过程中未达成一致的权益共识而产生的、对抗形式较为温和的争执，如争吵、辱骂、威胁、举报、找政府反映问题、倾诉或轻度肢体接触等，也可以表现为不合作，如拒绝对土地房屋面积进行丈量、拒绝谈判或核定地上附作物数量等行为。在本阶段，参与者已经明显感受利益的损失，并准备穷尽方法来维护利益，纠纷也是参与者行动的方式。比如，参与者发现违法征地和使用土地行为，可向地方政府提出要求制止，政府不行动可能被视为不作为。纠纷阶段的行为一般位于合法的阶段。这个阶段的参加者多为个人和家庭为单位。

3）征地冲突

指人与人、人与群体、群体与群体之间围绕征地过程中的权利和利益而展开的对抗和斗争行为。其具体表现为上访、静坐请愿、阻断交通、阻挠施工或建设工程、斗殴等肢体暴力行为，乃至人身伤亡。部分冲突还可能伴随"惩治贪腐村官""公布账目""清理集体土地"等政治和经济诉求。从合法性看，冲突既有合法的，也有突破法律界限的。

征地冲突是矛盾斗争的一种动态形式，其强度更大、烈度更强。按冲突的参与人数和组织程度，征地冲突又可具体划分为个体抗争型冲突、集体组织型冲突和群体突发型冲突三类。①个体抗争型冲突。在征地过程中，土地权利主体在自身合法权益受到侵害或利益诉求没有得到满足时采取的个人利益表达行为，如不断的上访等。②集体组织型冲突。在征地过程中，缘于相同或相近利益要求的个体、团体或组织在利益受损或利益诉求没能得到满足时自发或受策动后采取的、参与人数较多的行动，有一定的组织性和行为结果的可预见性。如在个别"能人"的代理下，群体性公开地反对和抵制征地，同时要求满足设定的诉求。③群体突发型冲突。征地过程中由众多群众参与的群体聚集事件，其往往倾向于采取制度外行为来表达利益诉求。具有一定的自发性、突发性和不可预测性。如反对在当地征地设立涉嫌有害健康的工厂最容易导致集体行动和抵制。

这 7 个概念的对比可见表 8.2。

**表 8.2　征地矛盾概念对比表**

| 征地矛盾 | | | | |
|---|---|---|---|---|
| 征地隐患 | 征地纠纷 | 征地冲突 | | |
| | | 个体抗争型冲突 | 集体组织型冲突 | 群体突发型冲突 |
| 存在但又尚未发生的征地冲突；强调矛盾的潜在性和冲突爆发的可能性 | 土地权利主体间较为温和的对峙形式；强调言语上的争执；具有较高的合法性 | 强调个别土地权利人采取的权益表达行动；具有较明显的个体差异性 | 参与人数较多的权益表达行为；具有明确的行动目标和一定的组织性 | 由众多群众参与的群体聚集事件；具有较强的自发性、突发性、暴力性和违法性；强调"气"在整个事件起始和发展过程中的推动作用；行动过程较难控制、结果难以估测 |

## 2. 冲突类型概念（按是否依法分）

按激烈程度和合法程度，征地冲突具体可分为日常抗争型冲突、法内抗争型冲突和法外抗争型冲突。三者既可理解为征地矛盾累积和不断演进的三个阶段，又可视为在激烈程度、外部社会影响、治理难度方面均逐渐增强的三种征地矛盾形态（图8.2）。

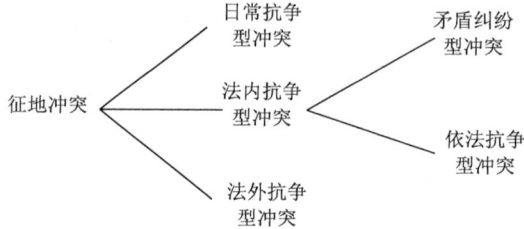

图 8.2　征地冲突类型（方法 2）

1）日常抗争型冲突

在征地过程中，合法权益受到侵害或利益诉求没有得到满足的土地权利主体，为了避免直接地对抗权威而采取的一种日常抵抗形式。这种抵抗形式一般不需要事先组织或策划，但却能在一定群体范围内获得心照不宣的理解，形成非正式的抗争网络；是在征地过程中隐藏着、尚未发生的征地冲突。其通常包括：发牢骚、嘲讽、装糊涂，阳奉阴违，诽谤，怠工，等等。

2）法内抗争型冲突

在征地过程中，合法权益受到侵害或利益诉求没有得到满足的土地权利主体采取的体制内抗争行为。行为具有较高的合法性、可控性和后果可预测性。

（1）矛盾纠纷型冲突。土地权利主体间因在征地过程中未达成一致的权益共识而产生的、对抗形式较为温和的争执，如争吵、辱骂等。一般不触及法律法规界线。

（2）依法抗争型冲突。土地权利依照或诉诸以国家法律法规来表达或实现自身利益诉求的一种方式。如上访、检举、举报、诉讼、向媒体投诉、要求地方政府解决等。本类抗争一般在不违法情况下进行，偶尔也会"踩线"，并且不以地方政府但可能以部门、干部个人作为抗争对象，不具有政治目的。我们认为与其争论"以法抗争"或"依法抗争"，不如说法内抗争。本阶段，权利和利益是抗争的核心动力。

3）法外抗争型冲突

在征地过程中，土地权利主体由于合法权益受到侵害或利益诉求没有得到满足，在采取了法内的方式后，诉求没有得到解决，进而采取制度外行为来表达利益诉求的一种抗争方式，具有一定的非法性和暴力性。一般发生在抗争者合法利益表达途径受阻、利益表达行动没有达到预期效果或抗争者法律知识较薄弱的情况下。

我们认为，矛盾发展到这个阶段，抗争者已经意识到自己的危险或风险，或者以"英雄主义"精神准备付出代价，或者小心翼翼的采取各种手段达到自保。本类抗争不排除具有少部分的政治目的，具有挑战权威的意图。"气"在这个阶段有可能成为维系抗争的基础性力量。

4）概念对比

按是否依法划分的 4 种冲突类型对比见表 8.3。

表 8.3　概念对比表

| 征地冲突 | | | |
|---|---|---|---|
| 日常抗争型冲突 | 法内抗争型冲突 | | 法外抗争型冲突 |
| | 矛盾纠纷型冲突 | 依法抗争型冲突 | |
| 存在但又尚未发生的征地冲突；为避免直接对抗权威而采取的一种较隐晦的抗争方式 | 土地权利主体间较为温和的对峙形式；强调言语上的争执；一般不涉及法律问题 | 冲突主体依照或诉诸以法律法规来达到目的的行为；具有较高的合法性；行为主体较理性；行动目的明确 | 行动主体采取体制外行为表达利益诉求；行动具有非法性和暴力性；过程较难控制、结果难以估测 |

## 8.3.4　研究区域选择说明

选择以梅州市五华县 ZS 镇的 HL 村为重点，同时也对邻近的 MY 镇 SH 村展开问卷调查和个别访谈。选取该调研对象基于以下理由：一是 HL 村在 2016 年 11 月中旬被报道有征地纠纷产生，事件新鲜度较高，典型性强。二是 SH 村与 HL 村地理距离不远且两村均发生过征地冲突，但冲突的过程和最终解决结果截然不同，有较强的可比性；可通过控制其他诸如共性社会经济发展水平、文化等因素对征地事件演变方向及进程的影响，更能准确地剖析征地冲突发展的内在规律，对于有着明显地域性特征的征地冲突事件研究有很强的借鉴意义。三是两村的征地冲突事件中均有典型人物出现（"草根领袖"钟队长、进京上访 7 次的村民宋先生），有较强的研究意义及研究价值。四是在当地熟悉情况相关人员能提供多方面的协助，既可以减少与当地村民的交流障碍，也可以借助亲缘及熟人关系来加大对样本区的调研深度和广度。

鉴于研究本问题的区域性[①]，采用对重点人物的个案访谈形式，深入细致地了

---

① 国家统计局广州调查队干部文先生在电话访谈中指出，征地冲突治理问题是一个公共管理问题，样本受外界影响较大，有明显的孤立性。而统计模型是建立在大量不受外部影响的样本数据之上的，有明显的规律性。想通过统计学及数据分析方法来获得普适性的征地冲突解决对策比较困难。

解有关土地征收参与者心理演变和具体事件演进过程。对村民采取问卷调查方法，共发放问卷 102 份，回收问卷 102 份。除了问卷，还对村干部进行访谈，通过与村干部访谈，了解两村落实征地政策程序的合法性和公正性；通过访问调研地的上访代表和维权运动领导者，了解他们上访的详细经过和在维权过程中遇到的问题及其采取的应对手段，从而对冲突主体的心理变化进行剖析。

### 8.3.5　征地冲突诱因

#### 1. 权利和利益自保是社会冲突内在的诱因

　　权利和利益是紧密结合的。征地矛盾和纠纷的存在是社会的一种常态，因为个体的多元化利益诉求永远无法做到全部满足，即中国人常说的"众口难调"，很多矛盾在纠纷阶段可能获得化解，但演化到冲突，则说明这种不满是非常强烈的，利益冲突化解就十分困难，且不是协商可以解决的，有些是实施性的操作性的冲突，如征地补偿款被拖欠；有些则植根于制度背景而无法化解，如现行政策是不支持农民分享土地增值的。诱因大致分为四类：一是对补偿不满，主要是补偿标准低，且政府迟迟不兑现补偿承诺、前后标准差距大等；二是对分配不满，如村集体留下一部分，或者农民内部分配不公平等；三是对程序不满，如程序不透明、不具有公共目的、未履行合法手续、批少占多、补偿款不到位就进场占地等；四是对增值不满，部分村民对征地之后的房地产开发高价格和自己获得的低补偿不满，尤其是那些征地后失业、生活无着落的农民（图 8.3）。

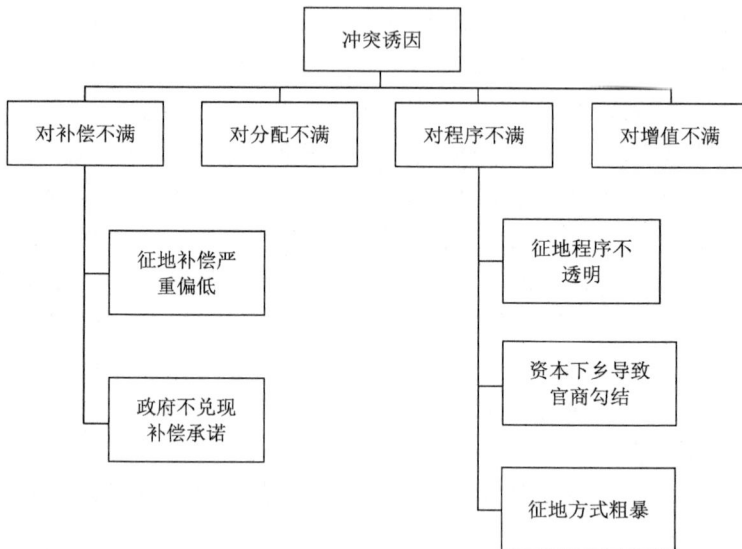

图 8.3　征地冲突诱因

## 2. 情感利益的阶段性演变

工业化与城市化既能创造财富，也会制造种种社会冲突。不同时空的征地冲突背后都有着不同的触发导火索，但冲突的根源性诱因还是"利"。借助一幅 HL 村征地冲突的情感利益演绎图示（图 8.4），并辅以图示解析表来还原整个事件的演变过程。在不同阶段，诱因是不同的。

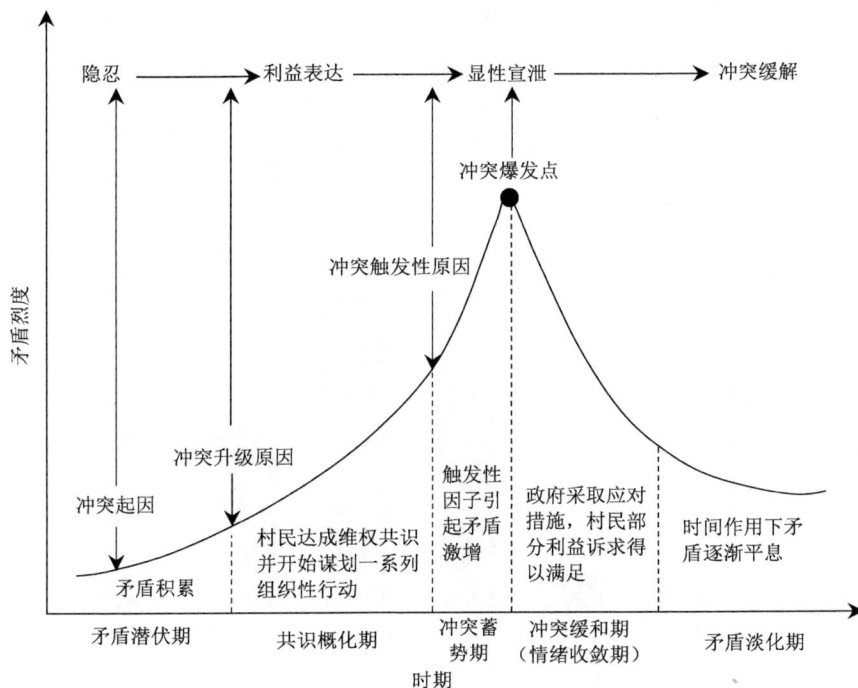

图 8.4　HL 村征地冲突的情感利益演绎图示

总体看，冲突诱因如表 8.4 所示。

**表 8.4　HL 村征地冲突诱因分析**

| | 冲突要点 |
|---|---|
| 冲突主体 | HL 村村民、村民代表（受大部分村民支持）、村干部（受地方政府官员支持） |
| 冲突起因 | 补偿金额严重低于农民预期 |
| 冲突升级原因 | 政府私自扩大征地范围，农民没有充分参与到征地谈判；征地用途不明 |
| 冲突触发性原因 | 政府没有相关的征地文件 |
| 农民行动策略 | 上访、联名写抗议书、向外界媒体求助 |
| 冲突结果 | 地方政府官员向村民道歉、征地项目中止 |

### 3. 调查实例中各种冲突诱因的内在作用机理

1）利益：补偿金额严重低于农民预期是征地冲突的根本起因

HL 村此次征地补偿的情况为：水田 38 600 元/亩，山林 9800 元/亩，水塘 40 000 元/亩。水田由于属于农民承包经营，所以对于政府而言，征收水田相对"简单"，他们可以通过对村民进行"思想教育工作"来说服村民在征地协议书上签字；而山林、水塘等集体资产的专门负责人鉴于补偿价格偏低，不愿意当面领取补偿款亦不同意签字①。村民对于征地冲突是否属于利益之争的认同程度达到83%，不太认同和完全不认同的人比例为 10.6%。

2）地方政府私自扩大征地范围，农民没有充分参与到征地谈判中是 HL 村征地冲突升级的原因

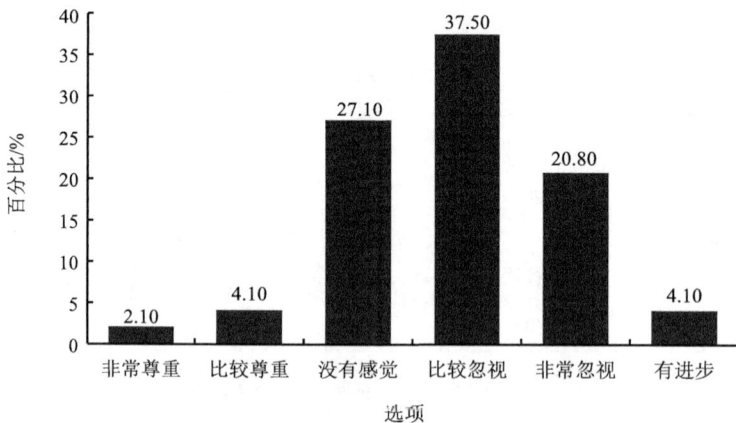

图 8.5　HL 村村民对征地程序透明度的满意程度

在政府以低价征收土地时，村民并没有采取任何明显的反抗行为。随着占地填土范围的不合理扩张，逐渐出现了越界的问题，进一步挑战了村民容忍的底线，村民才开始在钟队长的领导下展开了一系列的维权行动。

与此同时，征地用途的不明确也加剧村民的不满，民主权利和知情权是否得到尊重的问卷分析显示，58.3%的受访者是不满的，满意的只有 6.2%，不关心的人占 27.1%。HL 村此次征地的目的对外宣称是因为工业园三期的建设，用于工程堆土；但有村民认为如果征地是用于进行工业园开发，他们是会同意征

---

① 访谈记录："这个冲突的原因是多方面的，第一就是村民认为补偿价格较低，但是这个价格是按照全五华县的统一征收价格定的；第二就是这一次的土地征收在手续方面不太齐全，这也是比较关键的因素；第三就是农民内部存在分歧，村里的水田、旱地的征收大部分都发了补偿，但是山林、水塘由于补偿太低，村民代表、组长不敢接收补偿，所以双方就产生了分歧。"

地的，但是目前的征地用途并不清楚。村民怀疑镇政府是在谋求私利，不经村民同意强行占地堆土，此次征地也并不是像政府所说的用于工业园三期的开发，而是政府与私人开发商协商用于以下建设：①烟花爆竹厂；②搞绿化、旅游；③建储备仓。

3）地方政府缺少合法征地文件或行为瑕疵很容易构成冲突的"触发门槛"

假设农民发现地方政府的"瑕疵"，他们就会变得更加理直气壮，在征地过程中，征地程序并没有严格遵循有关法律规定，村民看到的只是一张征地补偿价格表。随后，钟队长又到国土局查资料，此时才发现政府征地手续不足。政府不合法的征地行为严重触碰了村民们的权益底线，他们感觉自己似乎被地方政府欺骗了，内心的不满情绪涨至极点，因此要求政府停止征地的呼声也一浪高过一浪，最终导致了冲突的爆发。

## 8.3.6　征地冲突行为特征分析

一是农民维权意识越来越强，维护与表达自身利益诉求的方式与渠道越来越具有现代特色，如运用现代媒体、网络自媒体等；二是农民的维权行为日益以组织性的集体行动为主，他们意识到自身力量单薄，靠单打独斗很难实现自己的诉求；三是农民的维权程度与他们自身如何评估自己的价值与能量及体味自身"冤屈"密切相关；四是上访这一"社会安全阀"难以遏制政府的违法征地行为；五是警力成为地方政府"维稳利器"；六是个别农民提出无理要求，多方无法达成一致协议而产生冲突。随着社会转型机遇与挑战的凸显及现代化因素的增进，当前中国频发的征地冲突也呈现出形式丰富、演变迅速不定等特征。

1. 村民视角：逼迫与理性

农民作为参与主体的行动者本身受到具体场域的限制，在不同的地方性知识背景下农民的行为就有着不同的参与方式、手段运用和行动目标（朱静辉和马洪君，2014），正如有研究者所指出的"对农民行为的分析必须放在其特定的、具体的生存境遇、制度安排和社会变迁的背景中进行"（郭于华，2002b）。通过网络梳理全国不同地区2007～2016年以来的征地社会冲突事件183件，归纳分析了我国因征地诱发的社会冲突的基本现状及共性特征，并与调研村进行了比对。

1）"逼迫"下的集体抗争行动

以HL村为例，村民是在基层政府违法征地行为的"步步紧逼"下，由于内心不满的逐渐累积，才采取了集体抗争行动的。征地初始，虽然征地补偿不尽如村民所愿，但村民并没有对此采取任何对抗行为①。随着政府填土范围的不合理扩张，出现"越界"问题时，村民逐渐意识到问题的严重性，于是他们中的个别人采取了上访的维权方式。由于个体力量的单薄，他们的抗争行为没能引起政府重视，以致村民的问题迟迟没有得到解决。于是，在政府的"步步紧逼"下，村民集体上门求助于领导能力和维权能力均较强的钟队长。在钟队长的组织下，村民开始踏上了集体维权之路。

2）理性维权

在与政府博弈的整个过程中，HL村村民均表现得较为理性，没有与地方政府官员或村干部发生严重的肢体冲突。再加上钟队长强有力的领导，使得整个维权行动在合法的情景中有序进行。村民虽然形成了一定的组织，但还是一种非结构的软组织。其虽有公认的行动领导者钟队长，但内部依旧缺乏明确的分工与明确的权利义务关系，缺乏系统性和支配性。主要的集体约束力还是来自村民间的"道义"与"人情关系"。在整个维权过程中主要还是钟队长个人通过各种手段和关系才获得这场官民博弈中的制高点。对于HL村大多数村民而言，土地仍是他们的主要经济来源，可见土地对他们的重要。因此，面对不得不被征收，他们选择与政府的不规范法征地行为作斗争，最终目的还要还是为了维护其自身合法权益，获得更多的补偿。货币、保险、就业和医疗教育都是他们所关注的切身利益，关注率分别为33.3%、14.3%、17.5%、14.3%。这种集体性行动有别于刑事犯罪行为，后者是以哄抢财物、破坏秩序、恶意伤人等为直接目的的，他们也没有触及"聚众闹事、危险社会治安"等敏感地带。

3）严格恪守法律

在维权过程中，维权领袖采用了"问题化"的维权策略和"强制性纠错"的主动性抗争手段。在前期的上访行动得不到重视的情况下，钟队长发现了政府缺少合法的征地文件。他依据国家法规和中央政策直接与违反这些规定的地方政府交涉，并借助舆论压力，努力使村民权益受损这一情况"问题化"，将征地侵权问题纳入政府议事日程。

4）现代化的利益诉求渠道：寻获外力支持

如果仅仅凭借几十个村民，面对强大的国家机器，其声音很可能淹没在人海之中，渐渐无声无息和不了了之。随着互联网的发展，中国社会的开放程度和透明程度显著提高，不少地方的群体性抗争行动都与外界连通，冲突中主体的强弱

① 12大队队长钟先生在访谈中表示，"其实一开始填土时我们是没有反抗的，但是随着填土范围的不合理扩张，最终出现越界、过度征收等问题时，我就要求村委出示相关文件。但是村委只有一张征地补偿价格表，随后我到国土资源局查资料才发现政府征地手续不足，因而开始上访，强烈要求停止征地。我也曾交代我们队里的村民，队里的土地'只可租，不可征'，因为农民一旦失去土地，便会失去后续的生活保障"。

势也成了可变的，而不是绝对的要素。媒体的介入使抗议者的声音跳出地方政府的权力网络的控制，获得更开放、更多商议空间的公共讨论机会。而且信息的网络传播被人使用却不受人控制，这一特性使得政府的权力受到了一定的约束与弱化，在网络场域中的弱势行动者会因此而获益，从而权力平衡成为可能。来自网络或媒体的声音将使地方政府遭受较大的社会压力或来自上层领导和政府的批评，这有可能改变农民在抗争中的不利地位。马卫红和黄荣贵（2016）认为媒体就是制约公权力的一种方式。在媒体的支持下，不仅能够将自身个别的抗议议题扩大为公众性的议题，建立外部支持的同盟，更重要的是，参与者的行动借助于外部支持而在地方上获得了优势，因为外部支持能够给基层政府制造行政与舆论压力。社会舆论成为叫停地方政府滥用权力、胡乱"施压"等不法行为的有效"脚刹"。

以 SH 村与 HL 村为例，SH 村的村民由于自身知识水平及维权能力的局限，在整个征地冲突事件中较难获得与政府平等商谈的话语权。而在 HL 村的此次征地冲突中，由于经济、社会环境等各方面的原因，村民难以摆脱个人的认识局限，文化水平普遍偏低，这给政府进行的有关宣传工作带来了一定的困难，也不利于合法的维权。如 HL 村部分村民对相关法规的理解不够透彻，断章取义。他们普遍将国家颁布的补偿标准视作当地政府必须予以颁布和执行的唯一标的，坚定认为"一切得按国家标准办"，并将二者之间的差额归咎于地方政府官员的贪污[①]。但国家标准到底是什么，他们也不知道。

### 2. 草根精英视角：维权行动的决定性因子

HL 村的行动没有明确的组织性，维权领袖虽体现出维护村民利益的责任感，但并不像"以法抗争"中的抗争精英那样具有强烈的英雄主义情怀，因自己行动的合法性与正义性，就情愿为此不怕流血牺牲。

在《"气"与抗争政治——当代中国乡村社会稳定问题研究》一书中，应星（2011）将底层民众中那些发起动员、主导抗争行动方向与进程的人界定为"草根领袖"。"草根领袖"的出现使得集体性行动组织化的程度大大提高，他们对群体行为的理性把控和精心策划在很大程度上决定着行动目的的实现。在 HL 村的此次征地冲突中，钟队长扮演的正是"草根领袖"这一关键性角色。他并不是外来的精英或知识分子，其利益与其他受害村民的利益是一致的。但无论他是在为私利还是公益奔走，是在为民说话还是在为己说话，钟队长在此次维权行动中的作用是不可忽视的。

#### 1）"不越线"的行动策略

钟队长对征地问题有着较强、较清楚的判断与认识，他对征地的有关政策极其

---

① 实际上，地方的补偿标准是依据国家制度制定的，国土资源部是技术负责机构。

熟悉，一再表示政府的征地行为不符合法定程序，如果没有齐全的征地文件，他是不会同意让政府征地的，这似乎捏住了基层政府的"软肋"，手续不齐全无论在法律还是道义层面都是得不到支持的，没有官员敢于公开在此情况下强力征地。

有的学者认为，在集体性行动中，组织者承担着冲突所引发的"合法性焦虑"的重压。他们不仅要关心集体行动的成败，而且也要同时考虑自身安危。他们会尽可能把群体行动控制在"依法抗争"的范围内，使用"踩线不越线"的"问题化"行动策略：即在向政府诉苦的同时运用有节制的群体聚集手段，边缘性地触响秩序的警铃，有分寸地扰乱日常的生活，以危及社会稳定秩序的某些信号来唤醒政府出来解决他们问题的诚意（应星，2012）。但在此次访谈中，钟队长表示自己没有担心过会出现对村民与政府对峙的过激场面或自己的维权行动会触碰国家法律，因为他采取的是非暴力途径来维权，他们首先向乡镇政府进行了处理申请（当然没有结果，如意料之中）。他事先已很好地把事情演变的方向掌控在自己手中①。这其中的差异原因还是在于地方政府本身行为的合法性程度，如果合法，地方政府可能"更硬"，"草根领袖"有可能遭到更强打压。

2）巧用外部资源

"草根领袖"是否具有外部资源（包括新闻媒体在行动前后的关注、外部提供的资金帮助，以及"草根领袖"通过同乡、亲友关系从政府内部获得的支持等），不仅影响到"草根领袖"可用于动员的资源总量，而且更重要的是，还关系到能否扩大行动发生和发展的政治机会，关系到能否为"草根领袖"提供某种"保护伞"，以及为群体行动增强合法性（应星，2007）。HL 村的征地冲突由起初政府无视村民抗议私自扩大征地范围，到最终以地方政府向村民公开道歉的结局收场，这一巨大变化的转折点就是媒体的介入。钟队长通过人际关系网寻求更高一级的政府官员的帮助②，使媒体介入征地事件的调查，对 ZS 镇政府施压，及时纠正了政府的违法征地行为。在国内其他的冲突事件中，多数皆有媒体的参与，但效果并不一致。HL 村的媒体起到重要作用，和他利用社会资本（熟人）和媒体是权威官媒有很大关系。

3. 政府视角："压力型体制"下政府的行为逻辑

问卷调查显示，目前征地社会冲突农民指向的矛盾对象是：地方政府和官员（50%）、村组干部（14.7%）、开发商和企业用地人（13.7%），可见地方政府和官员占比很高，他们已经成为冲突的直接目标。在上访原因方面：征地补偿偏低（67.6%）、征地过程中村干部以权谋私（49%）、地方政府违法征地（34.3%）、

① 钟队长在访谈中说到："没有担心（在领导村民反对征地时出现与政府对峙的过激场面），因为我们不走暴力反抗的方法，而是通过媒体曝光来施加压力，通过外界逼迫政府停止征地。"
② 钟队长在访谈中说到："我通过其他关系找到更高一级的官员，我自己上面有关系，但是具体的就不好透露了，后来还有找《羊城晚报》（这其中也有认识的人）来村里调查报道，征地立刻就被喊停了。"

地方政府不兑现征地补偿承诺（21.6%）、征地补偿费拖欠（20.6%），前 5 位因素有 4 个和地方政府有关[①]。

1）政府对抗争行为的"打压"

1978 年后国家在政治与社会治理上的政治学从阶级斗争转变为安定团结（应星，2011）。荣敬本等提出的"压力型体制"（荣敬本，1997），正是对中国地方政府治理逻辑在改革开放前后发生重要变化的一种恰当概括。如今，不只是 GDP 等经济指标，对计划生育率的控制和社会的稳定局面等也成了地方政府被"一票否决"的压力来源[②]。

地方政府的权、责、利是不对等的，一定程度上，地方政府也是有苦难言，非常委屈：在一些实际情况下，地方政府陷入不得不谋求经济发展速度的困境，"吃饭财政"和庞大的地方事务刚性支出使得他们可用的财力捉襟见肘。在财政约束下，想招商引资就要降低土地成本，降低土地成本就要降低征地补偿标准，但是农民不高兴。官员们未必不知道农民"不高兴"，但农民高兴了，财政就吃紧了，外来资本早跑到政策更加优惠的地方了。这是一个两难的困局。权、责、利的失衡使得地方政府很容易走上低补偿甚至拖欠补偿的套路，出现纠纷，也很难化解群体抗争行动，于是巨大的维稳压力就很可能诱使地方政府采取高压手段来遏制群体性事件的爆发和蔓延。一定程度上，征地冲突问题还是出在"钱"上。但是，切断了抗争者诉求渠道的打压行为不仅不能从根源上解决问题，反而进一步激化了抗争者的负面情绪，增加了冲突加剧的可能性，即使暂时"压"下来，在一定条件下还可能死灰复燃。这就使中国的征地维稳陷入了"越维越不稳"的怪圈。[③]

---

[①] 据 2016 年 7~8 月在湖北省某市国土局对官员的访谈得知，地方政府行为在征地中的确存在瑕疵，其中地方政府补偿不到位是主要原因，例如，土地补偿费经常不给，或账目不清；就征地程序而言，一般是用地审查-调查通知-调查登记-风险评估-征前公告-组件报批-批后公告-征收实施；基层政府（如乡、镇、街道）是征地的实施主体，县级政府是决定主体，省政府是审核监督主体；有时公开程序流于形式，有时根本没有协商程序在补偿方面，近年来确实三次提高了补偿标准，目前正在对拆迁进行标准制定；2015 年社保纳入了征地补偿范围，农民需要多方面补偿，不仅是钱，尤其对于老人，失地后生活没有来源而物价在上涨，农民对土地是有感情的；今后城郊的留置地可能是一个农民分享增值的方法，远郊的谈不上。补偿款监管方面，国土局基本不管补偿资金到位。

对农民而言，受访官员认为，农民更在意拆迁而不是征地补偿，因为拆迁补偿更高，一些农民甚至盼望拆迁；上访是解决征地矛盾的好方式，不上访，很难获得政府重视；不少上访演变为有组织的行动；但现在不少农民懂法，主动走法律程序来维权，如起诉政府不作为达到征地诉求。

对冲突原因，受访官员认为主要在于：补偿标准低且区域不平衡，达不到农民预期，官员很多精力花在了拆迁工作上；符合公益性的很少，大量是工业用地，政府经常亏本征地，一旦经济形势不好时，地卖不出去，此时甚至亏本也要卖；地方政府面对不同情况标准不同，如建设标准厂房就有钱，补偿农民就没钱，根本方法还是要发展经济，提升地方财力；现在用地不集约，开发区很大，征地量很大，一些用来贷款；招来的企业生命周期不长，3~5 年较多，招商引资质量不高。

[②] 在广东省仁化县国土资源局的访谈中，笔者发现社会稳定任务已经成为了地方治理的重中之重。在仁化县国土资源局基层官员的访谈中，工作人员谈到，现今省与市对下级政府的监督工作抓的很紧，当地政府并不会因为土地具有的巨大增值空间而忽视群众的利益。民生问题很重要。

[③] SH 村受访者进京 7 次，遭地方政府"打压"：该村上访村民宋先生在访谈中提到，尽管自己一路的上访皆是按照《广东省信访条例》里面的程序走，不存在一丝违法行为，但在其从北京返回到五华县时，却被派出所所长以"非法上访"的罪名押进派出所进行询问，并对其进行了拘留。而后宋先生也遭到镇政府与村里的威胁："如果他再继续上访就要对其进行抓捕并判刑。"

2）政府对"草根领袖"的 "拉拢"

在实施打压的同时，地方政府还可能辅之以小利诱惑来加速抗争群体的内部分化或"摆平"集体性行动中的关键角色。在对钟队长的个人访谈中了解到，为了获得鱼塘负责人的银行账号并强行将征地补偿款打入其账户，村干部就曾许诺过给钟队长"好处"，作为他配合征地工作的报酬。

这种以利益来解决问题的方式似乎要比采取高压手段解决来得更高明些，但是这种"花钱买平安"的工作思路和行为方式无疑暴露了政府行为缺乏明确的原则性和规范性。不仅如此，花钱摆平问题的逻辑诱发民众"不闹不解决，小闹小解决，大闹大解决"的一系列连锁反应（应星，2011）。

3）政府对村组织的强行吸纳

税费改革之后，村庄自我治理能力大为衰退，形成村级政权的官僚化与科层化。基层政府的强政治干预及村集体对基层政府的经济依赖，使得村庄成功地被改造成了基层政府的下属组织体系。尤其在城镇化的压力下，地方政府为了顺利开展征地活动，就更迫切地想把村级组织纳入其体系之中（朱静辉和马洪君，2014）。村干部从协助政府征地中可不断获得经济报酬和奖励，还能在其他事物上如获得工程承包、参军、招干、入学、开办工厂等方面得到乡镇干部的偏袒和优先权。但是，村干部也不能过分的站在地方政府一边，毕竟他们的根基还在本村，还是这个差序格局和熟人社会中的一分子，尤其是在家族势力和村集体经济完善的村，他们也会受到来自村内部的压力。所以高明的村干部都会走好这个"钢丝"。

在对 HL 村村委的访谈中发现，在整个征地过程中，村委都在配合镇政府不断地推进征地项目，尤其是在被征地村民的思想工作方面。虽然村干部是通过民主选举产生，但是在选举之后却又由于政府的吸纳作用，他们并无法代表村民的集体权益，反而成为政府的代理人。原本就对基层政府官员极度不信任的村民，[①]由于村干部这一角色的转变，他们的负面情绪也随之延伸到了村干部身上。在 HL 村的调查中，对官员和村委不满的人比例分别为40%和46%，在村民心中二者并

---

① 但政府的失当行为使其威信降低。该村的部分土地被征用作高速公路建设。因为政府征地是出于交通建设需要，再加上村民自身的种种局限，所以征地之初，不合理的补偿款并没有引起村民强烈的反抗。村民与政府的冲突爆发主要还是由于地方政府变相减少征地补偿面积及对征地后续问题的处理态度和行为上。镇里组织征地小组下村测量征地面积时故意缩小村民的补偿面积，变相克扣村民合理补偿金额。同时，政府官员对于向村民承诺的征地后续完善工作也没有到位。据 SH 村村民反映，在高速公路建设期间，由于围墙措施建设不够牢固，政府征收地红线外堆积的厚土层在雨后塌陷，淤积在众多农民原有水田和林地等众多非征地上，严重影响和破坏了水田等的耕种。除此之外，建设高速公路期间，政府一些修建措施影响了当地农田水利和交通设施等的正常运作。可是政府并没有兑现征地前的承诺的行为使得政府的威信在村民心目中大大降低。HL 村村委在访谈中说到："由于村民文化素质较低，此次土地征收工作开展之前，县、镇、村都做了很多前期工作，例如公告、召集村民代表和小组长进行开会等。"

没有什么区别。①

4）警力成为政府"维稳利器"②

地方政府在维稳的工作压力下，动用警力往往被政府官员视为解决问题的最有效率的手段。当然，动用警力只是在最迫切的场合（如大规模群体性集聚或出现人身伤亡），公安机关不会因一般性的纠纷就出动警力。地方政府要创造政绩，就必须和资本站在一起。在其难以与村集体或个别农民达成协议时，就容易采取强暴的违法征地行为。由于国家掌控着强制力，所以警力在强征强拆事件中的出现就不足为奇了。另外，政府官员大部分严重缺乏基本经济学常识从而产生对土地价值的错误认知，也是一个重要的施政不当的原因。对极少数"刁民"的偏见也使得地方政府使用警力理直气壮。

5）上访失效与地方政府失信

调查问卷显示有 75.26%的受访村民认为上访是他们在被征地时维护自身权益的最有效且最可行的途径，其他获得较多认同的方式还有：法律途径（36.08%）、集体组织施工（36.08%）、请求媒体支持（27.84%）、请求上级领导干预（23.71%）。因此过于依赖上访这一"社会安全阀"难以起到应有作用。同时要看到，法律途径解决的认同度较高，但是并未成为最重要的方式。

上访难以从根本上解决冲突的原因有很多。一是尽管上访可能意味着对同一结构中权力中下层的某种压力，但这却是一种权力互涵而非对立的压力（应星，2001）。二是现在政府一味强调"问题解决在基层"，简单地按信访总量给各地排名作为基层官员的政绩指标，这些做法都无疑导致了基层官员迫于压力与个人利益，会对上访者采取打压或冷处理的手段。在 HL 村地方政府官员完成的调查问卷中发现，在问及征地冲突的有效解决方式时，其并未选择"上访"这一选项。

HL 村前后采取的个人上访与集体上访均未能获得理想的维权效果③。无视与

---

① 村干部以权谋私加剧其与村民的矛盾：第一，私吞征地补偿款，除了村干部难以成为村民利益代表的问题外，SH 村还出现了由于村干部以权谋私导致部分村民的征地补偿金额莫名"缩水"的违法现象。虽然 SH 村上一届村委中的大部分干部以及有关涉事镇政府官员已被免职并受到了法律制裁，但村民告知，部分不法人员的收入并没有被没收。在调研中，有位村民还提到自家的土地被有权力之人霸占，但其去村、镇投诉却无任何结果，还反过来被对方上诉，打了两年官司。不过他最终还是得到了法院的公正判决，维护了自身的合法权益。第二，"一亩地当三亩算"。SH 村此次征地除了补偿金额低外，还存在每个村民拿到的补偿数额相差较大，村里没有对补偿结果进行公示的情况。有些村民依仗与村委的"亲密"关系而获得"一亩地当三亩算"的"特殊待遇"，在丈量征地面积时，属其所用的土地面积就大幅提升。（访谈内容）

② 在与调研地的村民沟通中，本组了解到调研地隶属的 MY 镇在征地的过程中存在官员暴力征地的情况，当地政府勾结社会黑势力，对不愿让出土地的农民加以威胁与压迫。调研地 SH 村因修建高速公路的用地需求有部分土地被征收。在高速公路的修建过程中，村里的一座桥因为地基的震动出现了明显的破损。由于小桥属于 SH 村的交通要道，潜在的安全隐患使得小桥无法继续正常供村民使用。村民原本就已经对低额的征地补偿心存不满，小桥的破坏和村委的不作为更是让村民倍感愤懑。怨恨的积累最终引起了冲突的爆发，部分村民在桥头与高速公路的施工人员发生了肢体上的冲突，当地政府随即派警力镇压了发起动乱的村民。虽然在整个冲突事件中没有人员伤亡，但是政府对征地项目后期的不负责行为严重影响了官民的和谐关系。

③ 钟队长在访谈中提到："一开始我曾经到镇政府上访，但是没有结果，并且镇政府人员表示即使我继续上访也无用。"

推脱是地方政府面对这些"不痛不痒"的"顽疾"的常用手法。其实地方政府的心理是复杂和无奈的：一旦对个别征地项目"开了口子"，今后的征地只能水涨船高[1]。不仅如此，地方政府还可能通过其他方式对上访者进行压制。稳定虽然暂时达到了，但实际上矛盾只是被延后了。政府和百姓之间的对立情绪却未消除，政府的威信进一步下降。

在调研中发现，即使镇政府应工作之需，利用互联网的便利性开通了微信公众号，本意是为了使村务更为公开透明，提高村民的政治参与度。但是这一做法却难以取得预期效果，村民仍然质疑公众号中信息的真实性，地方政府在村民中失去公信力对其工作的顺利开展带来的不少影响[2]。

### 8.3.7　冲突的核心：对核心资源的控制

从深层次看，土地征收诱发的社会冲突聚焦于利益。由于利益而生互动，且互动不仅是主体之间发生，而且抗争主体与国家制度之间也能产生互动。

利益就现实的摆在那里，在特定时间点，它不会变大，也不会变小。但双方的行动时间长短却能改变利益的大小，更会改变对资源的控制权和分割份额。对土地而言，经济租金是客观存在的，在这个看似多方参与的游戏中，实际最重要的参与者只有两个：地方政府和农民。地方政府和农民的互动是激烈和频繁的，双方各自以自身的"武器"和可用资源进行角逐。多数情况下，地方政府在角逐中具有强大优势如警察和整套公务系统，以及雄厚的财力、法律支持、法律解释权、发展优先的主流意识形态等。但农民也不是没有武器：不配合、上访、擅长持久战、低时间机会成本、接近土地、先占使用、生存权道义优势、弱者被社会同情（尤其老人和女性抗争者）、"光脚的不怕穿鞋的"心态、所有权和承包权保护等。还有很重要的一点是，农民维护的利益是自己的，而政府官员维护的利益并不会被自己个人捕获。他们的行动激励强度存在很大差距，除了关键负责的干部之外（因为关系职位和升迁）。控制和反控制是一个重复博弈的过程。

投资者或资本拥有者在此过程中并非袖手旁观。他们手中的资本就是武器，资本具有极强的流动性和进一步创造资本的能力。在前述章节已经分析过，资本在经济租金实现过程中扮演了至关重要的作用，没有资本参与，地租只是潜在的财富而已。而资本对地方财富、就业、税收的创造都必不可少。因此，地方政府

---

① 2017年1月韶关市某土地管理所访谈。问：您们遇到他们不满的情况，就是您们觉得采取哪一项措施可以比较高效地去解决那个问题？答：要想高效，呵呵，那肯定是尽量维护农民的利益，（从）群众的利益角度去考虑哦，是不是？当然也不是说你农民提出什么要求，政府就去满足你的要求，是不是？你必须有一个公比性在这里，不是说你要一个价我就给你一个价。这是最快（解决问题）的啊，但是不可能完全这样子做啊，你这个村是这样子做，但是下一个村、下一个项目，你不能又这样子做。那如果都是这样子的话，你这个征地标准不是等同于形同虚设了？

② 钟队长在访谈中说到，这个公众号里面有些信息还是经过"加工"处理的，缺乏真实性，可信度较低。

和官员不需要类似于西方国家政治生活中的大力游说（lobby），即能主动地为资本打开"绿灯"。尤其是房地产开发资本，因能给城市带来巨额税收、GDP 和改进基础设施而备受政府青睐，谁要是拖延了土地征收，谁有可能变成"公敌"。一些开发商在已经投入"沉没成本"之后，为了降低资金成本，节省时间，甚至脱掉伪装，亲自出动，参与征地拆迁过程。在强大的官僚体系和资本面前，被征收人的反抗或维权力量和手段都显得微不足道。

### 8.3.8  典型征地冲突事件过程还原：从利到气

对于 HL 村征地冲突的定性分析有利于更好地把握问题的本质，如果能够进一步揭示冲突事件发生和发展的社会历史情境，抽象还原事态的演进过程，把握征地冲突酝酿、形成、蓄势和暴发的整一个运作过程，在此基础上进一步解析冲突的诱因与特征，才能从问题自身出发，解决自身问题，从而达到事半功倍的效果。

1. HL 村事件还原："气"的积压与释放

ZS 镇因"发展的需要"，在未办理一纸合法征地文件的前提下，以"办弃土场"为由，征收了 HL 村第十二村村民小组的山坑田、山地共 30 多亩。

1）利益受损、负情绪的隐忍与维权意识的萌芽

2016 年 7 月，ZS 镇干部在一线亲自指挥 HL 村干部对属于村民小组的"老虎坑"的部分坑水田、旱地、山林展开征地工作。但明显低于合理补偿额的征地补偿标准引起了村民的不满。在租地和"卖地"之间，村民更加偏好租地，而不是一次性被征收，何况补偿标准较低。部分村民由于无力与地方政府相抗衡，在村干部的一番"教育"后，他们不情愿地接受了政府单方决定的征地补偿款。而维权意识较强的 12 大队钟队长号召大家不要在征地协议上签字，在他的呼吁下，12 大队 4 个小组中最终只有一个组的部分村民同意政府意见并领取了赔偿金。然而，即使征地没有获得全部村民的认同，地方政府仍在 HL 村展开了填土工作。村民选择的是忍让和妥协，他们在收集信息，等待时机。

2）不满的积聚与共识的达成

随着政府填土工作的持续开展，开始出现了填土范围"越界"的现象，约十三四亩的山坑田、旱地被厚土填埋，有的地方土堆深达近 4 米。原本在协议上圈定的征地范围在没有得到村民的同意下逐渐扩大，不断非法侵占村民的土地。村民终于按捺不住内心的愤懑，开始对政府的这一侵权行为表示抗议，还有个别村民到镇信访办上访。但此时的政府并没有意识到自己失当行为的严重性，选择无视村民的利益诉求，继续占地填土。协商无门、上访无果的村民逐渐意识到个体

力量的单薄，他们主动找到一直反对征地的钟队长，希望他能带领大家一起阻止政府非法的征地行为。此时，"草根领袖"开始应邀出场。

3）冲突的触发与策略的形成

由于山林、水塘是集体资产，村里有专门的负责人负责管理。出于补偿价格偏低的原因，当时负责人都没有在征地协议上签字，更没有领取补偿款。为了"协助"地方政府征地工作的开展，村干部便绕开负责人去"寻求"钟队长的"帮助"，想设法从钟队长这里获知负责人的银行账号，并强行将补偿款打入负责人的账户里。村干部软硬兼施，但最终都被钟队长拒绝了。钟队长还借着与村干部的这场"拉锯战"来拖延政府征地工作的进程，同时也为谋划集体维权策略争取更多的时间。

从被告知征地到"劝收"补偿款，村民们获悉的只有一张征地补偿标准表，村委并没有出示其他任何有关文件。熟悉国家征地政策的钟队长向 HL 村村干部提出出示合法征地文件和规划图的请求，但没有得到满意答复。此时，钟队长与村民就更加肯定了镇政府征地行为的违规性，并开始策划下一步维权行动。

4）理性的维权与权益的表达

政府在缺少征地文件却仍强行征收村民土地的不合法行为使大伙十分气愤，触动了冲突爆发的"安全阀"。在钟队长的组织下，60 位 HL 村村民共同起草了征地抗议书并在其上印下手指模，以作为去镇政府、县政府有关部门上访的有力凭据。

考虑到集体力量的局限性，钟队长决定借助外部资源，请求外媒帮助。他通过人际关系网联系到《羊城晚报》的有关负责人，希望他们能曝光政府此次征地的非法性，通过社会舆论来给当地政府施压，同时引起上级政府的重视，及时遏制 ZS 镇政府侵占村民土地的行为。

5）冲突的缓和与诉求的阶段化满足

《羊城晚报》记者的介入引起了五华县政府高度重视。在事实与压力面前，ZS 镇政府相关负责人主动承认了错误。他们表示会吸取此次教训，改进工作方法和管理方式。同时他们也向村民赔礼道歉，保证会无条件停止征地工作。

政府的征地工作虽然暂告一段，但是镇政府并没有完全打消征地的念头，他们会在村民情绪平定下来后再做进一步打算。而钟队长也表示会带领大家与政府将这场维权战进行到底。

## 2. SH 村事件还原："无为"之治难愈"不稳"之疾

1）征地项目顺利完成

政府为修建高速公路征收 SH 村土地，村民虽对补偿价格不满，但征地顺利完成。

2）村民利益受损，征地矛盾萌芽

为区分已征收用地和未征收土地，当地政府在高速公路建设用地和原耕地之间搭起了水泥墙，但这一举措给当地农民造成了意料之外的困扰。一部分新建的水泥墙影响了农田原有的水利设施的运作，村民无法擅自推倒厚实的墙体，上报政府但无人回应。

高速公路的建设需要大量的沙石，但由于村里农田的地势较低，一遇上雨水天气，流动的雨水就会把泥沙带入附近的农田，连修建的防护墙也难以起到阻挡沙石、保护农田的作用。地势低的耕地被泥沙覆盖，村民无法继续正常种植，但政府对此依旧不闻不问，让村民很是心寒。无奈之下，当地群众只好在村委的组织下出钱出力，自发清理渠道。《梅州日报》就此事进行了报道。此事件属于农民利益的进一步受损，之前征地的"旧账"随时可能被农民翻出来。

3）"上"不作为，冲突爆发

高速公路的修建使村中原有的一座小桥出现了比较明显的破损现象。存在安全隐患的小桥无法继续正常使用，这给村民的日常生活带来了极大的不便。村民将这一现象上报村委，却迟迟没有得到回应。为此，部分村民还在桥头与修建高速公路的包工头起过冲突，政府派出警力，所幸最终冲突并未造成人员伤亡。

## 8.3.9　冲突消解机制的构建

在这个由地方政府-农民-开发商-村集体编织而成的利益之网中，矛盾演化为冲突，一般冲突演变成严重冲突，此时，如何消解矛盾、达成共识是一个复杂的问题。在问题治理过程中，首先得找到过去几十年来，社会冲突一直难以缓解的根源上来，以下是几个关键性的解释：一是"压力型体制"下地方政府陷入维稳困境。维稳压力的层层递增、权责的不对等使得基层政府既处于矛盾的漩涡中又处于高压的蒸炉里。这就导致他们难以从容地面对基层矛盾，无法从根源上着手解决问题。他们往往会在集体行动刚一冒头时就采取严厉打压，围追堵截抗争者向高层政府诉求的渠道。司法和立法机构在这个过程中成了配角。二是农民自身局限及政府行为失当导致矛盾的激化。除了少数农民精英，农民多数并不真正理解法律。他们只是恪守着自己的生存准则：要征我的地，但我要生存。部分基层政府知道农民问题很棘手很困难，但为了完成上级任务，自身行为失信和失当，典型的表现有：手续不全、隐瞒土地未来用途、征地包干制、恶意多占土地、对周边土地使用造成侵扰、承诺的事情不落实等①。三是缺乏新型高效的事前调

---

① 调研中发现一些管理者任务征地后先把土地供给出去，再把钱补偿到位给农民，政府没钱提前补偿。这是荒谬的逻辑，因为商人不能先赊来货物，卖出后再结算之前的进货款。政府亦不应该这样做。征地包干制也是不合理的，地方政府常先扣除一些必须的规费后，剩下的补偿给农民，岂不知所剩的补偿款使得实际补偿标准更低。

解机制。地方政府制定补偿方案，农民不满，不影响征地进行，农民可以反映问题，但不解决不满足要求并无裁决机制。所以最后的结果常常就是因为地方财力所限而"驳回要求"。四是缺乏事后裁决机制。在西方发达国家，如果对征地补偿不满意，可以在交出土地后数年内向法院起诉，法院会组成公民构成的陪审团来进行裁决，并不是法官独断。如果判定补偿不合理，政府必须执行法院判决。我国没有陪审团制度，仅有一个不完善的"人民陪审员"制度。目前的补偿争议沿用政府内部的处理和审查程序，这是不合理的制度设计：一个征地方案和补偿方案是市县级政府制定的，省级政府批准的，乡镇级政府执行的，中央政府是补偿原则的指导者，当农民向省级政府质疑市县政府补偿方案或执行问题，省级政府本身就知道这个方案，也知道地方政府财政紧张，此时省级政府很难裁定一个自己批准的补偿标准失当，因为这是自我否定。

## 8.3.10　简单建议

第一是改变官员考核机制。一味强调"问题解决在基层"，简单地按信访总量给各地排名，单纯地将控制集体上访和群体性事件的数字作为基层官员的政绩指标都是有待改进的做法。适当疏解基层政府的维稳工作高压，有利于基层官员更理智地面对农民的利益诉求表达行为。地方人大是否可以考虑承担一定的、重大的上访案件调处。

第二是反思和重构我国的土地征收补偿制度和政策。提高补偿标准是一个必由之路。

第三是地方法院设立征地和其他社会纠纷裁定机构，通过完善陪审员制度对纠纷进行裁决。

第四是地方人大作为地方最高权力机关，应有权依据本地社会经济发展阶段制定本地综合化的征地补偿安置政策，监督、责令本级政府建立专项基金，保障失地农民基本生活，维护本地社会安定和谐。

# 第9章 美国的土地征收及其借鉴

美国作为一个联邦制国家，各州皆有自己的宪法，因此各州的土地征收法律不尽一致，但大同小异。本书仅对威斯康星州的征收法律进行简略介绍，并与中国的法律进行对比，结合中国的法律体系基质和国情、历史、文化特点等，试图从中获得某些启示。

## 9.1 国家征收权的起源和法律精神

### 9.1.1 经典理解①

按照西方世界的通常理解，国家征收权是指统治机关未征得业主同意征收业主财产，用于公用目的。该权力的准确起源并无确切资料。大体来说，美国的法律体系是建立在英国普通法传统的基础之上的，这些传统早在1776年美国宣布脱离英国独立之时就已存在。因此，美国国家征收权的起源通常追溯到英国的历史发展中。国家征收权发展成为英国普通法的一部分，是作为统治者的国王或女王拥有的一项固有权力。继1066年英格兰的诺曼征服后，权力集中到了君主手里。到了13世纪，英国男爵们开始关注君主的权力，并于1215年迫使国王签署了一份协议，即《大宪章》（拉丁语为Magna Carta），《大宪章》限制了君主专制统治的权利，是民主思想史上的重要文献。《大宪章》列出了授予民众以对抗王权的各项保护措施。保护政策之一规定，未经正当程序，君主不得征收土地。特别是条款规定："自由人的财产不容剥夺，……除非是经自由人同等地位的人组成的陪审团做出的法律判决，或者根据土地法。"这一规定是美国今天依然依据的法律传统"当土地通过国家征收权征收，业主有选择陪审团审判的权利"的基础。虽然现在陪审团的审判通常仅限于确定合理补偿问题，但其仍是对政府行使国家征收权进行的重要把关。

美国独立战争时期各州采用了英国的普通法传统，认可了国家征收权。根据普通法，在美国，国家征收权被认为是国家主权的固有属性。这个概念对于这片土地的原住民印第安人来说是陌生的，因为印第安人的土地是共有财产，没有私

---

① 部分内容主要参考了笔者在威斯康星州麦迪逊市访问时合作导师奥姆的一个演讲。

有财产的概念。1776 年美国独立，建立民主政体，于是国家政权从君主手里转移到人民手里。人民通过各州宪法创建了各自的州政府。这些州的宪法是人民与他们各自州政府间缔结的契约，规定了主权的使用及国家征收权的一般使用限制。例如，1777 年佛蒙特州宪法规定"只要个人的财产被征收，用于公用目的，业主就应收到等额的金钱补偿"。1780 年马萨诸塞州宪法规定，"任何时候因公众紧急需要而要求征收任何个人的财产用于公用目的的，个人都应当因此而得到合理补偿"。如今这些规定被认为是对私有财产的保护，因为它们确保政府只能出于公用目的而行使国家征收权，且必须付给业主合理补偿。

在各州于 18 世纪 80 年代后期共同创建了如今的美国政府时（美国宪法于 1787 年签署，1788 年获得批准，中央政府于 1789 年开始运行），各州把某些主权权力让给了中央政府。增加了"权利法案"的美国 1791 年宪法修正案包括在第五条修正案中规定："除非给予合理补偿，私有财产不应被征收。"虽然各州自建州以来即拥有国家征收权，但直到 1875 年美国联邦最高法院在科尔诉美国（Kohl vs United States）一案的判定中法院解释了美国宪法，声明美国政府也拥有国家征收权。直到 1897 年美国联邦最高法院在芝加哥 B. & Q. R. 公司诉芝加哥市（Chicago，B.& Q.R.Co.vs Chicago）一案中判定第五条修正案的保护条款适用于各州。

## 9.1.2　关于国家征收权的当代理念

因为美国采用联邦政府制，现在至少有 51 种征收权的使用方法。各州及中央政府均制定了自己独特的法律和方法。尽管各州行使国家征收权的方法各异，在美国有 4 种基本概念界定了一般国家征收权。这 4 种概念是：①私有财产的性质；②"取得"私有财产是什么意思；③财产只能因公用目的而被征收的限制；④财产征收时，业主必须因失去的财产而获得补偿的限制。

（1）私有财产。国家征收权通常是用于取得私人个体拥有的不动产（土地），用于建造公用道路及公用建筑物等。在美国，私有财产的概念适用于所有形式的私有财产，包括个人财产及知识产权。虽然国家征收权的主要用途是取得私有财产，但有时国家征收权也可以用于取得公有财产。如上级政府"州"可以征收"市"有财产。不过反之则行不通。例如，"市"政府是不能取得"州"政府财产的。

（2）征收。虽然国家征收权通常用于直接、实际使用的土地及建筑物，但"征收"私有财产的概念已被法院扩展到其他情形。通过扩展"征收"的概念，法院扩展了对合理补偿的要求。虽然"征收"的范围因各州而异，但法院裁定，政府在下列情况下"征收"财产：实际占用财产，如筑坝引起的河水流过某人的财产或在某个建筑物上安放有线电视电线；结果性的实际损坏，如因为改变了邻近地块上一条新路的坡度而导致某一地块失去了其横向支撑；拆除了通往某路的路径；以及政府规定拒绝业主以经济目的使用其财产。

（3）公用。国家征收权只能用于促进公用事业之目的。政府不得将征收的某个个体的私有财产交给另一个私营个体使用。通常国家征收权用于公共机构（地方政府、国家机构等）对财产实际使用，如公路或公立公园。然而早在许多年前各州就开始把国家征收权下放给某些私人实体，包括铁路公司和电力公司。许多州的法院支持国家征收权下放给这些私人实体，做法是把"公用"的定义扩展到满足某些公益需求。过去，只要按照立法机关界定的那样涉及更广泛的公共利益，把国家征收权下放给这些公司就是可接受的。公众的实际使用不是必要条件。因为立法机关代表了人民，有关公共利益的问题法院一般会遵从立法判断。

威斯康星州的纽科姆诉史密斯案（Newcomb vs Smith，1849）是财产只能因"公用"目的而征收这一要求的广义解释案例。威斯康星州立法机关的早期法案之一是授权私营磨坊水坝业主占用财产（通过溃坝引起洪水），只要磨坊水坝业主对占用财产做出补偿。立法机关认为国家征收权下放给私营企业行使对该州的经济发展至关重要。"公用"的概念被立法机关解释为"公共利益"涵盖的任何事务。威斯康星州最高法院遵从了立法机关给出的定义，支持对公用概念的这一阐释："但是，如果公众利益能因为征收私有财产而得以提升，必须依赖立法机关的智慧确定公众获得的好处是否具有足够的重要性以使得国家征收权的行使是有利的，并授权为此目的而妨碍个人的私有权。"[①]

20 世纪 50 年代，"公用"的概念被立法机关扩展并获法院的支持，以推动城市重建。根据各州通过的重建法律（有时被称为"不佳市容及贫民窟清拆法"），只要私有财产脏乱破旧，政府就可以行使国家征收权，将其交给其他可除乱去旧、使财产重获发展的私有方。美国联邦最高法院认为城市中贫困区的重建起着有效的公用目的，因此国家征收权可用于取得财产，即使这些财产最后并非归公众所有[②]。在一些州，国家征收权已扩展到授权征收并不破旧的私有财产用于经济发展的目的。1981 年密歇根州最高法院裁决的博勒腾镇社区委员会诉底特律市案是个早期案例。在本案中，密歇根州底特律市动用国家征收权，征收了整个街区（465 英亩[③]，600 家企业，1400 处住宅物业），把它交给通用汽车公司，用于建造一家汽车制造厂。密歇根州最高法院随后于 2004 年的维恩县政府诉哈斯柯克案（County of Wayne vs Hathcock）中限制了出于经济发展目的而行使的国家征收权。

在 1984 年夏威夷房屋委员会诉米德基夫案中，美国联邦最高法院支持了使用

---

① 见 1949 年纽科姆诉史密斯案（Newcomb vs Smith）。
② 见 1954 年伯曼诉帕克案（Berman vs Parker）。
③ 1 英亩≈0.4 公顷。

国家征收权来处理夏威夷州的一项独特的土地租佃制度。夏威夷的大部分土地属于君主制在夏威夷结束时成立的信托基金。酒店业主从信托基金机构租用土地，但他们想真正拥有土地。夏威夷立法机关通过法律，授权行使国家征收权从信托机构获取土地，允许酒店业主购买土地。该法律受到美国联邦最高法院的支持，因为该法律满足了公用要求。

在 2005 年凯洛案中，康涅狄格州立法机关通过的一项法律获得了美国联邦最高法院的支持，该法授权行使国家征收权从某个个人手里征收私有财产，把它交给另一个私营实体，以用于纯粹的经济发展之目的。

（4）合理补偿。各州宪法及美国宪法要求支付给财产被征收的业主以合理补偿。补偿要求可能给政府带来补偿财政压力。国家征收权的原始概念并不需要支付补偿费。威斯康星州最高法院曾总结道：“作为国家政权，政府征收个人财产用于公用目的，此国家征收权是绝对权利；甚至不允许任何直接补偿。”[①]不过国家征收权的概念逐渐演变为认识到补偿的需要，各种宪法都纳入了这一理念。例如，威斯康星州的宪法规定：“任何人的财产被征收用于公用目的，必须获得合理补偿。”

正常情况下合理补偿是努力将补偿限定在实现业主如果在自由市场出售该财产时能获得的价值。随着时间的推移，合理补偿的概念已经扩展到超出包括土地和建筑物的地块市场价格。甚至在一些州合理补偿会包括永续经营价值损失——该企业损失的经济价值。征收行动的重点通常是确定什么是“合理”补偿。

### 9.1.3　平衡个人权利与公共利益

如上所述，国家征收权是统治机构，是国家的固有权力。美国的州宪法和联邦宪法的规定试图通过限制国家征收权的使用方式来保护个人权利，以防止滥用，即私有财产只有在合理补偿时才可以征收以用于公用目的。国家征收权如何使用的具体参数是由两个政府机构决定的。这两个机构是：①立法机构，负责界定公共利益，制定使用国家征收权的法律；②司法机构，负责解释这些法律，保证个人自由不受多数派的专制侵害。这是一项制衡制度，因为立法机关和法院之间互动来确定国家征收权的合理使用。民选的州议会通过法律，详细说明如何使用国家征收权。法律通常分为三类：①列出州可直接行使国家征收权的操作程序及目的的法律；②授权私营实体（如电力线路公司）行使国家征收权及操作程序的法律；③使地方政府使用国家征收权及使用目的和程序的法律。在美国的法律制度里，地方政府是各州所设，必须根据州授权运作。

法律规定可以在宪法的一般性规定以外提供额外的程序和保障。比如，《统一搬迁补助和不动产征收政策法》（1970 年），该法适用于联邦政府的征收行动

---

① 见 1849 年纽科姆诉史密斯案（Newcomb vs Smith）。

及使用联邦资金的州及地方政府的征收行动，规定了对业主的额外保护和搬迁利益——一种非宪法要求的补偿形式。另一个例子是为了保护农田免遭开发，一些州立法规定了征收生产型农用地的国家征收权使用要求。

法院在两个阶段介入。首先，业主可质疑某项州立法（法律），理由是该法案违反了州宪法或联邦宪法的国家征收权使用限制。其次，如果问题不是针对法律的合宪性，可质疑该法律在特定征收活动中的适用性。可以是质疑政府征收行为确定的公共（利益）必需性或确定的合理补偿。在这种制衡制度下，如果受损害人一方不同意某个问题的法院判决，受损害一方可以找到立法机关，修改国家征收权法律。在这里，我们看到美国公民不仅可以挑战所谓的"抽象行政行为"，甚至连立法的法律都是可以诉讼和修改的。

2005 年的凯洛案最为典型，美国联邦最高法院裁定：康涅狄格州法律满足公用要求，即使公众未必实际占用该财产。高院认为，允许更高层次更好使用该财产服务于更广泛的公共利益的判决满足"公用"要求。高等法院认为该市的发展规划充分界定了公共利益的内涵。虽然高等法院指出根据美国宪法该法可以接受，高等法院仍认可立法机关界定公共利益的历史角色，也限定了国家征收权的行使："我们强调，我们的观点从不排除任何州进一步限制行使国家征收权。"

法院的判决受到广泛的媒体关注，媒体可以不时地监督国家征收权的行使。媒体煽动起公众情绪，认为"政府"要打着"经济发展"的幌子使用国家征收权来征收财产，把它交给他人。对此案舆论哗然，作为回应，一些州议会通过立法，专门禁止纯粹出于经济发展的目的行使国家征收权，还采取其他措施来改革国家征收权的实际操作。然而行使国家征收权的情况各州迥异，大多数州并没有像康涅狄格州那样在立法上允许只出于经济发展的目的便可以行使国家征收权，而该法是凯洛案的判决依据。

凯洛案提出了对国家征收权行使进行改革的需要。已知的滥用国家征收权发生在 20 世纪五六十年代，一些城市根据联邦城市重建计划，大量行使国家征收权来建造联邦州际公路系统。城市的许多区域因为州际系统的建设而遭到破坏，充满活力的企业被迫搬迁到有地可用的郊区。有人担心缺少搬迁补助，这促使国会和州议会通过搬迁补助法。还有人担心国家征收权的行使是针对低收入及种族多元地区。这导致环境公正法的通过，此类法律要求联邦政府评估提出的国家征收权行使对弱势群体的影响及采取措施减轻这些不利影响。凯洛案引起了关于特殊利益集团对政府的影响问题——"大企业"利用其对政府流程的影响力凌驾于不具有同等影响力的个体业主及弱势群体之上。凯洛案也引起一些人质疑政府在经济发展中的适当角色。即使在不涉及经济发展的情况下，美国对私有财产的尊重引起公众对国家征收权使用的关注，有时甚至对当选的政府官员产生政治压力，使其不得在某些情况下行使国家征收权。

# 9.2　威斯康星州土地征收法律简介①

## 9.2.1　如何能构成征收

征收包括常规征收和反向征收，后者主要由于管制引起，二者都受到征收法的规制。法律判例认为："它（第五修正案）本身不是为了限制政府必要的对私人财产权的干预，而是一旦发生合理干预构成征收后保障补偿。"②威斯康星州宪法第 1 条 13 款规定："没有人的财产可在缺乏公正补偿的前提下拿走。"征收法律制定了两个竞争性原则：一方面要尊重个人的财产权，另一方面也要认识到政府需要保留能力去管制土地所有者对土地的潜在使用以推进所有公民的利益。在1926 年的欧几里得案中，美国联邦最高法院判定地方分区是一个警察权的合法使用；而在 1922 年宾州煤矿案中，法院判定"当财产可被限制到一定程度，但一旦走得太远，就构成征收"，这种征收被描述为建设性（constructive）征收或管制性征收。这段话说明，政府的管制同样能作成征收。管制性征收本质上属于征收。

然而并不是只有物理占有才构成征收。如 1999 年艾伯里案。如果政府管制性限制或行为（如再分区或拒绝许可），剥夺了主人全部经济上的有益使用，那就是一种绝对的管制性征收并需要补偿。在判断依据第五修正案是否走得太远时，美国联邦最高法院回避了任何的固定公式，而宁愿采取必要的特别事实性的调查。然而，法院已经证实下列 5 种具体的管制性行为类型可能构成需补偿的征收：①管制性行为使得土地所有者遭受持久的物理侵入，即使很小。②管制性行为拒绝任何土地有益经济或生产性的用途。③宾州中心案提出的标准得到满足。但注意政府首先考虑的因素是：对原告的经济影响；管制任何影响土地所有者明显基于投资预期的程度；政府行为的特征，如是否达到物理入侵，或仅通过一些公共项目调整了经济生活的利益和负担以促进公共利益。④管制行为包含了土地使用捐，如 1987 年诺兰案和 1994 年多兰案。⑤成熟度。

为公共利益和防止公共损害是有区别的。威斯康星州对警察权和征收的运用做了区分：当行为对公众有用时，采取征收；当行为对公众有害时，采用警察权。前者有补偿，后者无。于是，滨岸分区法禁止填埋湿地，限制开发并不是需补偿的，因为它是为了公共利益而阻止对国家自然资源的破坏。然而，命令一个公共设施公司将其高空电力线埋到地下以帮助机场扩大就是征收，因为公众从其扩大

---

① 本部分内容主要参考自《Condemnation law and practice in Wisconsin》[M].John M Van Lie shout，Richard W. Donner. First edition. Madison，WI：State Bar of Wisconsin CLE Books。
② First English Evangelical Lutheran Church of Glendale vs County of Los Angelessupreme Court of The United States 482 U.S. 304 (1987)。

中受益了。进而，法律限制州政府大楼附近建筑高度就是征收，因为这与公众健康安全和福利并无很多关联。

拿走财产和损害财产存在区别，何时需补偿？法院此时必须判断：①政府是否有意侵入或影响原告财产，或是否破坏是偶然性的；②政府的力量是否彻底破坏了原告的使用，导致持久的拿走；③公众是否从原告财产中获益。

物理入侵和管制征收存在区别。一旦征收构成，就需要判断到底是物理入侵还是管制征收，使其财产遭受全部还是实质性实际用途损失。前者叫本身（per se）征收，后者叫分类（categorical）征收[①]。

## 9.2.2　征收程序

区分项目类型，对于交通和排水设施有 11 项；其他项目有 7 个程序：评估；谈判；管辖性购买报价；质疑征收权准确性的诉讼（不是对补偿数量）；委员会听证会、放弃程序或接受管辖报价；巡回法院上诉；撤回向法院支付的补偿、保证。

## 9.2.3　公正补偿的规则

1）公正补偿的定义

威斯康星州宪法规定，公正补偿就是财产公平市场价值的同义词，是在正常的公平的（arm's length）公开市场下"一个卖者愿意但不是被迫卖，一个买者愿意但不是被迫买"的价格。如果土地所有者和政府不能达成一致，那么启动有关定价程序，包括两种最常见情况下的公平市场价值决定程序：①总体征收，拿走全部财产；②部分征收，仅部分被拿走。

2）估价期日

估价期日就是征收期日。交通和排水项目，依据法律条款是当地注册的补偿记录日；其他项目估价日是未决诉讼记录存档日。

3）判定公正补偿

部分征收时，取以下较大的补偿。①不考虑公共改进行将发生的财产在评估日的公平市场价值。②评估日前整个财产市场价值和马上在评估日后剩余财产公平市场价值差额，假定公共改进（市政工程）已完成，考虑以下因素：A.失去土地，包括了改良物和固定设备都被征收；B.邻接土地到高速公路的进入权利被剥夺或限制；C.失去空中权；D.合法的非相容使用的失去；E.土地分离带来的损害，包括和改良物和固定物的分离损害（考虑分离损害时，需用土地人要考虑改良物

---

① 当政府法规禁止所有经济上有利或生产性使用私人土地，而不考虑其可能服务的公共利益时，就会发生分类征收。

建设期的损害，包括噪声、灰尘、机动车和行人难以进入，以及对财产使用限制等损害）；F.征收带来的等级的变化损害；G.合理必要的土地隔离物费用。

4）评估方法

采用世界通行的三种方法，包括可比交易法、收益法、成本法（看重置成本）。关于收益法，如果有市场案例，本法不被威斯康星州接受。净收益依赖于很多因素以至于不能成为一种可信赖的决定公平市价的方法，也不能用于一些商业公司的征收案。但在财产过于特殊且没有交易案时，才可被接受。收益证据在三种情况下可被接受：①不含主人劳力的利润；②利润源于使用且是价值的主要来源；③独特且无交易案例。对于成本法，在考虑贬值时，必须包括三个部分：物理贬值、经济退化和功能性退化。

5）估价因素

第一是最高最佳用途问题。公平市场价值考虑最有利的用途，等同于最高最佳使用。不一定是现在用途，而是要考虑目前和未来的最高最佳使用，规划调整后可适用。一块空地或改良财产的最高最佳用途一般如下定义：①法律许可；②物理可能；③财政可行；④最大化的获益性。

威斯康星州认为以下预期用途证据可被接受。①土地最有利的用途。②土地的合理可能的用途（reasonably probable）。③并不是设想性或投机性的土地用途。相应的，如果目前用途是农场，并非不能以住宅来评估，因为每个地块都是"很容易可售且分区允许这些使用"。另外，当最高最佳的独立地块合并被第三个主体使用，如果合并地块这样做是合理可行的，法院会考虑未来用途再固定其价值。分区如果禁止最有利的用途，土地所有者必须提供证据表明一种合理的可能性足以获得再分区，将来有可能被允许做最高最佳用途。④分区限制：分区如果禁止最有利的用途，土地所有者必须提供证据表明一种合理的可能性会获得再分区（rezoning）①，将来会允许最高最佳用途。合并：当最高最佳的独立地块合并被第三个主体使用，法院会考虑以未来用途固定其价值，如果合并地块是合理可行的。

第二是项目影响的估价规则。一般而言，发布项目规划时间早于征收时间，那么规划对地价产生影响。当有积极效应时，土地价值上升，反之则下降。对应的，估价日之前土地的价格变动不需要考虑，因为其变动原因要么是土地被用于市政项目，要么是土地可能需要用于项目。威斯康星州法律认为"对地主的补偿必须固定，假定特定的市政项目从未构想、规划、宣布和实施"，"任何可归为

---

① 分区修改（再分区）：分区修改是对文本或地图的正式修改，地图修改经常被称作再分区，既可以是对特定地块也可以是具有一般性或社区效果的。再分区程序常需要对分区法修正完成，需要提交规划委员会审查和颁布。当分区条件对所有物业施加巨大压力时，更适合去对那些地块进行再分区而不是申请特许。

征收和计划的公共使用带来的增值效应不被考虑"。项目影响的估价规则不排除发生在项目规划公布之后的可比案例交易，如果它全部或部分位于项目区之内。但威斯康星州法律认为，关于项目影响是否存在发生实际争议时，应该由法官运用自由裁量权去判定证据是否接受，以及是否适用该规则。

第三是对项目所在范围并不进行狭义解释。审查者必须决定土地是否可能位于项目影响区之内，如果是的，增值不被认可。当标的财产评估时，财产价值是高速公路直接导致的且"没有高速公路就不会发生变化"，此时不予认可。

第四是对特殊利益的处理。如果市政项目带来了特殊利益并影响了市场价值，就必须被考虑并给予补偿核减，反之给予剩余财产的损害补偿。相反地，法律禁止任何对一般利益的核减，或那些能被全部社区分享的利益。这个特殊利益是指它只被土地所有者获得而没有被别的地块分享。它增强了受影响地块价值，改善其物理条件和使用适应性。如果特殊和一般利益进行比较，威斯康星州最高法院认为它是归属于一般公众的一种类型、而不是程度上的利益。任何利益必须归属于财产本身，而不是其主人和生意。另外，征收机构负担证据，评估要求将不动产看作单一体去评估总价值，似乎只有一个主人。

6）分离损害

有时，土地被分割，只有部分被征收，此时，降低了剩余土地价值，产生分离损耗问题，可运用之前和之后方法：这个方法的意思是比较整个财产估价日之前的公平市场价值与剩余财产估价日当即之后的价值之差。

其他的损失或损害还有：①改良和固定物。一般被视为财产价值的一部分。有些可修复，如土地景观、篱笆、停车位和引导标识。②进入权。如果改变出入口是不合理的，那么有权获得补偿，但不包括进入车流或高速公路。③空中权。威斯康星州认为空中权是业主在土地之上的权利，不是绝对的，是延伸到完全和充分的财产使用所必需的范围，且并不意味业主必须已经占据这个空间，依据特定事实而判定。④支持合法非相容使用。⑤损害风险的增加。如附近一个气体管道通过可能降低财产价值，但有的判例没有支持业主要求。⑥等级变化。⑦围栏费用。

7）地役权征收

分为两大类：①持久的地役权限制，一般被公共事业使用，如输油管；②暂时限制，如果政府需要土地开展项目，如储存材料和设备，在建设期。威斯康星州对①采用之前之后规则。对分区或实际使用的农地或建设高压输电线输油管的地役权补偿，必须包括一次性全部地役权补偿和每年的补偿数额，征收人选择一个。

8）证据

委员会和法院可以决定在听证会或审判之前，征收人或业主谁负责提供证据，包括下列文件：最高最佳使用、可申请的分区、指定比较案例和交易用于评估、分离损害、地图和图片、重建成本减折旧和折旧率、收入的资本化文件及支持数据（如果收入用于估价因素）、独立的公平市场价值意见（包括前后价值，申请时提供，但不超过三个估价者）、业主声称的所有损害的列举和证人的资格和经验。

### 9.2.4　征收：异地安置和替换

几个比较重要的定义：商业不包括农业，但包括其他任何合法活动，如非营利组织、室外广告牌建立和维护、公众的服务。可比住所物业是指在全部住宅主要特征和功能与原来住宅相等，如卧室、卫生间、客厅大小，建筑类型，年代，维护，大小和公共设施及娱乐设置可及性相同。可比替换商业物业是指在主要特征方面合理的与原来物业相似，功能相等如条件、维护、土地面积、公共服务和设施、交通站点可及性、需要的建筑面积等，在市场上可获得，满足所有适用法律，位于合理的原有物业附近，适合从事原有业态。这些都排除广告的影响，靠近原有物业以留住现有和新的客户。

搬迁个人是指他和他的财产从一个地方搬出有以下原因：①直接原因是收到了征收机构的书面通知其财产被全部或部分用于公共项目，地方报价其财产的发布之后；②如果他是租户且搬迁是持续的，是返修、拆除或其他搬迁活动的结果。

步骤包括：政府要在最初谈判之前向人们提供各种信息，发布信息册子。异地安置补偿支付，包括实际迁移费，它是实际和合理的费用，如停产停业、影响个人财产的实际直接损失因为迁移和生产中断、寻找新的生产和商业的费用、实际的合理重建费（不超过 1 万，除非费用被其他项目包括）。对变换住房的给予租房费用。对停产停业补偿不超过 5 万元，要求该人在谈判前从事本活动至少 1 年。

### 9.2.5　征收的费用和成本

关于诉讼费包括律师费。土地所有者如果在关于价格的诉讼中获胜，他可以获得实际的诉讼开支，但要符合以下条件：①征收机构放弃诉讼；②法院判决征收机构无权征收全部或部分财产，或没有必要去征收；③诉讼结果是土地所有者收到多于 700 元且至少高于地方报价的 15%，或在地方报价之前地方书面的最高报价。支付诉讼费的目的是：①阻止低司法报价。②当征收人被迫去诉讼以获得充分价值补偿后，让被征收人获得完整补偿；胜诉方获得律师费是强制的，而不是可自由裁量的。

诉讼费是指成本支出和花费的数额，包括合理的准备或参与法院活动、评估或征收委员会的诉讼的律师费、评估费和工程费。以下费用是可以补偿的或要加以考虑的：①司法报价的费用；②诉讼费的听证；③证据负担。如果被质疑，律师需提交费用合理性证明；④或有费，成功酬金协议；⑤律师选择，要和本区的律师费水平比较；⑥作为业主的律师；⑦法律咨询费的替代；⑧评估费。

## 9.2.6　反向征收

反向征收是一个既制约管制者又保护土地所有者的重要和必要的制度，发起的权力在于土地所有者，如果土地所有者觉得政府或其他主体对其土地的管制或干预程度太高且无补偿，构成事实征收，则可以反过来要求土地被征收，以保护财产权利。威斯康星州法律第 32 条 10 款赋予业主提起征收的权利，以对抗拥有征收权的征收机构，他们占有了土地却怠于去实施程序并补偿业主。条款的目的是去保护业主免受征收机构迟迟不去征收而实际性（推定性的）已经占有土地的侵害，如征收机构可能发出司法报价但并不推进后续征收程序的情况。这是一个司法行为，不仅是一个行政行为。

对暂时征收土地，有时可能需要补偿。土地所有者以索赔程序的公告书面通知政府，如果政府否决通知，正确地告知原告，那么土地所有者有 6 个月的限制期可以运用权利。在司法保护程序方面，一旦原告的通知程序耗尽，那么可以提起反向征收要求。

## 9.2.7　征收中的租赁和租户权利

对于单一业主的农场被征收人权利的判断相对简单，但是对于购物中心拥有诸多租户和租赁利益的情况下就很复杂了。租户权利受宪法保护，然而并不是每一个租赁利益都被保护。①威斯康星州的法院关注租期长度以决定补偿权，长期租赁构成土地所有权。州最高法院认为长于 1 年构成共同业权，99 年受让租赁能构成反向征收。多于 3 年认为是可补偿的财产利益。其他州的法院对按月租赁的不予认可，类似的，任意租期租户无补偿。分租户（转租人）也可能有权补偿，首租和转租人都有权，但租户受到的对待不同。不动产权征收会终止租约。租约条款可能导致不同结果，所以在征收案中租户一般不需要继续支付租金。然而，即使付租之义务没有了，这种终止并没有丧失租户的获得补偿权。部分土地征收导致不同的结果，应该降低租金而没有降低时，数额是征收前后的租约公平市场价值之差。②私人财产。租户能获得动产的搬迁费用，如果他放弃，那么无补偿。③固定物。法院不认为是不动产，但必须对此补偿。要符合三个条件：一是实质上与不动产连接；二是为了不动产的使用所需；三是个人意图是将其与持续性与永久产权连接。其中业主的意图是决定性的，而不是税务官员的意图具有决定性。④征收合同条款的处理。土地所有者和租户一般不会约定征收时的解决方法。实际上，这些条款在多数租约上是格式合同。一般是征收时租户没有补偿权。法院对此是严格处理的，区分他们是否希望这个结果。⑤租赁利益的征收的处理。到底分给土地所有者还是租户，法院要考虑。法院认为拿回可期待权，即从出租人手中和从租户手中拿走租权是要补偿的。当租期足够长或从租赁开始租赁价值显著增加时，租户的比例甚至能占据全部补偿。

# 9.3　美国土地征收制度对我国的借鉴

美国土地征收制度最值得借鉴的有以下几个方面。

（1）购买优先。土地具有价格，尽可能通过购买获得土地而不是征收。很高比例的土地是购买获得的，即使市政项目用地也可以实行土地购买。政府认识到土地征收对公民的财产权的确可能造成一定的侵害，无论具有多么正当的理由，都不应该让全社会负担的义务只让个别人承受。

（2）配合细分工具构建一个更具竞争性的土地市场。细分管制是重要的管制工具，但同时也是土地供给工具，这使得土地所有者或开发商可以依据市场自主决定是否将大地块进行切分后，附加规划条件并直接供给市场，满足需求，而不需要政府对全部土地使用进行参与，这样就创设了一个更加具有竞争性的市场，有助于扩大供给和平抑市场价格。工业和商业、居住用地都可以通过这个过程完成供给。

（3）地价评估。政府并不现行给出补偿报价，也没有一个所谓的补偿执行标准，因为标准就是市场价值这个法定的标准。在政府报价之前由中立第三方给出评估价，对这个评估价可以质疑。中国缺乏农地市场，没有市场价格，但第三方估价的思想还是值得学习。

（4）补偿范围较广。除了直接损失，一些合理的间接损失获得承认。随着地方政府财力的增强，对一些间接损失逐步予以认可。更为重要的是，对土地预期的和最高最佳用途带来的价值不能一概否认，应逐步制定技术规则，加以考虑。

（5）广泛的公民参与。规划制定阶段的公民参与，使得土地未来用途并不是秘密，也不必然认为这种用途转换价值全部归属国家。在规划和分区阶段，土地所有者已经知晓土地未来用途，对其价值有明确预期，未来规划用途对地价的影响已经资本化。对土地价值和增值分配关系有固定的程序化安排和确定性。土地所有者的确捕获部分土地增值，但政府也通过税收和收费予以部分充公。

（6）完善的事中和事后救济程序。所有争议都有相关的准司法或司法机构进行裁决，有时还组建陪审团对补偿金额争议进行裁决，行政机关独立于陪审团裁决之外，使得裁决具有更高的可信度。

（7）虽然美国历史上也曾经使用过土地财政，但社会发展已经超越了该阶段。政府不再直接参与土地市场来获得财政收入，而是聚焦于公共产品的供给和有法律规定的税收和各种捐来支持财政支持和平衡。中国地方政府的确凭借目前的土地制度和土地财政做到了快速的城市化和城市建设，功不可没，但是负面效果正在逐渐显现，应尽快考虑财产税制度设计，逐步替代传统土地财政，城市建设投融资体系随之做出必要的调整，即使这种巨大的社会性转型相当艰难。

# 第 10 章　美国的土地规划管制及其借鉴

　　表面上看，土地规划管制似乎和土地征收并不相关，但实际上有不可分割的联系：征收是拿走土地权利，而土地规划管制定义了土地权利。反之，没有良好定义的土地权利，就没有市场和权利的市场价格，公正补偿无从谈起。另外，不合理的规划管制本身容易引发准征收问题。某种程度上说，规划管制是整个土地市场、土地问题的基石，代表了政府对土地利用和土地市场的重要干预。

## 10.1　社区规划简介

　　规划不同于管制，二者互补并构成对土地使用的政府性、公权力干预工具，是土地管理的主要方法，是和市场相对的。尽管美国有根深蒂固的市场经济或自由市场意识，但美国的规划和管制非常详尽、系统，是整个国家社会经济生活的重要组成部分。

　　美国有 4 种类型的地方政府：县、市、村、镇。县、村属于未整合区（unincorporated）①，市、镇是整合区（incorpotated），拥有一般规划权，特别注意的是，这 4 种地方政府之间不存在行政级别和隶属关系，地方自治是美国国家治理的重要基石和价值观所系，规划管制被认为是地方性事务，联邦政府并不会干预。在威斯康星州，其他社区规划活动有区域规划委员会和数以百计的特别目的政府单元如学区、住房机构、卫生区和都市排水区来主导。但这些机构之间缺乏合作，会对规划程序提出巨大的挑战②。

　　美国认为制定规划值得花钱和时间是因为，规划源于社区有责任去保障健康、安全和居民的一般福利，这些被认为是公共利益的概念。公众参与有利于界定社区的公共利益并形成一致看法。因此公众参与，从听证会到经常性的公共专家讨论会，再到公民委员会的参与，都是规划的基础性部分，所以规划没有一劳永逸的模式。另外规划有很多的功能，如帮助公民保护私人财产权，允许他们理解社区将如何在他们土地周围做出改变。这和中国的规划重视实现国家目标（如耕地

---

① 未整合区一般不拥有扩张辖区的权力，公共设施相对略差。反之，整合区可以吸纳周边政府土地实施规划权，公共设施较好。
② 本部分介绍参考威斯康星大学麦迪逊分校城市与区域规划系合作导师奥姆教授的著作和数次讨论。Ohm B W.Wisconsin Land Use and Planning Law[M]. Madison：University of Wisconsin Law School，2013.

保护和保障社会经济发展用地）①形成鲜明的对比。没有规划的社区愿意采用特别的方式在发现问题时单个解决，这种膝跳反应的方式存在的弊端在于每一次他都会鼓励社区寻找一个灵丹妙药式方法。

　　一个有效规划的特征，是可以依赖规划去塑造未来。必须包括以下内容：现在必要的数据；理解关键的想法；提供一个一体化的行动计划；反映社区的愿景；解释规划程序。制定规划程序的基本步骤包括：选择一个规划方式（空白板方式-规划学习方式；问题导向方式；策略问题方式；蓝天-想象方式；基于资产的规划方式）；提供一个公民参与和评论的机会；识别主要问题；收集和分析问题（制图、预测推断人口和就业、扩建分析、计算土地供给和社区需求、财政影响分析、估计开发或土地使用变化的财政影响）；定义社区目标；评估替代策略；制定政策和项目计划；颁布规划；实施规划；检测和评估规划实施的效能或绩效。

# 10.2　规划委员会

　　规划委员会功能是帮助政府开发项目，分析和审查开发方案，一个更具体的功能是教育政府和公民有关规划和开发事务的知识，还有委员会自己必须和社区工作不可或缺并担负着技术性工作包括：①制作规划。②制定细分管制，4 种地方政府里，建立委员会是采用地方细分管制的前提，但有的县可以批准特定的地段图。③制定分区。如果县、市、村、镇决定制定一个一般分区法令，威斯康星州法律要求委员会准备法令并向政府推荐采用。有时他们还要审查和提供对分区法令修正案的建议。他们参与一些特殊分区实务，诸如跨地区外分区、岸边和湿地分区、农地保护分区、洪泛分区和建地侵蚀控制和洪水管理法令。④制作官方地图。⑤其他推荐工作。⑥日常运作如召集和召开会议和听证会，这些都向公众开放并不需要预约参加。

　　规划委员会遵守法定程序（due pro）原则去开展工作，一是程序性法定程序（procedure due process），关注决策的程序或方式；二是实质性法定程序（substantive due process），关注的是决策结果的公平性和合理性。其他和规划委员会有关的团体常包括诸如都市污水区、镇卫生区、内陆湖泊保护区和修复区、商业改良区、土地信托等组织，如土地信托是一个私人的基于社区的非营利组织，目的是保护土地税和文化资源，维护公共利益。社区可指导其建立并和有意识的公民一起行动，主要的信托工具就是保护性地役权。

---

① 中国流行用语是"但存方寸地，留于子孙耕"，"土地是生命线，命根子"，"耕者有其田"，"平均地权"。

# 10.3　规划的类型

## 10.3.1　综合规划的定义

1999 年，美国国会修订了规划法，增加了综合规划的定义，并运用在 4 种地方政府的活动及区域性规划委员会中。综合规划意味着一个对地方政府单元的自然、社会和经济发展的指南。包括以下九大内容：①问题和机遇；②住房；③交通；④公共设施和社区设施；⑤农业、自然和文化资源；⑥经济发展；⑦跨政府合作；⑧土地利用；⑨实施。

## 10.3.2　什么是综合规划

规划的理论和实践都在不断演化。20 世纪 40 年代，一个综合分区法被认为等于综合规划，规划隐含在管制程序内。很少有一个独立的规划区强调管制程序的公共目标。现在，综合规划一般理解为一个独立于分区法的文件。同时，历史性地看，综合规划试图只聚焦在社区的物理开发方面，常常包括社会和经济部分。

综合规划提供了一个社区所需要的评估，陈述了社区的价值、社区的长期目的和目标，以及可行的方法来实现它们。规划是综合的，因为内容包含了许多功能，诸如废水处理、交通、住房和土地使用之类的许可。规划应该考虑这些功能之间的相互作用以帮助协调这些规划、项目和程序。

它一般仅是一个公共文件，描绘社区整体上的复杂性和相互支持系统。它的实施必须和地方相联系，和其他政府单元合作，以及对私人部门的需要和能力加以考虑。由于综合规划只是社区物理开发的蓝图，所以必须致力于阐述物理开发政策和社会经济目标之间的联系。它提供了一个长期的观点去指导短期的社区决策，诸如需要去建设多大容量新的污水处理厂或评估一个再分区地块的潜在影响。它不是一个静态的文件，如果环境变化，它需要不断更新。综合规划强调社区应该采取的行动，给出简单和复杂决定的指南，政府决策程序需要依据规划作出选择。

综合规划是政策导向的。规划包括了影响力政策陈述，反映了依据社区资源基础、物质和社会需求、目标、问题和机会，每个规划必须反映社区的独特环境。虽然单独制定，但每个部分是相互作用的。例如，新的道路和街道决策必然对未来的土地使用模式有影响，也对未来的商业和娱乐开发等有影响。

颁布综合规划的程序大致分 4 步：①公众参与；②规划委员会行动；③政府颁布；④附加的通告和听证程序。地方政府一般有三种颁布方式：法令、决议和议案。有时威斯康星州法院会规定其方式，有时没有。这样会消除地方政府所采取程序的不确定性。1999 年以前的威斯康星州规划法要求当市、镇、村准备一个土地使用规划时，如果是只由非选举规划委员会做出，可以使用决议；县对发展规划采用决议。1999 年法律改变了颁布综合规划的程序，要求他们颁布法令，法令必须由选举的政府成员多数赞成票。二者的区别比较小（法令和决议），如法令要求在通过之后公布，而决议不需要公布。必须公布综合规划法令的要求不应该和分区法混淆。社区可以选择将分区法作为实施综合规划的多种方法之一。法律和程序管理着分区法的颁布。如果地方政府需要采取行动，那么它就必须有法可依。有些人认为这样地方政府就能只依据综合规划直接管制土地使用，以至于不再需要分区法了。2009 年威斯康星州宪法 373 条试图去解释这个问题，规定："法令颁布综合规划并不意味着综合规划是一个管制。"所以采用综合规划只是程序的一步，地方政府依然需要采取额外的步骤，诸如采用法令来实际性执行综合规划，它的任何管制效应是通过其他行动间接产生的。

综合规划是具有效力的，表现在一致性方面。规定从 2010 年 1 月 1 开始，如果地方政府签署或修改任何下列法令，法令必须符合政府的综合规划，包括官方地图、细分管制、一般或滨水湿地分区法等。州对综合规划的准备给予资金支持。

由于地方政府众多，规划之间的关系复杂。以县规划与市、村规划的关系为例，1999 年威斯康星州法律强调了州规划授权法给县以特别性质定位。县的开发规划试图覆盖"非整合区的物理开发"、市和村内"经同意可把自己纳入县开发规划"。整合区内的管理机构可以签署规划。县规划与镇规划关系在 1999 年前并不清楚，没有法律要求镇要纳入县的规划，也没有要求县规划整合或纳入镇规划。虽然这样，即使没有法律要求，许多县还是把镇规划纳入其中。各县做法不一样，二者关系常常由于分区伙伴关系而模糊不清。

### 10.3.3　区域和其他类型的综合规划

1999 年宪法给出的定义和综合规划一样包括 9 个要素，但只是建议性的。任何地方政府可选择采用全部或部分。其他类型的规划常包括：都市区交通规划、污水服务区规划、边界变化合作规划[州法律允许市（或村）与镇联合规划和不同市镇之间进行]、农地保护规划、县土地和水管理规划、增加税收融资项目规划、县综合森林土地使用规划、县公园系统规划、县交通规划、县农业规划、县固体废物管理规划、水资源有关规划、综合性镇公园系统规划、资本改良规划、其他规划（如城市再开发规划、商业改良区规划和综合再开发规划），一共 16 种，它们拥有不同的功能。

在威斯康星州法律下实施规划要做到一致性，这是为了：一是鼓励地方政府在采取影响土地使用的特定行动时遵守规划；二是在通过特定影响土地使用的法令时建立一个综合规划的前提。强调综合规划是一个独立于实施项目和行动（如分区管制）的文件。官方地图于 1941 年颁布，是最老的土地使用工具。虽然很有效，但是地方政府使用频率不如细分和分区多。官方地图这个词，有时常引发迷惑，这部分是因为地方政府为不同目的可以有好几个地图，于是，都可以指向官方地图。但不是所有地图都指官方地图。地方细分管制必须和综合规划一致。威斯康星州授权县、市、村、镇都可以制定细分管制。

# 10.4　分　　区

## 10.4.1　概述

分区是美国土地管理和土地管制的最为重要和常用的工具。美国的分区法只有 100 年的历史。全美第一个综合分区法于 1916 年在纽约市颁布，1920 年，密尔沃基市迅速采用，是威斯康星州第一个。1923 年威斯康星州获得最高法院支持，认为分区是合法的警察权运用，威斯康星州其他城市在 20 年代初期纷纷采用。最初，分区作用是保护独户住房免受不协调使用诸如工厂和商业干扰。威斯康星州是第一个将分区运用在农村区域的。1923 年，州议会授权县将分区作为管制在未整合区域工商业企业区位的手段，适用于镇的批准。1929 年，议会允许将农村分区权力扩展到所有农村土地使用管理。

当时的问题是农村土地的疏于管理，尤其是州北部。伐木公司已经砍掉了几乎所有森林。州政府试图鼓励新的居民去使用这些土地做农业。但是，土地贫瘠和恶劣气候使农业很难有利可图。20 世纪 20 年代，许多新的农场是免税的。为了抑制在这些现在看来更加适合林业和休闲的地区进一步的定居，州决定推进农村分区。

在 20 年代和 30 年代分区热潮中，人们发现分区和规划很相似。面对第二次世界大战后兴起的土地开发潮，许多分区缺点开始显现。给定社区开发程序的复杂性质，单独分区对管理增长是无效的，社区被迫制定规划政策。分区对增长和变化问题的处理方式有一点武断和破碎，且缺乏有意识的公共规划政策来指导分区决策。另外，分区的特性是用来分离居住、商业、工业和公共机构土地使用的，这种分离促进了对汽车的依赖和其他问题的产生。

分区要求最小地块面积、退后和其他社区设置的限制，它们造成基于个人收入的分离。分区和其他土地使用控制常常增加住房成本，继而影响其可支付性。但是，虽然有这些弊端，分区仍然是最为人接受的土地使用控制手段。未来将继续是一个最重要的规划实施工具。总之，规划对缓解潜在的不利的分区效应是必要的。在综合规划独立于和不同于分区法构建的目标领域，分区需要具有预测能力。分区必须和其他合适的工具配合以帮助达成社区的愿景。通过规划，愿景得以描述且能协作不同的实施工具。这是规划存在的价值。

## 10.4.2　一般分区和特别目的分区

多数分区属于一般分区范畴，一般分区法在社区内规定不同的使用区。每一个区必须有一系列允许用途，是期望的用途。每一个区也含有特别使用目录，有时称之为特别例外或条件用途，即在一定环境下，需要被地方审查后才被许可。其他所有用途是禁止的。分区管制由地方法颁布，由两部分组成——地图和文本。地图展示了区域边界何在，文本则描述了每个类型的用途能做什么。

每个区设定不同类型的用途。每一类中，常常有几种允许使用的强度。例如，居住区 R1 只允许独户分离单元实验，R2 则允许独户和多户单元。典型的分区区域可能包括居住用途、商业用途、工业用途和农业用途，政府和设施用途、休闲用途，自然保护地和农业用途。分区有弹性和调整机制以允许土地使用规则去适应和依据特殊问题或独特环境而变化。

特别目的分区解决特别的目的或特别的地理区管制问题，诸如围绕机场的土地和沿河沿湖土地。多年来，威斯康星州议会通过了不同的法律授权特别目的的分区类型，特别目的分区主要包括农地保护分区、滨岸分区、洪泛分区和跨区分区。这些分区与一般分区相比参照不同的法律和程序要求，理解这一点很重要。二者略有不同，一般分区是可选工具，而有时特别目的的分区是州法律强制实施的。

## 10.4.3　一般分区的权力和责任

威斯康星州，一般分区权力授予了县、市、村、镇，每一个单元都有地缘边界。所有辖区内土地被分区，但有些县只分区部分土地。一般分区设定了一系列目的和目标，其颁布和修订（包括再分区）被认为是立法程序。这意味着法院将经常尊重分区法的政策，如由地方政府做出的分区法决定。司法干预被限制在诸如滥用自由裁量权、权力滥用或法律错误的情况下，地方政府实际上拥有高度的起草一般分区法的权力。

县的一般分区权力是有限的，一般县分区不运用在整合区如市、村内，它可运用于未整合区如镇，如果镇批准，则一般县分区的运用在镇的土地范围内。依据法律，县有权通过分区"决定、建立、管制和限制"。县不是必须要实施一般分区法，实际上也不是全部。县有权遵从不同的程序和要求实施不同的特别分区，如滨岸分区、洪泛分区、机场保护分区、农地保护分区。

镇对不同的分区方式要求采用不同的程序，常常使其居民和官员赶到迷惑。第一，如果镇投票同意，可以接受县的一般分区。第二，镇可以自己颁布一般分区法。镇分区仅在未整合区开展，并没有跨区效应。镇有两种方式颁布自己的分区法：①在无县分区的地方镇分区；②在村权力下做镇分区。

市和村的法定分区目的是促进健康、安全或公众的一般福利。市、村有权颁布法令去管制和限制如建筑和其他结构的高度、层数、规模、占地比、院子、庭院和其他开放空间大小，人口密度，建筑的用途和区位，建筑和土地用于贸易、采矿、居住或其他目的。市、村在辖区内颁布分区法不需要获得其他政府的同意。如获得周边镇的同意，市、村也可以实施跨区分区来超越市、村边界。跨区分区是分区的特殊类型会影响周边市村的土地。市、村也拥有权力去颁布其他类型的特殊分区，如和县的机场保护分区很类似的分区。当土地与市村连接一起，市、村也面临一些独特的分区条款，如一个对连接地域的法令可能暂时规定该地带的用途分类。

### 10.4.4　一般分区法的制定

地方综合规划定义的社区目标将提供制定一个分区法草案的指南。分区法也可以和综合规划同时制定。没有规划，制定分区法更加困难，且一旦完成，法令更容易受到批评。

规划委员会经常召集职业规划师、分区管理者、地方政府的律师和其他特别专业人士制定草案。委员会也经常和私人规划咨询机构签订合约要求他们准备草案。如果雇佣咨询机构，那么政府将需要做预算并获得资金的使用批准，包括其他制定法令的花费。有时会专门成立一个特别项目建议委员会或特别工作组来起草法令。这些特别组织将纳入一些职员、有兴趣公民和其他利益群体加入，这有助于今后法令的实施并帮助教育其他人对于分区法的正确理解。制定分区法草案时，地图和文本是最基本的两个要素。

1. 分区法文本

1）分区区域和允许用途

（1）允许和禁止用途：禁止用途表示如果没有再分区或特许就不会获得许可。每一个区都包含一定的允许用途，但有极少数区全部是条件用途。

（2）条件用途：如果分区法规定的特定条件满足，得到法令明确的许可才行。但这并不表示这是允许用途。法院解释了特别例外，特别用途和条件用途是同义词。条件用途是特定的土地用途，有特殊的性质且其效应依赖于特定的环境，所以分区试图提前决定何时何地使用是不实际的。如加油站、医院和学校都可能列入条件用途，一旦它们被社区需要，就可能在特定区域得到批准，分区必须考虑现在和预计的交通、人口密度、噪声对毗邻土地价值影响和其他的考虑，包括公共健康、安全和一般福利。政府授予条件用途或者可以授权给规划委员会或上诉/调整理事会。

要批准一个条件用途申请，该用途必须列入分区法，并符合满足的标准和条件。条件是保护毗邻土地所有者，解决麻烦时使用，保护周围环境的特征。条件用途经常缺乏标准，因为他们的目的是在土地用途管制制度里增加一些弹性。标准可以是很一般的诸如促进"健康、安全、社区福利"，然而，标准必须包括"管理行为的指南"（规程）。每个分区区域的文本要列出一个部分去描述条件用途许可的是什么，什么条件下能获得许可。作为替代，特别例外的条件和标准可能用独立的部分来描述。审批机关不能在法令列出的条件或机构要求的条件不存在或不可能满足合法的允许条件用途下，做出要求。地方法必须制定处理特别例外或条件用途的程序。对申请的正确处理方式比列出程序需要考虑更多因素，而州法律语焉不详，地方法必须填补空白。

2）管理事务

分区法应该列出分区法管理的框架。规划委员会必须协助管理分区法，如制定综合规划、起草分区法、评估分区法绩效、对修改提出意见等。分区法应该列出规划委员会执行义务的程序，分区修编和其他义务政府应该授权给委员会，如对条件用途的许可。

## 2. 分区法地图

当地图修编通过，地图应该参考文本并能改变。

## 3. 特定用途分区的限制

### 1）州和联邦法律占先/条件

特定的土地用途尽管是公共品所需，但仍可能是有争议的。这些用途经常产生"邻避"（NIMBY）问题[①]。多年来，威斯康星州议会挑选了不同的法律以对地方政府的行动实行先占，限制其分区权力且要求和州一致标准，诸如与牲畜选址和风力发电有关的分区。其他情况下，州有权规定一些用途，此时就没有对地方权力的先占。

在许多其他区域，州法律对分区设定非常细致的要求，特定用途如天线设施/业余电台天线、移动通信塔、电台广播服务设施、移民劳工营和社区和其他生活设施。州法律不准"工资日贷款"机构布局在另外一个公司的1500英尺[②]范围内，不能距离独户住宅150英尺内。分区法不能歧视多户公寓和分时项目。地方分区法令需要与这些州法律包含的特定用途要求达到一致。除了这些州法律条款，联邦法律也能影响地方土地使用控制如分区。如联邦关于无线通信设施选择和联邦残疾人法律的规定。这些法律能影响分区法的起草和管理。

---

① 如中国的对垃圾焚烧厂建设项目的抗议。几乎没有人愿意自家附近建有垃圾焚烧厂。
② 1英尺=0.3048米。

2）非遵从用途

非遵从一般是指现状用途和规划用途不一致的情况，这种情况非常常见且必须加以重视。地方政府在准备分区法时要解决的一个问题是非遵从，它在地方分区法中受到一定的保护，在起草新的分区法条款时就需要对此加以考虑。

分区最初背后的目的是将社区分割后将用途分离，用途一致性是目标。分区创造了一个有序的开发性层级，将独户住宅放在了顶端。尤其是独户居住区，尤其强调防止其他用途进入以保护财产价值。

社区被分区控制，然而并不是严格遵从一个排列整齐的开发顺序，用途实际上是混合的，例如，会有商店位于居住区内，废物堆积场在商业区内，等等。由于分区的目的就是保持社区用途类似，而现存的用途偏离了这一点，正如不同的新的用途被分区法禁止，因为它们破坏分区正当性，于是分区的支持者尽力消除这些非遵从用途就很重要了。人们同意设立一个用途不符合分区但依然被允许继续的程序，同时要限制非遵从，使其无法扩张并逐渐消失。

虽然标准分区授权法是威斯康星州分区授权法的依据，但它并没有关注非遵从用途，地方分区法显示对非遵从使用是有限制性，主要针对：①用途改变；②改建、维修或覆盖结构；③在放弃或废弃后复原用途。如果土地所有者在法律通过之前就合法地做出了投资，可予以保护。

一般看来，威斯康星州法院的决定反映了一惯性对非遵从用途的反对。依据法院观点："法律寻求限制而不是增加非遵从用途并最快速度消除他们。"然而，法院观点的合理性不全在于法律和地方法令对非遵从所提供的保护。处理这个问题的新的困难是目前很多情况下，早期概念的演变使得这种非遵从用途合理性不再有效，混合使用不再被规划师认为是坏的，实际上许多非遵从使用也是有好处的。所以，社区需要制定一个实用的方法处理非遵从用途。运用合理的程序，允许社区去找个替代方法并创造一个政策环境来解决与非遵从有关的问题。

### 4. 分区法令的正式程序

一般分五步：在起草和再起草阶段的广泛社区对话、确认拟议的分区法、召开公共听证会、听证会后规划委员会继续后续行动、颁布法令和通过其他政府体所需的认可。

### 5. 修改分区法

文本和地图都能修改。可由政府机构投票决定是否修改，分区授权法清楚规定了对签署的修正案发起、审查和修改的程序，地方法令可能需要额外的程序。修改必须符合地方综合规划，如果不符合，那么地方政府两个选择：一是拒绝修改，二是修改综合规划。

　　分区法作为土地管制依据，修编必须符合公共利益和合理性。修编不可避免会影响一小部分人的利益或小片的区域，这会引发他们对是否符合一般公共利益的质疑。一个完全为私人利益的修编肯定是非法的。修编还要参照综合规划以帮助人们构建再分区之后的公共利益。要注意有其他程序和分区修编一样能达到同样结果，如特别例外或特许。选择什么程序既是法律问题又是策略问题，如当一个法令会规定最小 15 英尺的侧院子，但是发现之后一些地块因为地形问题最佳是 10 英尺。当这些情况出现，正常的 15 英尺规则就不再合理，于是可在不破坏法令精神的情况下予以解决。此时法令既能通过修改法令到 10 英尺的新标准，法令也能不修改而通过特许来降低标准，二者都是合法可取的。但在实施中要遵守几个一般原则：

　　1）既有权利

　　既有权利（vested right）指的是政府之前对土地开发的许可不能被之后颁布的法令所取消。授权的时间受到地方管制变化的保护，如分区。在威斯康星州，一旦申请建筑许可被批准，权利就被授予。在此之前，未开发土地的所有者并没有在既有的分区上获得授权。例如，政府可以再分区一个未开发地块从商业到独户住宅。业主没有申请开发地产，将在此开发商业类型上失去授权权利（在旧分区下没有使用该权利）。

　　2）地点分区

　　在一个相对小的地块规划一个与周围合法的用途显著不同的用途，以满足特定的土地所有者要求称为地点分区（spot zoning）。威斯康星州最高法院认为这是再分区："在同样的用途区，通过一个单一地块或区域的权利授予而不是授予给其他在附近的土地。"地点分区未必违法但是必须对特定环境进行判断。是否合法，法院在判断时要看分区授予的目的。由于分区是立法功能并执行的是"假定成立"，所以司法审查在判断再分区是否违宪、不合理或歧视方面很保守。虽然法院对分区机构在授予再分区时的明智性有不同意见，但法院的确不能替代政府去做这个判断。

　　依据法院的观点，为了支持再分区并反击关于不合法地点分区的批评，地点分区应该是出于公共目的且能给公众带来利益而不是只为土地所有者带来利益。一个展现利益的方式是再分区与长期规划的一致性、它依据的是不是对整个社区的考虑。推翻一个不合法的地点分区是比较困难的①。尽管很难构建一个非法的地

---

① 如 1990 年威斯康星州上诉法院的一个判例：一个镇全部地块是 R1 居住区或 RH1 农村住房，一个土地所有者申请将一个地块再分区为 LC1 限制性商业用地，用作电子承包业务。邻居反对作为一个地点分区的再分区。上诉法院认为再分区不是一个非法的地点分区，同意初审法院的观点，认为再分区是为了公共利益而不是只为土地所有者私人利益。依据初审法院的判断，认定这个商业提供的公共服务面向邻居和整个镇。另一个案例是威斯康星州法院认为将土地从农业分区变为工业分区用作酒精厂建设没有构成违法地点分区，即便分区并不符合综合规划。

点分区，运用地点分区不应该被鼓励。因为如果社区不断发生大量的地点分区请求，那么分区法（最初制定的科学性）就应该被反省了，频繁的地点分区表明法令需要依据现有社区价值而及时更新。

3）非遵从

当地方政府颁布分区法修正案改变了之前的法令，致使现有开发不符合新的法令要求时，产生非遵从问题。对非遵从的保护不会常常用于对条件用途许可情况。

## 10.4.5　分区项目的日常管理

### 1. 管理结构

威斯康星州法律规定地方分区法有三个管理机构：地方议会、规划委员会、上诉/调整理事会。上诉/调整理事会有两个强制性功能和一个可选功能，前者是处理特许和管理性上诉，可选的是处理特别例外和条件使用。分区官员有责任帮助和建议分区机构和理事会，去决定是否许可、签发其他批准书。当上诉/调整理事会或规划委员会作出决定后，还要去监测守法和发起强制实施行动。一个分区项目的实施不仅需要全部管理步骤、管理性行动者和机构，而且需要律师和法院参与。

### 2. 管理程序

1）社区教育

官员需要公布法令并归纳总结要点，上网或在其他社区显要位置进行公布，告诉公民分区法的理由和公民改变分区的方法选择，分区法的通过意味着公民达成了一致同意。但人们的想法会变化，官员应该不断的跟踪和影响人们的意见来寻求对分区的支持。

2）运用法律

①颁发分区许可；②审查条件用途：有时许可申请既不会被拒绝也不会被批准，这种情况是当其用途被列为特别例外或条件用途时。此时，许可不能被批准，而是申请将其纳入一个将来的程序以获得条件用途许可。申请者承担举证责任，他们必须在第一次公共听证会通知之前完成，除非法令说明可以延后提交证据。

政府机构有几个选择：当对条件用途许可申请作出决定时，可完全拒绝，或者全部或部分批准，或者有条件批准。额外的条件可能包括全部或部分许可的时间段，退后和院子增加，建筑维护，行为限制，等等。如果法律列举的或理事会要求的条件并不存在或不满足，批准主体不能合法地允许条件用途。批准主体能对条件用途许可保留管辖权，来保障申请遵从许可的条件。一个现有的条件用途许可并不是一个既有财产权，所以驳回一个条件用途申请在威斯康星州法律里并不会构成管制性征收。

3) 处理非遵从问题

威斯康星州法律提供了一些对非遵从的保护，要在管理分区法令时考虑。

有三类情况：非遵从用途、非遵从结构、非遵从地块。一些政府还规定了非遵从信号和停车标准。非遵从用途的扩张或改变的法律限制不能超过 50% 的价值改变，非遵从用途如果中止超过 12 个月，那么任何未来的用途必须遵从分区法，合法的非遵从是依据土地而非土地所有者的，销售非遵从土地不会导致非遵从的中止（法随地走）。土地所有者有责任提出关于该用途的状态的优势证据。土地的用途必须存在于新法律通过之前，必须是合法的，不能与先前分区和其他法令相抵触。

## 3. 调整程序

分区调整可以通过管理型请求或条件分区、分区法修改，或在分区法里颁发一个特许。管理这些调整程序包括几步：第一，一个团体申请调整（常常发生在一个分区特定用途被驳回之后引发）；第二，申请被法案管理者递交给合适的理事会或委员会（一个特许被提给上诉/调整理事会，而修改请求会首先递交给规划委员会，然后转给地方立法机构）；第三，在要求的通告、听证会受影响群体参与、会议和投票之后，决策机构给出结论；第四，如果决定满足了申请，就需要制作一个分区许可申请并在调整后的规则下通过；第五，如果决策机构决定不支持申请，申请者可以上诉到巡回法院。分区法明确地区分了分区修改、分区特许和管理性上诉。以下是对几个关键概念的解释。

1) 分区修改（再分区）

分区修改是对文本或地图的正式修改，地图修改经常被称作再分区。它们既可以是对特定地块，也可以是具有一般性或社区效果的。再分区程序常常需要分区法修正完成并提交规划委员会审查和颁布。当分区条件对所有物业施加巨大压力时，更适合去对地块需求再分区而不是申请特许。

2) 分区特许

如果该地本来是被分区法禁止，分区特许可授权特定地块的使用或开发，土地所有者可以展示独特性、地块自然问题所产生的困难。如果在不损害法令意图下改变法令的条件就能克服，此时政府不需要修改分区，只需要依据地块的情况对一般规则作出变化。特许由上诉/调整理事会作出决定，它不是法令的变化，而是对特定地块并不能自动获得批准时，对法令条款在申请条件方面的修改。由于它不是法令本身的变化，所以不需要刻意符合综合规划。虽然这样，地方综合规划实际上有助于人们构建分区法背后的目的，上诉/调整理事会在审查请求时考虑的一个因素就是目的。

分区特许分为用途特许和地块特许。前者是允许一个和分区法列举出的不同的用途；后者处理一些分区法的标准性问题诸如退后、建筑高度和密度。用途特许很少被批准因为它们可能会改变区域特征。威斯康星州法院认为："特许应该极少地、节俭地批准。"当符合特别条件，且真正实施法令条款会导致"不必要的困难"时，能批准特许。不必要的困难定义是一种情况：如无特许，那么土地将无法合理使用。

对区域特许，威斯康星州法院需要判断出现的困难的确违背了分区的目的。法院给出了一个更加宽松的判定不必要困难的标准，定义为："如果遵从限制性条文诸如退后、高度、体积、密度等将不合理的阻止业主使用和合法的用途，或者导致业主遵从这些限制就会产生不必要的负担。"是否授予特许取决于特定案例的事实。法院指定额外的规则去理解什么是不必要的困难。在一个判案中，法院强调了几个：困难必须基于财产的独特性而不是土地所有者的个人特点；困难不能是自我创造的；上诉/调整理事会要评估困难，尊重问题中的分区限制目的；不能违背公共利益；土地所有者承担举证义务。

不必要的困难必须被证实。由于没有严格的定义，这就将裁量空间留给了上诉/调整理事会（简称理事会）。申请者如果没有证据，就会被驳回①。困难必须是分区导致的，如果困难是土地所有者、申请者或其他人行为导致，特许不会被批准。在此时违反分区法的本意，无论是有意或者是无意，特许不会被批准。地方政府不能建立一个比州政府还高的判断是否构成不必要困难的标准。其他法院案例变相给出了附加规则。例如，特许不应该仅仅为了土地所有者的利益授予。另外，特许依据土地而不是土地所有者。最后，关于土地最有利用途的观点并不被认可是合理的获取特许的理由。

除了这些规则，近年来威斯康星州法院强调理事会在许可时的自由裁量权。按照法院精神，特许标准是否满足将取决于分区对该问题的目的的考量、它对财产的效应和特许对邻居和更大公共利益的影响。当违背分区法目的和意图时，理事会不会批准。例如，有一个人认为特定地块遵从 30 英尺的退后分区法将使得地块不能居住使用，如地块可能太陡而不能提供足够的要求的院子。此时，理事会会审查该地的实际情况，或许会批准院子退后从 30 英尺减少到 20 英尺，而不会

---

① 笔者旁听过一次分区上诉会议，气氛非常友好，当上诉人陈述理由之后，委员提问和互动，当认定上诉人理由成立时，会驳回政府的决定；反之，委员们给出类似修改申请的建议，允许上诉人会后修改规划再次提出建筑申请，委员会的成员和上诉人之间是平等的讨论和友善的建议关系。委员们可能当场告知上诉人他们的理由。很少会进一步付诸法院诉讼。

破坏分区意图。但是，理事会也必须断定这样做不会损坏整个社区的景观或与其他支持退后30英尺的分区法其他目的相违背。分区法的目的在地方综合规划里给出表述和提供更大的政策框架，它是一个有用的判断工具。

当法院必须驳回理事会决定时，威斯康星州法院坚持理事会应该向法院提供一些审查材料让法院可判定它是有意义的。依据州最高法院精神，理事会必须以成文法标准驳回特许，也要给出原因说明为什么理事会觉得事实并没满足成文法标准。原因应该："不需要体现在书面决定中，只要它体现在一个事项/诉讼的书面记录中。"结论性陈述不是足够的："我们希望理事会在记录上表达他的理由：为什么申请者不能满足成文法标准。"

如果地方政府需要去设定一个特许的到期日，那么它必须采用法令方式。州法律明确授权县、市、村、镇颁布法令规定特许的到期日。法律反对特许被授权，一些申请者却不去建设的行为。地方政府被鼓励采用法律来要求申请者在批准之后特定时间内采取行动："申请者必须申请和接受建筑许可，在特许授权或生效之后在12个月之内实施。"最后，理事会制定规则去解决程序问题，这些规则能帮助理事会更有效率地运作。例如，理事会能采取规则限制特许的再听证/复审，除非土地所有者或申请者能出示一个条件上的巨大变化。

### 3）管理性上诉

在运用法律条款来获得许可的过程中，有关词语的含义会产生一些争论。因此法律提供了一个对官员解释性决定的管理性上诉程序。例如，法令说车库是允许给位于居住地块上的住房建设配套的设施。申请者要求建设5个停车位，分区官员解读认为"车库"是一般家庭的汽车车库而不是大型卡车车库并拒绝申请。以下事情可能发生：首先，分区官员已经做了他的工作，就是解读法令并作出决定。如果申请者只是坚持建设无视被拒绝，那么地方政府可以起诉他。到了法院那里，申请者的形势就会非常被动，因为他蔑视了许可决定而不是寻求几个合法救济途径。然而，申请者有几个方法去上诉该驳回决定。他可以请求理事会对其决定上诉。理事会必须召开一个听证会，审查其决定并作出判断——是否法令允许此类车库建设。这个决定将变成官方决定，即停止或支持之前的分区官员决定。另一个上诉选择是在法院挑战决定。最后一个选择是要求政府修订法令，将车库添加进入居住区用途目录。如果这样的修改通过，那么申请者可以再次申请并获得许可。

类似的争议可能来自分区区域内的分区地图边界和点位。特定分区边界在实地落实是困难的，因为它们不规则。在作出管理性上诉案的决定时，理事会应该关注分区法的立法意图。虽然理事会的决定是准司法性的，但它主要的功能还是地方立法机构的管理性分支。其责任是保护分区管制的意义和意图，直到它们被解读清楚并执行。

#### 4. 合同分区和条件分区

缺乏弹性的标准分区有时令地方分区机构崩溃。每当社区觉得对某地块再分区对社区有利的时候，问题就来了。因为如果给了再分区，在新的再分区下其他不受欢迎的用途也会发生。

在当社区受到建设规划压力时困难也会发生，而规划会带来开发商对分区改变的追逐。受这些规划或承诺的影响，再分区会采纳。之后发现实际的开发将完全不同于当初的预期。常规的开发土地被用于投机，因为发现新的分区类型后来真的起效了。在解决这些问题的努力中，有两种方法被称为合同分区和条件分区，它们都试图确保再分区的土地在使用时不会和周边不协调，给其施加特别条件：比那些其他类似分区土地条件更加细致和更具有限制性。这些方法的使用诱发争议，因为州分区立法并没提到它们。没有立法的指导，这些方法的使用受到之前联邦最高法院对有关案例判决的限制，条件分区不同于条件用途。

##### 1）合同分区

合同分区是土地所有者和政府之间的协议，它约束土地所有者对其使用做特别限制，也约束地方分区机构授予再分区。合同分区曾经被威斯康星州最高法院认为是非法的。法院认为分区机构制作的合同约定分区或不去分区是非法的且法令无效，因为一个地方政府不应该放弃它的管理性权力和功能，或抑制其警察权和立法权的运用。合同分区的关键因素是如果土地所有者的合同性承诺被遵守，将通过一个合同性义务把地方立法体与再分区修正案绑定。实施这样一个合同将需要法院命令立法体去立法，在司法和政府立法分支之间理论上应该保持法院的权力独立感。在州最高法院定义合同分区的案例中，法院认为合同分区的要素并没有出现在案例中。某个案例中有个购物中心开发商试图对地块进行分区改变，从街区购物变为地方商业，目的是使用地块做保龄球道。知道这个协议并不会受到邻居反对，政府对地方商业区进行了再分区。物业最后卖给了另一个团体，用于建设一个汽车清洗点，该团体不知道存在行为限制，希望建在这个地点并挑战限制，认为可以去申请再分区。法院判定这不是合同分区，并宣布合同分区无效。于是可知合同分区应该限制在这种情况下：当地方政府增加绑定义务去通过一个再分区时。

##### 2）条件分区

条件分区是再分区的一个附件，而条件并没有在分区法文本中列出。分区机构没有做出承诺，但是和土地所有者间达成一个协议。实际的协议常常是一个契约或行为限制而被地方政府所实施。条件分区不同于真正的合同分区，关键在于条件附着于财产上，土地所有者试图让地方政府更方便地通过再分区，但是地方政府并不依据对应的约定去通过再分区，条件分区于是是合法的。在有些情况下，条件分区以下列方式操作：土地所有者对财产设定条件然后正式地申请再分区。地方政府看了条件后，在没有法定承诺下通过再分区。但是如果土地所有者不信任政府再分区时会匹配特定条件怎么办？此时，地方政府可以事先通过再分区修正案，但是给予修正案滞后生效日期。滞后的生效日期是在未来当土地所有者依契约将财产施加特定的控制时。

另一个对条件分区的特许发生在社区通过再分区并立即生效时，但是伴随一个条件：如果申请者没有执行契约条件诸如履行契约或为街道捐献土地，再分区将被撤销。这种安排被州最高法院处理过两次。第一个案例，法院围绕着问题举棋不定，疑惑是否撤销分区改变。在一个之后的案例中，法院用一个自动撤销机制批准了一个条件分区。实际上这么做使得在威斯康星州，自动撤销机制默认合法了。

当社区打算使用合同分区或条件分区安排时要注意以下几点。第一，地方分区机构不会参与承诺的再分区，虽然分区机构允许去判断条件并因为条件的存在而谋划再分区。第二，条件分区必须满足全部再分区的一般检验：他们必须促进一般安全、福利、健康并不会构成非法的地点分区。附带的特殊条件应该是合情合理的，为保证这种合理性，特殊条件应该依据地方综合规划。认为条件分区破坏了规划或者如果类似的条件在规划中被要求意味着地点分区将被减少。第三，地方分区法令应该含有一个内容，解释条件分区条款的意图和形式。如果条款含有一个自动撤销条款——假定分区返回到最初分区，假定条件并未在限定时间内被满足，一个特定的时间限制要被列出。第四，条件分区应该只用于解决特定的源于再分区时间的情况。如果政府需要对特定土地用途设定条件，可采用其他方法如条件许可申请、特别例外和条件使用。

## 5. 实施法令

依据特定环境运用这些修改或调整分区法的方法，并不意味着分区经常被改变或修正来随意满足每一个土地所有者的愿望。在有些时候，特许的方法即可。有时，土地所有者的愿望会被法令拒绝。法令存在的意义，在于它有另外一套管理性活动确保土地所有者遵从自己。

分区法可以由几种方式实施，方法取决于社区分区法。一个最常用的方法是当土地使用没有遵从法令，可拒绝颁发建筑或使用许可。其他方法是通过一系列积极实施行为最终能导致法院发布一个禁令以强力要求业主遵从分区法。法令实施得好，就能避免增加法院在诉讼案件方面的负担。官员可定期调查社区的违反者，一旦分区违反行为被发现，社区将发一个通知给土地所有者。通知常常采用非正式通信方式，土地所有者被告知被法院官员观察到某些行为，建议他们自我纠正，否则正式的法律强制行动将启动。官员将在几天之后再次检查，如果违法仍然存在，该土地常常有可能被标注，表明会发起司法程序的意图。如果违法没有纠正，分区违法将被处以没收和/或法院禁止令。在社区律师的同意下，这些行动将在法院介入之前发生。法令管理者将上述文件提交给律师，用这个文件来发起民事诉讼。实施机构向法院提交政府对违法和要求纠正的证据，辩护团队提供反证。最终结果可能是判定违法，或者撤案，或者庭外和解。如果是禁止令，法院有义务要求土地所有者遵守法院命令并受到监督。在特定环境下，法院有权修改禁止令，这种情况常常是地方政府试图去为违法提供一个公平合理的纠正方法。

邻居或其他受侵害土地所有者也可以发起行动来实施分区法令。颁发许可是一个可上诉的决定，任何人受到决定的影响都可以上诉到理事会。任何人受到理事会的影响，包括社区内纳税人，都可以上诉到法院来审查理事会之决定。另外，任何人受到违法损害也能直接寻求政府实施分区法，或通过法院发起行动下达禁止令。

## 10.4.6　传统分区的变化

随着社会的发展，影响分区的因素发生了很大改变，包括交通和通信技术变化、人口迁移、产业从城市中心移动到郊区和乡村、生活方式改变、居住方式改变、对自然资源需求的改变。但是分区仍然是使用最广泛的土地用途管制性工具。不能全盘否定分区，而是应该由律师、规划者、管理者等群体依据社会趋势在旧的分区法框架内提出新的管制技术。这些工具目前看具有几个特征：一是弹性分区安排并不是分区地图，从而只能用于特定区域，这种安排可以适用于整个地方；二是现在弹性分区修改规则在特定地点常常允许混合用途或密度。

借助特定技术，弹性分区或者通过修编，或者通过特别例外/条件使用程序。每次收到一个某用途的申请，用地者要求给予差别对待。未来趋势就是将更多区别对待纳入分区，这意味着社区对特定申请作出回应，就是在不提前详细描述标准下，授予最后的开发许可。弹性分区体现了开发商和管理机构之间直接的协商，使开发项目满足社会需要。专业的管理者、地方规划委员会和政府都被纳入了评估/协商程序。区别对待分区技术获得地方综合规划的支持，而规划强调社区的政策基础，这些都是值得期待的。另外，法院有可能给予政府的这些区别对待以更多的信任。

新城市主义提出了更多的当代概念，诸如混合使用、减少退后、停车标准、行人导向等，这些在过去的旧法律下很难被允许。当全国的社区更新它们的法律作为实施综合规划的环节时，纷纷探索促进混合使用和其他分区特许。

### 1. 规划发展区/规划发展单元

市、村、镇在权力下运用分区权力，有权在威斯康星州法律下建立规划发展区，一般也指 PUD（planned unit development）。作为分区法的一部分，县分区法下也可以建立 PUD，它既是开发程序也是管制程序。它作为一个单元进行规划和建设，允许区内许多相容土地用途被开发，密度可做改变，并比专题分区具有更加弹性的退后设计和开放空间考虑。

地点设计（site design）中的弹性体现为允许 PUD 建筑是集聚的，这既能节约能源、服务成本，又能节约土地所有者的建设成本。它鼓励住房类型和密度混合来发挥地块作为居住目的最大的潜力，允许住房与补充性用途结合如学校和街区商业中心，也允许更好的设计和开放空间安排。通过鼓励住房集聚和其他建设，更多土地被保存，这样能保留更多的自然特征。这些弹性如何嵌入分区程序却不破坏法律的可信度及如何运用于更加传统的开发类型的原因，部分在于以下管制性程序内部。

1）管制性程序

依据法律，市、村、镇有村的权力，PUD 是特殊区域。只要土地所有者同意就可以实施分区建立 PUD，法律也规定管制对每一个区是不一样的标准，传统分区是需要在区内保持一致性的。特定管制性框架将在地方法令中列出。在许多社区，批准 PUD 被认为是再分区且规定必须被再分区为 PUD 区。作为再分区，至少规划委员会和政府需要加入批准程序。在其他社区，许可建立一个 PUD 常常通过特别许可进行，它类似于条件使用许可。作为一个条件用途，它需要规划委员会或议会批准，作为一个特定分区区域内可允许的条件用途。一个潜在的 PUD 开发商将咨询分区法文本并从分区地图中决定 PUD 可能在何处落地，PUD 的落地必须和制定区域的分区管制相协调。

2）标准

尽管具有弹性，但是有时 PUD 的标准依然需要保护公众健康和安全，保证设计质量并遵从整个规划。标准和条件在 PUD 中规定的例子有：为公共使用的土地和资本改良的开发商条款、地块规模和坡度、开发的建筑总量限制、允许的开发组合（指定是相容用途）、人口密度限制、开放空间位置和范围、控制进一步细分及用途改变的手段、开发日程进度、对建筑美学历史和自然特性方面的地域保护。

## 2. 传统邻里开发法令/基于形式的法令

PUD 允许混合使用，然而它需要相当多的开发商和城市之间的协商，虽然也许达到新城市主义和精明增长的理念是困难的。最终，采用"基于形式的法令"（form-based codes）的兴趣增加，城市更清楚地强调依据一个合适的物质设计来制定再开发标准。对基于形式的法令的一个先前的方法是传统邻里开发法令，威斯康星州立法是这个法令的早期推动者。从 2002 年，威斯康星州法律要求人口高于 12 500 人的城市和村必须颁布一个传统邻里开发法令，类似于威斯康星大学麦迪逊分校拓展（extension，是一个机构）制定的一个传统邻里开发法令模型；少于12 500 人则鼓励颁布该法令。法令不需要通过制图，它可以提供对行人导向的混合使用开发项目的另一个方法。

### 3. 浮动分区

内容上，浮动分区就是一个传统分区。它描绘了许可用途、退后和其他标准，但不在地图上规定。一旦颁布法令，依据申请的许可，浮动在社区之上直到从"天上回到人间"落实到特定地块，并修改分区地图。当社区希望批准一定数量的特别用途（如大的购物中心）但是又不希望提前标记其位置时，它特别有用。它允许在有确定的用途却不能预计位置时运用。例如，一个社区缺乏工业区，但是现在希望引入高技术，在特定位置是影响很小的，此时，浮动分区就是控制和弹性的一个工具。它主要依据的不是概念，而是某种条件的满足。因为它经常被一些低密度和传统分区区域所允许，用于更集约的开发，如在独户住宅分区里做多户住宅，所以授权浮动分区可能和授权地点分区一样被挑战。浮动分区的条件在分区法文本中被规定应该强调公共利益和制定标准，从而确保遵从土地使用规划。

对浮动分区的立法批准程序类似于传统再分区，主要的区别在于使用分类的合理变化。审查一个浮动分区申请，重点不在于现有分区是否合理，而是其条件规定是否足以授予再分区。这是通过一个地点规划审查程序所决定的，类似于PUD。如果开发商没有展示应该满足特定条件的浮动分区时，许可会被拒绝。分区法的文本应该列出明确的浮动分区许可标准用语，这可以保护立法机构免受无效的地点分区的质疑，在一定程度上，也可以安慰土地所有者，分区仍然在保护他们在传统分区下给予他们的利益。

### 4. 绩效分区

绩效分区使用绩效标准来管制开发，它是通过分区控制来管制一个拟建项目或活动对社区的影响，而不是简单地借由用途分区。它的标准经常和地段的开发能力有关，在农业区，例如，绩效分区可能被用于限制在最好的农业土壤的开发并允许在低等级土壤上开发。绩效分区与规划程序紧紧相连是因为地方政府必须制定规划目标和管制以达成这些目标。绩效分区常用于工业分区以控制诸如噪声、气味、垃圾和其他活动的负效应之影响。

### 5. 红利和激励分区

威斯康星州法律允许地方政府给予红利（bonus）——常常是密度或开发规模，来换取舒适（amenity）诸如开放空间、步行道等，或者换取更高等级的设施如暴雨管理设施、景观，这些在传统分区是不会被开发商提供的。密度红利的提供可鼓励集聚开发，很多情况下，红利和激励分区常与地段规划许可程序绑定。

### 6. 重叠分区

重叠分区（overlay）的设计是保护重要的资源和敏感区域。威斯康星州强制执行的洪泛分区项目就是一个例子，它要求有一个附加在基础分区管制上的分区。基础分区管制允许的用途类型包括居住和商业，重叠分区可以施加特别的要求来提供额外的保护。

### 7. 混合使用分区

威斯康星州法律明确授权县、市、村、镇颁布混合使用分区，它们试图"建成一个紧凑的城市形式、区域涵盖任何用途组合诸如工业、商业、公共或居住用途"。和 PUD 一样，对混合使用分区的管制措施并不一致；和传统分区不一样，后者需要区内的统一管制规则。它是一个能够增强现有都市和郊区功能，以及鼓励填充式发展更老的区域内的商业区的有效方法。混合使用分区认识到现有的混合并鼓励其延续，并可能提供一个替代的方法去努力解决潜在的非遵从问题导致的复杂性。

### 8. 集聚分区或平均密度分区和保护细分

集聚（cluster）分区可用于郊区和乡村以保护环境敏感特征或者去提供广阔的开放空间。住所集聚在最适合建设的地段，更小的建筑地块将被许可，它们和这些集聚地块更近。然而，许可的建筑总数量不得超过分区所允许的数量。集聚分区可用于重叠分区以提供开发选择，在一些被认为是适合集聚开发的地区，它也能为帮助社区制定区域所需要的开发类型。

### 9. 包含分区

要求提供可负担住房作为拟议开发项目的一部分，这样，包含分区提供了对开发商的激励。激励的方式是密度奖励，允许开发商可以比一般情况下建得更高更密。开发商想得到这些激励，就必须建设特定数量的中低收入居住单元。

2004 年，麦迪逊市采用了包含分区法令，要求开发商对自有和租赁的住房留出一定的单元用于工人住房。法令具有结束期和失效期，它用于租赁住房，然而导致了诉讼①。法令要求凡是开发多于 10 套租赁房，就必须有不低于 15%的单元

---

① 南中心威斯康星州公寓联合会起诉麦迪逊市，认为法令违反威斯康星州法律，后者禁止地方租金控制。66.1015 条款规定"没有县、市、村、镇有权管制租金数量或使用租赁住房的收费"，"除了当与私人达成协议他会管制对租赁单元租费"。城市认为包含性政府法令的条款是一个与开发商的协议，于是属于前述条款的例外情况。上诉法院查阅了词典关于协议的定义并判定包含性分区条款不是一个"共同理解"或"明显的共同同意"，如词典表述所要求的。由于城市的包含性住房法令并未被法院认定是协议，所以立法机构撤回了包含性住房项目管制租金的权力。上诉法院宣布法令因为违反 66.1015 条款无效。

给可负担价格的居民，他们的年中位收入在 60%中位收入之下。租赁价格包括了设施成本，但不能超过家庭月收入的 30%（依据地区中位收入）。本条件仅运用在拟议开发项目"需要分区地图修改，细分或土地分割"时，且在建筑寿命期都必须保持其可负担性。

### 10.4.7　分区决定的司法审查

法院早就认识到地方政府的立法和准司法决定的不同，这是重要的，因为对应程序和法院审查标准将不同。立法行为是指本质是制定政策的行为，如土地如何分区、分区法内的标准、法令的修改包括再分区这些都被认为是立法性的。出于权力分设的考虑，法院高度尊重立法决定。这导致很难成功地挑战立法决定。

而准司法决定是那些地方政府如法院一样行动的行为，如对有关申请分区法行为给予补救，管理性上诉和特许，或者对个人或组织实践法律条款，诸如条件用途时。理事会就是一个准司法体且准司法决定包括管理性决定和对特许的决定，理事会有时也会做出与条件用途许可有关的决定。

1. 对准司法行为的上诉

地方政府负责去管理地方分区法，许多日常的决定通常由分区管理者做出。包括在法律实施行动中授权/驳回建筑许可和解释分区法。依威斯康星州法律，个人受到管理性侵害有权上诉到理事会。理事会在认定困难的情况下有权授予特许，也可以去授予条件用途/特别例外。法院认为特许和特别例外是不同的。

地方分区法应该列出程序和时间表（30 天或更少）去质疑理事会的管理性决定。分区法也需要依据法令条文规定特许程序和依据，强调按程序去授予条件用途/特别例外，包括理事会是否将对规划委员会的条件用途许可发挥影响作用（如果规划委员会是颁发条件用途许可的权力体）。在上诉中，理事会将给出一个合理的时间，对上诉进行听证并向有关利益团体和公众发布公告。在听证时，任何团体应该以个人名义或由代理人、律师出席。威斯康星州最高法院认为普通法的公正程序和平等对待概念包括有权和对理事会的决定上诉。理事会必须在限期内做出决定，州最高法院也认为理事会必须在记录中表达所做决定的充分原因。

对管理性决定，威斯康星州法律允许团体向巡回法院就理事会的决定发起复审令审查要求（与管理性决定或特许有关）。这样的行动必须在理事会决定作出后的 30 日内提出，复审令审查不是为了解决争端，而是为了检验机构决定的有效性。巡回法院的功能类似上诉法院，他们对理事会的结论进行审查，复审令审查限制在对记录的审查上。然而，允许巡回法院进一步取证或者任命一个鉴定人取证并向法院报告所发现的事实和法律结论。复审令审查限制在判断：①理事会是否有管辖权；②理事会是否依法行动；③理事会的行动是否武断压制或不合理且体现的是意愿（will）而不是判断；④证据是否足够合理做出决定。这4个判断在分区特许和条件用途许可审查中使用。理事会的决定被认为是有效的，如果理事会结论有合理的证据支持，就不会被推翻。在复审令审查中，从巡回法院向上诉法院提起上诉，上诉法院审查复审令记录指向的机构，而并不是巡回法院的决定。这同样适用于对特许的审查决定及理事会对分区法令的解读。

### 2. 立法行为的上诉

分区法和再分区依据威斯康星州法律直接向巡回法院通过宣告性裁判行动进行挑战，而不需要耗尽管理性救济。立法决定一般受到法院的极大尊重，这对团体试图挑战分区法是一个很大的障碍。分区法是被法院假定有效的。只有在滥用、过度权力或法令错误时法院将推翻立法决定。法院，由于其权力的特性，不能在没有法律授权时替代分区机构做判断。

### 3. 起诉权

一个当事人必须有起诉权（standing）来发起对土地使用决定的上诉。为获得起诉权，团体必须有一个"合法的争议下的利益"。依据州法律，任何人受到损失可挑战理事会的决定。理事会、纳税人，或任何官员、政府部门可以招致复审令审查。理事会提出宣告行判决行动时，当事人必须和结果有关联且必须直接被影响。只有以下几个因素存在时，才可以上诉至法院裁判争议：①一个权利的诉求对一个人不利而他在争取这个利益；②争议发生在人与人之间，而他们的利益是相反的；③当事人寻求宣告救济（declaratory relief）确认赔偿请求，必须在争议中有合法利益——一个合法的受保护利益；④争议的问题必须对司法判决来说是时机成熟的。

### 4. 索赔通知书

威斯康星州法律要求除去复审令行动，全部的地方政府行动都必须首先提交索赔通知书（notice of claim），通知书必须在产生索赔的事件发生120日内提交。地方政府有120天对索赔做出反应。如果政府驳回索赔，受损当事人在接到驳回通知6个月内有权向巡回法院发起诉讼行为。

## 10.4.8　分区的特别类型

一般分区是社区自愿选择的工具，社区可决定是否采取，但许多特别类型的分区却依据州的强制性规定，不能自由选择。常见的有洪泛分区、滨岸分区、滨岸区湿地分区、农地保护分区、跨区分区、依据合作规划的分区、机场分区、暴雨水管理和建筑地侵蚀控制分区。特别分区往往是强制性的。

　　如 1977 年威斯康星州议会通过了农地保护项目。项目包括农地保护规划和要求建立排外性农业分区，规定一个最小地块面积为 35 英亩，并限制土地用于农业相关用途。农民的土地如果被法令覆盖，有权去申请享受农地保护所得税减免。

　　2009 年，威斯康星州议会对农地保护项目做出巨大改变，农地作为耕作地法案带来的更新项目的一部分成为农地保护区。要加入耕作土地所得税减免项目，县必须颁布一个更新的农地保护规划。依据规划，有分区机构的地方（县、市、村、镇）可以依据威斯康星州法律对一般分区的程序规定颁布农地保护分区法令。法令规定特定用途可能被视为条件用途。法律也指出了农地保护分区之外特定的再分区条件。为了保证与法律规定的农地保护分区一致，法令必须被威斯康星州农业贸易和消费者保护部同意，这在威斯康星州法律中做出了程序要求。农民有土地被批准的农地保护分区规划，有权获得所得税减免。在 2004 年，威斯康星州的畜牧业设施选址和扩张法通过，如果畜牧业设施选址或扩张位于一个农业分区，除非特定的因素要求，地方政府不能禁止畜牧业设施选址或扩张。这将适用于批准的农地保护分区和其他农地分区区域，该区的地方政府可以制定一般分区法令。

## 10.5　细分/土地分割管制

### 10.5.1　概述

　　细分既是和分区同样常用的管制工具，也是管理土地市场的至关重要的政策工具。细分管制常由土地所有者或开发商提起申请，获得批准后可直接卖出土地或开发并销售不动产。但细分项目的运行是有风险和成本的，对市场的分析准确，就可以获利，反之，将有可能导致公司破产。在细分管制过程中，要缴纳有关测量等费用并可能与政府协商承担部分公共设施建设任务，或者以缴费来替代义务。

　　细分管制或土地分割管制提供了一个程序和标准来切分大的土地为更小的地块，使其变得更加容易销售和开发。社区能控制土地细分，要求开发商必须满足特定条件才能换取开发的特权。当施加限制其使用的条件时，类似的效应（土地细分对健康安全和社区福利）很大，所以细分控制程序是正当的。和分区一起，细分管制是实施社区规划的土地使用控制工具。然而，细分管制和分区管制的规则在两个主要领域是不同的。

　　第一，分区管制的意图是去控制财产的使用，而细分管制则解决开发的质量问题［公共设施的可得性，细分者必须提供的服务，土地的格局（the layout of the site）］。土地如何被划分在社区有序开发中很重要。和分区比较，在达成规划目标方面，一个好的管理下的细分管制更加有用，且其效应更加持久。一旦土地分割为地块且街道被固定，开发模式就确定了。细分管制能确保开发模式与社区标准一致。细分管制也能确保现存的和规划的公共设施足够，如学校、污水处理、供水，来解决新的增长问题。细分管制还能帮助确保足够的地标的保存和创造。

第二，威斯康星州法律对细分控制程序和要求不同于分区的法律要求，尽管对县、市村、镇有三个独立的分区授权法，威斯康星州是仅有的地方分区授权法可适用于 4 种政府的地方。这种单一授权法去赋予政府颁布细分管制的做法，是非常不同于政府对分区的做法的，例如，镇不需要县的允许即可颁布细分管制。同样的，县也不需要镇的许可而将县的细分管制运用于镇。然而，分区管制和细分管制的界限并不清晰，如它们都能设定地块面积，都能处理地块的开发适合性问题，PUD 也经常混用分区和细分的元素。这种重叠经常产生混淆，尤其是在细分授权法和分区授权法之间的一致性方面。土地使用控制并无层级，分区控制程序并不优于细分控制程序，反之亦然。开发许可必须沿着两条轨道进行：分区许可和细分许可。如农村集聚开发在运用这样的规划技术时常常需要使用分区法和细分法。

## 10.5.2　威斯康星州细分管制的演化

威斯康星州土地细分管制历史悠久，在许多社区发现早于分区和其他土地用途管制的工具，其演化反映了土地开发增长中的复杂性和对合作框架的需求。土地分割管制早在 1785 年威斯康星州加入联邦政府制定的联邦土地法令时就有了。法律构建了典型镇区面积是 36 平方英里，而每平方英里叫一个地区（section），面积是 640 英亩。

依赖于联邦土地法律框架的调查演化为政府土地调查，这些调查最适合在农村地区大地块上开展，如政府土地调查法律对一个地块的描述典型的语言是："20 区西南片北半部，镇 3 北，4 行西，县，威斯康星。"这种法律描述对深入的土地分割显得日益不方便，尤其对开发地区，这种法律描述系统不够合理，于是逐渐产生了威斯康星州的地图法。

威斯康星州地图法可追溯到 1849 年，州议会第一次颁布法律，要求在调查和制图之后分割土地。最初的意图反映了今日尚存的细分法律的强烈目的——确保足够的法律描述和对细分土地的恰当的界标指南，来促进土地的可交易性，地图这个词是指细分地图。之后修改的州细分法反映了增加的开发需求。1928 年美国商务部出版了"标准城市规划授权法"（Standard City Planning Enabling Act, 1928），这个模范法律试图供有意颁布类似法律的州采用，致力于促进城市内的规划，包括鼓励地方细分管制。地图法是在标准州分区授权法（Standard State Zoning Enabling Act，SZEA，1924）出台数年后出台。因为细分管制纳入标准城市规划授权法且当时分区没有纳入，所以从历史上看规划和细分管制的关系更接近，比之规划和分区的关系更紧密。标准城市规划授权法为规划构建了一个管理框架并依然在威斯康星州法律中看到影子。

为了对地方细分管制运动做出回应，威斯康星州 1935 年修改了法律，允许地方细分管制，也加强了调查、标记和制图的要求，构建了最小地块面积，增加了从州健康委员会获得批准的要求。1949 年，州高速公路委员会被给予细分权以批准影响州的高速公路。第二次世界大战后经济繁荣激发了不少州在 1951 年修改法律允许更多的地方细分管制。1955 年，威斯康星州议会颁布了现在的州法律来管理土地细分和制图。虽然本法自那年后多次修改，但基本框架没变。

### 10.5.3　细分权力和责任

威斯康星州的地图法为地方控制提供了细分控制程序，使开发服从最低的法律要求，但法律只提供了有限的州对细分控制程序的监管。一个地方社区并不需要颁布细分法律，最小标准在州法律已经设定了，然而，即使没有地方法令也会有标准来规制开发活动。但分区不是这样，因为有些地方没有分区。土地分割的记录允许后面的销售和开发，于是人们有兴趣去遵从法律并分割土地，这是很关键的。宪法 236 条款列出了细分的批准程序包括县、市、镇、村的颁布自己细分法律的权力。细分管制在威斯康星州涉及一系列复杂的交叉政府权力体系，如一个拟议的细分位于跨区地带——市村，那么它们可能需要服从特定州机构、县、市、村、镇的审查。如果不同机构审查中发生冲突，则这个细分必须服从最严格的要求。

依据威斯康星州法律，所有土地分割必须被几个州机构审查是否满足州的细分定义。州法律定义细分是："地主对一个土地、地块或小路的分割，其目的是销售或建筑开发，当细分行动产生了 5 个或更多地块或建筑地块，每个 1/2 英亩或更小，该区内在五年内连续分割。"这些细分统称为州细分，满足该定义的细分必须遵守州的要求。州机构审查确保细分在全州满足最低的州和特定机构设定的标准。所有细分必须提交给管理部门审查其测量是否符合州测量和布局要求及其他法律要求。安全和职业服务部必须审查州细分有没有服务于或计划服务于公共排水并遵守部门的规则。如果细分靠近或邻接一个州的干道高速公路，交通部必须审查它是否遵守入口安全线或离开公路或到另一条公路的安全性，以及是否保护公共利益和对管理的投资。如果州机构反对，一个细分就不能被有批准权力的地方政府通过或视作通过，直到条件被满足。

地方政府机构有权批准拟议的细分，这个机构归属于城市议会或村议会，拟议细分位于市村的边界内。如果地方政府和批准机构之间要求不一致，那么拟议细分必须遵守最严格的规定。批准地图的权力可以由地方社区的管理机构授给地方规划委员会。

## 10.5.4　共有细分

威斯康星州有一种细分管制目前的实施呈现增加的趋势，即独户分离式居住开发被规划和建设为共有细分（condominium）的，并不是很多人认为共有就是公寓建筑或其他多户建筑，共有实际上是指所有权形式。所有权的共有形式非常普遍且能用于混合特定的用途，如居住和商业，也可用在保护开放空间和集聚开发，它也对那些需要低价住房或不需对更传统住房所有权承担维护责任等类型的住房更有吸引力。因为这些特征，共有产权对休闲住房特别有吸引力。管理这些住房的是一些联合会，正如许多传统细分可被业主居住和邻居联盟所管理一样。最典型的是被共有联合会承担维护责任，如一般空间的景观维护、前后院和草地的打理和扫雪。

## 10.5.5　地方细分审查程序

依据威斯康星州法律，地方细分法的目的是：保护和提供公共健康、安全和社区一般福利；降低街道和高速路拥挤；土地使用更加格局有序；防范火灾和恐慌及其他危险；提供足够的光和空气，包括接触阳光和获得风能系统的风；防止过度拥挤的土地使用；避免过度的人口集聚；提高交通、水、排污、学校、公园、运动场和其他公共设施供给；方便地块进一步细分为更小地块；管制应该对地方特征做出合理的考虑；保存镇或县地上的建筑、提供人居的最可能适合的环境；鼓励最合适的土地用途；等等。可以看到，细分和分区在部分目的上是高度重合的，二者都意在促进土地更加合理的利用。

地方细分法提供了一些具体环境让社区可以通过管制去达成新的细分。人们相信地方细分法的目的的确是"保护和提供公共健康、安全和社区一般福利"。特别强调法律目的是多元的。地方细分审查一般包括以下程序：前申请会议、初步（preliminary）地图审查、最终地图审查、假期标签和边界变化。然而并不是全部的细分必须这样做，且法律并未强制必须如此。

具体的细分设计标准要考虑下列因素：与自然环境的结合、路和街道、规定街区和地块（blocks and lots）、公园和开放空间、暴雨水管理和建筑地侵蚀控制、污水处理、水系统、湖泊河流滨岸地图、树和其他植被、照明。

## 10.5.6　为细分改良融资

细分管制的发展逐渐要求地方社区提供公共设施和公共服务。重要一步是决定设施的成本多少，新的开发产生的需求是多少，这需要付费。威斯康星州的地方政府早就有权去要求开发商承担所需的公共改良成本中的更大比例。

### 1. 要求的改良

威斯康星州法律提出作为对预先或最终地图的批准前置条件，市、村、镇管理机构"可以要求细分者制作和安装任何必要的公共改良设施，这需要细分者执行一个履约担保或保证，以确保他将在合理的时间内实施这些改良"。细分法的条款要求开发商提供一定的物理改良和建立细分的设计标准，这可能是最重要的细分管制的一部分。这些内容影响未来的社区物理结构，也有助于保持现有的社区特征并帮助增强地方感。这种要求和必须遵守的设计标准的类型是变化的，取决于很多因素，诸如社区规模、社区的现有城市化率和社区采用的开发政策。需要特殊处理诸如规划单元开发或特别设施的细分，因此提供弹性是必要的。改良的内容可能包括：界石、暴雨排水设施、污水管道、街道小路和人行道、公共设施、电话、燃气、电力线、供水设施、街道照明、街道标志、行道树、沉淀物控制。

在设施的完成和维护的资金保障方面，重要的问题是批准之后要确保开发商履行承诺。第一是通过社区和开发商之间的改良协议或开发协议，详细规定完工时间和内容；第二是提供信用函，保障资金可得，或第三者提供暂时保管的现金股票债券或履约担保书、有担保公司出具资金保证，数量等于估计的改良成本。威斯康星州法律规定细分者可以分阶段建设。地方政府必须许可阶段性建设——且这种许可"不会被不合理地抑制"。

普通设施的长期维护不是公众的责任，如作为集聚开发的一部分，这些设施可能包含一条私人道路或普通的绿色空间。一般这些维护问题由土地所有者或社会联合会共同来解决。

### 2. 捐献

社区可能经常要求开发商捐献公园、开放空间或其他设施的土地。在这个过程中，开发商捐献土地给政府用于建设街道、排水设施、公园等。如果地块刚好适合作为公共设施需要的土地，诸如公园或学校，这种捐献是恰当的。但捐献并不适合不在当地的设施。强制性要求捐献特定的设施改良土地，作为细分的一部分一般是被认为捐的早期形式。

威斯康星州法律也提出市、镇"可以要求作为一个条件将捐献特定作为街道、小路或其他路的用地，或者允许将私人街道、路，其他公共路放在官方地图上。这些指定的设施本来就应该提前提供，但社区有维护成本，诸如排污、自来水总管、暴雨水管理或处理设施、街道升级和改良，街道照明或其他政府指定的设施，或应该提前支付的总费用的一部分"。

### 3. 付费替代捐

付费替代捐是一个改良品，当捐不可行时它特别合适，因为有时细分土地太小且土地不够建设设施；当土地因为位置和地形问题不是很适合提供设施，或政府的规划显示设施布局在其他位置而不在特定细分的边界内时，也是如此。威斯康星州法院早就认可了这种做法以应对合宪性挑战。法院颁布的标准大多和影响费有关，法院运用了"合理性检验"来评估施加给开发商的条件，承认了开发的累积性影响："在多数情况下，地方几乎不可能去证明需要捐作为学校或公园的地块能够满足那些因特定细分而预期流入社区的人的需要。但是，社区有能力构建未来数年的细分许可并给社区带来相当的人口，为了这些人的利益，他们将所需的土地捐献用作学校公园和娱乐目的。"

法院的合理联系是否充分，被看作早期案例中的"合理的关联"检验，目前情况下，如果他们要求新的开发要支付与开发相联系的成本的时候，该标准用于评估项目的合宪性。美国联邦最高法院的判决也接受了捐是合法的基础设施融资手段。法院认为，如果想避免捐可能构成征收的挑战，施加的条件类型必须强调开发导致的影响程度是同样的。另外，"所需的在捐和项目影响之间的联系度"必须是一个"大致的比例"。美国联邦最高法院运用这个检验到捐地和付费两个领域（见诺兰案和多兰案的判决）。

作为 2005 年威斯康星州宪法 477 条的结果，付费替代捐不再被该州法律允许作为地图许可的条件，然而，作为 2007 年威斯康星州宪法 44 条的结果，市、村、镇可以收费或者获取其他费用为公共公园的土地获得初期开发融资。词语"公共公园的土地改良"在 2007 年威斯康星州法律中定义为"坡度减缓，景观设计，球场安装，洗手间设施的建设和安装，这些土地未来用作公共公园目的"。又增加了强调性语言："如何捐献土地或在公共改良、工业建设中获取土地和初期改良所需费用，地方政府在批准时施加的条件，必须在土地捐献、地役权或其他公共改良获得费和初期开发费之间存在一个合理的联系，并且是细分或者其他土地分割导致的，必须和需求呈比例。"这条和美国联邦最高法院的联系和大致比例原则是一致的，在孔茨案中有明确解释。

### 4. 影响费

影响费对那些不在地块内的改良而言是一个良好的机制，此时捐地和付费不合适。影响费用于资助建设高速公路和其他交通设施、污水处理、暴雨和地表水处理设施供水、公园、球场、体育场、固体废弃物和循环设施、消防和警察、急救医院、图书馆等。然而影响费如何运用在新的开发环境下则需要进一步探讨，诸如大的商业零售体虽位于社区的边缘但不需要细分土地的情况。

### 5. 特别评估

19 世纪后期威斯康星州就用特别评估来资助公共设施。它和影响费不同但也很重要，它可被用于现有的开发和资助现有的设施不足，它并不被认为是捐是因为它们并不是在获得许可时作为条件出现。威斯康星州法律认为"如果市、村、镇在一个预先的和可决定的区域，可以政府决议的方式征收和汇集对财产的特别评估，为其从地方投资和改良所获得的特别利益（回收），他们也可以提供在这个特别评估之外的全部或部分投资改良成本，要求开发商支付"。它不同于从价税，因为特别评估的法律要求一个可决定的利益——必须在这个特别分区传导给财产。它是为改良而使特定财产获益而收取，由于这个原因，经常需要对土地升值部分作出特别评估。

由于需要展示财产的特别利益是因改良引起，所以特别评估习惯于用来资助设施改良活动，而附近土地最后因为这些资本花费而需要评估，花费包括排水和主水网、人行道路面铺设路肩和排水沟等成本。这些不在当地的设施建设一般被认为益于整个社区而不是局部地区且应该被其他方式所资助（如税收）。

### 6. 使用者费

如收费或每日费用，允许使用社区游泳池，是另外一种资助公共设施的方法。

## 10.5.7　麦迪逊市的细分管制

威斯康星州麦迪逊市细分管制的目标是在麦迪逊市边界内和区外地块同意区内管制和控制土地细分，以促进公共健康、安全和一般福利增长。他们致力于减少在街道和高速路上的拥堵，推进土地使用和布局的有序，确保细分土地的恰当合法描述和边界标记；确保防火恐慌和其他危险方面的安全，提供足够的光和大气，包括太阳能集热器获得阳光；防止对噪声敏感用途土地的开发（诸如家庭、学校和休闲区）邻近高速公路带并确保这些开发包含有降低噪声负效应的措施设计；促进在交通、公园、供水、排水、暴雨排泄、学校、公园、运动场和其他公共设施的供给；对较大地块的进一步细分。这些管制的制定是为了推进在建筑法、综合规划和官方地图中列出的开发标准的实施。整体而言，居住性细分鼓励提供建筑地块与工业、大流量街道快速路和高速公路之间的宽敞距离，这样能缓冲噪声和有害气体的危害。居住性细分不鼓励距离现存和规划的机场太近①。

---

① 笔者 2017 年参观过麦迪逊市郊区一个细分项目"The village at Autumn lake"。该项目 2004 年启动，计划 5～10 年建成，总面积 285 英亩，目前的用途是乡村居住、农业、保护地，分区是 PUD。但 2017 年 1 月，地块上只建成了约 20 栋独户住宅，且无人入住，路网基本建好。漫长的开发期带来了巨大的财务成本和管理成本，主要原因是当地需求不振。该项目是亏损的，要不是公司财力雄厚可以支撑，早已破产。

# 10.6　其他一些社区规划的法律

　　威斯康星州的影响费法律于 1994 年颁布，影响费定义为："施加给开发商的现金捐献、捐献土地、土地利息或任何其他类型的价值等。"影响费是对增加的基础设施支出和收入之间的缺口的支付，他帮助将一部分成本负担转嫁给新的开发商，试图让新的开发商提供一部分服务而不是将其以加税的方式让现有的开发负担。

　　确立影响费的程序分为两步，一是需求评估。需要这个评估的原因在于社区承担举证负担去证明新的开发到底会带来多少额外的设施需求，这个评估对于构建用影响费负担新增加的公共设施与新开发所需设施之间合理的联系很重要。法律规定必须包括特定的信息。例如，现有公共设施受到新开发影响的目录、现有设施的不足是数量还是质量问题；法律禁止使用影响费去解决现有设施的不足，它只能用于对新开发带来的资本成本的弥补。评估也要明确地指出服务区和服务标准，必须指出由于土地开发所新增的对新的设施改良或现有设施扩建的需要有多大。二是颁布影响费法令。

　　颁布影响费法令需要召开听证会，发布通告，通告注明哪儿可以获得法律和评估书，在政府的员工办公室至少提前 20 天公布，需求评估要能被公众审查和复议。开发商有权对数量、征收或使用提出质疑，法令规定有选择性条款和管理性问题。征收的影响费的一般规则是要求费用和服务应该有合理的对应关系。

　　其他比较重要的社区规划法律一般还包括农业规划、耕作地法案（initiative）、历史性保护规划，再开发规划，审美控制规划，联合、融合和跨政府协议，等等。

# 10.7　规划管制体系：麦迪逊市案例

## 10.7.1　麦迪逊综合规划体系[①]

　　最具有实施性的规划法还是体现在地方政府属地内，典型如市和县，它们多数制定了完善的规划体系。在遵守州法律前提下，各地方政府可以制定有自己特色的规划法。麦迪逊市是威斯康星州府所在地，人口约 25 万，属于一座中小城市（本州最大城市是密尔沃基市）。麦迪逊市有悠久的社区规划历史，规划局的工作是制定和实施规划以指导私人开发和公共投资，并帮助发布本市政府和有关委员会对开发和许可的决定。综合规划是规划的起点，描绘了城市发展策略和政策，

---

① 资料来源：麦迪逊政府网站公开资料。

并指导未来的增长和开发。规划评估了现有的条件和趋势，提供了土地使用和开发、交通和基础设施的拓展和改善、城市经济部门的扩展、住房供给和自然资源保护等方面的建议。

综合规划是一个长期的规划，有广泛的对未来土地使用和开发的建议。为了加强综合规划并为未来土地使用变化提供更多的指导，规划局制定了全市规划（city-wide plans）、邻里规划（neighborhood plans）、邻里开发规划（neighborhood development plans）、保护规划/历史区域和特殊区域规划（preservation plans/historic districts and special area plans，以下简称特殊区域规划）4 种。这些规划提供了有指向性的建议，以推动社区期望的可持续发展愿景所需的合作、管制性工具和投资。综合规划是"活"的文件，具有一定的弹性和对未来趋势、人口变化、颠覆性技术、环境状况、新的政策提议、发展机遇和类似的事件的响应。地区规划的设计建议和土地使用将与综合规划一致，但将向开发商、社区、城市机构和政策制定者提供更详细的指南。

全市规划适用于全市，着重于交通和基础设施网络，以及诸如公共艺术等全市性的要求。近期完成和进行中的规划包括交通总体规划、公共艺术框架规划和文化规划。麦迪逊市的综合规划相当于中国的土地总体规划或城市总体规划。目前的综合规划是 2006 年颁布的，但是已经做出了大量修改。现在到了一个需要评估过去、再评估问题、再审视目标、阐述未来路经的时候，麦迪逊市开始准备更新这个规划，发动"想象麦迪逊"———一个公共参与运动来收集市民意见。"想象麦迪逊"将通过公平、健康、可持续和适应性的视角讨论有关议题和找出目标所需的行动。

综合规划提供了一般目标、目的、政策和实施建议来指导未来的增长和城市发展，还包含了一般未来土地使用规划地图和对城市限制区、未来增长区土地使用的建议。综合规划采用的土地分类宽泛，运用于相对较大的地理区域。综合规划建议所有与目前用途有显著变化土地使用应该与颁布的邻里规划、邻里开发规划或特殊区域规划相一致。有关这些规划的设计建议和土地使用都应该与综合规划建议相一致。综合规划分为：第一卷为背景信息，包括简介、第一章人口和人口统计、第二章土地使用、第三章交通、第四章住房、第五章经济发展、第六章自然和农业资源、第七章公园和开放空间、第八章历史性和文化资源、第九章社区设施、第十章公用事业、第十一章政府间合作；第二卷为规划目的、目标、政策和实施建议，包括简介、土地使用、交通、住房等和第一卷对应的十一章内容。

邻里开发规划试图为城市边界扩张区的增长和发展提供一个框架，在这里，开发将在可预见的未来发生。城市为所有划定的城市增长区准备详细的邻里开发规划，规划先于将本区纳入中心城市服务区的请求，先赋予本规划区全部的土地之开发许可。邻里开发规划为本区所需的交通设施的布局、土地利用模式、开发密度和强度、公园和其他公共设施、应免受开发影响而需要保护的环境敏感土地位置、提供未来城市开发地区的服务的策略和城市边界区开发时序等提供建议。

　　特殊区域规划包括地区、邻里和廊带规划。州法律要求城市规划委员会和市议会制定土地使用开发决策时的依据要和颁布的综合规划一致。这个规划是对麦迪逊市综合规划的补充，代表了对位于城市限制区、邻里和廊带期望发展方式的一种社区持有的愿景。它由麦迪逊城市规划者制定，他们接近社区居民，知晓如何最大程度地表达建成区内未来欲达成的增长的意愿。规划主体包括土地利用、分区、流动性、政府、社区服务、经济发展、历史性保护、城市设计、开放空间、健康、安全和基础设施。地区规划常包括市中心、交通转运站区、机场和其他就业活动中心，它着重设定边界，将区域和城市作为整体关系考虑。

　　邻里规划致力于强化麦迪逊市的社区建设，为他们提供行动和变化的指南。麦迪逊市的规划者在由居民和商人组成的委员会指导下制定，这是一个物理性再开发的框架，包含短期和长期的策略来解决麦迪逊市建成社区面临的特定的挑战、议题和机遇。廊带规划关注交通和环境，典型的功能就是对人、货物、野生动物和水的输送或社区与自然栖息地之间缓冲。

## 10.7.2　麦迪逊分区法

　　2016 年 10 月最新版麦迪逊全市的法典有 42 章，非常繁杂，多达 2383 页，其中与规划高度相关的法律有 4 部，分别是：综合规划、影响费法、分区法、建筑法，其中第 28 章分区法最长，有 343 页，也是所有法律中最长的。相关的法律还有 9 部，如公共排水系统法、公共供水系统法、历史性保护和上诉等。

　　分区法分为 15 节：条款简介、分区划区和地图、居住区、混合使用和商业区、市中心区、就业区、特殊区、重叠区、一般管制、补充管制、建筑形态、程序、非遵从、管理和实施、建筑规则和定义。

　　以居住区为例，规则为 4 个：P、C、P/C、Y，分别表示允许、条件允许、依据情况决定许可或条件许可、特别条件要求（补充管制）4 种。区域分两大类为郊区、传统居住区，再增加"一致性"或变化等参数细分为 15 个子区，这可视为横坐标，不同区有不同的用途类型和管制规则，皆非常确定。虽然是居住区，但可能的用途类型包括：家庭生活居住、集体生活居住、市民和机构、零售服务业娱乐和其他、设施、农业、附属用途和建筑七大类，85 小类，这可视为纵坐标。以移动杂货店为例，在 15 个子区中全部被允许，但受到补充管制。非营利少儿戏剧艺术学校只在传统居住一致 1 区被许可，其他 14 个区是禁止的。这意味着在居住区中，管制规则和用途类型都被极度细分，不同的用途适用不同的规则，展现了一定的灵活性和兼容性。见表 10.1。进一步，即使被允许，更不必说条件允许，将还需要符合另外的管制规则，但这些规则都详细另外列出。

表 10.1　居住分区规则示意（未列出的可能用途默认为禁止用途）

| 可能用途/用途子区 | SR-C1 | SR-C2 | SR-V1 | SR-V2 | TR-C1 | TR-V1 | …… | 补充管制 |
|---|---|---|---|---|---|---|---|---|
| 用途 1 | | | | P/C | | P | | Y |
| 子用途 1 | P | C | | | P/C | | | Y |
| 子用途 2 | | | P/C | | | | | Y |
| 用途 2 | | P/C | | | | P/C | | Y |
| …… | P | C | P/C | | | P | | |

注：P 允许、C 条件允许、P/C 依据情况决定许可或条件许可、Y 特别条件要求（补充管制）

麦迪逊市以城市为主，但设定了特殊区域，同样有 4 种规则，区域分农业、城市农业、保护、公园和娱乐、机场五大类，可能的用途有农业和资源、市民和机构、家庭生活居住、受限生产加工和储藏、公共设施和公共服务、交通、医疗设施、零售和服务、食品和饮料、商业娱乐休闲和旅馆、汽车服务、停车和仓储设施、附属用途和建筑十三大类，诸多子类。如家庭生活居住在农业区被允许。虽然被允许，但是有进一步的“准入”门槛，比如，居住用途要求具备以下条件：地块最小面积 10 英亩、宽度 300 英尺、前院退后 30 英尺、侧院退后 80 英尺、后院退后 100 英尺、最大高度 2 层/35 英尺、建蔽率 5%，共 7 个条件。特别要注意的是，农业区内并不是禁止一切非农业用途的，居住、农产品零售、商业娱乐、公共设施、交通、停车和附属性建筑等诸多用途都是在满足附加条件后可能被许可的。

# 10.8　规划体系的戴恩县案例

一般的县有更大的属地面积，包括农地，和市等地方政府并无任何隶属关系。县的规划也比较详尽，下面的材料只列出了戴恩县分区法中农业分区部分的部分规定。

A-1 农业区：本区一般是用于农业生产和相关用途。居住和其他一些非农用途是允许的，本区不适合参加农地保护信托。允许用途 9 种：独户住宅、农业用途、设施服务、家庭职业、不多于 8 个孩子的住房、附属建筑（这种建筑不能用于居住目的或者储存货物或商品，它们被认为是经销商的存货或机器装备储存却不是用于农业目的。一个附属性建筑可在没有住宅的情况下建设）、季节性娱乐设备储存和私人拥有机动车而不是住在此地的人（经销商的存货或任何新的或建造新的建筑储存都被认为是商业用途而不符合法律规定）、销售农场未加工的农产品、农业娱乐活动（每年总计不超过 45 天，包括偶尔的食品饮料准备和销售）。

条件用途允许 8 种：采矿、沥青制造、混合混凝土准备；电视广播发送塔、微波塔、社区电视天线安装；私人俱乐部、兄弟会和联盟建筑，假定这些设施仅对会员开放但不提供商业性服务、且建筑要和居住区距离大于 100 英尺；垃圾堆放、垃圾填埋、拆迁废物处置和焚烧场；墓地；机场、起降带及建筑；距离远于居住区 100 英尺的兽医医院诊所；宗教。其他限制包括建筑高度、面积临街和人口密度、退后、侧院、后院、离街停车等。

# 10.9　中美规划几点比较性思考

在简略介绍了州、市、县的一般规划体系和部分法律规定之后[①]，对比我国的土地规划，找出一些共同点和不同点。

## 10.9.1　共同点

（1）从规划体系层级上看，地方政府的规划都是最具可操作性的规划类型。州（省级）规划一般只有综合（总体）规划，而无分区规划，地方政府规划除了综合规划，还有分区规划。中国的土地分区规划实际由土地规划和城市规划共同完成的。中央（联邦）也不具备制作分区规划的可能和必要性，它们偏重战略性和纲要性。

（2）都有文本和地图。规划尤其是分区规划（我国的土地利用总体规划相当于综合规划+分区规划）都由文本和地图构成，但地图包含的信息毕竟是有限的，文本更为详细和重要，体现规划的思想和要求。而且，城市规划中的控制性和修建性详细规划也由文本和地图组成。

（3）规划体系基本类似。如果将中国的土地规划和城市规划合并，功能基本等同于美国的"土地用途管制+综合规划"。美国的主要组成框架为：综合规划、分区法、细分管制、官方地图、特殊规划等；中国的与其一一对应的是：土地/城市总体规划、控制性详细规划、修建性详细规划、专项规划等。

（4）两国都注意到规划弹性、公众参与等重要性，逐渐发展出新的规划工具，以适应社会经济发展需要。另外，两国内部各自地方政府之间都不同程度的具有竞争关系，发展地方经济都不仅有利于区内公民，也有利于官僚集团[②]。

---

① 由于篇幅的原因，更多内容并未在书中列出。
② 美国的地方如果经济发展好，则房产税率可能降低，有利于吸引居民前来和官员获得选票。中国的地方经济发展的好，则有利于城市建设和提高本地居民生活水平。

## 10.9.2　不同点

抛开规划的权威性、弹性、参与性等其他技术问题，从"权利-权力"均衡的视角，两国具有更多的不同点。

（1）国情不同和历史发展阶段不同伴随着不同的价值追求和理念。中国人口多，过去的饥饿记忆短期内很难从人们脑海中消除。耕地保护一直是备受重视的价值追求，公共或社会利益高于个人利益。中国仍然是发展中国家，人均国民生产总值远低于美国，对发展经济给予高度优先性。美国则是人少地多，农产品丰富且廉价，私有财产观念根深蒂固，是美国价值观的基石之一。公共利益和私人利益的平衡是其价值追求。

（2）制定和实施规划的权利（力）方面差异明显。中国的土地规划一般自上而下制定，下级规划必须符合上级规划并层层分解有关指标，下级规划还需要上级批准方能实施。国家和上级政府的意志通过规划予以理论上的落实。规划不需要报本级人大批准①。同时，规划权力几乎全部掌控在政府手中。美国地方政府属于分权化政府体系，无上下管辖权，不需要上面的统一指导和指标下达，下面不需要报上级政府批准，州更不需要报联邦政府批准。但联邦和州，尤其是州的规划法典必须要遵守。地方政府、议会和法院都能对规划的制定、解释和实施等方面施加影响力，规划权力分散在三个机构手中。另外，地方政府单元小还有利于分区对城乡统一的全覆盖和公众参与权力的实现。

（3）管制规则差异明显。分区管制或规划不代表一切土地使用或发展权利归政府操控。在中国的土地规划体系下，第一，对一块存量土地（已经现状使用的）而言，如果想改变其用途，依据分区文本和地图，人们知道土地的规划用途（近年来增加了兼容性和弹性），但这种用途只是允许用途一个类型，且人们无从知道使用土地的强度（如容积率）、建蔽率、退后、高度等要求，除非到了城市规划的控制性详细规划和修建性详细规划批准之后。在此之前，这些要求都是不确定的，换言之，没有规则参照。控制性详细规划是详细确定各地块土地用途和要求的规划，在这之上的综合（总体）规划、分区规划之类的规划，会有一个针对各项各区用地的一般标准的要求，像基准容积率之类的，这些同时也是控制性详

---

① 《土地管理法》规定："土地利用总体规划实行分级审批。省、自治区、直辖市的土地利用总体规划，报国务院批准。省、自治区人民政府所在地的市、人口在一百万以上的城市以及国务院指定的城市的土地利用总体规划，经省、自治区人民政府审查同意后，报国务院批准。……其中，乡（镇）土地利用总体规划可以由省级人民政府授权的设区的市、自治州人民政府批准。"《中华人民共和国城乡规划法》根据城市的大小及其重要性分别报国务院或省、自治区、直辖市、市，县人民政府审批，具体审批情况如下述。城市总体规划纲要需经城市人民政府审核同意。直辖市城市总体规划由直辖市人民政府报国务院审批。省和自治区人民政府所在地城市，百万人口以上的大城市和国务院指定的其他城市的总体规划，由所在省、自治区人民政府审查同意后报国务院审批。其他设市城市的总体规划由城市人民政府报省、自治区人民政府审批。

细规划的依据。所以土地规划必须有城市规划的配合。在中国的城市土地市场制度下，新增供给土地会附加规划条件，一般是和土地出让同时先后完成的。城市规划给出条件①，而土地利用总体规划是难以胜任的，分区地图和控制指标都非常缺乏或粗略。第二，对存量土地，现状用途和规划用途不符合的，属于非遵从问题，并无规则指引。第三，管制规则要么过于简略，要么过于严苛。土地规划的分区一般只有有限用途，即使有混合用途，也缺乏权利性规则，即在什么具体条件下能获得该项权利，如获得开发许可。第四，非常重要的是，美国的管制规则非常详尽，麦迪逊市的分区法长达 343 页，还有建筑法、一般规划法等内容详细的以图、表、文等多种方式描述了管制规则，不仅容易看懂，而且很容易知晓有哪些选择和程序。

　　（4）基本权利赋予显著不同。基本权利方面，中国的土地利用总体规划（乡镇级）对全部土地分区，每个区一种规划用途，如果现状用途与规划用途一致则继续使用；如果"高于"规划用途，可继续保持现状用途；但如果"低于"规划用途（如农地未来规划是建设用地），也只能保持现状用途，除非土地征收时一并转换用途，土地权利人相当于被剥夺了全部开发权②。土地所有者几乎没有选择，也一般没有如何获得经济补偿的规定（少数发达地区除外）。在这方面，城市规划对用途的划定更为具体，但这并不等于土地权利人能依据划定的用途获得批准进行用途转换，实际上，这是要政府批准的，且很难获批，即使获批，也要补缴土地出让金。而美国的几乎每一种用途（除了少数生态保护区等特殊地区）都进一步细分用途，且每一种细分用途下都有允许的用途或者条件用途等可能性，只要满足进一步的管制条件。一旦满足条件，建筑或使用申请就能被批准。

　　基本权利的赋予应该是美国规划体系的最大特点，印证了美国长期以来对财产权和自由的重视和保护。政府并没有以社会义务、国家主权、公共利益等理由剥夺公民的土地权利的内核，极力避免陷入"管制性征收"的陷阱，从而在公共利益、公权力和私人利益、私权利之间小心翼翼地保持着动态的平衡，一旦社会理念、经济发展和技术等因素发生变化，那么土地管制和规划等随之发生渐变，

---

① 如 2012 年佛山市三水区西南组团中心区控制性详细规划文本："第二十条　地块指标控制。为方便规划管理，采用强制性指标和引导性指标两种形式。强制性指标包括用地性质、容积率、建筑密度、绿地率、主要出入口方位、停车泊位、建筑限高、配建设施和建筑后退红线等；引导性指标指居住人口、城市设计对建筑的体量、色彩、建筑风格方面的要求和对特定地区建筑的控制指标。各地块指标详见地块控制图则。第二十一条　地块控制图则。1.地块控制图则是以区块为单位的地块规划图。2.地块控制图则每张均包括图纸、地块控制指标和简要说明三部分。"

② 如《南海区里水镇土地利用总体规划（2010～2020 年）》文本规定：一般农地区包括现有连片种植园地、畜禽和水产养殖用地、城镇绿化隔离带用地、为农业生产和生态建设服务的各种设施用地等。到 2020 年，划定一般农地区面积为 3321.7 公顷，占土地面积的 22.39%，主要分布在文教村、石塘村、麻奢村、白岗村、小坣村等地。其管制规则是：①区内土地主要为耕地、园地、畜禽水产养殖地和直接为农业生产服务的农村道路、农田水利、农田防护林及其他农业设施用地。②区内现有非农业建设用地和其他零星农用地应当优先整理、复垦或调整为耕地，规划期间确实不能整理、复垦或调整的，可保留现状用途，但不得扩大面积。③禁止占用区内土地进行非农业建设，不得破坏、污染和荒芜区内土地。

从来不恪守一个不变的僵化准则。财产权本身的概念是动态演化的，公权力和国家干预行为（如规划）也必须与之及时互动。

（5）政府的自由裁量权不同。中国管制规则的缺失和基本权利的薄弱规定从侧面说明了政府及官员拥有极大的自由裁量权，即使官员本人可能也并不清楚他应该依据什么规则批准或驳回批准。这给权力寻租留下了极大的空间。而美国在明确规则下，政府还及时依据社会经济发展新情况，结合土地自身情况，运用弹性的管理手段，包括"特许""再分区""规划修改""管理性上诉"等应对。当然，美国在细分管制及为细分融资方面采取的捐地、捐、影响费等手段方面也存在较大的自由裁量权。

（6）规划的公民参与性权利差异明显。参与性权利方面，中国市县级行政区域较大、起草规划的"自上而下"、限制土地所有者和使用者权利严格、规划制定机构的公司化、上级批准规划和规划执行阶段的公民的漠不关心、修改规划的政府主导性和随意性、违法规划惩处的薄弱（如不重视社区居民举报）等，都使得居民不愿意或者很难真正参与规划的各个环节。美国地方政府（常常行政区面积很小）更需要也更能倾听地方居民意见。居民，尤其是那些有开发土地潜力的土地所有者或利益攸关者更愿意主动参与规划过程，甚至影响最终的规划结果。在可能影响居民切实利益的制定规划、特许、再分区等规划环节，公民的参与是强制性的。公民的参与是规划权威和公信力的关键环节。另外，在中国如南海区里水镇的规划实施保障章节是这样规定的："不断拓宽公众参与渠道、创新公众参与方式，形成'政府主导、专家领衔、公众参与、民主决策'的社会参与机制，通过建立完善规划公示制度、规划管理公开制度，让人民群众充分了解土地利用总体规划的用途，明确土地利用总体规划的法律效力，在土地利用总体规划实施过程中能够自觉遵守，并对违反规划的用地情况进行监督。"①这样的规定看似美好，但如果没有具体程序和相关法律帮助，尤其是司法救济渠道的保障，最后公众参与可能低效、走形式乃至落空。

（7）权力的制衡和程序性权利差异明显。无救济的权利不是真正的权利。美国在规划制定、建筑申请、特许或再分区申请、管理性上诉、举报邻里违法使用土地、发现和制止违法行为等诸多环节，有明确的程序法规定，如特许申请，要求通告、受影响群体参与听证会、会议和投票之后，决策机构给出结论、制作一个分区许可申请、通过申请。如果决定不支持申请，可以上诉到巡回法院。从规划权力机构设置看，地方议会负责立法和颁布法令，规划委员会、上诉/调整理事会负责规划事务，后者具有准司法性质，对规划委员会或规划机构决定不满，可向上诉委员会上诉，对上诉结果再不满，可向法院系统提起诉讼。法院系统包括初审法院、巡回法院、最高法院等不同层级，他们有力地扮演着对公民的权利救

---

① 南海区很多镇的规划文本大体类似，缺乏个性。另一个可能是按上级要求规范了格式。

济角色，对政府滥用自由裁量权等行为行使有效制约。中国土地规划制定和颁布本身是抽象行政行为，不能被诉；如果规划申请驳回（属于具体行政行为），只能向一个不拥有专业人士的政府复议或者法院诉讼，很难获得支持，中间缺乏一个专业的上诉受理裁决机构。

另外从规划制度设计的本身理念也可发现规划全过程是政府主导的，并没有将规划参与者尤其是公民的权利保障作为核心之一，将政府置于"管治者"而不是"管制者"的角色上。这从规划文本中的规划实施保障中可证实①。从实施保障中几乎没有保护权利的条文而多属于行政性质。这种理念实质上属于"规划万能论"，认为官方主导的规划能有效实施，但实际上，如果缺乏对公民权利的保障和法律本身的完善，公民很难主动去维护规划，政府实施规划将疲于奔命。反过来，如果公民的土地权利都能合法行使和保护，那么土地秩序就是有序良好的。

（8）土地的交易处分权利差异明显。土地利用除了满足居住、生产效用之外，更多时候作为投资工具和交易媒介，处分权是权利束的重要组成部分。从市场交易的视角，中国的土地市场发育仍处于计划经济色彩阶段，地方政府对市场是高度垄断的②，这样的市场结构是一把"双刃剑"，政府权力较大，可以最大限度地收回土地增值并改善基础设施和公共服务，但土地权利得不到有效和足够的保障，如被征地农民利益。虽然社会利益能得到较大保证，但这样的"权力-权利""公共利益-私人利益"之间的关系是失衡的，如此诱发的各种冲突导致的社会成本及其他社会福利损失也是巨大的。美国则通过分区管制和细分管制的配合，土地所有者和开发商可以申请对符合分区法的土地细分并开发不动产，或直接销售土地。构建了非政府参与的土地市场，这个市场是垄断竞争结构，有更高的效率，政府只在最必要的情况下动用征收权力。从交易权利看，规划赋权和市场交易形成了互利互促的关系。我国的规划和市场交易更多的是制约关系，只是配合政府参与和控制市场的有效工具，政府大量和频繁的动用征收权力。不赋权的土地是缺乏交易价值的，对土地所有者也是不公平的。

# 10.10　结论和几点建议

保护私有财产被主要的国家和国际组织所认同，有力地促进了一国经济增长和提高国民幸福感。同时，保护私有财产和全球化存在相互促进关系，全球化促进了

---

① 《南海区里水镇土地利用总体规划（2010～2020年）》："一、加强土地利用规划的整体控制：落实耕地保护责任制、做好相关规划与土地利用总体规划的相互衔接。二、完善土地利用规划实施管理措施：强化土地利用年度计划调控、严格土地利用总体规划修改。三、建立实施保障体系：完善规划实施的行政手段、扩大规划实施的公众参与、提高规划实施的科技水平。"
② 中国的城市土地市场典型特点是政府低价征收土地，禁止集体所有土地交易、不予赋权，构建垄断市场，然后借助规划工具在土地出让环节、财政税收等环节最大程度的攫取稀缺地租，导致市场供给不足，产出品价格偏高、供给不足及福利损失。

各国制度环境趋同并传导给私有财产，私有财产推动了全球市场参与者的利益。

　　财产权观念将继续演化和变化，它本身是一个社会制度，随社会而变化，对变化的技术和社会价值产生响应。如果社会需要，权利束内容不断地加减。但是这个过程不是单边的变化程序，社会改变着土地的财产属性，人们也会主动努力改变财产的特定属性，这是一个互动的过程。

　　起源于 19 世纪并定型于 20 世纪初期的土地管制和规划制度，是管理土地的有效工具，它超越了人们对土地所有权的关注，对人们的土地权利、行为、利益产生深刻的影响。在国家管制和权利保护之间的微妙平衡是全球关注的重要学术问题。作为规划历史并不悠久的国家，中国有必要领会外国土地管制和规划的精神内核，结合本国社会经济发展阶段和历史文化传统，寻找一个切合本国国情并能为各方所接受的、动态演变的规划制度；换言之，中国取得今日的成就，决不能无视现有规划制度的优势，但也不能漠视在基本制度内核和理念方面存在的问题和巨大成本。

　　过去学者们"用途管制，无论是城市商业用地和工业用地，还是农村建设用地、基础设施建设用地，都不得随意改变用途"，"产权服从用途管制"①等观点，其不当之处都在于将产权和管制进行了对立，且都没有看到西方分区制度对基本权利的赋予，对权利和管制权力之间的衡平。如果一块土地（如农地）所有的开发权利都被剥夺，除了现状用途，所有用途转换可能性都被拿走，这不符合公平观，不符合对产权的尊重和保护观，也与时代脱节，在道义上看似有理，实质上都属于认知偏误，也是一种权力的傲慢。

　　通过对美国土地管制和规划体系的简单介绍，本章主要从权利视角对比了中美两国在土地规划制度方面存在的异同点，提出了我国最需要借鉴吸收的地方。美国规划制度最为可贵之处在于其精神内核：任何土地虽然受到不同程度的管制，但它们依然拥有某种基本的权利，而不是"0-1"的权利模式：要么获得任意的发展权，要么只能保持现状。在明确的规则下，为了公共利益，在警察权之下，政府完全有权适度地管制和规划土地使用，但同时对产权保持基本的尊重——虽然产权担负社会义务。美国规划制度的最大优点是在公共权力与财产权之间达到相对平衡，虽然从权利束中拿走了一些权利，但是明确地规定了土地受到何种类型和程度的管制，还有什么权利；如果权利受到损害，还有哪些挑战或救济的渠道；如果想争取权利，如何去获得修改、再分区或特许；同时司法对行政的制衡是有效的。

　　土地管制和规划要取得预期的效果，也必须尊重公民的各项土地权利，包括

---

① 《华夏时报》对华生的采访：农地建设发展权与土地产权究竟应该有怎样的法律规定和制度安排？当土地的用途管制与土地产权之间发生冲突的时候，究竟该谁服从谁才最有利于中国的现代化转型？华生：那肯定是服从用途管制，如果产权大于规划权，谁有土地自己就有权搞建筑，谁不乱盖乱建？

参与性、程序性、救济性、交易性等。必须看到，规划只是整个土地制度的最主要的组成部分，是为社会经济目标服务的，即不能为了管制而管制，如过度强调耕地保护。应该从包含了土地所有权制度、土地市场制度、土地财政税收制度、土地征收制度等内容的更宏观的土地制度整体视角来设计规划制度，规划和管制制度要和其他制度契合。规划应更多面向社区、面向公民、面向权利、面向有限的权力。中美两国土地管制和规划制度的最大差异在于：公权力将土地权利束中的权利支拿走关键部分还是保留基本合理部分。如果将拿走的这些权利视为一种可交换的"商品（资源）"，这种基本制度框架本质是这些资源由政府还是市场来进行配置。抛开资源效率不谈，其公平性差异是客观存在的。

最后给出以下几点简单建议。

第一，政府有权管制土地，但不能拿走一切权利。拿走多少、留下多少，由所处时代的人民的观念决定。但所有土地都应该赋予一定的基本权利和受到明确的管制规则管理。

第二，对农地等特殊土地进行的管制，是为了向全社会提供公共利益，应该采取更多市场化的方式进行适度的主动补偿，如所得税减免和发展权移转/交易等。我国虽然很少针对务农农民征收所得税，但在养老等方面给予社会保障政策性支持。

第三，除了更加尊重财产权保护之外，我国的土地规划还需要和城市规划合并，向详细规划方向演变。原有的土地规划对土地数量的控制可交由综合规划完成，形成一个上下配合的规划体系。土地总体规划和城市总体规划可在整体理念、目标设计、控制数量、交通、生态环境、实施政策和财政支持等宏观方面有所侧重，甚至可合并规划。对区位的空间性控制等微观、技术性内容可交由详细性规划来完成。

第四，规划需要全域覆盖，城乡一体。尤其是要尽快覆盖农村，这不是传统意义上的土地规划宏观性覆盖和指标控制，而是详细规划意义上的覆盖。另外，在弹性方面要更多运用市场思维，重视对土地权利的保护。

第五，规划需要逐渐向地方赋权，成为一种地方性事务。只有地方人民才了解自己的社区，而不是外来的"规划专家"或任命的"外来和尚"，地方人民知道他们想要的目标和愿景。公民的支持和配合是一个成功规划的应有之义。过去不少的中国学者都误认为美国联邦政府部门出台的一些规划法令对各州有较强约束力，这是一种误解。很多法令是建议性的，如标准城市规划授权法和标准州分区授权法两部法律。在威斯康星州，20世纪40年代制定州法律的时候借鉴了其中部分条文，其后对州规划运行并无多大效力。另一部法律是1976年"联邦土地政策和管理法"，对各州没有丝毫效力，且其只适用于联邦管辖的公有土地。在各州，规划权力也大部分下放给了地方政府，州通过法律、财政拨款、公共投资等手段对各地施加影响，而不是直接通过计划、指标、审批等进行事无巨细的控制。中国传统规划中原有的命令性规划目标（如保护耕地）可交由法律完成，或通过经济手段进行控制。

第六，在任何一种用途下，尤其是建设用地用途下，必须给予多种用途选项，这既是权利本身的需要，也是规划弹性的需要。因为规划者不可能预测未来的最佳用途，在符合公共利益的前提下，如果有这种用途选项，再施加一定的额外条件或"特许"，社区可能准许这种用途转换，而不是频频去修改规划，频频修改规划本身就表明规划的水平较低和不合理。换言之，需要破除规划万能论，适度的弹性选项是维护规划权威的应有之义。

第七，规划可作为地方城市发展的融资工具。不必担心政府不卖地了，城市建设无法进行。通过特别评估、捐、影响费等规划工具，加之财产税，地方政府完全能为城市建设获得持续的融资。当然，在过渡期，一定量的土地出让还是可以并行的。

另外，规划制度的演进为集体建设用地市场制度、土地征收制度提供了理论支持[1]，土地规划可以成为前两项制度的基础性工具，既然规划和管制可以有强大的干预土地利用的功能，那就不需要将（以保护耕地为理由的）农地转用严格审批作为唯一的手段，后者毕竟过于刚性，而且是附属于规划的。前者具有更大的弹性、市场灵活性、前瞻性和科学性。建设用地不需要通通由土地征收，同时，集体建设用地只要符合规划一样可以供给市场。一些对制度改革的担忧在科学的规划制度下都迎刃而解[2]：规划首先要符合需要，规划之后还有修建性详细规划（细分）、建筑许可等系列行政过程，政府可以实施市场管理和监控。

在远期，政府可逐步减少征收，增加分区基础上的细分管制，即赋权和明确规划义务之后的市场供给自由，从而逐步淡化土地财政和减少市场参与。

---

[1] 2013 年 3 月就任的国土部长姜大明在同年 6 月指出，现行土地管理制度框架基本适应需要，"土地用途管制、土地征收、土地有偿使用等三大核心制度应当继续坚持，在改革中逐步完善"。

[2] 据记者了解，改革迟迟难以全面推进，主要仍在于对"征地制度如何改""集体土地入市尺度放多宽"这些老问题不能达成共识。一些决策者对改革的效果表示怀疑。一是怕"乱"。担心现有土地管理不能控制土地投机，农民和村集体会占耕地后再转卖。中央农村工作领导小组副组长、办公室主任陈锡文 2017 年 4 月公开表示，农村集体建设用地法定概念的内涵意义就是"自有自用"。如果在农村的建设放弃了这一原则，对整个国家的土地制度管理危害无穷。若开放流转后，仍然允许农民在自有土地上建自有建筑，等于把前后门都打开，"这边我批你宅基地，那边你就流出去，这怎么管得住，这些地不都盖了房子吗？"另一层担忧是，农民宅基地是其最后的土地财产权，若资本、城里人入侵，农民一旦流离失所，就会危及社会稳定。二是担心缩小征地范围不利于城镇化的推进。陈锡文、国土资源部原副部长李元等曾表示，中国正处在快速城市化工业化的程度，近中期，建设用地的开发利用仍然将以成片开发、综合利用为主。只有把农村土地"征收过来"，才能综合规划，确定区片价格。"如果不搞征地，建住宅农民愿意卖，建马路农民就不愿意卖，城市建设就搞不下去。"（《农村集体建设用地流转放开地方试点屡碰瓶颈》http://news.focus.cn/weifang/2013-09-16/3990130.html）

# 第11章 集体建设用地制度改革
# 南海区案例研究

## 11.1 概　述

自 1978 年，改革开放近 40 年来，我国社会经济发展取得了举世瞩目的成就，包括快速的城市化和工业化进程，人民的生活水平、公共服务、居住方式、收入水平、家庭财富等发生了极大变化。支撑这一成就的是土地的大量非农化和要素投入，也有广大失地农民的默默付出和生活、生产模式转型[①]。

全球化、信息化等因素，使得人们的财产权意识随着时代进步有了极大的提高。以《物权法》为代表的法律变迁是对这一趋势的积极回应。这种社会理念和法律等制度的内部良性互动将在整个 21 世纪继续进行。传统的土地征收制度和规划制度都将作为整个土地制度、进而是国家制度的一部分而发生演变。

很明显的，传统的土地征收制度及与其相配合的土地财政、土地供给、土地市场和土地管制制度已经与社会经济发展发生了脱节，更与人民增强的财产权意识和权利诉求断层。这在经济发达地区率先得到表现，如珠江三角洲地区早在 20世纪 80 年代初期就开始萌发集体建设用地市场。因为土地征收政策难以满足人民要求，也难以满足伴随经济发展而产生的强烈而灵活的用地需求。地方政府尝试给予这些新的事物以政策空间，最终经过 20 多年的发展，集体建设用地市场逐步成熟并渐渐得到法律的制度化保障。

从某种意义上说，是土地征收制度的不合理倒逼了集体建设用地市场的发展。集体建设用地改革也是对不合理的土地管制（主要以市场禁入表现）和相应的不合理土地征收的回应。这种回应，实际上早已有之，如 90 年代以来各地逐步开展的留用地返还，实际上既是变相地提高补偿标准，也是对不合理管制下发展权的一种变相承认。集体建设用地改革的本质是对集体所有土地发展权的认可，也是对土地管制的放松和渐进改革。

2015 年 2 月 25 日，全国人大常委会审议相关决定草案，授权国务院在北京

---

[①] 一些学者认为不少农民盼望征地，征地导致一夜暴富。这种现象是存在的，但应该是少数。表面上看是征地暴富，实际上这种暴富必须满足地方经济发达、区位好等前提，更实质性的是因为地上建筑物拆迁暴富，是不动产权利失去的补偿，而不是征地本身。多数农民并没有暴富。

市大兴区等 33 个试点县（市、区）行政区域开展农村土地征收、集体经营性建设用地入市、宅基地管理制度改革试点，允许集体经营性建设用地入市，并提高被征地农民分享土地增值收益的比例。南海区允许进行适度的法律突破。2015 年 12 月 28 日，南海区首宗按农村集体经营性建设用地入市改革试点政策执行的地块在区公共资源交易中心顺利挂牌成交，南海区农村集体经营性建设用地入市试点改革工作迈出了成功一步。地块用途为科教用地，面积 28.93 亩，出让年限为 30 年，地块竞得人为佛山市金顺隆物业投资有限公司，地块单价为 200 万/亩，总价 5786 万元。地块拟开发建设为幼儿园，建成后将极大地优化区域产业资源配置，为周边小区和本地村民提供更多的教育资源。最重要的一点是：土地保留集体所有，是村集体在出让土地。

按照南海区入市改革试点政策文件要求，该宗地作为首宗按试点政策执行的地块，政府将按成交价的 10%向村集体收取土地增值收益调金，即 578.6 万元，充分体现了"同权同价、收益共享"的农村集体经营性建设用地入市制度改革精神。

这次交易与之前的不同和突破之处在于：一是之前叫流转，现在叫挂牌出让，明显采用了国有土地出让的方式，显示了并轨的趋势。暗示着 30 年出让期满，村有权再次出让。出让较之之前的流转或租赁，更加正式，更加具有产权安全性，供求双方都能接受。二是原来集体土地交易多为工商业用地，这次是科教用地。三是村集体可以作为供给者，但增值部分收归国家。

佛山市南海区早在 90 年代就开始集体建设用地入市的尝试，后来地方政府为了规范土地的隐性流转，于 2005 年颁布《广东省集体建设用地使用权流转管理办法》，新规的发布对规范和发展集体建设用地市场有很大帮助[①]。

从短期来看，集体建设用地的入市能平抑土地市场价格，但从长期来看，集体建设用地的入市促进了征地收益分配格局的改变，短期会降低土地财政收入。但长期看，有利于社会经济的健康发展。

## 11.2　过去的研究

历史视角看，中国的土地制度变革往往是从"违法"的政策探索肇始、再逐渐成为合法制度，产权模糊化在一定阶段或许是必要的。有学者对集体土地所有权制度分析发现中国的土地确权并没有在真正意义上实现。实际上，制度功能要远比制度形式重要，如果只重视制度形式而不注重制度功能，则"预先设计"的

---

① "农村集体经营性建设用地可抵押融资"：自 2005 年来，南海区集体经营性建设用地流转达 15 000 多宗（面积达 22 万多亩）；实现抵押的仅有 80 多宗（面积 1800 多亩），且主要通过南海区本地的农商银行进行抵押。"我们涉及农地抵押的金额已达近 10 亿元，并根据早期多年农地抵押的业务经验出台了相关实施政策。"南海农商银行表示。

制度或政策可能由于无法履行相应的制度功能而变为"空制度"。高圣平和刘守英（2007）认为现行的法律和法规无法根本地保护集体建设用地的所有者和使用者的权益，集体土地与国有土地应该真正实现"同地同权同价"，确保农民成为集体土地流转的主要得益者。这并不奇怪，因为所有名义上的产权最终都会受到政府的干预和最终的内涵界定，换言之，政府如何行动才是更重要的因素。

　　绝大多数主流学者皆认同传统土地征收制度的缺陷和集体建设用地市场构建的迫切性。刘世锦等（2014）认为依靠征地来推动城镇化发展的道路已经变得越来越不可行，但是当前的集体建设用地入市还面临抵押融资功能的缺失、城乡规划体系不统一、集体组织治理结构改革滞后等问题。

　　围绕"南海模式"的研究一直没有停止。刘宪法（2011）对"南海模式"的形成、演变与结局进行了梳理，认为南海区改革 30 年来的三次重大土地制度变迁的基本诱因都是土地要素的需求条件变化。南海区的村集体之所以选择了与苏南地区的村集体不同的土地经营的合约安排，根源在于社区股份合作制的制度安排。南海区大规模征地始于 1992 年，南海区提出了对城市建设用地和开发区用地实施预征地，政府以此方式来控制土地。1993 年，广东省政府颁布《广东省征地管理规定》对预征土地的做法给予肯定和规范。此后，南海区就开始了大规模的预征地，并持续到 1996 年，其间预征地的规模为 10 万亩左右。在推行预征地的过程中，南海区开始实施征地返地补偿的政策。具体的征地返地补偿标准为政府向村集体征地 100 亩，向村集体返还 15 亩的农村集体建设用地，其中 12 亩作为村集体的工商发展用地，3 亩可用作村民的宅基地。2004 年，佛山市政府出台了《佛山市深化征地制度改革的意见》，对征地返地补偿的政策做出了进一步地规范："实施征地时，应按实际征地面积 10%左右的比例给被征地的村集体划留建设用地（简称"留用地"）。留用地的性质可按被征地的村集体的意见确定，即可转为集体建设用地，也可一并征为国有。"但是，在实际执行过程中，返还留用地的比例大大超出了政策规定的标准，一般要达到征地的 15%以上。1986～2002 年，南海区征收村集体的土地总数为 15.39 万亩，如按返还留用地比例计算，南海区村集体以此途径获得的建设用地为 1.54 万亩。实践证明，正是由于有了留用地政策，才能使"南海模式"得以延续发展。

　　珠江三角洲地区普遍实行的留用地补偿政策也逐渐被国家土地管理部门所默认。2001 年国土资源部将 9 个市、县、区作为土地征收制度改革试点，其中包括了当时的顺德市和佛山市。在两市的试点经验中，均将留用地补偿作为土地征收制度改革的一项重要的内容。国土资源部征地制度改革研究课题组在《征地制度改革研究报告》中，对留用地政策给予了有限度的认可，但也指出了其弊病。2004 年，国土资源部制定《关于完善征地补偿安置制度的指导意见》，该文件中提出了 4 种被征地农民的安置途径，但并没有提及留用地补偿。截至目前，留用地补偿政策尚没有上升为国家的征地补偿政策。如前所述，"南海模式"的一个重要特征是社区股份合作制，即村集体以土地所有者的身份通过社区股份合作制实现土地与资本的结合，分享土地增值收益。"南海模式"的制度演进实践表明，当土地利用收益总量及其结构发生变化时，就会产生对土地产权重新界定、产权组织方式重新调整，以及成员权身份重新认定的需求。然而，这种重新界定、重新调整和重新认定是要付出大量交易成本的。当其交易成本大于其所带来的收益时，对村集体及其成员来说，这种重新界定、重新调整和重新认定就成了一件不划算的事情。因此，在各利益主体追求交易成本最小化的过程中，"南海模式"的制度演进就止步于产权相对"模糊"、产权组织建立在村小组的基础之上、成员权相对"固化"这样的一些临界点上。政府在制度演进过程中的作用大小，要看政府能够承担多少土地产权重新界定、产权组织方式重新调整，以及成员权身份重新认定的交易成本，政府所承担的交易成本越多，其制度演进方向越趋近于政府所设定的目标。土地不同用途的级差收益差别巨大导致政府对土地用途管制失效，这是一个现阶段中国普遍存在的事实。更普遍的情况是，地方政府"违规"占用农地和农户自行将农用地转为宅基地。而在社区股份合作制的制度条件下，村集体将分散的土地集中起来，统一使用，从而获得了对土地的支配权。权利和责任向来都是对称的。在村集体获得了对土地的支配权的同时，就要承担提高村民分红水平的责任。在村民对分红要求不断提高的压力下，村集体就有了不断地自行将农用地转为建设用地的内在冲动。由此刘宪法认为"南海模式"无论在南海区，还是在珠江三角洲其他地区，似乎都走到了尽头。本书认为，现在的国家试点改革表明"南海模式"并没有终结，而是"升级换代"，大有成为正式制度安排的趋势。

刘宪法还认为虽然"南海模式"这30年的演进实践表现出异彩纷呈的景象，但其演进的内在逻辑是各个与土地相关的利益主体，在寻求土地级差收益最大化、土地产权组织结构重组的交易成本最小化的过程中，推动着"南海模式"的形成和不断演变，并导致了"南海模式"的终结。另外，"南海模式"的实践也表明，土地使用权的权能决定着土地的市场价格。

蒋省三（2011）对刘宪法的文章指出几点关键质疑：制度变迁中具体制度安排的选择受制度环境的制约。南海制度变迁的基本逻辑遵循要素相对价格变化规律，但是，在具体制度安排选择上，受制度环境制约。最典型的有两项：一是在农村工业化阶段，从农地农用分户经营变为农地非农用集中经营时，保留成员权集体所有制安排，就具有明显的路径依赖特征。二是在从工业化向城市化转型阶段，农村集体建设用地从工业使用转向城市使用，许多村组之所以选择转变为土地国有制，根本原因是现行土地法律对农村集体建设用地进入城市使用的制度限制，如果没有所有权管制，农民集体可能会做另一种选择。三是"南海模式"是终结了，还是演化了？蒋省三认为农民的产权制度选择主要是依据哪一种制度安排能给他们带来最大化土地收益，而不是保留土地集体所有制还是去土地集体所有制。从这个角度来看，"南海模式"实际上是在面对现行制度制约时进行演化，而不是终结。本书认同这个观点。

本书不否认经济因素是制度变迁的基础性力量，但不能因此否定土地使用者、拥有者在制度变迁中的主动性、能动性诱致力量。利益相关者（包括地方政府）的参与和妥协也是"南海模式"发育的决定性力量，而经济社会背景可能提供了大的舞台。"南海模式"没有终结，未来也不会终结，只是会出现"2.0 版"，和国有建设用地市场一起构成垄断竞争型市场结构。

从规划角度看，魏立华和袁奇峰（2007）认为基于国有土地的城市规划与相关政策偏向于抑制集体土地的发展，90 年代以来集体土地违规转用的现象越发普遍，进入到了"集体土地与国有土地"共同构建城市的阶段。实际上这种规划和政策的偏向绝不是技术本身的问题，而是国家的意志体现的一小部分而已。违规则反映了人民对不合理政策的日常抗争和博弈，对合法权利的觉醒、维护、争取和一点一点的实现。

# 11.3　南海区集体建设用地市场建设情况

## 11.3.1　南海区集体建设用地现状

南海区的集体建设用地较多，在市场发育初期，大部分土地是突破法律规定的，既存在土地登记的技术难度，也有用地者需求不足的情况。通过 20 多年的努力，大部分集体建设用地都有档有图（有土地证且入了资料库），但是还存在部分有档无图（有土地证但未入资料库）和无档无图（无土地证且未入资料库）。2011 年南海区力推平台交易后，规定有档有图且面积在 6 亩以上的土地可以经过平台交易。因为平台交易一般比村私下签订合同的交易租金要高，且入驻的厂房都为有资金实力且规模大的厂房，这会让村收益和村规划大大提升。在平台交易的倒逼下，刺激了有档无图和无档无图的地块补办手续，进一步促进了集体建设用地管理的规范和升级。

据第二次土地调查结果，南海区建设用地面积是 79.75 万亩，其中村集体建设用地面积 56.55 万亩，占全区建设用地总量的 71%；宅基地面积超过 17 万亩，接近建设用地总面积的 22%。2012 年，南海区工业总产值达到 4226 亿元，有一半以上的工业用地是集体建设用地，为南海区工业化做出了巨大的贡献。

村集体建设用地大部分由经济联合社管理，一般村经济联合社都有一个到两个国土下派的专员进行帮派和指导。但由于村经济联合社工作人员是本村人，且缺乏用地规划的知识，从而导致用地规划不合理、不协调，在一定程度上给村民带来很多不便。几乎每个村里面都有几处小厂房集中的地域，导致厂房的货和货车运输使得本来就不宽敞的村道更加狭窄；一些厂房为多年未重建的砖木结构房屋，透光度和隔声效果都极差，卫生情况欠佳，容易变成流行性疾病的产生地点；部分厂房用于五金和木材加工但是隔声效果不好，噪声非常容易扰民；部分厂房位于沟渠旁边，生活垃圾在水上随处可见，工业废水也有部分未经处理直接排入沟渠，滋生病菌且影响环境卫生。

村集体建设用地现有部分列入"三旧"改造范围，部分已经转性为国有。个别村会规划出工业园区给一些大的工厂进驻，剩下大部分为 2000 米² 以下的地块，出租给私人小厂，这些小厂不仅存在诸多安全隐患且生产效率低下。一方面，一般村集体建设用地出租后缺乏后续管理，甚至少数成为私人非法作坊或者传销窝点。另一方面，因为村集体建设用地的租金比较低，容易吸引规模较大的厂进驻，这给村提供了收入的主要来源。由于南海区专业镇较多，不少镇村会有形成专业化产业，如桂城平东村是著名的玉器卖场，里水为著名的袜业和鞋业生产地。

## 11.3.2　南海区对集体建设用地管理的政策探索

佛山市南海区是国内最早探索集体建设用地依法有序入市的地区之一。目前，已经探索出一条利用集体建设用地推进工业化、城镇化和农业现代化的"三化"新路，建立了包括确权登记、流转交易平台、基础地价体系等在内的集体建设用地市场管理体系。多年以来，集体建设用地入市为南海区的经济社会发展、居民收入增长、城镇化推进等，发挥了不可替代的作用。

改革开放 30 多年来，南海区已经成功地完成了社会经济转型，由传统的农村社会发展为现代工业社会，步入了成熟的工业化阶段，村、镇经济成为推动南海区经济的支柱，城市化水平较高。但进入 21 世纪以后，产业升级、城市化遇到了前所未有的困境——传统产业粗放和低效益高污染、集体土地的分散布局等，逐步构成产业升级转型和城市更新的主要障碍，土地稀缺引起的"瓶颈"制约效应已经成为当前南海区经济列车前行路上的一只"拦路虎"。土地资源的日益短缺及农民对土地收益预期和诉求的提高，土地征收日益困难，客观上必然要求进入"集体土地与国有土地"共同建设城市的时期。

可流转的土地使用权制度产生于市场经济——社会化、市场化配置社会资源——的需要。是市场经济的需要，也是社会治理的需要。传统的土地征收制度所诱发的社会冲突和社会矛盾，造成巨额的社会和经济成本，抵消了政府从征地所获得的收益，已经走入不得不改革的历史时刻。

经过 20 多年的实践，南海区不断探索集体建设用地进入市场的有效形式，基本形成了比较完善的制度安排，为土地在制度的全局改革提供了经验。其中包括了开展农村集体土地确权、将集体建设用地纳入规划控制、制定规范流转政策和流程、建立基准地价体系、建立集体建设用地税收体系等一系列政策。南海区如此坚定的态度且一系列的有效政策出台使得南海区集体建设用地入市的管理水平在全国领先。

从 20 世纪 90 年代初开始，为满足企业用地需求，南海区村组两级集体经济组织以兴办乡镇企业名义申请用地，办理土地使用权证，然后将土地出租给企业投资建设。2010 年开始，南海区在国土资源部和广东省政府支持下，率先实行对"旧城镇，旧厂房，旧村居"进行改造，这意味着土地利用的节约化、集约化和规模化。目前，南海区除作为房地产和商业等经营性用地须转性为国有以外，大部分产业升级用地、市场用地和城市用地均保留了集体所有性质，用于城市建设的土地有 70%～80%在所有权上属于集体用地。过去的 20 多年，大致从政策方面分为三个阶段。

1）1992～2003 年：雏形和隐形市场

1992 年 3～4 月，南海市下柏村首先组建起了农村股份合作社。1993 年 8 月当时的南海市政府在总结各镇试点的基础上，颁布了《关于推行农村股份合作制的意见》，文件要求建立农村股份合作制，并推行"一制三区"的改革。其现实意义在于可以将部分集体所有的土地转为建设用地，无需经过征收就可以直接进入市场，由此揭开了南海市的集体建设用地入市的序幕。

2）2003～2015 年：发育和半隐形市场

2003 年，广东省政府出台了《关于试行农村集体建设用地使用权流转的通知》（简称《通知》）。以地方行政条例的方式，承认了农村集体建设用地入市的合法性，并且将集体土地与国有土地"同地同权同价"作为建立和完善统一的土地市场的重要目标。随后，佛山市政府于 2004 年也根据该《通知》的文件精神，发布《佛山市试行农村集体建设用地使用权流转实施办法》。

2005 年，广东省政府出台的《广东省集体建设用地使用权流转管理办法》，进一步规范了集体建设用地的流转行为。至此，南海的农村集体建设用地入市行为获得了法律上的支持。

集体建设用地市场的建设需要税收、金融、登记、交易、监管等多个制度的配合。土地登记方面，南海区自农村集体土地流转试点伊始，便开始了集体土地产权主体确权工作。截至 2013 年，基本完成了土地产权的确权工作①。市

---

① "佛山南海区农村集体土地交易中心平台挂牌"：截至 2013 年 3 月，完成集体建设用地使用权初始登记 30 549 宗，发证覆盖率为 96.43%，完成宅基地使用权初始登记 468 216 宗，发证覆盖率为 91.93%。基本完成了土地产权的确权工作。根据南海区提供的初步统计数据，2013 年，南海区有 192 宗共计 1819.05 亩集体土地通过原有的资产交易平台出租，另外 5 宗共计 47.03 亩出让，3 宗共计 49.65 亩抵押。（http://finance.sina.com.cn/china/dfjj/20140110/015517903934.shtml）

场交易方面，2011 年开始着手建立集体建设用地基准地价体系，通过对不同用途的集体土地制定基准地价，为集体土地交易提供了依据，可有效防范资产流失。作为村集体资产，土地交易还需要对资金进行监管，防范资产流失，防止新的社会矛盾产生。2010 年，南海各镇街已全部构建集体资产管理交易平台。2014 年 1 月 8 日，佛山市南海区农村集体土地交易中心、集体产权交易中心、集体经济股权管理交易中心三大平台同时挂牌，对于规范和高效促进土地流转行为、提升土地价值起到了重要作用。这也标志着南海区集体建设用地市场及管理框架基本成型。

3）2015 年至今：完善升级和显性市场

按照中共中央、国务院 33 个试点县（市、区）土地改革试点开始后，2015 年 12 月 11 日《佛山市南海区人民政府关于印发〈佛山市南海区农村集体经营性建设用地入市管理试行办法〉的通知》（南府〔2015〕50 号）发布，允许出让集体经营性建设用地及利用集体经营性建设用地进行抵押融资、分拆销售，南海区的集体建设用地市场建设进一步深化，逐步转变为显性市场。之后，配套文件陆续出台。

### 11.3.3　集体建设用地市场所面临的新困境

1. 土地的多点开花与现代产业结构和宜居生活环境相矛盾

在南海区，除了城市中心区之外（如桂城），村工业厂区与农村社区无明确空间分割，杂乱分布，无序建设现象突出。现有的"旧城镇、旧厂房、旧村居"普遍存在缺乏规划指导、布局分散、安全隐患大、土地利用率低等问题。以南海区林岳村为例，该村位于桂城最东边，其土地面积是桂城最大的村，但其工业用地与住宅用地混合分布，造成居民生活极多不便。

2. 时间与资金成为制约集体建设用地入市的瓶颈

由于南海区集体建设用地面积大，其入市需大量的资金支持。再加之大量的集体建设用地存在历史遗留问题且部分未入档入库，使得政府或企业收购土地并开展项目建设时所要的时间成本大大增加。此外，由于村民的观念偏差，对集体建设用地入市存在很多的怀疑甚至抵制行为，一些偏激行为会使集体建设用地入市的计划受阻。

3. 城市轨道交通及周边基础设施滞后带来政策隐患

佛山市虽然在二线城市中城市规划水平与交通便利程度较高，但如果大量地产项目通过集体建设用地入市，以目前的交通及周边基础设施配套程度，仍不足以应对外商的投资。[①]集体建设用地入市需要城市规划跟进，地方政府财力和财税制度安排能否再支撑起南海区周边村镇的基础设施建设值得怀疑。

4. 流转立法与实践的冲突

政府一方面出于耕地保护等公共利益的考虑在立法上严格限制其流转，另一方面由于经济发展需要不得不放开集体建设用地使用权流转。全国的立法是革命性的，但需要时间，配套法律的修改任务也很重。而局部的试点影响是比较有限的，能否将地方经验推而广之并正式立法，具有一定的风险。但在短期内，更大的风险来自技术风险：政策设计者的局限性或许不能满足社会发展的需要，因为这种颠覆性的制度改革，是社会利益格局的革命性调整，不是制度的修修补补，技术难度是很高的。利益格局调整不当，将使改革要么铩羽而归，要么流于形式甚至"空制度"。

5. 村民对政策的满意度待提高

南海区目前作为自下而上的改革的典型地区，政策允许符合规划的土地在公开平台上入市流转。现行的流转政策及集体土地公开流转交易平台制度都得到较高的赞扬与支持。村民认为规范公开交易可以防止村干部和其他相关人员暗箱操作和违法牟利，从而保护集体和村民的利益；公开入市流转能够彰显土地应有的价值，实现土地价值增长，从而提高农民集体的收益和村民分红。还有人认为公开市场方面实现信息的流通，扩大需求，降低交易成本。大多数村干部也认为规范的交易制度，能够减少村民对村干部的猜忌和误解，同时也是规范监督、有利于保全自我的一种方式。

但反对的声音依然存在，一些村内部产生矛盾，一些村与政府方面关系紧张，一些村的干部权力太大且缺乏制约，农村基层民主制度不完善，村民维权困难等。

### 11.3.4　集体建设用地入市改革的制度绩效

集体建设用地进入市场，开创了集体建设用地上的工业化、城镇化模式，为农民分享城镇化进程的土地增值收益提供了机遇，实现了政府与农民、农村与城镇发展的共赢。

首先是农民分享了土地级差收益，缩小了城乡居民收入差距。集体土地租金收入从 2008 年的 22.6 亿元增加到 2012 年的 30.2 亿元。村组两级分红从 2008 年的 16.8 亿元增加到 2012 年的 26 亿元，两级人均分红从 2008 年的 2347 元增加到

---

① 这也是一个互为因果的问题。交通设施便利有利于吸引投资，投资多了必然促进政府有能力改善交通设施。

2013 年的 3516 元。社员股东总数 75.9 万，占农村居民的 99.4%。南海区农村居民人均纯收入从 2008 年的 11 158 元增加到 2012 年的 16 673 元，城乡收入比从 2008 年的 2.33∶1 缩小到 2012 年的 2.18∶1。

其次是壮大了村组两级集体经济，推动了社会事业的发展。到 2012 年，农村经济总收入超亿元的村居 216 个；经济联合社集体经济总收入超 1000 万元的村居 79 个，其中超 5000 万元的 15 个；村居级可支配收入超 100 万元的村居 200 个，其中超 3000 万元的 13 个；可支配收入超 100 万元的经济联合社 934 个，其中超 1000 万元的 41 个。村组两级集体资产总额 306 亿元，其中经济联合社级 161 亿元；两级货币资金存量 76 亿元，其中经济社级 52 亿元。集体经济组织对村居公共服务供给的支持与投入逐年增加，2011 年和 2012 年分别达到 24.78 亿元和 31 亿元。还有不少村在"三旧"改造或者大规模用地项目中获得巨额经济收入，一步迈入"富豪村"，甚至一些村民住进了别墅，改善了居住条件，成为城里人羡慕的对象。

再次是为城市开展拓展了空间，促进了土地集约利用。2007～2015 年底，通过实施"三旧"改造，为城镇发展和产业升级拓展了空间。全区共认定"三旧"项目 41 批次共 3446 项，涉及土地面积 18.5 万亩；已完成 200 多个"三旧"改造项目，改造土地面积 6000 多亩，已投入改造资金 150 亿元；正在开展的项目 168 宗，土地面积 1.9 万亩，已完善历史用地手续土地面积 1.8 万亩，正在完善历史用地手续土地面积约 2 万亩。

最后是容易被忽视的一个效益是社会矛盾的减少，大大降低了隐性的巨额社会成本、维稳成本等开支，社会更加和谐，人民更加幸福。

## 11.3.5　新改革方案评述

《佛山市南海区人民政府关于印发〈佛山市南海区农村集体经营性建设用地入市管理试行办法〉的通知》全面阐述了改革方案的最新成果。比较重要的规定有以下几条。第十条："建立公共设施用地预留制度。村（居）集体经济组织必须严格按照城乡规划要求使用、出让、租赁、作价出资（入股）农村集体经营性建设用地，预留部分用地满足城乡公共基础设施和公共服务设施的用地需求。"本条表明集体土地入市应该负担部分公共服务成本，暗示未来的公共设施用地（非建设和运行费用）应由村集体负担。政府不需要为此征收或付费。第十五条："农村集体经营性建设用地使用权出让、租赁、作价出资（入股）前，须取得区规划部门出具的规划条件。"本条暗示集体土地和国有土地一样，都需要在交易前接受规划管理，是一种"同权同责"的表现。第十八条："出让、租赁、作价出资（入股）的农村集体经营性建设用地拟改变土地用途的，由村（居）集体经济组织和土地使用者共同报经区规划、住建、国土等部门批准，在缴纳土地增值收益调节金及相关税费后，办理土地登记；原合同约定不得改变土地用途的，从其约定。"期满地上附着物处置方面，第二十二条："农村集体经营性建设用地使用权出让、租赁、作价出资（入股）年限届满的，农村集体经营性建设用地使用权、地上建筑物及附着物按出让、租赁、作价出资（入股）合同的约定处理，未约定的由村（居）集体经济组织无偿收回。"约定优先是基本原则。续期规定方面，同样是第二十二条规定："原土地使用者要求继续使用土地的，按以下程序申请续期：（一）出让年限的续期。受让人应当至迟于使用年限届满前一年与村（居）集体经济组织协商，在取得区规划、国土部门及镇（街道）联席会议同意后，村（居）集体经济组织经表决同意续期的，重新约定出让价格，签订出让合同。在支付土地出让价款，按规定缴纳土地增值收益调节金及税费后，办理集体土地使用权变更登记。作价出资（入股）年限的续期参照出让年限的续期处理。"这样的规定是严格的，土地使用者很难预期他可以获得续期。农用地方面，第二十三条规定："已发包的农用地拟转为建设用地入市的，必须先中止原承包合同，转为农村集体经营性建设用地后，重新办理入市手续。"本条似乎为增量集体建设用地留了入口。土地二级市场交易方面，第二十六条："农村集体经营性建设用地使用权转让、出租、抵押应根据原出让、租赁、作价出资（入股）合同的约定确定；原出让、租赁、作价出资（入股）合同未约定的，须经村（居）集体经济组织表决确定。"本条寓意深刻。以抵押为例，如果 A 获得集体土地并抵押，假设被银行强行处置，要不要村集体同意？A 在权利期内转让是否经由村集体同意方可？这都是非常关键的问题。A 和国土资源部门倾向于不需要经过村集体同意，而村集体当然希望能经过自己同意，双方存在的分歧较大。如果交易行为必须经过村集体同意，那么容易导致交易的障碍和极大的风险。这条规定偏向于对土地使用者的保护。在房地产开发方面，第三十六条："区规划、住建部门和区不动产登记机构在核发集体土地使用证、建设工程规划许可证、施工许可证和房屋所有权证时，应当注明'农村集体经营性建设用地产业载体项目（商服）'或'农村集体经营性建设用地产业载体项目（工矿仓储）'。已取得上述证件的，应在证件上补充注明'农村集体经营性建设用地产业载体项目（商服）'或'农村集体经营性建设用地产业载体项目（工矿仓储）'。"第三十七条："农村集体经营性建设用地产业载体项目须参照南海区现行有关商品房办理预售许可申请的条件及程序办理预售许可申请，经住建部门核发预售许可证明的，可以分拆销售。农村集体经营性建设用地产业载体项目的房屋销售后，购房者（业主）应向区不动产登记机构申请办理共用宗土地房产'两证合一'登记。核发的房地产权证上，应注明'权属人对地上房产的持有年限不超过本宗地的出让年限'。"这条规定暗示集体土地在规划管理方面获得了同样的尊重和对待，可以开发除住宅之外的房地产，这本身就是一个巨大的进步。不排除今后集体土地能进行外来务工人员宿舍和居民政策性住房建设的可能性。

并不意外的是，入股村集体、用地者等主体在行政许可中如果被否决，谁来担负裁决或上诉受理的任务，各主体有哪些程序和渠道伸张权利都没有规定，这意味着权力仍然被政府绝对掌握。只有第八十一条规定："入市双方发生争议的，由双方协商处理，协商不成的，向宗地所在地法院提起诉讼。有条件的镇人民政府（街道办事处）可由国土、城乡统筹、司法等部门及政府法律顾问共同组成农村集体经营性建设用地纠纷调处小组，专门调处入市双方发生的争议。"但这个机制不能解决公民和经济组织与政府之间的纠纷。

另外一个争议之处在于转让过程村集体权利的忽视，有国有化管理的倾向。《佛山市南海区农村集体经营性建设用地土地增值收益调节金与税费征收使用管理试行办法》（南府函〔2015〕149 号）第六条规定："对转让农村集体经营性建设用地使用权、地上的建筑物及其附着物并取得收入的单位或个人征收调节金。（一）转让农村集体经营性建设用地使用权的，调节金按土地使用权的转让收入核定征收：1. 转让工矿仓储用途的，按转让收入的 2.5%核定征收；2. 转让商服用途的，按转让收入的 3.5%核定征收；3. 转让公共管理与公共服务用途的农村集体建设用地，参照工矿仓储用途标准执行。（二）转让农村集体经营性建设用地使用权与地上的建筑物及其附着物（以下简称房地产）的，调节金按房地产的转让收入核定征收（如涉及产业载体项目产权分割的，调节金按分割单元的转让收入核定征收）：1. 转让工矿仓储用途的，按转让收入的 1.5%核定征收；2. 转让商服用途的，按转让收入的 3%核定征收；3. 转让公共管理与公共服务用途的农村集体建设用地，参照工矿仓储用途标准执行。"但在 50 号文中，转让过程，村集体没有收取调节金的条款，只是说交给政府，实际上归政府支配。该办法第三条规定："调节金是指村（居）集体经济组织以土地所有者身份将一定年限的农村集体经营性建设用地使用权出让给土地使用者取得收入时，以及取得农村集体经营性建设用地使用权的土地使用者将其土地使用权转让取得收入时，应向政府缴纳的费用。"第十七条："调节金区、镇（街道）按照比例 50%：50%进行分配。调节金统筹用于农村基础设施建设支出，周转垫付农村集体经营性建设用地土地开发、土地整理资金，以及对农村经济困难群众的社保补贴和特困救助。"可见调节金是政府掌控的，可用于基础设施建设。这些环节中，每交易一次，政府获得了调节金，但村似乎被遗忘了。该种调节金类似契税，流转环节收取。村无权获得调节金分成的合理性值得质疑。

## 11.4　集体建设用地制度演进的理论分析

应该说，南海区的土地出让制度改革，第一次使得村集体光明正大地拥有了"卖地权"，而不再是"流转权"，虽然二者在本质上有明显的重叠地带。全国著名的集体建设用地流转城市包括广东的南海和顺德、安徽的芜湖等，江苏苏州、浙江湖州、福建古田、河南安阳等地也在国土资源部同意或默许下进行过自发探索。

影响制度变迁的维度是什么？如果将初始制度下成本收益用 $C_0$、$B_0$ 表示，在制度运行一段时间之后，对政府而言，$B$ 和 $C$ 都不断增加，但 $C$ 的增加是非线性的，增加得更快，有时甚至接近或超过收益，此时 $C_0 > B_0$，政府有变革制度的激励形成并增大。但这种激励尚不足以使政府主动进行制度变迁。这种成本，除了经济成本外，社会成本、维稳的政治风险等都在加大。

从农民的视角，他们的成本收益一直都很明显，成本一直大于收益，在土地征收制度下，收益就是征地补偿，成本相当于他们应得而失去的经济租金。随着社会经济发展，补偿是缓步增加的，而经济租金却快速增加，这导致对农民而言，其反抗征地的激励处于不断增加的过程中。由于征地是合法的国家公权力，所以农民的公开和大规模反抗是违法且成本很高，所以农民往往选择其他变相的方式来抵抗，如违建住宅和集体物业。在这个过程中，经济背景变量是很重要的，因为只有经济发达，经济租金才会快速上涨，才会形成农民反抗旧制度的强烈激励。

新的制度下（即南海区目前的集体建设用地改革方案），成本收益用 $C_1$、$B_1$ 表示，对政府而言，由于集体土地市场对政府不会带来成本，成本来自原来土地征收制度下的社会成本的剧烈下降，所以整体上，成本是下降的，即 $C_1 < C_0$。但是，收益也略有下降，但幅度不大：因为经济活力增加使得税收增加，但卖地收入的确减少了，整体下降幅度不大。总之，$B_1 > C_1$。对农民而言，这个成本收益关系是和政府一致的，此时，他们能获得一致性的激励。

对比新旧制度，发现第一种制度性，仅对政府而言，成本大于收益；新制度下，收益大于成本，这种对比关系发生了改变。然而，这并不意味着制度变迁一定发生。

诱发制度变迁的因素是复杂、多元的，很难判断哪个是决定性的，有时这个因素可能是偶然性的，或者是和地方文化相关的。珠江三角洲的实践说明，旧制度和新制度可以在一个时间和一个区域共存和并行，而且这种并行并无意味旧制度会被新制度赶出历史舞台。可以看到珠江三角洲地区正在发生的现象（在本书第五章提及）：一方面，传统制度在补偿方面在做出更利于农民分享的政策安排；另一方面，新的制度已经在长期运行并将逐步正式化。本书并不认为，传统的土地征收制度需要取消，或者因为集体建设用地制度而被替代。二者之间的互动是良性的，互补的。可以预测，对于公益性用地，传统的征地方式具有比较优势，而对于经营性用地，或许集体建设用地直接供给更具有比较优势。

## 11.5　集体建设用地改革的难点：基于村民访谈的分析①

现阶段南海区的集体土地市场改革已经逐步脱离利益争夺的阶段，原因如下：一是大量土地已经出让或出租，剩余年限较长，土地实际控制权在用地者手中，村集体并不能随意收回；二是利益分配格局基本固定，村集体获得出让金和租金等收益，政府获得调节金和税收收入②，企业获得多元化的用地选择权和融资便捷等潜在利益；三是政府的制度安排承认了村集体的土地权利，且这种权利是获得有力保障的。

从政府的视角，他们已经察觉改革时机成熟，得到中央政府的"尚方宝剑"，决定"触发"改革，进行具体的新的制度设计，此时，他们是制度供给者。

村民（含本地市民）是制度需求者。从村民的视角，他们的目标仍然是利益最大化，新的制度能否满足他们的需求？据 2016 年笔者通过对南海区 20 个村的调查，发现以下一些共性的制度设计难点。目前的障碍主要是各方激励不足甚至冲突。农民面临在高租金和安全性之间的平衡抉择；企业面临在低成本非正式和正式产权融资之间的权衡。村希望自己被纳入"三旧"改造，一次性兑现未来收益，还可能改善居住；村民担心失去所有权和控制权、办证和交易成本高、一次性收入忧虑、专业知识欠缺、任期和生命期短与出让期不一致、不信任政府等；企业则认为补办收入成本高，希望较长权利期，目前经济环境不佳等。

### 1. 出让和出租的选择问题

这也是一个行为激励问题。政策设计者预计村民会非常欢迎土地出让，因为这的确从理论上提高了土地权利的"层次"，提升了土地价值。对南海区三个镇的 20

个村的村干部抽样调查发现，只有 4 个村（20%）明确表示支持，8 个村（40%）反对；另外 4 个村的态度暧昧，且几乎所有村都对出让有疑虑，担心失去土地和对土地的控制权，并表示支持与否要看是否对村有利来决定。原因在于，第一，两种方式的选择本质上还是由市场决定的，作为供给者也需要考虑需求者的意见，可以预计未来如果需求者提出出让要求，村民会提高价格；第二，出让的好处在于增加用途多样性，更加规范，但目前村民还看不到这一点；第三，租赁和较大的管理权相联系，传统的租赁方式，出租一方在出租期有较大的权利去对承租方实施一定管理权，如收取物业费、卫生费等，而出让的情况下，这些权利可能被削弱甚至消失。

### 2. 权利出让期限问题

第一，参照国有土地年期。法定用途最长年期分别为工业 50 年、商业 40 年、综合 50 年，但村民的出让期望值可能是 30 年，二者存在差距，年期过长，很容易使一代人在较短时间内出让全部潜在土地，而这代人在剩余的生命期无地可供。企业因为租期过短，就不愿做过多投资，租期过长，村民不乐意。第二，村民对出让期缺乏决定权和不了解政策，他们不知道自己可以决定出让期限。第三，从历史经验看，不少土地由于政府和村干部的"不规范操作，造成部分土地转变所有权性质"，集体土地变成了国有土地，使他们心有余悸。租赁则很难出现类似问题。

### 3. 到期地上建筑收回问题

村民希望期满无条件收回地上建筑，而不需付出补偿。但企业的应对方式大多是在合同期满前几年不再对建筑进行维护。如果村收回的建筑很老，村不愿意翻新而是低价租给下一个企业，因为村翻新需要村民同意，这很繁琐很耗时。无偿收回影响企业积极性和租金水平。所以并不是合同一律约定无偿收回对村民最为有利，需要有一个基本的规则，比如，合同可约定一个评估的建筑成本价，按这个价格来补偿，但成本价不应该包含商誉等无形资产价格。

### 4. 土地登记问题

第一是历史遗留无证土地太多，有土地证的很少。前期政府和村都不够重视办证。第二是办证费用高，所以村民一般都不会同意去补办证，除非办证费可以降低到 1 万元/亩左右。第三是没有指标，很多指标用于重点建设项目，留给村的指标所剩无几。第四是政府部门自身设定了繁琐的甚至相互冲突的办证程序和规则[①]，让一些土地办起来无所适从。

---

① 某村一些通过"三旧"改造来补办证的土地虽然入了库，但还是拖着不办证下来，说要有项目才能办证。可是现在想找项目，想流转土地一般都要上镇平台，上镇平台又一定要有证，所以政策间就出现矛盾，除非是通过协议出租来流转土地。

## 5. 交易成本与收益比较问题

　　第一个成本是信息和专业知识缺乏带来的成本。土地登记、规划、市场交易都需要较多的专业知识和信息，村民的知识不能满足需要，不少选择了中介服务，这需要发展中介市场。一些黑中介对集体土地中标之后，自己又不用，直接高价转手转租给其他人，赚取中间的差价，村委认为这样会哄抬市价，对真正需要的人不利。第二是所有手续办好才能上交易平台，上平台手续过于复杂。第三，已经用地的企业面临收入和成本的比较问题。出让土地有利于抵押、股份合作和其他后续交易行为。对抵押需求而言，解决历史遗留问题，完善出让手续固然是好事，但要付出很多代价，出让要补钱，如果 60 万一亩，10 亩就是 600 万，企业未必有此财力。即使出让后，抵押贷款只能按评估价的 6～7 成获得融资。而且在出让办理环节，经常发生村民向企业要钱，每亩约 20 万，抑制了企业积极性。现在一些厂自有资金比例一般为 1 成，其余部分一般为贷款，资金缺乏。另外利息水平较高，企业的投资利润率不超过 10%，因而资金流转较为紧张，一般不会选择通过出让方式一次性交款来换取土地的抵押权。

## 6. 资本进入和租金创造问题

　　村官和村民都倾向于片区改造模式，大集团进驻，并购买土地。村民为什么有此动机？第一，本质上还是经济租金的创造问题：只有资本的进入，加上集聚经济、规模经济效应才能让土地的潜在价值以经济租金的形式得以实现，进而使村民获得巨额分红。但未必所有土地都适合同样模式，也不是所有地区都能在一个时刻获得大企业的青睐。第二，这也是对未来收入急于变现的需求。村民知道，年年分红是好，但一次性获得巨额分红同样好，这样马上能成为富豪，终身生活无忧，这也是人际比较的心理需要。资本进入对村干部也具有政绩诱惑力。所以各方激励是一致的。

## 7. 一次性和持续性收入问题

　　在对资本进入渴盼的同时，会面临一个收入持续性的问题。一夜暴富固然是好，但公共事业关系每个人切身利益，这些事业还是需要组织来做的[①]。在过去的 20 多年中，各村的土地出租模式使村级组织年年有收入，年年可分红（虽然有多有少），分红不仅是村干部继续任职的条件，而且是村民凝聚力的维系因素。但和征地一样，土地出让及部分村的"三旧"改造时一次性获得几千万甚

---

① 典型的公共事业包括：祭祖、老人慰问、卫生、治安、道路、排水、兵役、物业管理、资产管理、幼儿园、集贸市场等。

至几亿元的收入，村民是坚决不信任村干部并要求分掉的。土地出让时一次性分红，村集体也难以留下这笔钱，公共服务难以进行，不利于村长远发展。村干部希望分红比例能控制，留下一部分作为发展基金，担心未来公益性设施建设不能开展。

### 8. 规划管制问题

土地的升值和稀缺会导致村民对土地的用途和未来规划更加重视。没有人愿意土地被规划为公共设施用地，也没有人愿意土地规划用途"低于"最佳用途。目前存在问题主要有：一是土规与城规冲突。如对一个集贸市场，城规规划成道路，但是土规却又是另一种安排，所以本村很多规划的道路都很难实施。二是规划不当。集体建设被规划划为绿地，村委认为这样缺乏可行性。有些规划的道路把村切割得支离破碎，而且道路密度过高，有浪费资源的嫌疑。某村一块土地证上用途为工业的用地，实际利用效率最高的用途应为商业步行街，由于规划管制，实际使用中只能一层发展为商铺，二层以上为工厂，产业混杂。有些村的一片区域被指定为商业用途，但实际利用中有大量工业企业存在，且商业存在供给过度的问题。三是谁都不愿意本组土地被划为公共设施。

### 9. 公共设施建设问题

目前的模式是政府和村共建基础设施，但政府出资比例较大。村的公园很多都是通过招标进行建设的，而中标金额的85%由政府承担，剩下15%则由村委承担。未来村留出公共设施用地后，需要政府积极支持建设。

### 10. 历史问题

主要的历史遗留问题除了土地办证外，还有不少村的土地被无限期流转，集体利益受损。第一，1980～1990年出租土地很多无租期，资金偏低，如果不拆迁很难收回。一些村曾发生过腐败现象，前任经济联合社干部把统筹到的土地以低价出租出去致使村集体利益受损。第二，一些国有留用地都被政府方以低价租用致使很多村民有不满情绪。

## 11.6　集体建设用地改革的突破：收益分配分析

共性的障碍的关键在于：一是村民对土地的控制权问题；二是土地的收益增长性问题；三是村民和企业的权利和利益的边界问题。

在新的制度框架下，政府和村的利益分配关系框架基本确定。村和企业作为供求双方，其利益分配关系交由市场来决定。换言之，围绕土地产权这个核心，双方将在权利配置和利益配置上开展角逐。问题多属于市场竞争问题，政府不能全部替代解决，市场应该给出答案。如出让期限，虽然参考国有土地年限，但国有土地并非全部以法定最高年限出让，不乏大量的低于最高年限的案例。所以村民应该对确定出让期限有参与权和决定权。

另外，村民是否获得收益，需要实证研究。我们选择 DL 镇 1990～2015 年的交易样本（出让）960 个，总面积：5263.082 亩，统计发现，过去 26 年来交易总额 383 435.57 万元①，每个交易平均交易额为 399.41 万元。按当年价格水平，年租金平均值：48.1 元/米²，概算平均价格 961.571 元/米²（$r = 5\%$ 静态模型，无限期）。租金中位数为 12 元/（米²·年），价格 240.24 元/米²，平均出让期限 19 年，年均出让 47.5 宗。用途主要为工业，也有少量商业和广告牌用地等特殊类型。277 个有递增条款，占比 28.9%。

DL 镇位于广东省佛山市南海区东部，东接广州市荔湾区、白云区，南邻佛山市禅城区，是连接广佛两市中心城区的重要纽带，区位条件好。全镇总面积 95.9 千米²，2014 年常住人口 61 万人。DL 镇先后荣获"中国铝材第一镇""中国有色金属名镇""中国内衣名镇""中国时尚品牌内衣之都""中国南方内衣生产基地""中国南方时尚城""中国商贸名镇""中国专业市场电商采购示范区"，以及"国家卫生镇""中国龙狮运动名镇""中国民间文化艺术之乡（粤曲）""中国摄影之乡"等称号。2005 年，合并后设立的 DL 镇，于 2008 年末户籍总人口 26.2 万人。2014 年，DL 镇实现地区生产总值 430 多亿元，工业总产值 680 多亿元。下辖 38 个社区。

1. 出让的基本情况

见表 11.1，每宗土地的交易期限是不同的，名为租赁或"流转"，而大部分实质上"出让"。322 宗土地的租赁年限大于《中华人民共和国合同法》规定租赁最高年限 20 年，占比 33.54%。最长为 55.92 年。出让年限有下降趋势，见图 11.1，平均为 11.7 年。建议今后以 20 年为界，少于等于 20 年的，可以自由选择流转或出让，多于 20 年的，一律统一为出让。对前者，还可以细分：少于等于 10 年的，统一为租赁，多于 10 年的，可称为出让。出让和租赁在本质上并无区别，都是获得土地所有权的一种对价，但区别在于出让属于一种物权，在抵押等权能上较完整，受到的保护力度更大。

---

① 另外一个完整的交易样本，过去的 26 年交易总额为 1 489 075.95 万元，如果按户籍人口的一半人（13.1 万人）来分配，人均可分得 11.37 万元。

表 11.1　DL 镇集体土地租凭基本情况

| 年份 | 数量 | 面积/亩 | 均价/（元/米²） | 平均年限/年 | *备注 |
|---|---|---|---|---|---|
| 1990s[①] | 169 | 4.91 | 534.1 | 37.90 | 27 |
| 2000 | 32 | 4.89 | 528.5 | 25.10 | 15 |
| 2001 | 30 | 4.17 | 436.3 | 24.10 | 13 |
| 2002 | 32 | 6.66 | 385.56 | 23.73 | 8 |
| 2003 | 104 | 5.68 | 477.18 | 20.53 | 27 |
| 2004 | 79 | 7.11 | 504.5 | 20.44 | 33 |
| 2005 | 71 | 6.64 | 532.34 | 20.68 | 23 |
| 2006 | 86 | 4.93 | 1150 | 16.60 | 31 |
| 2007 | 96 | 5.98 | 838.6 | 18.47 | 20 |
| 2008 | 61 | 7.96 | 896.69 | 18.80 | 7 |
| 2009 | 46 | 2.59 | 1 080* | 16.00 | 17 广告牌占地少，租金高 |
| 2010 | 37 | 4.49 | 1 080* | 14.00 | 11 同上 |
| 2011 | 22 | 6.61 | 1 347.6 | 15.42 | 14 |
| 2012 | 22 | 3.23 | 1 803.7 | 16.76 | 8 |
| 2013 | 18 | 4.46 | 2 842.55 | 14.16 | 7 |
| 2014 | 21 | 3.82 | 2 479.4 | 12.66 | 7 |
| 2015 | 33 | 5.10 | 2 121.7 | 8.46 | 9 |

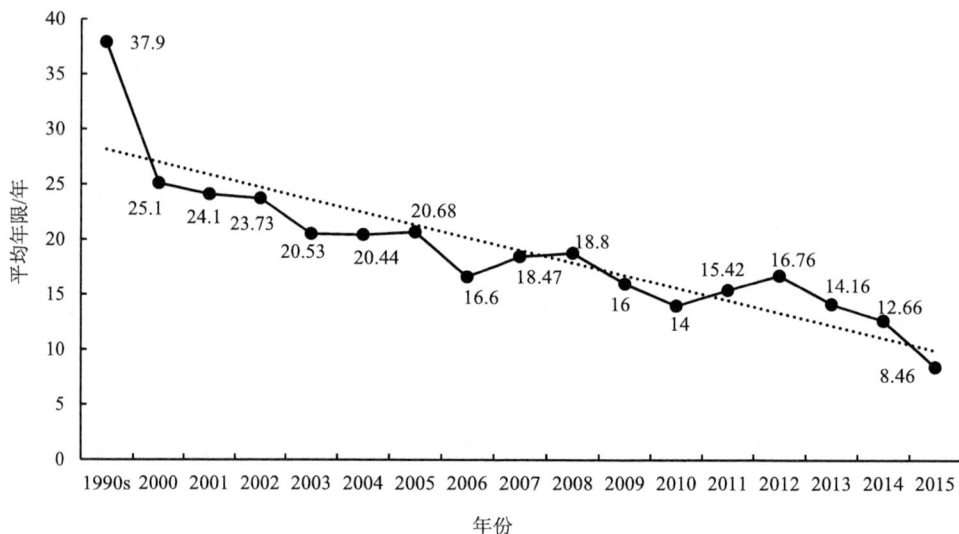

图 11.1　DL 镇集体土地出让平均年限趋势

---

① 1990s 表示 20 世纪 90 年代。

## 2. 出让价格水平

20 世纪 90 年代以来，我国经济发展趋势向上，但存在波动性，加之货币因素，这些进而对土地市场产生影响，土地的交易名义价格存在一定波动性，见图 11.2。在 2005～2006 年、2012～2013 年两个阶段有较大的跳涨，总体趋势向上。

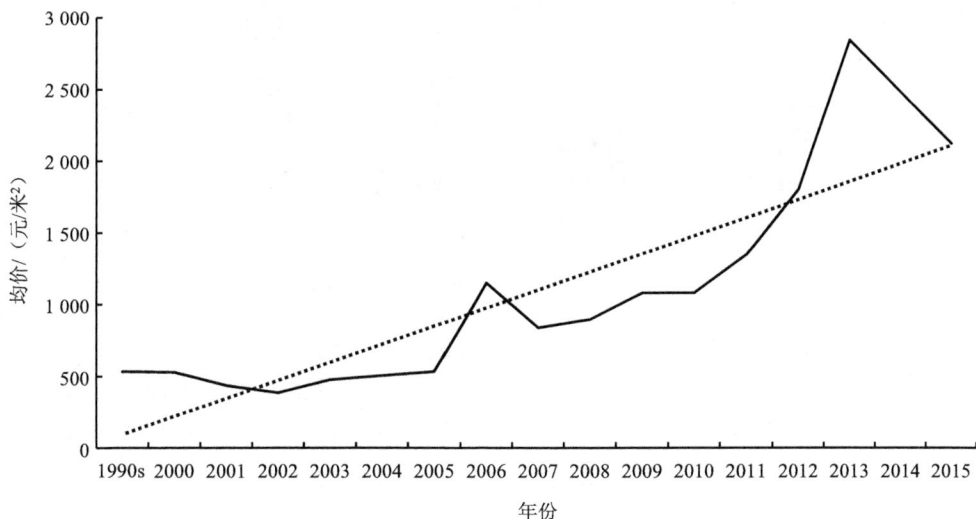

图 11.2　DL 镇集体土地土地出让价格水平变化

从历史视角看，2014 年以来，影响土地价格的主要因素除了宏观经济和土地市场本身供需形势之外，还有两大重要社会因素：一是 2005 年广东省出台的规范性文件，二是为加强村级资产管理、防治村官腐败、维护农民权益和加强基层管理而出台的资产交易平台。2010 年全区开始构建村资产交易平台[①]，这个平台对规范交易的影响是较大的。依据上述因素，本书将过去 26 年分为 4 个阶段进行统计，分别是：20 世纪 90 年代、2000～2004 年、2005～2010 年、2011～2015 年。见图 11.3，第三个阶段的交易数量是最多的，但价格在 2011 年开始大幅度上涨，里面的原因既有宏观经济形势，也有交易平台的贡献。2005～2010 年的价格水平也较高。

---

① 2010 年 3 月，南海区率先在丹灶、西樵和狮山三镇试点，建立农村集体资产交易平台，将村（居）全部集体资产和合同纳入平台进行管理。该平台把镇、村、组三级集体资产纳入到一个大系统，对资产发包、租赁、出售、出让、转让或转租等行为实行统一管理、交易、监督，农村集体资产进入到集体资产管理交易中心方可进行交易。交易时，必须由村民代表和理财组成员到场见证监督，而且对交易每一个环节的每一个细节都进行全程视频监控，做到交易既严肃严密又公开透明。此后不久，平台在全区各镇街推广。有数据显示，自从推出农村集体资产交易平台，南海全区集体资产成交价格升值了 20%以上。

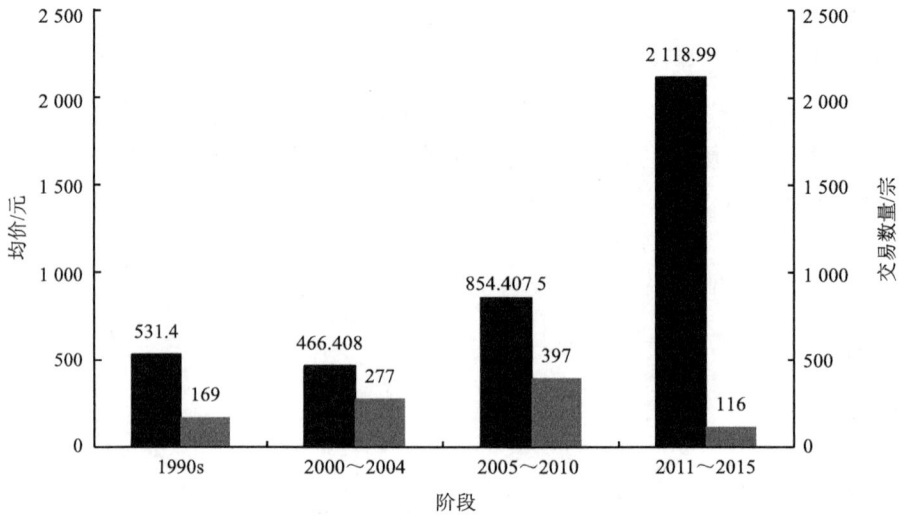

图 11.3　DL 镇分阶段土地交易数量和均价

但从土地交易平均面积看，有缓慢下降的趋势，这和均价的上升是逆向发生的，见图 11.4，这与土地供给的潜力下降有关（即大片的土地供给越来越难），也与村集体供给策略有关，即小块供给和用途多元化灵活供给（如广告牌供地）反而能获得较高的交易单价，且期限短，到期后还能再次供给。

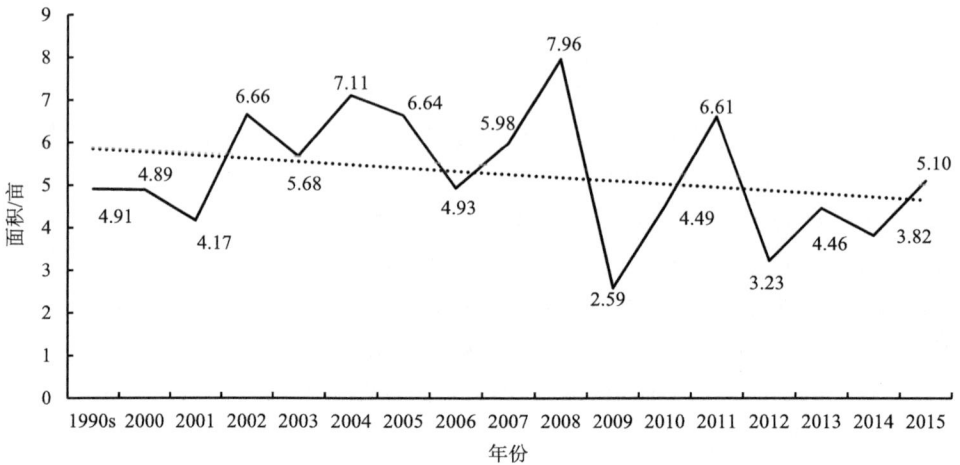

图 11.4　DL 镇地块平均交易面积

## 3. 土地价格和基准地价的对比

该镇 2015 年公布的集体工业土地级别图分属 1、2 级，分别为 659 元/米$^2$、525 元/米$^2$，平均为 592 元/米$^2$，本书录得的 2011～2015 年共 116 个交易数据的均价是 2119 元/米$^2$[1]，远高于刚刚公布的 592 元/米$^2$的基准地价，后者只有前者的 27.9%。但无法得知二者巨大差异的原因，虽然基准地价是区片的平均市场价格，本身比较保守。也可能是其还原利率考虑到风险因素取值较大（估算为 6.7%）导致。

与 2011～2015 年本区国有工业用地基准价格相比[1 级和 2 级价格分别为 858 和 702（平均 780）元/米$^2$]，集体工业用地交易均价是其 2.72 倍。

## 11.7　结　论

通过对南海区和 DL 镇等集体建设用地市场的梳理和数据分析、政策分析和村民调查的基础上，对目前的市场管理和政策演进可得出以下 6 点结论。

（1）南海区的集体建设用地市场是特定环境下制度变迁的产物。南海的集体土地市场起源和发展的主要激励或驱动力有 4 个：土地征收补偿制度之后和难度的增加；土地增值凸显和分享诉求加大；村集体组织较为健全和地方股份制经济历史传统；村民具有较强的一致行动能力。这些力量内部相互作用，相互促进。如果欠缺一个条件，都将难以推动最终的"南海模式"的成功。除了 4 个条件，土地稀缺和经济增长所需土地太多是制度变迁的基础性或宏观背景[2]。

（2）市场的发育进入到较高的阶段。南海区的集体建设用地市场逐步成熟，市场数据分析结果看，2006 年开始加速，2011 年基本成熟，可以预测随着国家在南海区改革试点的推进，2017 年将进入稳定阶段。但是不可忽视的是，在市场的发展过程中，资本的进入始终是内在的积极力量。没有资本的投入，就不会大规模地使用集体土地；同时，没有资本的大量进入，就没有坚实的税基，使得政府有实力去摆脱"土地财政"。今后市场的升级和区域软硬环境的改善，依然需要更大更强的产业资本进入，并将极大地提高区域社会经济质量、改变人民生活模式。

（3）市场力量将继续在制度演进中扮演重要角色。从市场数据本身的分析和村干部访谈可知，土地市场主要是由三方参与的：管理者、需求者和供给者（忽略中介性组织），完成交易，需要买卖合约的达成。当然管理者会对产权进行基本定义和对交易进行规制，并对最终结果进行监督和保护（如土地登记）。虽然管理者起到很大作用，但合约的达成未来依然由市场买卖双方来决定。这就意味着，出让合约的期限、合约条件、地上建筑物归属、抵押权、转租权乃至交易价格等合约细节将由双方商定，在此基础上，还需要在合适条件下采取不限定买家、

---

① 估算采取 5%的还原利率和静态租金无增长假设和收益还原模型，比较保守。
② 南海区的土地开发程度较高，土地稀缺。农用地和建设用地占土地总面积的 87.68%，其他土地仅占全区土地面积的 12.32%。全区城乡建设用地占土地总面积的 40.93%，人均城乡建设用地面积达 208.82 米$^2$（2009 土地调查数据，详见该区 2010～2020 年土地利用总体规划文本）。

进而采用类似招拍挂等竞价方式来决定最终合约，并对买家更加有利。所有的合约过程和结果最终会由市场形势来决定。当市场旺盛的时候，合约可能对卖家有利并构成较高的成交价；反之对买家有利。政府不应该过度参与市场过程。

（4）政府的制度供给所起到的作用非常重要。政府是产权的定义者和保护者，并对产权交易过程实施干预和监督。从"非法的"、模糊的产权走向明晰的正式产权的过程中，在社会经济环境和村民的压力之下，政府审时度势地做出了大的让步，从最初的被动供给制度到现在的主动提供制度安排，政府承担了提供产权保护的公共产品服务。政府和居民的良性互动促成了政府做出了制度变迁的决定，从旧制度的维护者变成新制度的推动者。除了经济考量之外，政府在制度变迁中也收获了巨大社会效益。地方政府所提供的具体制度供给至少包括：土地登记、公共资产交易平台、制定流转管理规定、政府部门土地流转交易操作程序和行政审核、城市规划制定、税收和流转调节金政策安排、金融部门监管和抵押政策、工商企业登记等部门的配套政策等。

（5）什么是一个更好的市场？一个良好的市场具有以下特征：从市场结构上看，垄断竞争最优，因为土地市场比较容易构成垄断或寡头市场；从管理上看，有明确的公认的正式规则；从市场结果看，市场价格稳定，交易活跃；从政府合理干预和土地的外部性看，良好的市场对外部性做出适当干预，正外部性需要通过财税制度等手段回收部分增值，对负外部性需要进行管制或付费。因此南海区的集体建设用地市场在未来需要进入 2.0 时代，其特征就是规划合理、配套完善、环境优美、工居分离，公共品的投入产出形成了良性循环，各主体都从市场交易中获益。

（6）南海区集体建设用地试点制度改革对土地征收制度的启示。跳出市场本身，从国家对土地管理基本制度的更大视角看，本次制度试点是对整个土地制度的新的塑造，包括了土地规划、土地供给、土地财政、土地税收、土地整理、集约利用、土地征收。尤其是土地征收制度。集体建设用地改革的闪光点在于对增值的分享和权利的承认，首先是承认集体土地一样可以突破过去不合理的规定[①]而具有供给权利；其次是不必征收，只要符合规划即可交易的权利；再次是土地不仅可以出让、租赁、抵押，而且具有作价出资等权利；最后是村集体成为出让方，则具有了增值分享权，大部分土地租金被捕获，而政府只分割小部分。

对土地征收制度的启示就是：集体建设用地制度是和土地征收制度可替代的制度，政府可以选择其一，满足社会经济发展用地需求。但二者也是可共存的制

---

[①] 《城市房地产管理法》第八条："城市规划区内的集体所有的土地，经依法征用转为国有土地后，该幅国有土地的使用权方可有偿出让。"《土地管理法》第二条："国家为了公共利益的需要，可以依法对土地实行征收或者征用并给予补偿。"第四十三条："任何单位和个人进行建设，需要使用土地的，必须依法申请使用国有土地；但是，兴办乡镇企业和村民建设住宅经依法批准使用本集体经济组织农民集体所有的土地的，或者乡（镇）村公共设施和公益事业建设经依法批准使用农民集体所有的土地的除外。"

度，前提是土地征收补偿必须提高标准，满足村民适度分享增值的诉求。某种意义上，集体建设用地流转制度对土地征收制度进行了"倒逼"，刺激了后者的进一步改革。反之，如果无视增值分享要求，无视村民的合理权利诉求，并对此加以制度化固化，则将延续政府和村民之间的利益争夺关系和紧张关系，激化矛盾，导致社会损失是政府得不偿失的。

## 11.8　简单的政策建议

必须注意到，南海区的本次集体土地改革试点，是基于传统土地征收和土地规划制度之上，涉及土地财政、土地税收、土地金融、土地登记、土地市场、经济管理、耕地保护、社会管理等相关制度的一次大的、整体性改革，绝非局限于集体建设用地之内。尽管南海区进行了 20 多年集体建设用地进入市场的探索，并且取得了显著成效，但是，地方政策创新和制度试验一直面临以突破国家大法给地方发展造成制约。一是由于存在制度障碍，南海区大部分已流转的集体建设用地无法办理产权登记，难以获得物权法律保护；二是由于集体建设用地使用权流转制度不完善，银行一般不愿办理集体建设用地使用权抵押，土地使用者很难靠集体建设用地本身获得融资；三是集体建设用地流转后监管不严，可能会出现"小产权房"。

因此建议总结南海区试验制度成果，建立城乡统一的市场体系。一是构建集体建设用地进入市场制度体系。包括实行统一的土地不动产登记制度、集体建设用地使用权流转制度、集体建设用地共用宗登记制度、集体建设用地抵押融资制度。二是总结南海区的经验，制定集体建设用地入市规则。形成从规划、土地准入到地价、地税等的管理办法，在规划和用途管制下，实现国有土地和集体土地"同地、同价、同权"，让两种所有制土地平等进入非农用地市场。三是对集体建设用地公平征收土地相关税收。鉴于国有土地要交纳土地出让金，为了兑现集体建设用地入市后的"涨价归公"，实现与国有土地同等义务，建议对进入市场的集体建设用地按不同功能和价值征收土地增值税，既能为城市建设募集一笔税收，也可以解决两种所有制土地的义务对等问题。四是尽快改革传统规划制度，形成城乡统一的规划全覆盖，尤其是详细规划的覆盖，并注重保护土地产权人的基本权利（规划就是分配权利的过程）。

# 第 12 章　结论和制度改革建议

## 12.1　研　究　结　论

（1）土地征收无论从权力实施过程还是后果看，皆面临着越来越大的困难。地方政府和农民都陷入一个难以逃离的无形的网之中，其根本原因是宏观层面的制度性缺陷所致。仅从宪法本身来看，中国目前的征地实践在不少地方不符合公共利益。地方政府偏好征地也害怕征地：征地可吸引投资带来政绩，但征地又困难重重。农民既盼望征地又担心征地：偏远地区的农民更希望征地能带来就业机会和提高收入，甚至有可能在拆迁时改善经济条件，但又担心低补偿不仅不能改善生活，反而失去经济和情感所系的土地。双方产生争议，却没有一个双方认可的制度框架来协商和裁决。

这种土地征收的制度性缺陷是系统性的，包括：不合理的法律规定导致征地使用太滥，甚至非公益性也能征地；不合理的土地使用制度规定非要转为国有才能非农使用；不合理的土地财政税收制度性依赖，使地方政府被迫以地生财；不合理的土地市场制度和规划制度迫使只有地方政府才能独占一级市场的供给者角色，其他土地所有者（使用者）不得入内；不合理的集体所有权制度使得集体所有土地容易沦为"人人都有，人人都没有"的被代表的困境，导致土地利益受损。总体观之，中国的土地制度，在全球范围内是独一无二的，对推动中国经济增长功不可没，总体是有效率的，但存在诸多需要改进的地方，尤其是在公平、权利和财富分配的领域。

（2）土地征收制度和政策改革是渐进的，需要历史的视角和渐进的改革。过去 30 多年（20 世纪 80 年代起）发生了很大的变化，未来还将随着社会经济发展阶段而演进。当前中国所处的历史阶段，仍然需要保持征地的效率，稍微偏向公权力，但这是暂时的。征地的确在阻止敲竹杠、提高建设用地供给速度、促进土地规模利用发挥集聚经济和规模经济优势、将土地增值收归地方政府、实施城市规划、加快城市建设六大方面具有不可比拟的优势，但其劣势尤其是高速增长的社会成本也需要被充分解读而不是隐瞒。

如果以美国为参照来看，征收是 19 世纪重要的经济发展工具，用于重新分配经济和政治权力与财富。同期，"经济繁荣"的"公共利益"超越个人权利，加强了运河、私营工厂和铁路的土地征收，从而构建国家经济不断增长的基础设施。美国政府（试图）通过鼓励私人开发商最大限度利用土地来"释放能量"。换言之，美国的早期并不是如当今这般重视对财产权的保护。所以，不能以美国的现在标准或法院判例精神要求中国的改革一步到位，而应该在提高补偿标准、缩减公共利益、完善正当程序等方面做出渐进改革。民众的意识转变需要过程，对公共利益–个人利益的平衡需要全社会慢慢去寻找合适的平衡点。诸如城市房屋拆迁补偿过高既不符合公平原则，也有悖多数民意。

（3）中国土地征收制度改革的目标是实现帕累托改进。帕累托改进需要农民的生活水平不降低甚至提高，同时全社会总福利提高。而现行的政策很难保证农民的生活水平不降低或不受到负面影响，至少说部分人的生活水平是下降的。目前最迫切需要解决的问题，一是市场价格问题，理论上可以构建农地市场，如果暂时不能构建，则需要技术性手段加以解决。目前的征地补偿标准，从经济学视角看，只相当于补偿了土地的农业用途的机会成本，稀缺租金几乎全被政府获得。从这个意义上看，村集体并没有真正拥有土地的所有权。较低的补偿标准虽然在过去对推动社会经济发展起到重要作用，但不能掩盖其不公正的本质。二是社会理念问题。全社会应该认识到土地的主观价值及可能对部分农民利益的被剥夺问题，农民属于弱势群体，需要保护其利益。三是市场化手段的使用。能使用收购的，就不要动用征收。四是救济问题。急需一个独立于行政机构（征地实施主体）之外的机构居中裁决和调停。这方面主要从构建一个正当程序和权力制约方面着手。

（4）不合理的规划管制和土地征收制度互为因果，是目前土地权利保护不力问题的症结所在。单独地改革土地征收制度不能最终解决由此引发的社会矛盾。规划是定义权利的重要手段。不解决权利定义问题，就不能解决权利价值及其补偿原则和标准问题。权利如何定义，需要国家管理者给出"顶层设计"，而这个设计需要理论界和实践部门携手进行前瞻性的研究，消除思想误区，达成新的共识。

（5）中国目前的土地规划管制制度较为落后。规划管制界定了最初土地的权利，一块土地到底有什么权利内涵，法律本身很难全部界定清楚，还是要依据地方的法规和规划实践来具体定义。没有界定清楚的产权，价值多少？如何补偿？这其中最为重要的是土地发展权问题。到底是给个人和集体适度的发展权还是正式将发展权全部归属国家？后一种制度设计看似简单和公平，具有道义力量（涨价归公），具有"政治准确性"（共同富裕），但实际上不仅很难行得通，也会给其他土地制度设计带来极大的技术难题和不可解决的障碍。土地发展权设置不仅关系土地征收，也关系土地管制以土地市场等重要的核心制度设计。要达到一个公平和高效的土地制度，未必只有国家掌握土地发展权一个看似正确但缺乏技术含量的选择，实际还有更具技术含量、更可行、更复杂的制度选择。土地发展权是衔接国家公权力和公民私权利之间的重要纽带和模糊地带，其核心目标是在公权力和私权利之间实现一个基本的动态平衡。

（6）土地征收和土地管制都是对土地租金的分配和辅助创造工具。没有资本的配合及最关键的劳动的配合，土地的经济租金无法变为现实的财富，因为经济租金本质是一种经济剩余。

土地征收之后的土地使用实现了经济租金，在这个意义上，土地征收是辅助性且高效的工具选项之一但不是唯一工具。没有蛋糕，何来分割？这是土地征收经常被人们忽视的潜在功能。问题在于经济租金的分配格局。不同的补偿原则决定了租金的分配在政府、公众、使用者、原土地权利人之间的比例关系。不当的补偿原则导致不当的分配关系，合理的分配关系构建在动态的调整之上。这种动态调整是和社会经济发展阶段相适应的。

土地规划管制则是另一种经济租金分配工具。规划管制定义了财产权，就构建了分配的基调和基础性比例。由于土地利用的外部性，土地所有者（使用者）不仅需要相互的妥协和克制，而且需要合作和一定的"牺牲"和"奉献"（如承担捐献和税费义务）。没有克制，何来共赢？这就是土地管制，是土地规划管制规定了哪些土地作为公共设施用地并得以使用，使得土地整体性价值发挥得更佳更好。

就准征收问题而言，"克制"既包含不动产使用方面的权利有限性，也包括在背负义务上的必要的利益牺牲。如果没有表面上的牺牲——反利润最大化——客观上抑制了公地悲剧，就很难防治最后的"合成谬误"带来的集体和公共利益的减少，尽管从个人的视角追求利润最大化是合理的、理性的，但缺乏公共理性可能给每个人带来灾难。从这个意义上，土地管制带给个人的利益的微小损失是必要的、合理的，也是不需补偿的。但过度的损害必然让个人违背"经济人"的假设和社会运行的普遍遵循法则，最终损害整体利益而必须予以纠正和补偿。

（7）公权力制造公共利益与保护财产权之间的均衡是长久的话题。有必要破除或弱化国家本位主义的治理模式，如不能假定国家掌握全部土地或者土地利益就是最优的选择，这方面有历史教训。一个有效率的和公平的土地制度还是要建立在有保障的财产权及其自由交易之上——这绝不等于说私有化。只有存在合理的套利机会和对经济租金的追逐，土地才能流动到较好的用途和使用者手中，这方面市场比公权力有效。土地征收本质是对市场的替代，当市场买不到土地时，征收能强行做到。土地管制则是政府不用支付资金就能干预市场的一种手段。土地征收和准征收问题的本质都是如何在国家行使公权力制造公共利益和保护公民财产权之间的平衡。权重是应时而变的。在多大程度上能完善基本产权制度，去逐步明确一些基本的土地产权权利束，对争议或模糊的产权及其利益，能逐步在政府和公民之间进行分享和分割。另外，非常重要的是，一个相对独立于行政权的机构应该在其中发挥裁判和协调的职能。因为土地是复杂的商品，其价值或价格从来不存在唯一性和精确性，随着土地价值的变动和人们对其期望的波动，政府作为公共利益维护者和公民作为私人利益最大化追求者的内在矛盾将永远存在，还可能逐步加大。人们必须正视这种矛盾的长期化和上升趋势，这主要是一个经济问题，并且人们必须运用政治的、制度的手段去面对矛盾，提供一个"场"，让矛盾在其中逐步化解。这个场，必须是国家提供的，而不是由地方政府来提供，这超出了他们的能力。

从对财产权的作用效果看，土地征收和土地准征收具有相似性和渐变性，但后者更具普遍性和模糊性。

从对财产权干预的公权力属性看，土地征收与土地管制相对应，分属于不同性质的国家公权力，但作用对象却都是土地。从历史看，两种权力的行使，不仅反映了随着社会发展，土地作为资源所具有的增加中的稀缺性、重要性和外部性（干预必要性），而且透视出了政府在保护界定保护产权、干预资源配置纠正市场失灵及在分配财富中日益突出的地位，二者是相伴生的。从历史趋势看，土地征收在逐步后退，土地管制却在饱受争议中逐步成长和演变。在这个宏伟的历史长河中，权利的私有性和社会性对立统一，其完整性和可抽取性相互作用，同时，公权力在挺身而出和适可而止之间也面临艰难的抉择。

（8）包括土地征收和土地管制在内的土地制度变迁，是管理者和公民之间互动的结果。一国制度是国家权力运行和分配的结果，公民的行动不仅是适应和服从权力的单纯反应，他们反过来对权力运行产生影响和制约。征地诱发的社会冲突是政府-公民（法人）之间力量对抗和博弈的过程和结果。对权力和权利的争夺、妥协（共识）是一个社会的常态，参与者绝不只是政府和普通公民。最终，这种对抗和博弈、妥协在社会经济变量的作用下，会逐渐形塑新的制度，抛弃旧制度不合理的内容。本书还认为，社会整体性的理念和意识形态是制度变迁的先行指标：只有理念和意识形态的变化，方能标志社会共识的达成，然后触发具有惯性和惰性的制度发生积极的变迁。

（9）土地征收和土地准征收本质上都是征收。二者都适用公共利益、正当程序、公正补偿、必要性等基本原则。这些原则本质上是对政府权力的限制，虽然一定程度上也是对权力实施合法性的授权。在准征收问题上，权利的保护尤其复杂，判定构成准征收是困难的。一个重要的原则是任何管制皆不能剥夺土地产权最核心的抑或最基本的权利，或施加过重的义务，解决的方法就是在警察权的限度内合理使用管制和行政许可权力，承认土地在合理限度内的权利束，以权利赋予的方式来弥补对权利限制造成的损害，防止走入货币补偿的区域。

本书有以下几个核心结论。

（1）土地征收和管制都必须限制公权力；

（2）限制土地权利和保护土地权利是对立统一关系；

（3）规划改革是征地完善的基础性前提条件；

（4）构建农地市场是征地改革未来的长期目标，包括集体建设用地制度改革；

（5）土地产权制度、征收制度、规划制度的建构是中国土地制度的"三驾马车"和基础性制度。

（6）土地准征收目前在我国尚未形成明显的社会意识和尖锐的社会冲突。

## 12.2　制度改革建议

（1）对土地征收。第一，减少征收的使用。严格限定在明显公共利益的领域，即使公共利益用途也尽量采用收购。第二，尽早在规划制度配合下，建立农村地区土地市场，破除二元土地结构。但农地市场的构建的确在未来的 10～20 年建立仍然有各种障碍，但可先放开建设用地市场，农地价格采用特殊技术进行评估。第三，补偿标准逐步采用第三方评估，这是在第二步的基础上进行。第四，对征地及其补偿争端加强准司法和司法介入和救济。当司法对具体技术性、专业性问题难以判断时，可由逐步完善的陪审制度进行辅助。

（2）对土地规划管制。土地规划管制和征收不同，它不在于创设市场，而是创设一个和市场并行的管治体系，可把其他所有的重要土地制度黏结为一个整体框架。目前中国最迫切的是借鉴国外规划管制制度的真谛和精神内核，尽快转换计划经济时代的错误理念，对各类土地赋予合理的基础权利，或基本发展权。在此基础上，建立以下制度：一是市场化的发展权移转制度（如"地票"制度），提高资源配置效率和公平；二是建立影响费制度，对建设造成公共设施的不足，应该承担规划义务；三是建立细分管制制度（类似修建性详细规划），不需要土地转为国有，也可供给市场，增强市场的竞争性；四是对管制过分并达到准征收的，要搭建司法性救济平台，经司法裁定成立，要给予经济补偿。政府不能作为评判自己的管制是否过分的裁判员。

（3）对宅基地[①]。放开宅基地流转的最大担忧应该是资本入侵而不是农民流离失所，因土地征收而失去家园的人远远多于卖掉宅基地而无处栖身的人，再说国家雄厚的经济实力完全能承担流离失所的少数人的社会救济和保障任务（如城市里也有买不起也租不起房而住廉租房的大量低收入者一样）。农村宅基地的大

---

① 刘守英建议，急需进行的土地改革，第一就是调整城乡土地权利体系来支持城乡互动，现在城乡之间的土地权利体系指向城市，城乡土地权利的平等和给农民留下乡村的发展空间，应是下一轮土地制度构造的两个基本点；第二是改革农地制度来支撑农业转型，这牵涉农地的经营制度和农业的组织制度；第三是改革宅基地制度来支撑村庄再造，打破成员权无偿分配，承认宅基地的财产权可交易，打破村庄的边界。村庄形态的变化，无论是"死"还是"活"，都需要推进宅基地改革。（据财新网，2017 年 3 月 15 日。http://china.caixin.com/2017-03-15/101066409.html）

量低效利用本身是对土地的浪费。随着城市化的推进和中国老龄化问题的加剧，大中城市郊区农村对城市人口具有极强的吸引力和分流效果。一方面可满足不少饱受"城市病"困扰的城里人节假型居住需求，另一方面对原有农村居民保留原有住宅和"进退皆宜"的选择权利也是有利的。人们一个巨大的认识误区是假定农村宅基地上建房屋只有1～2层，只能自住。实际上，农村的闲置房屋是可以投向市场出租的。农户可以自住和出租。然而，宅基地问题并不是简单的放松管制，允许流通即可解决，里面涉及集体产权、成员权等一系列复杂问题。其中一个核心的问题是房产税的构建，只有在这个前提下，才能逐步允许宅基地的流通。因为农村社区的房产税不仅可以为社区融资建设基础设施，而且可抑制对不动产的贪婪和资本的威力，对宅基地的资本进入可能需要设置必要的门槛或实行差别税收。

（4）对集体建设用地。放开集体建设用地的最大担忧是地方政府的财政锐减而不是失去耕地，过去一直在呼吁保护耕地，但该用的土地仍然会用。在中国的城市化率从低于20%上升到70%的伟大历史进程中，居住、就业和公共设施都需要大量的土地。土地是为了满足人的需要，而不是反过来由人去满足土地，人不能过于委屈自己而服从于土地（克制是必要的）。耕地保护口号喊了几十年，我们的粮食进口数量高居不下，且主要农产品依然缺乏国际竞争力。耕地保护极其重要，但不能也不应该是唯一的政策目标。在科学的规划管制制度指引下，完全没必要将集体所有土地转为国有，集体土地直接可以走入市场并承担完善基础设施、纳税等义务。

（5）对土地财政和土地市场。中国到了以税收来抑制过度地追求房地产投资的时代。房产税是为地方政府公共服务融资的工具，但同时具有抑制投机和人类贪婪、贫富不均的功能。房产税是以物业面积和价值来评估征收的。一个人占有的房子越好越大越贵，缴纳的税收一般就越多。这对那些拥有豪华别墅和多套房子的人而言，是明显的反向激励。对土地市场而言，政府不可能长期垄断一级市场，当经济放缓、存量土地大量出现时，二级市场的管理将成为政府主要任务。一级市场可由微观主体在规划指导下进行。政府直接控制大量土地经营并不符合国际惯例，只有在极少数情况下，政府才直接进行土地开发和买卖。

（6）对耕地保护。耕地保护本质也是一个土地管制问题。中国的人多地少国情决定了未来仍然会坚持耕地保护制度，但耕地保护和农地是具有明显社会利益和生态利益外溢效果的，所以有必要对粮食生产者和农地保护者提供利益补偿。利益补偿除了直接面向生产者的服务和补贴之外，还可以是其他方式：一是放松管制，允许一定数量的、特定区位（如未利用地和荒地坡地）的非农发展权；二是农村住房建设权，甚至可在规划之下允许农村集体通过集中开发（细分管制）的方式开发房地产，引入适量外来资本，提供地方性、社区性税收收入，为新农村建设提供基础设施融资。

# 参 考 文 献

埃格特森，2004. 经济行为与制度[M]. 吴经邦等译. 北京：商务印书馆.

埃文斯，2001. 土地市场和政府干预[A]//切希尔，米尔斯. 区域和城市经济学手册（第3卷）：应用城市经济学. 北京：经济科学出版社.

埃文斯，2013. 经济、房地产与土地供应[M]. 徐青译. 北京：中国人民大学出版社.

艾珀斯坦，2011. 征收：私人财产和征用权[M]. 李昊，刘刚，翟小波译. 北京：中国人民大学出版社.

奥沙利文，2003. 城市经济学[M]. 苏晓燕等主译. 北京：中信出版社.

巴洛维，1989. 土地资源经济学[M]. 谷树忠等译. 北京：北京农业大学出版社.

巴泽尔，1997. 产权的经济分析[M]. 费方域，段毅才译. 上海：上海人民出版社.

柏兰芝，2013. 集体的重构：珠江三角洲地区农村产权制度的演变——以"外嫁女"争议为例[J]. 开放时代，(3)：111-131.

柏巍，2008. 完善控制性详细规划编制的若干探讨——基于广州市番禺区控规编制的检讨[J]. 现代城市研究，2：64-70.

贝尔琴，艾萨克，陈吉恩，2003. 全球视角中的城市经济[M]. 刘书瀚，孙钰译. 长春：吉林人民出版社.

贝克尔，波斯纳，2011. 反常识经济学[M]. 李凤译. 北京：中信出版社.

毕宝德，2005. 土地经济学[M]. 第5版. 北京：中国人民大学出版社.

边泰明，1997. 限制发展土地之补偿策略与财产权配置[J]. 土地经济年刊，(8)：154-168.

边泰明，2003. 土地使用规划与财产权——理论与实务[M]. 台北：詹氏书局.

波斯纳，2007. 法律的经济分析（第7版）[M]. 中文第2版. 蒋兆康译. 北京：法律出版社.

蔡怀卿，2004. 美国之土地使用法管制以及其宪法许可界限[J]. 玄奘法律学报，(2)：197-279.

蔡佩璇，2009. 土地使用分区管制对都市土地使用变迁之影响[D]. 台南：台湾成功大学.

蔡玉梅，2006. 中国第一轮土地利用规划概述[EB/OL]. http://blog.sina.com.cn/s/blog_4a6d4003010005cx.html[2017-06-31].

蔡震，2004. 我国控制性详细规划的发展趋势与方向——关于控规如何更好适应规划管理要求的研究[D]. 北京：清华大学.

曹锦清，2016. 中国土地制度、农民工与城市化[J]. 中国农业大学学报（社会科学版），33(1)：24-39.

曹正汉，2011. 弱者的产权是如何形成的？——中国被征地农民的"安置要求权"向土地开发权演变的原因[A]//张曙光. 中国制度变迁的案例研究（土地卷）第八集. 北京：中国财政经济出版社.

柴涛修，刘向南，范黎，2008. 新中国征地制度变迁评述与展望[J]. 中国土地科学，22(2)：69-74.

陈柏峰，2012. 土地发展权的理论基础与制度前景[J]. 法学研究，(4)：99-114.

陈发桂，2011. 基层维稳的行动逻辑：从体制化运行到社会化运行[J]. 理论与改革，(6)：55-58.

陈国刚，2006. 论城市规划与私有财产权保障[J]. 行政法论丛，(6)：85，95，97.

陈立夫，2008. 析论我国土地征收法制上之争议问题[J]. 台湾土地研究，11(1)：1-35.

陈利根，2000. 土地用途管制制度研究[D]. 南京：南京农业大学.

陈美球，魏晓华，刘桃菊，2007. 国外土地利用规划中各方利益协调的研究综述[J]. 中国人口·资源与环境，17(5)：43-47.

陈明灿，2001. 财产权保障、土地使用限制与损失补偿[M]. 台北：翰芦图书出版有限公司.

陈其人，2001. 关于绝对地租理论的几个问题——兼与杨学成同志商榷[J]. 当代经济研究，(4)：42-45.

陈瑞主，2001. 台湾农地农用管制制度对土地财产权界定原则与保障方式之探讨——以私有农地滥采砂石为例[D]. 高雄：台湾中山大学.

陈玮，1994. 中国大陆市场经济发展中的城市土地利用规划[C]. 上海：海峡两岸土地学术研讨会.

陈锡文，2008-11-23. 统筹规划、分类管理、用途管制、严格审批[N]. 中国国土资源报.

陈锡文，2014. 土地产权和用途管制须平衡[J]. 财经，(38)：10-13.

陈晓敏，2014. 论大陆法上的集体所有权——以欧洲近代私法学说为中心的考察[J]. 法商研究，(1)：127-135.

陈新民，2011. 台湾土地征收法制的困境与前瞻[J]. 行政法论丛，(14)：19-38.

陈雪明，2003. 美国城市规划的历史沿革和未来发展趋势[J]. 国际城市规划，18(4)：31-36.

陈怡均，2008. 论土地征收补偿之合理估算——美国加州之经验[D]. 台北：台北大学.

程雪阳，2014. 论"城市的土地属于国家所有"的宪法解释[J]. 法制与社会发展，(1)：169-180.

崔宝玉，谢煜，2015. 失地农户养老保障对劳动供给的影响——农村土地的社会保障功能[J]. 中国人口·资源与环境，25(12)：154-165.

崔宝玉，谢煜，徐英婷，2016. 土地征用的农户收入效应——基于倾向得分匹配（PSM）的反事实估计[J]. 中国人口·资源与环境，26(2)：111-118.

但承龙，王群，2002. 西方国家与中国土地利用规划比较[J]. 中国土地科学，16(1)：43-47.

党国英，2012. 论我国土地制度改革现实与法理基础[J]. 新视野，(5)：4-7.

邓煜祥，2007. 从财产权保障之观点论土地使用管制与损失补偿——美国法管制准征收概念之引介[D]. 台北：台湾大学.

范里安，1994. 微观经济学[M]. 费方域等译. 上海：上海人民出版社.

冯君君，卓佳慧，2000. 限制发展地区土地利用受限补偿课题之研究[J]. 台湾土地研究，(2)：41-71.

甘藏春，2011-09-28. 以制度创新推动社会经济发展——重温《土地管理法》的全面修订[N]. 中国国土资源报.

高鸿业，2004. 西方经济学：微观部分[M]. 北京：中国人民大学出版社.

高建伟，李海伟，2012. 土地征收、财政幻觉与高房价[J]. 天津商业大学学报，32(2)：69-73.

高圣平，刘守英，2007. 集体建设用地进入市场：现实与法律困境[J]. 管理世界，(3)：62-72.

歌德伯戈，钦洛伊，1990. 城市土地经济学[M]. 国家土地管理局科技宣教局译. 北京：中国人民大学出版社.

耿羽，2011. 从征地看当前农民的土地变现观念——基于广东崖口村"卖地"事件的考察[J]. 南京农业大学学报（社会科学版），11(4)：95-101.

郭洁，2013. 土地用途管制模式的立法转变[J]. 法学研究，(2)：60-83.

郭亮，2010. 地根政治——制度转轨期的S镇农村地权研究（1998-2009）[D]. 武汉：华中科技大学.

郭于华，2002a. "道义经济"还是"理性小农"——重读农民学经典论题[J]. 读书，(5)：104-110.

郭于华，2002b. "弱者的武器"与"隐藏的文本"——研究农民反抗的底层视角[J]. 读书，(7)：11-18.

哈维，乔赛，2012. 城市土地经济学[M]. 夏业良译. 福州：福建人民出版社.

哈耶克，1999. 自由宪章[M]. 杨玉生等译. 北京：中国社会科学出版社.

韩乾，2013. 土地资源环境经济学[M]. 第3版. 台北：五南图书出版股份有限公司.

何明俊，2008. 西方城市规划理论范式的转换及对中国的启示[J]. 城市规划，32(2)：71-77.

河田嗣郎，1930. 土地经济论[M]. 李达，陈家瓒译述. 上海：商务印书馆.

贺雪峰，2013. 地权的逻辑（II）[M]. 北京：东方出版社.

贺雪峰，2015a. 论中坚农民[J]. 南京农业大学学报（社会科学版），15(4)：1-6.

贺雪峰，2015b. 农民为什么要求政府征地[EB/OL]. http://hexfvip.blog.sohu.com/310384196.html[2017-08-02].

胡海丰，2001. 土地使用变更与政府行为[D]. 台北：台湾政治大学.

胡枭，2016. 集体经营性建设用地入市对房地产市场的影响——基于当前试点进展情况的思考[M]. 北京：社会科学文献出版社.

胡新艳，杨晓莹，罗锦涛，2016. 确权与农地流转：理论分歧与研究启示[J]. 财贸研究，(2)：67-74.

胡垚，2014. 新城市主义视角下的美国区划变革——形态条例的缘起及特征[J]. 规划师，30(11)：114-120.

华生，2013. 城市化转型与土地陷阱[M]. 北京：东方出版社.

黄东东，2013. 公平补偿的立法选择——农地补偿市价标准质疑[J]. 中国土地科学，27(4)：36-41.

黄浩珽，2007. 以土地使用限制补偿观点探讨桃园埤塘资源保存维护策略之研究[D]. 台北：台北科技大学.

黄季焜，Sonntag B H，Rozelle S，等，2006. 21世纪的中国农业与农村发展[M]. 北京：中国农业出版社.

黄金升，陈利根，2016. 土地产权制度与管制制度的制度均衡分析[J]. 南京农业大学学报（社会科学版），(1)：82-91.

黄婷，郑荣宝，张雅琪，2015. "三规"冲突的矛盾根源及其可衔接性分析——以佛山市南海区为例[A]//刘彦随，方向林. 中国土地资源开发整治与新型城镇化建设研究. 北京：新华出版社.

黄馨，2009. 公共工程建设推动过程中土地征收补偿之研究[D]. 花莲：台湾东华大学.

简新华，杨冕，2015. "中国农地制度和农业经营方式创新高峰论坛"综述[J]. 经济研究，(2)：186-191.

蒋省三，2011. 对《"南海模式"的形成、演变与结局》的评述[A]//张曙光. 中国制度变迁的案例研究（土地卷）第八集. 北京：中国财政经济出版社.

蒋省三，刘守英，2003. 土地资本化与农村工业化——广东省佛山市南海经济发展调查[J]. 管理世界，(11)：87-97.

金俭，2007. 不动产财产权自由与限制研究[M]. 北京：法律出版社.

金俭，2009. 论不动产财产权自由与限制之平衡[J]. 社会科学战线，(3)：176-182.

金俭，张先贵，2014. 财产权准征收的判定基准[J]. 比较法研究，(2)：26-45.

金细簪，虞晓芬，胡凤培，2015. 征地拆迁的预期意愿与行为差异研究——以浙江省杭州市为例[J]. 中国土地科学，29(6)：11-17.

靳相木，陈箫，2014. 土地征收"公正补偿"内涵及其实现——基于域外经验与本土观的比较[J]. 农业经济问题，35(2)：45-53.

靳相木，沈子龙，2010. 国外土地发展权转让理论研究进展[J]. 经济地理，30(10)：1706-1711.

孔祥智，2008. 城镇化进程中失地农民的"受偿意愿"（WTA）和补偿政策研究[M]. 北京：中国经济出版社.

雷少华，2009. 美国宪法、国家警察权力与土地管理[EB/OL]. http://wen.org.cn/modules/article/view.article.php?a2207[2017-04-11].

李斌，2014-07-01. 土地用途管制向何处去[N]. 证券时报.

李承嘉，方怡茹，廖本全，等，2011. 台湾农地功能之研究：一般民众与农民态度及空间差异的比较[J]. 台湾土地研究，14 (1)：29-67.

李东泉，2013. 从公共政策视角看 1960 年代以来西方规划理论的演进[J]. 城市发展研究，(6)：36-42.

李惠宗，2001. 宪法要义[M]. 第 3 版. 台北：元照出版公司.

李惠宗，2010. 财产权保护与土地征收补偿[A]//台湾行政法学会. 资讯法制、土地规划与损失补偿之新趋势. 台北：元照出版公司.

李实，2011. 被征地农民的博弈智慧——评《弱者的产权是如何形成的？——中国被征地农民的"安置要求权"向土地开发权演变的原因》[A]//张曙光. 中国制度变迁的案例研究（土地卷）第八集. 北京：中国财政经济出版社.

李震山，2011. 行政法导论[M]. 第 9 版. 台北：三民书局.

李镇光，2000. 以公平补偿探讨发展权移转取得公共设施保留地之研究[D]. 台北：台湾政治大学.

李志强，2011. 澳大利亚土地征收制度初探[J]. 行政法论丛，(1)：73-93.

梁鹤年，1995. 社会主义市场经济与资本主义市场经济在城市土地开发上的意义[J]. 城市发展研究，(4)：4-16.

梁鹤年，2008. 经济·土地·城市：研究思路与方法[M]. 北京：商务印书馆.

林春，谭同学，2016. 再议土地改革——中国和印度的启示[J]. 开放时代，(2)：36-67.

林纪玫，林子钦，2001. 土地征收课题的再思考——由台湾及英国近来的修法谈起[C]. 台北：2001 年海峡两岸土地学术研讨会.

林森田，1989. 土地征收补偿及其争议之处理[J]. 经社法制论丛，3：93-111.

林森田，2002. 土地使用分区之制度经济分析[J]. 土地问题研究季刊，(1)：9-18.

林森田，2005. 土地经济理论与分析[M]. 台北：巨流政大书城.

林森田，2010. 土地经济学[M]. 台北：巨流政大书城.

林毅夫，2004. 关于经济学方法论的对话[J]. 东岳论丛，25(5)：5-30.

林英彦，1999. 土地经济学通论[M]. 第 5 版. 台北：文笙书局.

林子钦，2002. 土地市场研究的回顾与想法[J]. 土地问题研究季刊，(1)：31-41.

凌斌，2012. 法律救济的规则选择：财产规则、责任规则与卡梅框架的法律经济学重构[J]. 中国法学，(6)：5-25.

刘海平，2007. 美国管制征收法律问题研究[D]. 北京：中国政法大学.

刘建平，杨磊，2014. 农地非农化中利益冲突的类型及发生机理探析——基于 L 开发区的田野调查[J]. 华中科技大学学报（社会科学版），1：109-115.

刘婧娟，2011. 加拿大土地征收程序及补偿制度研究[J]. 行政法论丛，14：55-72.

刘俊，孟鹏，龚暄杰，2015. 应加快推进《土地管理法》新一轮修改完善工作——推进依宪修改完善《土地管理法》专题研究座谈会综述[J]. 中国土地科学，(5)：16-21.

刘连泰，2014. 确定"管制性征收"的坐标系[J]. 法治研究，(3)：31-43.

刘连泰，2015. 法理的救赎——互惠原理在管制性征收案件中的适用[J]. 现代法学，(4)：64-76.

刘培伟，2015. 干部征地何以成功：基于农民"结果至上"观念的视角——以 T 市 N 村为例[J]. 贵州社会科学，(10)：154-159.

刘世锦，刘守英，许伟，等，2014. 推进集体建设用地入市为经济增长释放发展空间[J]. 发展研究，(4)：4-7.

刘守英，2008. 中国的二元土地权利制度与土地市场残缺——对现行政策、法律与地方创新的回顾与评论[J]. 经济研究参考，(31)：2-12.

刘宪法，2011. "南海模式"的形成、演变与结局[A]//张曙光. 中国制度变迁的案例研究（土地卷）第八集. 北京：中国财政经济出版社.

刘祥琪，陈钊，赵阳，2012. 程序公正先于货币补偿：农民征地满意度的决定[J]. 管理世界，(2)：44-51.

刘向民，2007. 美国政府如何征地[J]. 中国土地，(4)：39-43.

刘祖云，陈明，2012. 从"土地冲突"到"土地风险"——中国农村土地问题研究的理论进路[J]. 中国土地科学，8：23-28.

卢为民，2015. 城市土地用途管制制度的演变特征与趋势[J]. 城市发展研究，22(6)：83-88.

陆剑，2015. 集体经营性建设用地入市的实证解析与立法回应[J]. 法商研究，(3)：16-25.

陆铭，陈钊，朱希伟，2011. 中国区域经济发展：回顾与展望[M]. 上海：格致出版社，上海人民出版社.

罗必良，2014. 农地流转的市场逻辑——"产权强度—禀赋效应—交易装置"的分析线索及案例研究[J]. 南方经济，(5)：1-24.

罗静静，2011. 土地利用管制中的补偿问题研究——以准征收理论为中心[D]. 郑州：郑州大学.

罗文君，2013. 美国不动产准征收构成标准研究[D]. 南京：南京大学.

吕德文，2012. 媒介动员、钉子户与抗争政治：宜黄事件再分析[J]. 社会，(3)：129-170.

吕永清，2010. 安大略省如何土地规划分区[J]. 国土资源导刊，(7)：61-63.

马克思，1975. 资本论：第三卷 资本主义生产的总过程[M]. 中共中央马克思恩格斯列宁斯大林著作编译局译. 北京：人民出版社.

马克思，恩格斯，1974. 马克思恩格斯全集：第二十五卷[M]. 中共中央马克思恩格斯列宁斯大林著作编译局译. 北京：人民出版社.

马卫红，黄荣贵，2016. 媒介与抗争行动的互构：对乌坎事件的再分析[J]. 学术研究，(5)：44-48.

马歇尔，1920. 经济学原理[M]. 朱志泰译. 上海：商务印书馆.

麦肯泽，贝茨，2009. 不动产经济学[M]. 孟繁瑜译. 北京：中国人民大学出版社.

米勒，2012. 美国土地征收及纠纷解决机制[EB/OL]. 中美土地征收和土地纠纷解决机制研讨会. http://blog.sina.com.cn/s/blog_40d97b8b0102dzda.html[2017-06-30].

欧博文，李连江，1997. 当代中国农民的以法抗争[A]//吴国光. 九七效应：香港、中国与太平洋. 香港：太平洋世纪研究所.

裴宜理，2008. 中国式的"权利"观念与社会稳定[EB/OL]. http://www.aisixiang.com/data/20510.html[2017-08-02].

彭錞，2011. 英国征地法律制度考察报告——历史、现实与启示[J]. 行政法论丛，14：94-133.

彭錞，2016. 土地发展权与土地增值收益分配：中国问题与英国经验[J]. 中外法学，(6)：1536-1553.

彭涛，2015. 美国管制性征收法律制度简史及启示[J]. 西北大学学报（哲学社会科学版），(3)：100-107.

钱龙，洪名勇，2015. 农地产权是"有意的制度模糊"吗——兼论土地确权的路径选择[J]. 经济学家，(8)：24-29.

清华大学课题组，2010. 以利益表达制度化实现长治久安[J]. 学习月刊，(23)：28-29.

荣敬本，1997. 关于《调查研究报告》的说明[J]. 经济社会体制比较，(4)：1-3.

萨缪尔森，2006. 经济分析基础[M]. 何耀等译. 大连：东北财经大学出版社.

单光鼐，2013. 治理群体性事件要有新思维[J]. 中国党政干部论坛，(6)：30-31.

单光鼐，2015. 群体性事件治理须在体制上作调整和改进[J]. 中国党政干部论坛，(12)：62-63.

单卫东，2016-11-03. 土地管理转型：从用途管制到用态管控[N]. 中国国土资源报.

邵海鹏,2016.《土地管理法》修订程序中止或 2017 年再启[EB/OL]. http://news.sina.com.cn/c/nd/2016-03-03/doc-ifxqafha0300296.shtml[2017-03-03].

沈守愚,1998. 论设立农地发展权的理论基础和重要意义[J]. 中国土地科学,(1):17-19.

盛洪,2009. 对新土地法的 10 点建议[J]. 村委主任,(11):24-26.

时红秀,张亦工,2011. 合作定价权:农民如何提高对土地的产权实施能力[A]//张曙光. 中国制度变迁的案例研究(土地卷)第八集. 北京:中国财政经济出版社.

史京文,2011. 土地利用总体规划的困境与挑战[EBOL]. http://www.mlr.gov.cn/tdsc/lltt/201102/t20110222_818505.htm [2017-04-06].

史清华,晋洪涛,卓建伟,2011. 征地一定降低农民收入吗:上海 7 村调查——兼论现行征地制度的缺陷与改革[J]. 管理世界,(3):77-82.

室井力,1995. 日本现代行政法[M]. 吴微译. 北京:中国政法大学出版社.

斯科特,2001. 农民的道义经济学:东南亚的反叛与生存[M]. 程立显,刘建等译. 南京:译林出版社.

斯科特,2007. 弱者的武器[M]. 郑广怀译. 南京:译林出版社.

宋承先,1997. 现代西方经济学:微观经济学[M]. 上海:复旦大学出版社.

孙弘,2004. 中国土地发展权研究:土地开发与资源保护的新视角[M]. 北京:中国人民大学出版社.

谭荣,2009. 荷兰农地非农化中政府的强势角色及启示[J]. 中国土地科学,(12):69-74.

谭术魁,2008. 中国土地冲突的概念、特征与触发因素研究[J]. 中国土地科学,22(4):4-11.

唐云锋,温其玉,郭贯成,2015. 补偿核算新视角:土地征收与农民"被动性"市民化——以江苏省南京市为例[J]. 中国土地科学,(5):48-55.

田莉,2007. 我国控制性详细规划的困惑与出路——一个新制度经济学的产权分析视角[J]. 城市规划,31(1):16-20.

田先红,2010. 从维权到谋利——农民上访行为逻辑变迁的一个解释框架[J]. 开放时代,(6):24-38.

田先红,陈玲,2013. "阶层地权":农村地权配置的一个分析框架[J]. 管理世界,(9):69-88.

汪丁丁,2010. 行为金融学基本问题[J]. 财经问题研究,(7):55-58.

汪晖,2013. 中国征地制度改革:理论、事实与政策组合[M]. 杭州:浙江大学出版社.

汪晖,陈萧,2015. 土地征收中的农民抗争、谈判和补偿——基于大样本调查的实证分析[J]. 农业经济问题,(8):63-73.

汪晖,陶然,2009. 论土地发展权转移与交易的"浙江模式"——制度起源、操作模式及其重要含义[J]. 管理世界,(8):39-52.

汪庆华,2007. 土地征收、公共使用与公平补偿——评 Kelo v. City of New London 一案判决[J]. 北大法律评论,(2):479-503.

王洪平,房绍坤,2011. 论管制性征收的构成标准——以美国法之研究为中心[J]. 国家检察官学院学报,(1):140-147.

王家庭,张换兆,季凯文,2008. 中国城市土地集约利用——理论分析与实证研究[M]. 天津:南开大学出版社.

王丽晖,2013. 管制性征收主导判断规则的形成——对美国联邦最高法院典型判例的评介[J]. 行政法学研究,(2):132-137.

王露璐,2007. "生存伦理"与"理性意识"的共生与紧张——20 世纪 20-40 年代苏南乡村地权关系的经济伦理解读[J]. 江苏社会科学, (6): 54-59.

王卿韵, 2005. 以土地使用管制角度探讨台湾创意文化园区之推动策略[D]. 台南: 台湾成功大学.

王向东, 刘卫东, 2012. 土地利用规划: 公权力与私权利[J]. 中国土地科学, 26(3): 34-40.

王晓毅, 2005. 夹缝中的表达[J]. 江苏行政学院学报, (2): 57-63.

王郁, 2009. 产权观的演进与美国城市规划制度的形成[C]. 重庆: 中国城市规划学会国外城市规划学术委员会及
    国际城市规划杂志编委会 2009 年会: 416-428.

魏立华, 袁奇峰, 2007. 基于土地产权视角的城市发展分析——以佛山市南海区为例[J]. 城市规划学刊, (3): 65-69.

魏莉华, 1998. 美国土地用途管制制度及其借鉴[J]. 中国土地科学, (3): 42-46.

温茨巴奇, 等, 2001. 现代不动产[M]. 任淮秀等译. 北京: 中国人民大学出版社.

文贯中, 2014. 吾民无地: 城市化、土地制度与户籍制度的内在逻辑[M]. 北京: 东方出版社.

翁岳生, 2009. 行政法: 上、下[M]. 北京: 中国法制出版社.

吴毅, 2007. "权力—利益的结构之网"与农民群体性利益的表达困境——对一起石场纠纷案例的分析[J]. 社会学
    研究, (5): 21-45.

吴毅, 陈颀, 2015. 农地制度变革的路径、空间与界限——"赋权—限权"下行动互构的视角[J]. 社会学研究, (5):
    36-62.

武靖茗, 2016. 改革开放以来中国征地冲突的演变及其协调研究[D]. 长春: 吉林大学.

肖唐镖, 2015. 当代中国的"维稳政治": 沿革与特点——以抗争政治中的政府回应为视角[J]. 学海, (1): 138-152.

肖泽晟, 2011. 财产权的社会义务与征收的界限[J]. 公法研究, (1): 320-351.

谢清树, 2005. 中国土地征用制度的改革——与市场经济国家土地征用制度的比较[J]. 开放时代, (5): 117-134.

谢摇明, 2012. 我国土地征收制度之研究——以征收之地价补偿及其行政救济为中心[D]. 嘉义: 台湾中正大学.

谢哲胜, 2004. 财产法专题研究: 二、三[M]. 北京: 中国人民大学出版社.

谢哲胜, 2006. 不动产财产权的自由与限制——以台湾地区的法制为中心[J]. 中国法学, (3): 139-151.

邢朝国, 2014. 村民自治与征地补偿费的村级分配[J]. 社会学评论, 2(2): 82-89.

邢锡芳, 2006. 土地规划和政府对私人不动产的侵权——从政府征地和土地管理法规条例谈美国土地规划的法律
    基础[J]. 北京规划建设, (3): 173-177.

邢翔, 2012. 作为规范性与政治性活动的城市规划[J]. 开放时代, (4): 150-158.

徐世荣, 2013. 地政新领域: 土地是人权[A]//颜爱静. 不动产学之课题与展望. 台北: 台湾政治大学地政学系暨系友会.

许宝健, 2006. 城市化进程中的农地转用问题研究[M]. 北京: 中国农业出版社.

许迎春, 刘琦, 文贯中, 2015. 我国土地用途管制制度的反思与重构[J]. 城市发展研究, 12(7): 31-36.

严金明, 刘杰, 2012. 关于土地利用规划本质、功能和战略导向的思考[J]. 中国土地科学, 26(2): 4-9.

颜爱静, 2013. 不动产学之课题与展望[M]. 台北: 台湾政治大学地政学系暨系友会.

杨华, 2013. 农村征地拆迁中的阶层冲突——以荆门市城郊农村土地纠纷为例[J]. 中州学刊, (2): 70-76.

杨继瑞, 2014. 绝对地租产生原因、来源与价值构成实体的探讨[M]. 北京: 社会科学文献出版社.

杨松龄, 1992. 财产权保障与公用征收补偿之研究[J]. 社会经济法制论丛, 9: 259-278.

姚虎, 金太军, 陈晓军, 2016. 社会冲突的情感利益演绎图示[J]. 社会科学家, (3): 34-38.

叶百修, 2011. 损失补偿法[M]. 台北: 新学林出版股份有限公司.

叶芳, 2010. 冲突与平衡: 土地征收中的权力与权利[M]. 上海: 上海社会科学院出版社.

叶剑平,金晓月,2010-03-26. 以用途管制为导向健全农村土地管理制度[N]. 中国国土资源报.

伊利,1924. 社会主义与社会改良[M]. 何飞雄译. 上海:商务印书馆.

伊利,莫尔豪斯,1982. 土地经济学原理[M]. 滕维藻译. 北京:商务印书馆.

殷章甫,2004. 土地经济学[M]. 第2版. 台北:五南图书出版股份有限公司.

印子,2013. 征地实践及其社会治理后果:鄂中X村调查[J]. 山东大学法律评论,(1):41-79.

应星,2001. 大河移民上访的故事[M]. 北京:生活·读书·新知三联书店.

应星,2007. 草根动员与农民群体利益的表达机制——四个个案的比较研究[J]. 社会学研究,(2):1-23.

应星,2011. "气"与抗争政治——当代中国乡村社会稳定问题研究[M]. 北京:社会科学文献出版社.

应星,2012. 村庄集体行动的"反应性政治"逻辑[J]. 人民论坛·学术前沿,(10):38-43.

于建嵘,2006. 集体行动的原动力机制研究——基于H县农民维权抗争的考察[J]. 学海,(2):26-32.

于建嵘,2008. 当代中国农民的"以法抗争"——关于农民维权活动的一个解释框架[J]. 文史博览(理论),(12):
    60-63.

于建嵘,2009. 利益博弈与抗争性政治——当代中国社会冲突的政治社会学理解[J]. 中国农业大学学报(社会科学
    版),26(1):16-21.

袁奇峰,杨廉,邱加盛,等,2009. 城乡统筹中的集体建设用地问题研究——以佛山市南海区为例[J]. 规划师,25(4):
    5-13.

臧俊梅,2007. 中国农地发展权的创设及其在农地保护中的运用研究[M]. 北京:科学出版社.

张安录,2010. 征地补偿费分配制度研究[M]. 北京:科学出版社.

张德粹,1963. 土地经济学[M]. 台北:正中书局.

张刚维,2008. 土地使用分区管制制度之执行与制度变迁——财产权观点之分析[D]. 台北:台湾政治大学.

张浩,2013. 农民如何认识集体土地产权——华北河村征地案例研究[J]. 社会学研究,(5):197-218.

张红,2005. 房地产经济学[M]. 北京:清华大学出版社.

张娟锋,贾生华,2007. 政府干预、土地供应与价格扭曲[J]. 当代财经,(7):21-24.

张科静,黄朝阳,丁士军,2013. 国外农民失地与可持续生计重建:一个研究综述[J]. 学术论坛,(12):148-151.

张敏,2010. 论准征收及土地发展权——以对私人古迹的权利限制为视角[D]. 苏州:苏州大学.

张鹏,2003. 财产权合理限制的界限与我国公用征收制度的完善[J]. 法商研究,(4):80-86.

张鹏,2010. 规划管制与土地发展权关系研究评述[J]. 中国土地科学,24(10):74-78.

张鹏,2017. 土地供给弹性与房价波动:影响机制及实证研究[J]. 现代城市研究.

张鹏,高波,2012. 蒂伯特模型和分区与村镇土地利用规划管理理念的突破[J]. 国土资源科技管理,29(5):109-114.

张鹏,高波,2015. 土地准征收与补偿:土地发展权视角[J]. 南京农业大学学报(社会科学版),15(2):64-72.

张鹏,高波,叶浩,2013. 土地发展权:本质、定价路径与政策启示[J]. 南京农业大学学报(社会科学版),13(4):
    83-89.

张千帆,2005. "公正补偿"与征收权的宪法限制[J]. 法学研究,(2):25-37.

张千帆,2010. 土地制度改革的路径与原则[DB/OL]. http://www.aisixiang.com/data/35272.html[2017-08-08].

张千帆,2011. 土地制度改革的中国问题与国际经验[J]. 行政法论丛,14:15-18.

张千帆,2012. 城市化不需要征地——清除城乡土地二元结构的宪法误区[J]. 法学,(6):19-24.

张千帆,杨世建,2012. 如何修改《土地管理法》——中国土地制度改革的原则、理念与建议[J]. 学习与探索,(6):

63-67.

张千帆，党国英，高新军，2013. 城市化进程中的农民土地权利保护[M]. 北京：中国民主法制出版社.

张曙光，程炼，2012. 复杂产权论和有效产权论——中国地权变迁的一个分析框架[J]. 经济学，11(4)：53-72.

张庭伟，1998. 21世纪的城市规划：从美国看中国[J]. 规划师，14(4)：24-27.

张先贵，2016. 土地开发权与我国土地征收制度之改革[J]. 安徽师范大学学报（人文社科版），44(1)：90-95.

张新平，2014. 试论英国土地发展权的法律溯源及启示[J]. 中国土地科学，28(11)：81-88.

张媛婷，2008. 都市土地使用管制对土地价格之影响——阶层线性模式之应用[D]. 台南：台湾成功大学.

张振华，2015. 中国的社会冲突缘何未能制度化：基于冲突管理的视角[J]. 社会科学，(7)：89-100.

赵德余，2009. 土地征收过程中农民、地方政府与国家的关系互动[J]. 社会学研究，(2)：93-129.

赵永军，Verstappen L，Kolkman W，2014. 中国农地征收问题研究：治理、地方事件与国际经验[M]. 北京：科学出版社.

折晓叶，2008. 合作与非对抗性抵制——弱者的"韧武器"[J]. 社会学研究，(3)：15-32.

郑振源，2012. 征地补偿中的几个理论问题[J]. 中国土地科学，26(7)：23-27.

中地集团，2016. 农村集体经营性建设用地可抵押融资[EB/OL]. http://mp.weixin.qq.com/s?__biz=MzA5MTQ1Mjgy Ng==&mid=402965932&idx=1&sn=1e674f8cf258ed482bf701fa44fa1360&scene=4#wechat_redirect[2016-04-11].

钟玉美，2005. 现行土地征收补偿制度之探讨[J]. 土地问题研究季刊，(2)：74-81.

周家维，2001. 土地使用管制准征收研究[D]. 台北：台北大学.

周联合，2016. 土地征收法制改革与治理现代化[J]. 广东社会科学，(2)：231-240.

周敏，雷国平，李菁，2015. 资本下乡、产权演化与农地流转冲突[J]. 中国土地科学，(8)：55-62.

周其仁，1995a. 中国农村改革：国家和所有权关系的变化（上）——一个经济制度变迁史的回顾[J]. 管理世界，(3)：178-189.

周其仁，1995b. 中国农村改革：国家和所有权关系的变化（下）——一个经济制度变迁史的回顾[J]. 管理世界，(4)：147-155.

周其仁，2004. 农地产权与征地制度——中国城市化面临的重大选择[J]. 经济学（季刊），(4)：193-210.

周其仁，2013. 城乡中国：上、下[M]. 北京：中信出版社.

朱宝丽，2012. 征收权与财产权平衡视野下的征收补偿原则[J]. 中国土地科学，26(7)：67-72.

朱静辉，马洪君，2014. 村社消解背景下失地农民的日常抗争——以征地型社区为例[J]. 南京农业大学学报（社会科学版），14(6)：1-11.

朱可亮，罗伊·普罗斯特曼，杰夫·瑞丁格，等，2012. 十七省地权现状[R]. 改革内参：7.

朱力，纪军令，2015. 当前我国重大社会矛盾冲突的新型特征[J]. 中共中央党校学报，(5)：92-100.

朱子庆，2013. 海峡两岸土地征收与补偿制度之比较研究[D]. 北京：中国政法大学.

佐佐木公明，文世一，2012. 城市经济学基础[M]. 姜雪梅，卢向春，綦勇译. 北京：社会科学文献出版社.

Alterman R，2007. When the right to compensation for "regulatory takings" goes to the extreme：The case of Isreal[J]. Washington University Global Studies Law Review，(6)：121-158.

Barlowe R，Adelaja S O，Babladelis P，2013. Land Resource Management：Economic Foundations and New Directions[M]. Michigan：Michigan State University.

Barrows R L，Prenguber B A，1975. Transfers of development rights：An analysis of a new land use policy tool[J].

American Journal of Agricultural Economics，57(4)：549-557.

Bell A，Parchomovsky G，2006. The uselessness of public use[J]. Columbia Law Review，106(6)：1412-1449.

Benson B L，2010. Property Right：Eminent Domain and Regulatory Taking Reexamined[M]. New York：Palgrave Macmillan.

Berkman H G，1965. The game theory of land use determination[J]. Land Economics，41(1)：11-19.

Bernstein T，Lu X，2003. Taxation without representation in rural China[A]//Taxation Without Representation in Rural China. Cambridge：Cambridge University Press：123-124.

Bertanud A，2002. Transportation and Urban Spatial Stracture[C]. Washington：ABCDE Conference.

Blume L，Rubinfeld D L，1984. Compensation for takings：An economic analysis[J]. California Law Review，72 (4)：569-628.

Boyd J，Brennan T，1996. Pluralism and regulatory failure：When should takings trigger compensation[J]. Discussion Paper：96-99.

Boyd J，Caballero K，Simpson R D，2000. The law and economics of habitat conservation：Lessons from an analysis of easement acquisitions[J]. Stanford Environmental Law Journal，19(1)：1-42.

Brennan T J，Boyd J，2006. Political economy and the efficiency of compensation for takings[J]. Contemporary Economic Policy，Western Economic Association International，24(1)：188-202.

Bromley D W，1978. Property rules，liability rules，and environmental economics[J]. Journal of Economics Issues，12(1)：43-59.

Calabresi G，Malamed A D，1972. Property rules，liability rules，and inalienability：One view of the cathedral[J]. Harvard Law Review，(85)：1089-1128.

Calandrillo S，2003. Eminent domain economics：Should "just compensation" be abolished，and would "takings insurance" work instead?[J]. Ohio State Law Journal，64：451-530.

Capozza D R，Helsley R W，1990. The stochastic city[J]. Journal of Urban Economics，28(2)：187-203.

Cheshire P，Sheppard S，2005. The introduction of price signals into land use planning decision making：A proposal[J]. Urban Studies，42(4)：647-663.

Cooter R D，2000. The Strategic Constitution[M]. Princeton，New Jersey：Princeton University Press.

Duke J M，Wu J，2014. The Oxford Handbook of Land Economics[M]. New York：Oxford University Press.

Ellickson R C，1973. Alternatives to zoning：Covenants，nuisance rules and fines as land use controls[J]. University of Chicago Law Review，40(4)：681-781.

Ellickson R C，Been V L，2003. Land-use Controls：Cases and materials[M]. Beijing：CITIC Publishing House.

Epstein R A，1985. Takings：Private Property and the Power of Eminent Domain[M]. Cambridge：Harvard University Press.

Epstein R A，2007. How to create or destroy wealth in real property[J]. Alabama Law Review，(58)：741-763.

Fischel W A，1985. The Economics of Zoning Laws：A Property Rights Approach to American Land Use Controls[M]. Maryland：The Johns Hopkins University Press.

Fischel W A，1987. The economics of land use exactions：A property rights analysis[J]. Law & Contemporary Problems，50(1)：101-113.

Fischel W A，2002. An economic case against vouchers：Why local public schools are a local public good. dartmouth economics department working paper[J]. Educational Vouchers，28(7)：28.

Fischel W A，2010. The evolution of zoning since the 1980S：The persistence of localism[J]. Social Science Electronic Publishing，(9)：1-33.

Fischel W A，Shapiro P，1989. A constitutional choice model of compensation for takings[J]. International Review of Law and Economics，9：115-128.

Goldberg V，1985. Relational exchange，contract law，and the boomer problem[J]. Journal of Institutional and Theoretical Economics，141，570-575.

Green R K，1999. Land use regulation and the price of housing in a suburban Wisconsin country[J]. Journal of Housing Economics，8 (2)：144-159.

Grieson R E，White J R，1981. The effects of zoning on structure and land markets[J]. Journal of Urban Economics，10(3)：271-285.

Hallett G，1979. Urban Land Economics：Principles and Policy[M]. London：Macmillan Press Ltd.

Harvey J，Jowsey E，2008. 都市土地经济学[M]. 第 2 版. 韩乾译. 台北：五南图书出版公司.

Harvey M J，2010. Social conflict over property rights：The end，a new beginning，or a continuing debate?[J]. Housing Policy Debate，20(3)：329-349.

He Z，Asami Y，2014. How do landowners price their lands during land expropriation and the motives behind it：An explanation from a WTA/WTP experiment in central Beijing[J]. Urban Studies，51(2)：412-427.

Heikkila E J，2000. The Economics of Planning：Center for Urban Policy Research[M]. New Brunswick，New Jersey：The State University of New Jersey Press.

Henneberry D M，Barrows R L，1990. Capitalization of exclusive agricultural zoning into farmland prices[J]. Land Economics，66(3)：249-258.

Hermalin B E，1995. An economic analysis of takings[J]. Journal of Law，Economics & Organization，11(1)：64-86.

Ihlanfeldt K R，2007. The effect of land use regulation on housing and land prices[J]. Journal of Urban Economics，(61)：420-435.

Innes R，1997. Takings，compensation，and equal treatment for owners of developed and undeveloped property[J]. Journal of Law and Economics，40(2)：403-432.

Innes R，2000. The economics of takings and compensation when land and its public use value are in private hands[J]. Land Economics，76(2)：195-212.

Kahneman D，Tversky A，1979. Prospect theory：An analysis of decision under risk[J]. Econometrica，47(2)：263-291.

Kemiec D W，1981. Deregulation land use：An alternative free enterprise system[J]. University of Pennsylvania Law Review，130(1)：28-130.

Lai L W C，1997. Property rights justifications for planning and a theory for zoning[J]. Progressing in Planning，48(3)：161-245.

Lai L W C，1998，The leasehold systems a means of planning by contract：The case of Hong Kong[J]. Town Planning review，69(3)：249-275.

Li L，O'Brien K J，1996. Villagers and popular resistance in contemporary China analysis Cambridge[J]. Modern China，

22(1)：28-61.

Macek A，2003. Regulatory expropriations：Takings without compensation?[EB/OL].http://expropriation.ca/articles/art03700_files/art03701.pdf[2017-06-14].

Miceli T J，2008. Public goods taxes and takings[J]. International Review of Law and Economics，28(4)：287-293.

Miceli T J，2011. The Economics of Eminent Domain[M]. London：Cambridge University Press.

Miceli T J，Segerson K，1994. Regulatory takings：When should compensation be paid[J]. Journal of Legal Studies，23(2)：749-776.

Miceli T J，Segerson K，1996. Compensation for regulatory takings：An economic analysis with applications[J]. Greenwich CT：JAI Press Inc，74 (4) ：570-574.

Miceli T J，Segerson K，2007a. A bargaining model of holdouts and takings[J]. Working Papers，9(1)：160-174.

Miceli T J，Segerson K，2007b. Private property，public use and just compensation：The economics of eminent domain[J]. Foundations and Trends in Microeconomics，(3)：1125-1128.

Miceli T，Segerson K，2011. Holdups and Holdouts：What do They Have in Common?[C]. University of Connecticut，Department of Economics：330-333.

Michelman F，1967. Property，utility，and fairness：Comments on the ethical foundations of "Just Compensation" Law[J]. Harvard Law Review，80(6)：1165-1258.

Munch P，1976. An economic analysis of eminent domain[J]. Journal of Political Economy，84(3)：473-497.

Murphy A，2010. Housing market and the economy：Risk regulation，and policy[J]. Housing Studies，25(4)：585-586.

Nelson R H，1989. Zoning Myth and Practice：From Euclid into the Future[A]//Harr C M，Kayden J S. Zoning and the American dream：Promises Still to Keep. Chicago：American Planning Association-Planners Press.

Niemann P，Shapiro P，2008. Efficiency and fairness：Compensation for takings[J]. International Review of Law and Economics，28(3)：157-165.

Nosal E，2001. The taking of land：Market value compensation should be paid[J]. Journal of Public Economics，82 (3)：431-443.

O'Flaherty B，2005. City Economics[M]. Cambridge：Harvard University Press.

OECD，2010. Land use restrictions as barriers to entry[J]. OECD Journal of Competition Law and Policy，10(2)：1-67.

Ohm B W，2015. Some modern day musings on the police power[J]. The Urban Lawyer，47(4)：625-665.

Oxley M，2004. Economics，Planning and Housing[M]. New York：Palgrave Macmillan.

Pecorino P，2013. Compensation for regulatory takings with a redistributive government[J]. Southern Economic Journal，80(2)：488-501.

Perry E J，Selden M，2010. Chinese Society，Change，Conflict and Resistance[M]. 3nd. London and New York：Routledge.

Polasky S，Doremus H，2002. When the truth hurts：Endangered species policy on private land with imperfect information[J]. Journal of Environmental Economics and Management，(35)：22-47.

Posner R A，2003. Law，Pragmatism，and Democracy[M]. Harvard：Harvard University Press.

Posner R A，2005. Vertical restraints and antitrust policy[J]. University of Chicago Law Review，72(1)：229-241.

Rickman N，1997. Regulatory taking[J]. Oxford Journal of Legal Studies，(17)：665-676.

Riddell J C，2015. 土地行政上的美国经验[EB/OL]. http://www.unirule.org.cn/index.php?c=article&id=3724[2017-10-27].

Riddiough T J，1997. The economic consequences of regulatory taking risk on land value and development activity[J]. Journal of Urban Economics，41(1)：56-77.

Rohe W M，2009. From local to global：One hundred years of neighborhood planning[J]. Journal of the American Planning Association，75 (2)：209-230.

Sax J L，1964. Takings and the police power[J]. Yale Law Journal，74(1)：36-76.

Sax J L，1971. Takings private property and public rights[J]. Yale Law Journal，81：149-177.

Sax J L，1993. Property rights and the economy of nature：Understanding lucas[J]. South Carolina Coastal Council. Stanford Law Review，45(5)：1433-1455.

Sax J L，2001. Using property rights to attack environmental protection[J]. Pace Environmental Law Review，19：715-745.

Schieffer J K，2009. Essays on regulation takings compensation and formal and informal incentives in contracts[D]. Columbus：Ohio State University.

Siegan B H，1972. Land Use without Zoning[M]. New York：Lexington Books.

Staley B S，Scaelett L，1997. Market-oriented planning：Principles and tools[J]. Policy study，236：1-22.

Stevenson S J，1998. Banking on TDRs：The government's role as banker of transferable development rights[J]. New York University Law Review，10：1329-1376.

Stevenson S J，1998. Banking on TDRs：The government's role as banker of transferable development rights[J]. New York University Law Review，10：1329-1376.

Stinson J，1996. Transferring development rights：Purpose，problems，and prospects in New York[J]. Pace Law Review，(17)1：319-356.

Strange W，1995. Speech Perception and Linguistic Experience：Issues in Cross-Language Research[M]. York：York Press.

Thorson J A，1996. An examination of the monopoly zoning hypothesis[J]. Land Economics，72(1)：43-45.

Tideman T N，Nicolaus T，Plassmann F，2005. Fair and efficient compensation for taking property under uncertainty[J]. Journal of Public Economic Theory，(7)：471-495.

Turnbull G K，2010. Irreversible development and eminent domain：Compensation rules，land use and efficiency[J]. Journal of Housing Economics，19(4)：243-254.

Ulen T S，1998. Regulatory Takings：Law，Economics，and Politics by William A. Fischel；Compensation for Regulatory Takings：An Economic Analysis with Applications by Thomas J. Miceli，Kathleen Segerson[J]. Land Economics，74(4)：570-574.

Vogt R，1999. Whose Property?[M]. Toronto：University of Toronto Press.

Winfree J A，McCluskey J J，2007. Takings of development rights with asymmetric information and an endogenous probability of an externality[J]. Journal of Housing Economics，16(3)：320-333.

Wu J J，Adams R M，Plantinga A J，2004. Amenities in an urban equilibrium model：Residential development in Portland，Oregon[J]. Land Economics，80(1)：19-32.

Wyman K，2007. The measure of just compensation[J]. Social Science Electronic Publishing，41(1)：239-287.

Yusran Y，Sahide M A K，Supratman S. et al.，2017. The empirical visibility of land use conflicts：From latent to manifest conflict through law enforcement in a national park in Indonesia[J]. Land Use Policy，(62)：302-315.

# 后　记

著书立言向来是治学者的梦想，然而又常有无人喝彩的担忧，因为经验告诉我，很多专著难免费力不讨好。多年的科研和教学生涯，遍读圣贤之书，早就萌发写一本教材的想法，以发挥正外部性，造福学生。然教材一直没有实施，先写个人的专著，主要源于多项课题的支持，之前的研究心得，理应整理出版。人的一生，总得留点什么。这本书计划的写作时间是三年，从2015年做出决定，开始着手准备，中间断断续续，在国内收集整理了大量文献，来到美国，又发现大量的文献资料，这些文献的整理，都是很耗时的工作。看似非常简单的一本书，多次校对，身在其中，方知甘苦。

从1999年从事土地管理一线工作，到2005年开始从事土地经济学理论研究，2008年开始大学教学工作，再到2017年，18年弹指一挥间。可能土地经济学已不流行，但我仍十分痴迷，觉得里面是个宝库，无怨无悔。这个领域中国和世界的研究水平仍有几十年的差距，我辈能将这差距略有缩小，即是对学术界的边际贡献，足矣。

尽管有心理准备，但写作过程耗时之久、难度之大仍超出本人想象。本书大部分主要在威斯康星大学麦迪逊分校城市与区域规划系的Old Music Hall-B11完成，感谢政府、国家留学基金管理委员会（China Scholarship Council, CSC）的资助，以及UPRL为我提供的安静的学习和研究环境；感谢布雷恩·奥姆（Brian Ohm）、哈维·雅各布斯（Harvey Jacobs）等教授的有益讨论，导师张安录等的不断支持。在此还要感谢南京大学经济学院高波教授、学院同事、课题组成员和学生们的支持。感谢学生何婕的校对，也感谢科学出版社编辑的热情和专业。

选择美国留学的动机是出于对美国的好奇，虽然从书本上、电视上对美国有很多的了解，但毕竟是皮毛。中国学者所读的文献很多是来自美国。中美两国是具有迥然不同国情的大国，在土地利用、城市发展、居住、规划等方面有诸多的不同，美国的哪些经验值得中国借鉴，哪些无法学习？实际上，或许英国、德国或日本等地少的国家更值得我们去了解。不过，学习任何国家都不能邯郸学步。威斯康星大学麦迪逊分校是一所美丽和安静的大学，是美国著名的公立常春藤大学。这里有大量的文献资料，有充足的图书馆座位，也有我最美好的、无忧无虑的简单生活记忆。这里是全球土地经济学的发源地，宗师们如伊利、莫尔豪斯、魏尔温、巴洛维等曾经长期在这里研究和生活，这里有他们的故居、墓地和灵气。学无止境，学海无涯，新的知识和信息不断进入，人的思想也会变化。

雪尽春来，绿树滴翠，杂花生树，群莺飞舞。在威斯康星大学麦迪逊分校的一年，除了偶尔看看湛蓝的天空和平静的"梦到她"湖面，餐后去社区公园发发呆，做了很多以前想做却拖拉未做的事情，如果不是在麦迪逊，很难想象书稿能在一年内完成写作。所以有时环境也很重要，因为不再做繁重的教学工作且时间是连续的。还要特别感谢我的家人对我的理解和支持，岳母仙逝时没能回国，是心中永远的痛和愧疚，望她在天国幸福。

在停笔之际，学生说希望我的书能畅销，我的反应是书只是对自己的一个总结而已，敝帚自珍即可。自觉天资愚钝，往往不能如别人般举重若轻，写书对我是很重的压力，但同时也是很好的自我激励和摆脱惰性的妙招。在付梓之际，稍可喘口气，轻轻对自己说：有些事情，你也能做到。

2017 年 4 月

于麦迪逊 KAREN ARMS 公寓